U0522689

形式句法研究

——走向新描写主义

胡建华 著

创于1897 商务印书馆 The Commercial Press

图书在版编目(CIP)数据

形式句法研究：走向新描写主义 / 胡建华著 . — 北京：商务印书馆，2024（2024.9 重印）
ISBN 978-7-100-23206-7

Ⅰ. ①形… Ⅱ. ①胡… Ⅲ. ①汉语—句法—研究 Ⅳ. ① H146.3

中国国家版本馆 CIP 数据核字（2023）第 215406 号

形式句法研究
——走向新描写主义
胡建华 著

商 务 印 书 馆 出 版
（北京王府井大街 36 号 邮政编码 100710）
商 务 印 书 馆 发 行
北京捷迅佳彩印刷有限公司印刷
ISBN 978-7-100-23206-7

2024 年 1 月第 1 版　开本 710×1000　1/16
2024 年 9 月北京第 2 次印刷　印张 25¾

定价：120.00 元

前 言

当代句法学，是一门经验科学。作为经验科学，最重要的一点是它的一些假设或论证是可以被证伪的（falsifiable）。从句法上做出论证，说什么是什么，一定要给人留出证明什么不是什么的机会和可能性，即对其论证或分析进行证伪的机会和可能性。句法研究如果不讲究可证伪性，各种不受限制的说法或分析就会泛滥，而泛滥的说法或分析，不管一时如何聒噪、喧嚣，实际上却解决不了什么真正的问题，因此也就不会经得起历史的检讨。是否具有可证伪性是科学与伪科学或巫术的分水岭。科学是讲究可被证伪性的，而伪科学和巫术则不是这样。

句法学家提出的观点或理论，本质上是一种抽象的知识，而这些抽象的知识实际上往往只能间接地得到证明。从逻辑上讲，句法学家提出的理论或分析，是无法通过举出一些例句或通过做实验来确定其理论为真的，但是，这不妨碍其理论可以被证伪。任何句法假设或理论只能通过证伪而不能通过证实（verification）的途径来证明其是否为真，而任何具有可证伪性的句法分析或理论在被证伪之前便可以暂时假定为真。具有可证伪性但一时却还没被证伪的句法分析或理论，并没有什么可靠的途径可以保证其以后或永远不会被证伪。明白这一点，便可以理解当代句法学理论的局限性与不稳定性，而这种局限性和不稳定性正是一切经验科学的特点。

句法分析或句法论证必须可以被证伪的特性，必然决定了句法学对语言奥秘的探索和认知永远只能在路上。包括当代句法学在内的经验科学，其目标当然是揭示自然事物或现象背后的奥秘或真相，但科学理论所具有的可证伪性这一特性，决定了科学理论只能不断逼近（approximate）自然之奥秘或真相，却无法穷尽对自然之奥秘或真相的全部认知。因此，科学对自然之奥秘或真相的探索从来都是尝试性的，对很多问题的认知也仅是初步的或阶段性的，更具体的、更深入的探索或认知只能留待科学理论的进一步发展或进步。科学的这一特点，使得它在自然之奥秘或真相面前永远是谦卑的（humble），它从不也绝不妄称自己掌握了事物或自然的全部真相，而巫术或伪科学则相反，它们一定会信心十足地宣称自己把握了真相的整体或全部。

目　录

第一部分　作为经验科学的形式语言学：走向新描写主义

第二部分　论元的分布与选择

第三部分 名动之分

第四部分 量化与焦点

第五部分 约束与指称

第六部分 上古汉语句法

第一部分　作为经验科学的形式语言学：走向新描写主义

第一章 作为经验科学的形式语言学：思想与方法

以生成语法为代表的形式语言学是一门经验科学，其研究目标是回答语言学中的柏拉图问题，即探究人类的语言能力。形式语言学研究的对象是人类的心灵，归根结底是研究人脑的奥秘。

1. 柏拉图问题

1957年，Chomsky的《句法结构》（*Syntactic Structures*）出版，标志着语言学研究开始从对语言本体的研究转向对人类心智系统的研究。Chomsky秉持心智主义（mentalism）的语言观，以人脑中的语言官能（language faculty）为研究对象，将关注的重点从外在的语言转向大脑中的语言计算机制，从而推动了认知科学的发展，并实现了语言学从语言本体研究到心理语言学研究、再到生物语言学（biolinguistics）研究的重要跨越。

Chomsky一直致力于回答语言学中的"柏拉图问题"（Plato's Problem），即语言知识的由来问题（Chomsky，1986：51）。语言学中的柏拉图问题涉及儿童语言获得中的"刺激贫乏"（poverty of stimulus）或"输入贫乏"问题。儿童在获得语言的过程中，从周围环境中接触到的语言数据是贫乏、零散且有限的，这些外部环境中的数据输入虽然可以促进儿童语言的生长（growth）与发展，但却无法决定儿童语言的生长与发展，因此也就无法说明儿童是怎样获得自己的母语的。"语言获得的刺激贫乏说"所着眼的不是环境数据在量上的贫乏，而是外部数据输入与儿童所获得的语言结构知识之间的不对称。儿童所接触到的外部数据是有限的，但儿童所获得的语言知识以及可以产出的语句却是无限的。

在Chomsky的生成语言学出现之前，美国语言学的主流是结构主义语言学。结构主义语言学的哲学基础是逻辑经验主义（logical empiricism），或称逻辑实证主义（logical positivism），其心理学基础是行为主义（徐烈炯，2019）。经验主义秉承18世纪英国哲学家John Locke的白板（blank slate）说，认为人的语言知识都是后天获得的，获得的方式是行为主义的刺激–反应（stimulus-response）学习机制。行为主义心理学的代表人物是Skinner（1957），他认为人的行为是对外部环境刺激的反应。正面的反应会得到鼓励并保持，负面的反应则会使反应中断。按照这一学说，儿童语言的获得就是通过这样一个刺激–反应过程进行的。当儿童说出的语句和成人的语言不同时，会得到成人的纠正，这便是负面的反应。当他们成功地模仿了成人的语句时，会得到认可和鼓励，于是就产生正面的反应，当这种正面的反应形成条件反射，被保持并形成习惯后，就获得了和成人一样的语言。但是，相关研究发现，父母对儿童话语的纠正往往仅限于事实，很少去纠正儿童的语法错误（Brown & Hanlon，1970）。另外，儿童在获得语言的过程中可以模仿的语句是有限的，而且，儿童即便是模仿成人的语言，也往往要对成人的语言进行改造，而不是对成人的语言进行机械的复制。因此，所谓的模仿也是创造性的模仿。这说明，儿童对成人语言的模仿与鹦鹉学舌式的简单模仿是完全不同的，儿童的模仿是他们已经获得的语言能力运作的结果，而不是产生其语言能力的原因。儿童凭借极其有限的经验就可以在短短的几年之内学会其母语；不管世界上的语言有多么不同，儿童获得其母语的时间大致相同。这些事实用刺激–反应说很难解释清楚。我们认为，儿童的语言获得之所以具有迅速性和一致性的特点，就是因为这一切都是由先天基因决定的，而不是由后天学习决定的。如果儿童语言获得的迅速性和一致性是由后天学习决定的，可以设想不同儿童的不同学习行为自然会产生完全不同的结果，而这样一来，儿童语言获得的迅速性和一致性就必然会变成一件不可思议的事情。

除此之外，儿童语言的获得还受年龄的限制。在许多其他事物的学习上，年长的儿童明显优于年幼的儿童，成人优于儿童；但在语言学习上，情况却不同。语言学习的能力，不管是一语还是二语，都随着人年龄的增长而下降；这种现象在手语获得上也是如此。总之，语言学习是越早越好（Newport，1988）。在二语获得中，成人的词汇记忆能力要强于儿童，但发音和造句能力却比儿童差许多。一个儿童将声音语言作为第一语言获得以后，可以很顺利地再去获得手语。同样，一个儿童将手语作为第一语言获得以后，也可以很顺利地再获得声音语言。但是，如果一个儿童在语言获得的关键期结束前没有接触并获得任何语言，那他以后就什么语言都无法获得了。语言获得之所以有关键期，当然是与大脑的发育有关。有关研究发现：幼儿到了2岁左右，已具备近似成人的脑结构，到了3岁，大脑中所有主要的纤维束已经可以观察到；3岁以前灰质含量增长得很快，4岁时达到峰值，然后缓慢下降（Huttenlocher & Dabholkar，1997）。语言获得的过程也是一个大脑发育成熟的过程，因此语言获得是有生物基础的。

与动物的信号系统不同，人类语言具有“以有限生无限”的特点，人可以说出自己以前没有听到过的句子，也可以说出自己以前没有说过的句子。按Chomsky（2016）的说法，人类语言的这一特点，代表了人类语言的基本属性（Basic Property）。人类这种语言生成能力为人类所独有，动物则不具备，而且这种能力在个人、种族以及民族之间没有任何差别。因此，这种能力具有生物遗传学上的意义。Chomsky认为，人类的语言能力受大脑物质结构的限制，所反映的是大脑的奥秘。基于这一原因，Chomsky认为生成语言学所探究的实际上是人脑的奥秘，是人类的心灵及其认知机制；语言归根结底是人作为人所具有的生物属性，因此，生成语言学也被称作生物语言学。

生物语言学持先天论（innateness hypothesis）的语言观。先天论的语言观认为：①所有人类语言都具有复杂的结构；②儿童从他们所接触的环境数据中无法获得这些复杂结构以及帮助他们掌握这些复杂结构的明确线索。儿童之所以能迅速地获得语言，是因为他们大脑中有一种语言官能，这一语言官能独立于一般认知能力而存在。在这一点上，生物语言学与认知语言学的观点是截然相反的。认知语言学认为，语言能力是一般认知能力的一部分。如果这一观点成立，我们就应该在语言能力与一般认知能力之间找到某种密切的联系，比如某些语言领域的问题会在一般认知领域找到类似的反映，反之亦然。如果我们发现凡是出现语言障碍都会伴随着智力障碍的出现，或者如果智力较低，语言能力也会较低，那么我们或许可以说语言能力是认知能力的一部分。但是，实际情况并非如此。事实上，语言能力的发展可以比智力的发展好很多；而在一些临床症状中，有一些语言受损的病人，智力却完好无损。这表明，我们还不能简单地把语言能力还原为一般的认知能力。语言很可能属于一个独立于一般认知能力之外的模块（module）。一些有关威廉姆斯症（Williams syndrome）的研究似乎也支持模块说。威廉姆斯症是一种代谢性神经发展障碍，由7号染色体上的基因问题引起。前人的一些研究（Reilly et al.，1990；Pinker，1991）发现，患有该症的人智力较低，无法完成许多认知任务，但他们运用基本句法规则进行表达却并无问题。事实上，患此症的人所使用的句子结构往往还比较复杂。

认为生物因素在语言获得中起决定性的作用，进而假定人脑中存在一个语言官能，这种说法是有争议的。不过，当我们仔细分析反对Chomsky学说的其他观点时，就会发现这些观点也没有提供能让人信服的、可以验证的语言获得机制。实际上，还没有人可以在不假定生物因素在语言获得中起作用的情况下对语言获得做出合理的解释。许多生物学家都认可语言的生物观。1969年，诺贝尔生理学或医学奖获得者、生物学家Salvador E. Luria在*Life: The Unfinished Experiment*一书中说道："对生物学家来说，就语言结构以及逻辑结构而言，设想在大脑网络中存在某种由遗传决定的、进化选择的连接模式并用其作为一种有效工具来处理生活事件，是完全有意义的。"（Luria，1973：141）免疫学家Niels Jerne在他的诺贝尔奖获奖演讲稿"The Generative Grammar of the Immune System"（后发表于*Science*）中讲道："儿童可以很容易地获得任何他们出生环境中的语言，这似乎十分神奇。Chomsky对语法的生成研究认为这只能用人脑中内在特征所赋予的、深层的、具有普遍性的语言能力来解释。从生物学角度来讲，这一语言学习遗传能力的假设意味着在染色体的DNA中有语言能力的编码。如果有一天这一假设得到证明，那么语言学就成了生物学的一个分支。"（Jerne，1985：1059）

现代遗传学研究发现，哺乳动物染色体中有一种叫作"FOXP2"的基因，与语言能力的发展关系密切。Lai et al.（2001）的文章"A Forkhead-domain Gene is Mutated in a Severe Speech and Language Disorder"曾引起学界的广泛注意。其研究发现，定位于人类7号染色体上的一个基因的突变明显地会引起语言失常，这个基因就是所谓的FOXP2。该基因与一般智力之间的关系不大，但它对语言有重要的影响：它不仅会影响说话的能力，还会影响听与理解语言的能力。FOXP2基因影响人的句法与说话能力的发展，同时对喉微妙的控制能力也有影响。这一基因是用来打开其他基因的转录因子（transcription factor），如果这一基因出现问题，人便无法发展出正常、完整的语言。FOXP2基因具有可遗传性，它与语言能力的联系是通过研究一个家族史语言障碍病例发现的。

根据Enard et al.（2002）的研究，大概在20万年前，FOXP2基因的一种突变形式出现在人类身上，这种突变形式成功地被复制并通过后代遗传，最后取代了其他版本的等位基因。这一突变使该基因首次在大脑某个区域打开，并发展出新的功能[①]。那么，FOXP2是不是人类专有的语

---

① 利用DNA进行繁殖，简单生物变得丰富多彩。细胞分裂时，首先进行DNA复制，从而使子代的每个细胞都有完整的一套染色体。DNA复制虽然是精确的，但有时也会出错。基因中的碱基可以用4个字母表示：A（adenine，腺嘌呤）、C（cytosine，胞嘧啶）、G（guanine，鸟嘌呤）和T（thymine，胸腺嘧啶）。A与T配对形成碱基对，C与G配对形成碱基对。单根链子的DNA可以通过组装一根与自己互补的链子来复制自己。这样，DNA就由两条互相缠绕的链子形成，即形成双螺旋结构。连接这两条链子的是碱基。如果某个碱基丢失或错位，DNA复制就会出错，从而发生突变。突变是人类演化成今天这个样子的关键原因，否则我们永远只是最原始生物的拷贝。突变的特点是只涉及个体，不会同时出现在一群人身上。

言基因呢？答案是否定的。首先需要指出的是，这个基因不是人类独有的，它在所有的哺乳动物身上都存在，老鼠、猴子、红毛猩猩、大猩猩和黑猩猩都有这一基因，这或许是因为它们有着共同的祖先的缘故[①]。Shu et al.（2005）研究发现，幼年小鼠的FOXP2基因如果有缺陷，那么当它们与父母、兄弟姐妹分开时，发出超声波信号的能力就会受到影响。另外，如果人类的语言能力是指人类的内在语法，即以有限的规则生成无限多语句的能力，也就是“说出并理解以前从没说出或听到过的语句”的能力，那么这一基因就不是为语言专设的[②]。当然，正如前文所指出的那样，人类的FOXP2基因大概在20万年前发生了突变，这说明人类的FOXP2基因与其他哺乳类动物的这一基因不尽相同。

Fitch et al.（2005）认为FOXP2应属于广义语言官能，而不是所谓的语法基因。Hauser et al.（2002）把语言官能分为广义语言官能（Language Faculty in the broad sense，FLB）与狭义语言官能（Language Faculty in the narrow sense，FLN），认为只有FLN才是人所独有的，动物并不具备。那么，FLN是什么呢？Hauser et al.（2002）认为它是递归（recursion）能力。递归包括尾部递归（tail recursion）和中心递归（centre recursion）（杨彩梅，2020）。Fitch & Hauser（2004）指出，小绢猴（tamarins）不具备产生复杂等级结构的短语结构语法的能力。Gentner et al.（2006）指出，欧洲椋鸟（European startlings）可以识别AnBn性质的中心内嵌结构，即识别具有中心递归性质的声音序列。对于这一实验结果，Marcus（2006）

① 一般认为，人和大猩猩的祖先是在600万—800万年前分开的，而人与黑猩猩的祖先分离则是500万—700万年前的事。黑猩猩和大猩猩基因之间的区别比黑猩猩与人类基因之间的区别还要大。黑猩猩与人类基因的相似度达到98%，其大脑的化学物质与人类大脑相同；黑猩猩也有人类那样的免疫系统、消化系统、血液系统、淋巴系统和神经系统。

② 布朗（Brown）在*Genome 2*（《基因组2》，科学出版社，2006年翻译版）一书中指出，深入研究基因组的功能会帮助我们发现人类特性的某些重要特征，但基因组无法解释为何只有莫扎特才能谱写出《莫扎特第四十交响曲》。从基因数目上看，我们仅比果蝇（fruitfly）复杂3倍，比线虫（nematode）复杂两倍，因此单纯用基因无法解释人何以成为人。

并不完全认可，他认为欧洲椋鸟虽经过实验者对其正面反馈的积极强化，但也仅仅是能对熟悉的声音进行扩展，而人类的递归能力却远不限于此。

2. 儿童语言获得与可学性问题

人类的语言能力实际上是一种结构化的能力。所谓结构化的能力，指的是生成和分析结构的能力。在下面的英语例句中，例（1—3）是肯定句，例（4—6）是一般疑问句。

（1） Mary is at home.

（2） Bill can sing.

（3） Mary will be at home.

（4） Is Mary at home?

（5） Can Bill sing?

（6） Will Mary be at home tomorrow?

当我们对比以上肯定句与一般疑问句时就会发现，英语中从肯定句到一般疑问句存在一条规则，即把肯定句中的助动词移到句首，就可以形成一般疑问句。那么这一规则是不是可以正确地描述英语母语者所拥有的关于英语一般疑问句的知识呢？在回答这个问题前，我们先来看例（7）。

（7） Bill will believe that Mary is at home.

在例（7）这个肯定句中有两个助动词性质的词“will”和“is”。那么，应该将哪个移到句首？

（8） Will Bill believe that Mary is at home?

（9） *Is Bill will believe that Mary at home?

对比例（8）和例（9）的合法性可以看出，在形成一般疑问句时，如果句子中有多个助动词，似乎应该移动最左边的那个。这一新的规则既可以生成合法的一般疑问句例（8），又可以排除不合法的例（9），似乎是对一般疑问句知识的正确概括和描述。但是，遇到例（10）这样的句子时，这一概括就出现问题了。

（10）The man who can sing is at home.

如果移动最左边的助动词，得到的是例（11）这样的不合法的句子。

（11）*Can the man who sing is at home?

要想得到正确的疑问句，应该向句首移动例（10）中最右边的助动词，而不是最左边的，见例（12）。

（12）Is the man who can sing at home?

从表面上看，例（8）和例（12）是用两个互相矛盾的规则形成的，而这显然是不可能的。那么，怎样才可以正确地生成例（8）和例（12）呢？要想正确地生成这两个结构，我们需要具有一种结构分析的知识。首先我们需要把例（7）和例（10）分别分解成例（13）和例（14）这样的结构。

（13）

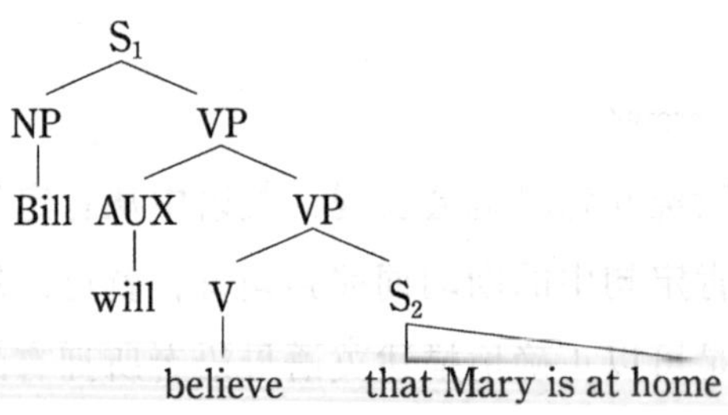

（14）

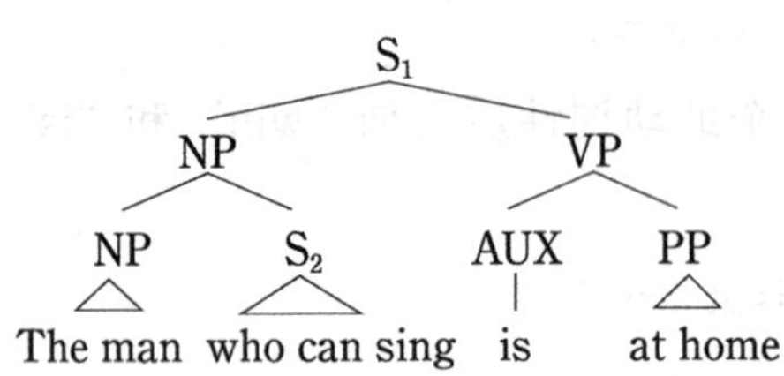

把例（7）和例（10）分析成例（13）、例（14）所示结构后，我们就可以确定例（8）和例（12）是通过移动主句（即以上结构图中的S_1）中的AUX（auxiliary，助动词）规则生成的。根据这一规则，例（13）中的"is"和例（14）中的"can"都不能移动，因为它们位于S_2之内，都不是S_1的助动词。以上例子显示，要正确地描写一般疑问句的形成规则，只把语句作为线性语符串来分析是不够的，重要的是还要分析句子的结构。

现在的问题是：儿童的结构知识是从哪里来的，他们是如何获得在形成一般疑问句时要移动主句AUX这一知识的？首先，儿童获得语言时所面对的初始语言数据（Primary Linguistic Data，PLD）是有限的，这些数据只能是他们听到的句子，而且往往是像例（1—6）那样简单的句子。其次，儿童一般没有机会被告知像例（9）和例（11）这样的句子是不能说的。那么，这就产生了一个问题：是什么原因促使儿童只生成例（8）和例（12），而不生成例（9）和例（11）这样的句子？能不能认为儿童不说例（9）和例（11）这样的句子是因为他们没有机会听到这样的句子呢？显然不能，因为儿童可以说出许多他们从没听到过的正确的句子。儿童凭借什么知识或通过何种途径，才能做到只说正确的句子而不说错误的句子？仅从儿童所接触到的语言数据似乎很难获知儿童是如何获得语言的。对于这一问题，Chomsky（1986：8）用例（15）做出了进一步的说明。

（15）a. I wonder who [the men expected to see them].

b. [the men expected to see them].

c. John ate an apple.

d. John ate.

e. John is too stubborn to talk to Bill.

f. John is too stubborn to talk to.

尽管例（15a）和例（15b）方括号内的成分完全相同，但在例（15a）中代词“them”可以与“the men”共指，而在例（15b）中则不可以，“them”只能指句子外的其他成分。再看例（15c）和例（15d），例（15c）中动词“ate”带宾语，例（15d）中动词“ate”不带宾语。当动词不带宾语时，动词作用的对象是任指的。假设儿童接触到这两个语句时会归纳出以上知识，那么他们在接触到例（15e）和例（15f）时，就应该用所归纳出的这一知识来理解两个句子，但实际上他们对例（15e）和例（15f）的理解并不是这样的。例（15f）中“talk to”的宾语虽然没有出现，但其作用的对象却不是任指的，而是受句子主语John的约束，即必须指John。

传统上，人们往往用归纳法（induction）或类推法（analogy）来解释语言学习的机制。但是，显然从例（15a）无法类推出例（15b），从例（15c）和例（15d）也无法类推或归纳出例（15e）和例（15f）。例（15）中的例句涉及结构依存（structural dependency）知识，到目前为止，如何正确地描述人类的结构依存知识仍是一个难题。再看例（16）中的两个例句（胡建华、潘海华，2001；胡建华、石定栩，2006）。

（16）a. $Mary_i$ saw a picture of her_i / $herself_i$.

b. $Mary_i$ took a picture of $^{*}her_i$ / $herself_i$.

例（16a）和例（16b）构成最小对比对（minimal pair），但前者允许代词与主语共指，后者却不允许。一般来讲，代词与反身代词构成互补分布（complementary distribution），如例（17）所示，但这一互补分布却在例（16a）中被中和（neutralized）了。

（17）a. $John_i$ likes $^{*}him_i$.

b. $John_i$ likes $himself_i$.

下面我们举一些汉语的例子来显示内在语言知识的复杂性，从而进一步说明我们所面临的难题，即怎样才能解释儿童语言的获得机制。

（18）a. 小明$_i$说小丽$_j$喜欢自己$_{i/j}$。

b. 小明$_i$说我$_j$喜欢自己$_{*i/j}$。

（19）a. 小明$_i$给我$_j$一张自己$_{i/j}$的照片。

b. 小明$_i$从我$_j$的抽屉里找到一张自己$_{i/*j}$的照片。

在例（18a）中，"自己"可以分别指远的先行语和近的先行语；而在例（18b）中，"自己"不能指远的先行语。在例（19a）中，"自己"既可以指远的先行语，又可以指近的先行语；而在例（19b）中，"自己"只能指远的先行语，不能指近的先行语。在相关的实验中，4岁多的儿童就已经可以做出正确的判断。但问题是，儿童是凭什么来做出这些判断的？是父母教给他们的吗？是他们自己从大量的语言数据中归纳出来的吗？

儿童可以正确地判断例（18）和例（19）中反身代词的指称，说明他们具有某种句法结构知识。在例（18b）中反身代词只能指近的先行语，而在例（19a）中反身代词可以越过近的先行语而指远的先行语，这是因为这两例中近的先行语不同：例（18b）中近的先行语是主语，例（19a）中近的先行语是宾语。

比较例（19a）和例（19b）中反身代词的先行语，会发现这两例中近的先行语的句法位置有所不同。这两例的句法结构分别如例（20）和例（21）所示。

（20）

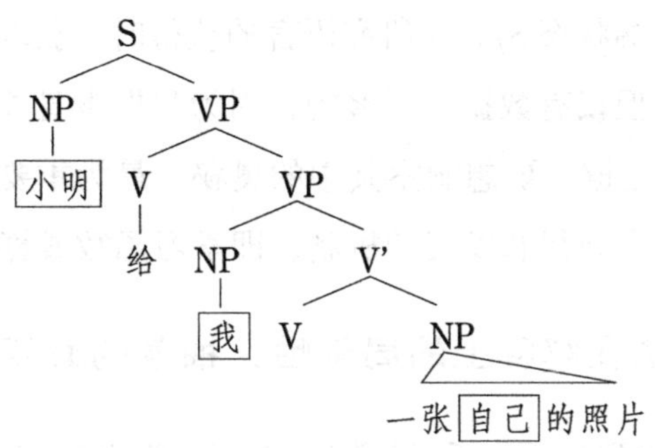

（21）

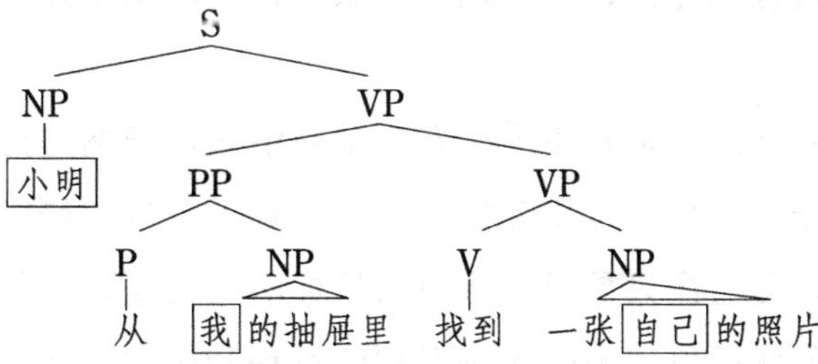

例（20）与例（21）的不同之处在于：例（20）中的两个先行语都成分统制（c-command）反身代词，例（21）中只有主语成分统制反身代词。成分统制的定义如下：

A成分统制B，当且仅当支配（dominate）A的第一个分支节点同时也支配B，且A不支配B。

形式语言学研究的一个重要目标就是回答语言获得中的柏拉图问题，即语言知识的由来。形式语言学的研究表明，人类语言虽然表面上千差万别，但实际上都以复杂而又相同的计算结构为基础，生活在任何语言环境中的所有正常儿童都可以自然地获得语言。由于这一计算结构的存在，婴儿的大脑天生就能分类接受刺激，正确、迅速地获得语言。在抽象的层面，语言获得的过程可以用以下公式表征：

$L:(S_0, E) \rightarrow S_T$

在以上公式中，学习函数或算法L把学习者的初始状态S_0在环境经验E的基础上，影射到终端状态S_T。在研究语言的获得时，获取儿童语言发展的数据固然十分必要，但仅有数据是不够的，因为数据本身并不能揭开语言获得与发展[①]的柏拉图之谜。要想洞察其中的奥秘，最为重要的是能够在相关数据的基础上发现语言获得和发展的机制，即学习函数或算法L。

3. 归纳法与类推法在解释上的局限性：抽象的必要

人类语言能力的研究是一种科学研究。科学研究有几种方法：归纳法、类推法和演绎法（deduction）。通过归纳法和类推法所得出的结论在可靠性上仅具有或然性，而通过演绎法所得出的结论在可靠性上则具有必然性。

结构主义语言学研究使用的方法是归纳法。归纳法往往和分类法一起使用，而且分类还往往是研究的目的。实际上，科学研究是不以分类为最终目标的，分类往往只是通向所追求目标的一条途径。科学研究的目的是揭示自然现象背后那些肉眼无法看到的过程和机制，比如原子运动的规律等，而要达到此目的，研究者往往要提出一些科学假设，然后通过实验等方法进行验证。归纳法比较素朴，但问题比较多，用这个方法很难逼近真

① 先天论者一般不使用“发展”（development）这个词，因为“发展”是心理学领域的概念，很容易和后天经验相联系（王蕾，2020）。

理。除了归纳法，人们在研究中常使用的还有类推法。但是，有些知识根本无法用归纳法或类推法来获得。比如，地球到月球之间的距离，就无法通过归纳或类推得出；爱因斯坦关于相对论的知识也无法用归纳法或类推法获得，爱因斯坦主要是靠他的物理、数学的知识以及抽象思维推理形成了相对论。

儿童语言获得的奥秘也一样无法通过归纳法或类推法搞清楚。儿童获得语言时，所接触的句子是有限的，但他们能听懂并说出的句子却是无限的。用归纳和类推无法说明人类的语言能力。比如，我们虽然可能没有机会听到例（22）这两个句子，但我们却知道它们在解读上的差别，而这一知识是无法归纳或类推出来的。

（22）a. 每个警察都抓过一个小偷。（无歧义：警察＞小偷）

b. *每个小偷都被一个警察抓过。（有歧义：警察＞小偷；小偷＞警察）

再看例（23—27）中的英语例句：

（23）a. who did everybody see [a picture of ____]?

b. *who is [a picture of ____] seen by everybody?

（24）a. who bought what?

b. *what did who buy?

（25）a. *what did who give ____ to Mary?

b. what did who give ____ to whom?

（26）*what did who buy why?

（27）a. ?which book did how many students buy?

b. ?what did which student read?

c. which book did which student read?

用归纳法或类推法来寻找以上例句合法或不合法的规律，肯定也行不通。我们判断例（23b）不合法时，是凭借从例（23a）中归纳或类推出来的某条规律吗？我们能通过归纳法或类推法从例（24—27）中得出一条规律吗？

再看以下例（28—29）中的汉语例句：

（28）a. 他现在来。

b. 他什么时候来？

c. 他现在来还是不来？

d. 他现在来不来？

e. 他现在来不？

（29）a. 他现在来比较好。

b. 他什么时候来比较好？

c. ??他现在来还是不来比较好？

d. *他现在来不来比较好？

e. *他现在来不比较好？

我们从例（28）可以类推出例（29）吗？我们从例（28）中归纳出的知识可以合法地生成例（29）中所有的句子吗？显然不能。

汉语疑问词可以出现在复杂名词词组之中进行发问，如例（30）所示：

（30）你喜欢看［$_{NP}$［$_{S}$谁写____］的书］？

但在例（31）中，疑问词就不能出现在复杂名词词组之中（Hu，2002、2019）。

（31）*你喜欢看［$_{NP}$［$_{S}$他为什么写____］的书］？

汉语不及物动词有时可以带宾语，如例（32）所示：

（32）王冕死了父亲。

但我们却不能通过类推得到例（33）：

（33）*王冕病了父亲。

“死”是不及物动词，为什么可以带宾语？“病”同样也是不及物动词，为什么就不能带宾语？当我们试着把例（32）和例（33）的区别归为两句动词之间的区别时，我们又会遇到例（34）（胡建华，2008）：

（34）a. 王冕家病了一个人。

b. *王冕家笑了一个人。

在例（34a）中，原本在例（33）中不能带宾语的不及物动词“病”却又可以合法地带宾语了，而其带宾语的原因显然不能简单地归结于宾语的类型，即不能简单地说是用“一个人”替换了“父亲”的结果，因为在例（34b）中，不及物动词“笑”也是用“一个人”这种类型的名词词组作宾语，句子却仍然不合法。

4. 经验科学中的数据与理论

在科学研究中我们需要进行理论抽象，需要作科学假设，需要进行演绎推导。

例（30）和例（31）这样的句子，与例（35）和例（36）中的英语疑问句具有某种相似性。

（35） a. who read the books that who wrote?

b. who likes the books that criticize whom?

（36） *who read the books that John wrote why?

英语形成疑问句，必须有一个疑问词在句首，所以英语中没有对应例（30）的形式。

（37） *who do you like the book that ____ wrote?

例（37）不合法，其原因与例（38）句子不合法是一样的。

（38） *金庸，我喜欢读［［________写］的小说］。（我喜欢读［［金庸写］的小说］。）

例（38）显示，从复杂名词词组中无法进行一般的话题化操作，也就是说，其中的成分不能移出来作话题。由于这一原因，复杂名词词组被称为“孤岛”（island）。孤岛会形成一种屏障，如果其中相关的成分移出去，就会违法；另外，孤岛之外的成分也无法越过这一屏障对它获得解读的位置进行管辖。如果这一说法成立，那么我们可以说例（31）之所以不合法，是因为其中牵涉到了移位，虽然这一移位不是显性的。假设所有的疑问词都必须在抽象的逻辑句法层面移位，比如，不管表层形式是“你喜欢谁？”还是“who do you like?”，在逻辑句法层面疑问词都需要通过移位形成例

（39）所示的结构：

（39）which x, you like x？

如果这一假设成立，那么例（31）不合法与例（37）不合法的原因就相同了，即移位越过了孤岛。由于假设所有的疑问词都要在逻辑句法移位，那么例（36）中的“why”也需要移位，而这一移位越过了孤岛。当我们再来看例（29）中不合法的句子时，就会发现例（29）中的“A-not-A”疑问形式实际上也移出了孤岛。在例（29）中是一个句子作主语，而主语位置具有名词性，所以例（29）中的疑问词如果移位，也会越过句子和名词，即越过复杂名词词组，因此违反了孤岛限制。

至此，我们似乎通过假设抽象的移位，成功地解释了以上例句中的问题。但实际上，问题并没有完全解决，因为还存在例（30）和例（31）的对比。按我们的假设，例（30）中也应该存在越过孤岛的抽象移位，但句子为什么仍然合法？例（30）的合法与例（35）的合法具有可比性，要解释清楚这些句子中涉及的句法规则，仅用抽象移位显然是不够的（Hu，2002/2019；胡建华、潘海华，2003）。当我们观察并着手解决这些问题时，我们的理论就会有新的发展。

有很多学者不喜欢使用移位方法来处理相关问题，对于抽象的LF移位更是反感，他们质疑：所谓的LF移位在哪里，怎么看不见？我们认为，移位以及LF等技术处理当然是可以质疑的，但质疑的方式要讲究科学性。对于科学研究来说，以感官经验作为判断的依据，大概是靠不住的。比如，我们如果单凭感官经验一定会得出太阳围绕着地球转的结论，而实际上太阳从来不围绕着地球转，而是地球始终围绕着太阳转。

致力于探究柏拉图问题的生成语言学（又称形式语言学）是一门经验科学，和理论物理学在研究上有许多相同之处，都采用演绎的方法来研究自然现象（语言也是一种自然现象）。生成语言学虽然也使用一些数学方法，但它本身不是数学。作为经验科学，最重要的一点是它的一些假设具有可以被证伪（falsifiable）的特性。Popper（2002：1）在*The Logic* *of Scientific Discovery* 一书中指出，“科学家，不管是理论科学家还是实验科学家，提出一些观点或理论系统，进而对它们一步一步地进行检测（test）。尤其是在经验科学领域，他们建构假设或理论系统，通过观察或实验的手段，用经验来检测理论”。他认为，以观察法和归纳法为基础的研究很难被称为科学理论，科学理论本质上是一种抽象的知识，是一种极富创造力的猜想或假设。科学假设只能间接地得到证明。从逻辑上讲，实验所得出的数据无法确定一个科学理论的真，但可以对其证伪。Popper（2002：18）认为，假设或理论只能通过证伪而不能通过证实（verification）的途径来证明其是否为真。按照这一观点，任何具有可证伪性的科学观点在被证伪之前便可以假定为真。是否具有可证伪性被认为是科学与非科学的分水岭。

根据Popper（1999：14）的观点，科学的进步需要经历四个阶段：第一个阶段是面对已有的问题（old problem）；第二个阶段是提出尝试性的理论（tentative theories）对问题进行解释；第三个阶段是通过讨论、检测、实验等方法对这些尝试性的理论进行纠错、证伪，而经过证伪或排错幸存下来的理论，不是更具正确性，而是更适于处理相关问题；第四个阶段是通过讨论、检测、实验而形成新的问题（new problem）。就像生物的进化一样，理论的进化要经过适者生存的自然选择过程。同样，就像一时幸存之物种不能保证世世代代地存活一样，一时没被证伪的理论也不能保证一直不会被证伪。但不管怎样，经过进化的理论肯定代表着一种进步：它不仅可以处理更加复杂的问题，同时也会引发越来越有趣、越来越深刻的新问题。科学的进步就是在猜想与证伪之间进行的，就像物种的进化是在基因变异与选择之间进行的一样。Popper（1979：261）对科学发展与生物进化自然选择之间的相近之处有如下论述：

> 我们的知识的增长是经由一个类似达尔文所提出的“自然选择”的过程而形成的结果，即各种假设的自然选择：我们的知识，在任何一个

时刻，都是由那些在生存竞争中表现出（相比较而言）适应性而存活下来的假设构成，那些不具有适应性的假设则在这一竞争中被淘汰。

进化观可以解释科学理论的局限性和不稳定性。一些科学理论虽然会盛极一时，但这并不能保证它不会被更好的理论所取代。比如，以太说就在理论的生存竞争中被淘汰。科学理论的进化观不仅可以解释科学的不断进步，还可以解释我们为什么永远无法证明任何理论是绝对正确的。

经验科学致力于用经验数据来对理论或假设进行证伪。那么，什么样的经验数据可以证伪？答案是：反例（counterexample）。但问题并非这么简单，关键问题是如何看待反例——是一个反例就可以把整个理论推翻，还是需要很多反例？Chomsky（2002）提出，经验科学研究要用伽利略式的科学研究方法。伽利略式的科学研究方法是1979年诺贝尔物理学奖获得者、核物理学家Weinberg（1976）提出的一个术语。Chomsky认为，要想洞察事物运作的深层规律，必须采用伽利略式的科学研究方法，不为一些琐碎的数据所困扰。亚里士多德认为，落体的速度是由其重量决定的，而伽利略认为一个100磅重的铁球和一个1磅重的铁球从100米高空落到地面上的速度是一样的，但经验数据却显示伽利略是错的。伽利略在反例面前并没有放弃自己的理论，而是对这一问题作了更深入的研究，进而发现空气阻力与摩擦力对落体的影响。这个事例显示，伽利略式的科学研究方法在重大科学发现中至关重要。

经验数据与理论推导之间存在一种张力。处理好二者之间的关系，对科学研究来说十分重要。对于经验数据与理论推导之间的关系，爱因斯坦（Einstein，1940）有如下论述：

科学是一种尝试。在做这种尝试的时候，我们企图把我们纷然杂陈的感觉经验，与一个在逻辑上一致的思想系统相吻合。在这个系统中，单个儿的经验必须与理论的构造相应。这也就是说，这二者相应之结果的定夺必须是单一的，而且是令人信服的。

这些感觉经验是些外界提供的数据；而用于说明这些资料的理论则是人造的。人造的理论是人借着极度的努力以求适用资料所获知的结果。这样的理论是假定性的，从来不曾完全是最后的定论，而是常常可被质问和怀疑的。

（译文引自殷海光，2004：263）

爱因斯坦在《关于广义引力论》一文中讲道：

如果理论的基本概念和基本假设是“接近于经验”的，这理论就具有重大的优点，对这样一种理论给以较大的信任，那肯定也是理所当然的。特别是因为要由经验来反驳这种理论，所费的时间和精力都要比较少得多，完全走错路的危险也就比较少。但随着我们知识深度的增加，在我们探求物理理论基础的逻辑简单性和统一性时，我们势必愈来愈要放弃这种优点。

（爱因斯坦，2010：679）

爱因斯坦还讲道：

理论科学在越来越大的程度上被迫以纯数学的、形式的考虑为指导……理论家从事这样的工作，不应该吹毛求疵地认为他们是“富于幻想”；恰恰相反，他们应该有权让自己的想象力自由奔驰，因为要达到目的没有别的办法。

（杨振宁，2002：181）

杨振宁认为，物理学中新概念的发展有两个重要的指导原则：一方面必须永远扎根于新的实验探索，因为离开这个根基，物理学将有陷于纯数学演算的危险；另一方面，又绝不能总是被符合当时接受为实验事实的要求所束缚，因为依赖于纯逻辑和形式的推导，是物理学这个领域中许多重大概念发展的基本要素（江才健，2002：410）。

物理学家最注重的是形成这样一些概念的可能性，杨振宁指出，用爱因斯坦的话说，就是一个“完整的可用的理论物理系统”能够被建构起来。这样一个理论系统体现了普适的基本规律：“用这个系统，宇宙能够用纯粹推导的方式建造起来”（江才健，2002：452）。

建立在科学假设基础上的演绎推导在真理探求的过程中必不可少。形式语言学所使用的研究方法是演绎法，它十分注重理论工具的构造。殷海光（2004：264）指出，科学发展的阶段越高，其理论工具就越精密；在这方面，理论物理学所使用的理论工具达到了人类所能企及的巅峰，而一些欠发达的学科，研究素材虽多，但却没有什么好的理论工具，所以往往是意见与理论不分，随便发表点见解也可以堂而皇之地称之为理论。按照殷海光（2004）的说法，函数、集合、关系等概念都还是一些低级别的理论工具。依据这一标准，我们的语言学研究也还算不上是一门发达的学科。

我们知道科学是不断进步的，而科学知识也在不断地变化。没有什么称之为科学的东西是可以不变的。之所以如此，是因为我们大概只能一步一步地逼近真理，却不能直接地找到真理。我们在尝试解释许多复杂而不可见的自然现象时，往往会作理论假设。实际上，初民在首次尝试理解可见的自然现象（如闪电或疾病）的潜在原因时，也要作些假设，会想象出种种神灵等神秘力量的存在。当物理学家或生物学家尝试理解这些现象时，他们所设想的也是一些超出我们感知世界的东西，如电磁场、微小的病菌以及更小的亚原子微粒等。在这一点上，科学与迷信的差别实则只有一步之遥，这一步的区别就在于科学是经过证伪法选择的，而迷信则不是。牛顿关于力等于质量乘以加速度的物理定律是可以被证伪的，如果该理论是正确的，那么使物体获得某个加速度的力，就应该等于使一个只有它一半质量的物体获得两倍的加速度所需的力。如果我们发现的结果并非如此，而实验方法又是可靠的，该理论就有可能被否定。而迷信如果不灵，又不愿意被否定，肯定还要找出其他理由来搪塞。

生成语言学从Chomsky（1957）开始，经历了标准理论、原则与参数理论，一直到目前的最简方案阶段。最简方案更加注重对人类语言基本特性的探究，希望建立一个简单的句法计算系统，用以推导复杂的人类语言。生成语言学一直致力于用更为简单的原则对复杂的语言现象做出更加系统、统一的解释，这与自然科学研究所致力于达到的目标是一致的。1979年，Steven Weinberg在获得诺贝尔物理学奖时发表了题为“Conceptual Foundations of the Unified Theory of Weak and Electromagnetic Interactions”的演讲，他在开篇便讲道：“Our job in physics is to see things simply, to understand a great many complicated phenomena in a unified way, in terms of a few simple principles.”（我们从事物理学研究，就是以简驭繁，用几条简单的原则，对纷繁复杂的现象作统一的理解。）Sean B. Carroll在2007年出版了一本关于进化发育生物学（evo devo）的书，书名是*Endless Forms Most Beautiful: The New Science of Evo Devo and the Making of the Animal Kingdom*。他认为，动物历经进化之后，虽然外在似乎呈现无尽的形式，但却有内在的统一性，其多样性无论是在数量上还是在品种上都受基因与进化选择的限制。现代基因科学发现，控制昆虫身体与器官式样（design）的基因与控制我们人类身体样式的是同一基因。

最后要指出的一点是，形式语言学在具体的研究中所考察的似乎都是一些小的问题，如反身代词的约束条件，代词的指称限制以及句法成分移位的制约机制等。其实，科学的语言学就是研究小问题的，其他的科学实际上研究的也是小问题。比如，为什么苹果只往地上落、不朝天上飞，为什么北极熊长着厚皮毛等。这些小问题似乎不需要牛顿或达尔文告诉我们，这是我们都知道的事实。但牛顿和达尔文却从这些小问题中发现了万有引力定律和适者生存的自然法则，为我们增加了以前没有的新的知识（徐烈炯，2019：2）。科学语言学的研究目标也是拓展人类的知识领域，它所研究的问题都是目前还没有答案的问题，解决这些问题就会为我们增加新的知识。自然科学总是忙于解决小问题，似乎眼光不够远大，但自然科学的迅速发展就是从把大问题置换成小问题开始的。当它把“宇宙是怎么起源的？”“生命本质是什么？”这类大问题置换成“石头是怎么下落的？”“血液在血管内是怎么循环的？”这类小问题时，就开启了现代科学的迅速发展之门。这一置换所产生的效应是惊人的，因为小问题中蕴含着大道理。

参考文献

爱因斯坦　2010 《爱因斯坦文集》（第一卷）. 许良英等，译. 北京：商务印书馆。

布　朗　2006　基因组2. 袁建刚等，译. 北京：科学出版社。

胡建华　2008 《现代汉语不及物动词的论元和宾语——从抽象动词“有”到句法-信息结构接口》,《中国语文》第5期。

胡建华　潘海华　2001 《OT方案与照应语的约束》,《外国语》第1期。

胡建华　潘海华　2003 《指称性、离散性与集合：孤岛中的疑问句研究》，中国语文杂志社《语法研究与探索（十二）》，北京：商务印书馆。

胡建华　石定栩　2006 《约束B原则与代词的句内指称》,《中国语文》第1期。

江才健　2006 《规范与对称之美——杨振宁传》，台北：天下远见出版股份有限公司。

王　蕾　2020 《〈儿童语言：获得与发展〉（第二版）述评》,《北京第二外国语学院学报》第6期。

徐烈炯　2019 《生成语法理论：标准理论到最简方案》，上海教育出版社。

杨彩梅　2020 《递归和语言的关系之辩及前沿论题》,《当代语言学》第4期。

杨振宁　2002 《杨振宁文录》，海南出版社。

殷海光　2004 《思想与方法——殷海光选集》，上海三联书店。

Brown R. & Hanlon C. Derivational complexity and order of acquisition in child speech [C]// Hayes J. R. *Cognition and the Development of Language*. New York: Wiley, 1970: 11–53.

Carroll S. B. *Endless Forms Most Beautiful: The New Science of Evo Devo and the Making of the Animal Kingdom* [M]. London: Phoenix, 2007.

Chomsky N. *Syntactic Structures* [M]. Hague: Mouton, 1957.

Chomsky N. *Knowledge of Language: Its Nature, Origin, and Use* [M]. New York: Praeger Scientific, 1986.

Chomsky N. *On Nature and Language* [M]. Cambridge: Cambridge University Press, 2002.

Chomsky N. *What Kind of Creatures Are We?* [M]. New York: Columbia University Press,

2016.

Einstein A. Considerations concerning the fundaments of theoretical physics [J]. *Nature*, 1940, 145 (3685): 920–924.

Enard W., Przeworski M., Fisher S. E, et al. Molecular evolution of FOXP2, a gene involved in speech and language [J]. *Nature*, 2002, 418 (6900): 869–872.

Fitch W. T & Hauser M. D. Computational constraints on syntactic processing in a nonhuman primate [J]. *Science*, 2004, 303 (5656): 377–380.

Fitch W. T, Hauser M. D & Chomsky N. The evolution of the language faculty: Clarifications and implications [J]. *Cognition*, 2005, 97 (2): 179–210.

Gentner T. Q, Fenn K M, Margoliash D, et al. Recursive syntactic pattern learning by songbirds [J]. *Nature*, 2006, 440 (7088): 1204–1207.

Hauser M. D, Chomsky N. & Fitch W. T. The faculty of language: What is it, who has it, and how did it evolve? [J]. *Science*, 2002, 298 (5598): 1569–1579.

Hu Jianhua. *Prominence and Locality in Grammar: The Syntax and Semantics of Wh-questions and Reflexives* [D]. Kowloon Tong: City University of Hong Kong, 2002.

Hu Jianhua. *Prominence and Locality in Grammar: The Syntax and Semantics of Wh-Questions and Reflexives* [M]. London & New York: Routledge, 2019.

Huttenlocher P. R & Dabholkar A S. Regional differences in synaptogenesis in human cerebral cortex [J]. *Journal of Comparative Neurology*, 1997, 387: 167–178.

Jerne N. K. The generative grammar of the immune system [J]. *Science*, 1985, 229(4718): 1057–1059.

Li Ruya. Anaphoric Dependencies: Reflexive Binding and Null Arguments in Child Mandarin [D]. Kowloon Tong: City University of Hong Kong. 2010.

Lai C. S. L, Fisher S. E, Hurst J. A, et al. A forkhead-domain gene is mutated in a severe speech and language disorder [J]. *Nature*, 2001, 413 (6855): 519–523.

Luria S. E. *Life: The Unfinished Experiment* [M]. New York: Charles Scribner's Sons, 1973.

Marcus G. F. Startling starlings [J]. *Nature*, 2006, 440 (7088): 1117–1118.

Newport E. L. Constraints on learning and their role in language acquisition: Studies of the acquisition of American sign language [J]. *Language Sciences*, 1988, 10 (1): 147–172.

Pinker S. Rules of language [J]. *Science*, 1991, 253 (5019): 530–535.

Popper K. *Objective Knowledge: An Evolutionary Approach* [M]. Oxford: Oxford University Press, 1979.

Popper K. *All Life is Problem Solving* [M]. London & New York: Routledge, 1999.

Popper K. *The Logic of Scientific Discovery* [M]. London & New York: Routledge, 2002.

Reilly J., Klima E. S & Bellugi U. Once more with feeling: Affect and language in atypical populations [J]. *Development and Psychopathology*, 1990, 2 (4): 367–391.

Shu Weiguo, Cho J. Y, Jiang Yuhui, et al. Altered ultrasonic vocalization in mice with a disruption in the Foxp2 gene [J]. *Proceedings of the National Academy of Sciences of the United States of America*, 2005, 102 (24): 9643–9648.

Skinner B. F. *Verbal Behavior* [M]. New York: Appleton-Century-Croft, 1957.

Weinberg S. The forces of nature [J]. *Bulletin of the American Academy of Arts and Sciences*, 1976, 29 (4): 13–29.

（原载《北京第二外国语学院学报》2021年第5期）

第二章　什么是新描写主义

新描写主义（New Descriptivism）是一种学术思潮、研究取向和学术价值观。

新描写主义不限于特定的理论分析框架，而是在跨语言比较的视野下，追求以理论的眼光，通过不断发展、更新的科学分析工具，对显性或隐性的微观语言事实、现象和结构进行细颗粒度的刻画和描写。

新描写主义精神体现在四个方面：一是重视语言学理论工具的建设，二是强调跨语言比较，三是注重微观语言事实以及显性或隐性结构的细颗粒度描写，四是力求通过微观描写、刻画和分析来揭示语言的共性与个性。因此，新描写主义的描写是以理论为工具而进行的描写，是在跨语言比较视角下进行的描写，是注重微观细节刻画并力图以微观通宏观的描写。

新描写主义的描写和分析基于特定的理论框架，带有理论的品位和眼光，即顾准所说的理论“有色眼镜”，但描写和刻画所依据的条件以及分析所得出的结论应具有可证伪性（falsifiability），所描写的语言事实应力求得到独立验证。新描写主义反对为了迁就理论而选择性地使用语言事实，它对任何语言学理论所信心满满地宣称的理论问题的完美解决，始终保持着一份理性主义的冷静。在现实之中，理论往往不是解决了什么科学问题，而是把一个科学问题分解为一个个具体的小问题，或者置换为一系列与之相关的问题，并在问题分解和置换的过程中加深了我们对问题的理解和认识。

新描写主义以演化的眼光来看待理论，认为不断演化、更新的理论是将描写进行到底的基础。因此，新描写主义尤其注重语言学理论工具的建设，强调区分科学道理的简单性与科学工具的系统性和复杂性。简单的科学道理，若是没有一套系统、复杂的科学工具，即指导语言研究的科学理论，不经过条分缕析、旁引曲证的复杂推演步骤，是无法逼近的。

新描写主义是一种实证主义研究路向。它秉持科学理念，讲究语言学分析、论证的可证伪性以及理论的一致性（consistency）（Popper，2002［1935］）。在生成语法研究中，经常有人喜欢假设一些空成分的存在或抽象移位的发生。做出这样的假设，就其本身而言，并没有什么问题，但是，当假设存在各种空成分、空移位的时候，一定要给别人留出可以证明其不存在的机会和可能性，即可以对其进行证伪的机会和可能性。可证伪性是定义科学发现、科学规律的基准，是科学与巫术的分界线。科学研究如果不讲究可证伪性，各种不受限制的假设就会泛滥，那样就不会真正地解决什么问题。所以，在经典的生成语法研究中，假设空成分的存在以及隐性移位的发生，都是要用相应的诊断（diagnostic）手段来显示给别人看的。比如，要让别人相信隐性移位的存在，就要设法显示它具有和显性移位一样的移位效应。如果无法显示隐性移位可以表现出相应的显性移位所具有的句法效应，我们当然有理由不相信其存在。（胡建华，2016）

新描写主义反对那些无法证伪、在理论内部兜圈子（贴标签式）的研究。它主张使用特定的理论分析工具去深度挖掘一些微观语言事实，描写语言的微观句法、语义（micro-syntactic/semantic）特性；在研究中，它侧重寻找能够鉴别所研究语言项目特性的区别性句法环境（distinctive syntactic environment）并利用这一区别性句法环境对它们在微观句法、语义层面上的异同进行刻画和描写。新描写主义认为，虽然在若干句法环境中，一些在微观句法语义层面上并不相同的语言项目可能表面上表现类似，但在区别性句法环境中，它们就会有不同的表现，而这种在特定环境中的不同表现，很可能就是它们本质特性的反映。（胡建华，2006、2009）

新描写主义不是事实归纳派，也不是绝对真理派，而是承认现实复杂多样性的多元实证派。自然语言的语法系统，其运作既有简单、有效、经济、可靠、稳定的特点，也有灵活、多变、特异、无序的特性，而这一切都反映了语言的本性（nature）。语言学研究，如果无视人类语言事实的深度复杂性，偏执于理想中的简单一致性，就很可能丧失经验科学研究所必须具备的那份闪耀着理性主义光辉的冷静。（胡建华，2016）

新描写主义以演化的眼光来看待语言学理论，看重理论但不迷信理论，不把理论看作需要通过“牺牲”语言事实去维护的信条。它认为任何语言学理论都不过是一种观察语言事实的“有色眼镜”，具有临时工具性的特点。任何语言学理论工具在更好的、新的工具出现之前，仅具有临时有效性。

新描写主义反对把描写和解释对立起来。它认为，解释经常寓于描写之中，而深度的刻画和描写就是解释。在语言学研究中，目前还没有凌驾于描写之上的解释。现有的那些所谓的解释，凡是站得住的，实际上都是对语言事实或现象的深度刻画和描写。对深层次的微观或隐性事实的挖掘、对事物之间微观或隐性关系的刻画，是描写，也是解释。解释是把握事物之间微观或隐性关系的一种尝试，而没有好的理论，就没有好的观察和分析工具，因此也就很难观察到事物之间的隐性联系。无法做到充分观察，也就无从描写，更谈不上解释。

新描写主义追求对语言事实或现象的细颗粒度的微观描写和刻画。它从个别的微观事实描写入手，旨在通过局部描写勾勒整体，正如威廉·布莱克（William Blake）所言：从一粒沙子看世界（To see a world in a grain of sand）。

我们希望有更多的学者参与到新描写主义实践中来，以特定的理论眼光，以“微观主义”的精神对事物本身及其运作环境进行深度刻画、精细描写，把描写不断推向纵深，以加深我们对语言本性的认识。认识无止，描写不停。

参考文献

胡建华 2006 《焦点与量化》，汉语形式与功能国际研讨会，解放军外国语学院。

胡建华 2009 《焦点与量化》，见程工、刘丹青主编，《汉语的形式与功能研究》，北京：商务印书馆。

胡建华 2016 《“他的老师当得好”与论元的选择——语法中的显著性和局部性》，《世界汉语教学》第4期。

Popper, Kar 2002 [1935] *The Logic of Scientific Discovery*. London & New York: Routledge.

（原载《当代语言学》2018年第4期）

第二部分　论元的分布与选择

第三章　题元、论元和语法功能项：格标效应与语言差异

1. 汉语主宾语的选择自由

我们把主语和宾语这类语法功能项（grammatical function，简称GF），或称语法关系项（grammatical relation），看作是根据句法结构定义的成分。在现代汉语中，主宾语在句子中的实现似乎不仅不受动词题元角色（theta-role）选择的限制，如例（1）和例（2）所示，而且也不受论元结构的制约，如例（3）所示。

（1）写毛笔；捆绳子；吃大碗；吃食堂

（2）a. 那瓶酒喝醉了老王。

b. 这瓶酒醉得我站不起来了。

（3）a. 跑博士点

b. 王冕死了父亲。

在例（1）中，动词宾语并不符合动词的题元选择要求。换句话说，在例（1）中动词后作为结构宾语的占位成分并不对应于动词给常规宾语指派的题元角色；比如在"吃大碗"中，"大碗"并不是动词"吃"的对象。在例（2）中，动词前作为主语的占位成分也不是动词"喝"或动结复合词"喝醉"的施事。在例（3）中，动词"跑"和"死"都是不及物动词，应该只带一个论元，但例（3）中这两个不及物动词都可以带宾语，似乎是凭空多出了一个论元（参看沈家煊（2006）的有关讨论）。现代汉语主宾语在论元结构和NP[①] 的题元角色选择上所享有的这种自由度不仅英语没有，就是与

① 对NP和DP这两个术语，本章不做区分。

汉语在许多方面相近的日语和韩语也不具备（Li，1993、1999；Lin，2001；Song，2005）。在英、日、韩这三种语言中，不及物动词不能带宾语，所以这几种语言没有例（3）这样的句子；放入宾语位置的NP要与宾语的题元相匹配，所以这些语言也没有例（1）中各例那样的情况。根据Li（1990、1993、1999），汉语有例（2）中的施、受颠倒情况，即主语是受事，而宾语却是施事，但这在英语中不允许出现，如Li（1999：449）举例所示：

（4） a. *That barn painted me totally exhausted.

b. *This movie watched me to tears.

不仅英语如此，日、韩两种语言也不允许出现这种施、受颠倒的情况（详见Li，1993：494–495；Song，2005：150）。

与上面几种语言相比，现代汉语主宾语对施、受题元角色的选择似乎具有一定的自由度。那么，是什么原因使得现代汉语中的主宾语拥有这种相对的选择自由呢？要回答这个问题，办法之一便是从轻动词（light verb）找答案，而这正是Lin（2001）所采用的分析。在Lin（2001）的分析中，传统意义上的动词可分解为根动词（root verb）和轻动词，而句子成分的题元角色由轻动词提供。英汉语动词的区别在于，英语动词的词法结构，除包含根动词外，还包含轻动词，而汉语动词的词法结构只包含根动词本身，不含轻动词。具体讲，汉语中的轻动词不是词法成分，而是句法成分。因为汉语的轻动词不是在动词的词法结构中出现，而是在动词的句法结构中出现，所以动词可以与轻动词自由地组合。由于动词可以和不同的轻动词组合，而不同的轻动词使得相关的句子成分会具有不同的题元角色，所以汉语主宾语在题元选择上便有了一定的自由度。轻动词分析法虽然使用方便，但却很难说清引入轻动词的条件是什么。Lin（2001）实际上是把英汉语在主宾语选择上的不同归结为轻动词出现的层次不同：英语中的轻动词出现在动词的词法层面，而汉语中的轻动词出现在动词的句法层面。但问题是：为什么在句法结构中可以与某一根动词组配的轻动词在词法结构中就不可以？即便在句法结构中，也不是任何一个轻动词随便都可以与一个根动词结合，那么，轻动词在句法结构中浮现的条件是什么？在词法结构中浮现的限制条件又是什么？Li（2006）在评述Lin（2001）的轻动词分析法时就指出其轻动词说在解释汉语和英语之间的差异时至少会面临这样一个难题：英语是否与汉语享有同一套轻动词？如回答“是”，为何英语不能照例（1）的格式来生成句子[①]？如答“否”，那就等于说英语和汉语因为不一样所以就不一样。

限于篇幅，在此仅指出轻动词分析法的一些基本问题，并不准备对这一分析法的具体技术做更深入的讨论。我们要着重探讨的是格（case）与汉语主宾语选择自由之间的关系。概括地讲，语言之间的差异一般体现在词汇化、形态化和语序这三方面。从句法上讲，除了语序之外，语言间的一个重要差异就是形态。如果从形态入手来回答现代汉语为何允许例（1）、例（2）和例（3）中的句子合法出现，我们认为就需要探讨格在现代汉语语法中的地位。

2. 格与语言差异

生成语法中的一个重要理论就是格理论（Case Theory）。根据这一理论，所有的NP都需要被赋格（case-assignment）。NP的赋格要求最早由Rouveret & Vergnaud（1980）提出，后来格理论成为Chomsky（1981）中的一个重要理论模块。在Chomsky的生成语法理论中，NP的赋格要求被看作是一条普遍原则。生成语法所讲的格是结构格（structural case）。结构格，也称抽象格（abstract case），是与结构位置相关联的。Chomsky（1981）认为，主格由INFL指派给IP的标志语（specifier），即主语，而宾格则由动词指派给其宾语；在Chomsky（1992）的最简方案中，主格和宾格分别由AgrS和AgrO来核查，其受核查的位置分别是AgrS和AgrO的标

① Lin（2001：287–288）实际上认为不同的语言可以有不同的轻动词。如果再考虑到在同一语言内部也存在着哪些根动词可以加轻动词的问题（而这正是轻动词分析法难以妥善解决的问题），轻动词分析法就难免要陷入就事论事的泥沼了。

志语位置。在Chomsky（2001）的语段（phase）理论中，格是NP上面需要被标示并核查的特征。主格的特征由INFL来标示并核查，宾格的特征则由“小v”来标示并核查。小v可理解为表及物性或使役性的动词形位。

生成语法格理论的要旨是，结构格不一定要与形态关联。比如在“John likes Mary”这一句子中，主、宾格便没有形态表现。正是基于这一点，格理论一直被认为也适合像汉语这种没有形态标记的语言。但我们对此提出不同看法。我们认为，虽然结构格并不等于形态格，但某一语言中的NP是否具有格特征至少需要一定的形态方面的证据。我们的基本思路是：对语言事实的认定，可以从点推到面，但不可以从无推出有。我们说在英语这类弱形态语言中NP有格标记，做的就是从点到面的推导，因为在英语中至少可以从代词身上找到格标记的线索，比如在“He likes him”一句中，两个代词就分别带有主、宾格标记。由此我们可以在英语代词所带有的这点有限的格特征基础上，进一步假设英语所有的NP都应带有格特征。对英语NP的赋格要求做如此假设，可以很好地解释一些英语中的语言事实。比如，格理论就可以很便利地解释为什么以下例句不合法：

（5）a. *They, I look at you and you look at me.

b. *Fruits, the banana is most tasty.

根据格理论，以上英语句子不合法是因为作话题的句首NP没有被赋格。以上事实显示，格在英语中的存在无论在经验上还是在理论上都是可验证的。

与英语相比，格在现代汉语中的存在很难从经验和理论上验证。首先，现代汉语NP没有任何意义上的格标记，其次，对应于例（5）中英语例句的现代汉语悬空话题句可以合法存在，而这是无法用格理论来解释的。

（6）a. 他们，我看你，你看我。

b. 水果，香蕉最好吃。

我们认为，语言间的一个重要差异就是NP是否需要通过赋格来允准；语言可分为格标（case-marking）语言与非格标语言。在格标语言中，NP只有被赋格才可以得到允准，而在非格标语言中，NP可以不通过赋格来得到允准。格标语言与非格标语言在对格的要求上存在系统性的差异，而这些差异会产生以下的格标效应（case-marking effect）：

（7）　格标效应

A. 格标语言：（a）所有的NP都必须有格[①]；（b）动词题元必须释放，有格NP通过占据题元位置（θ-position）得到题元标记（θ-marking）；（c）有题元标记的NP才可以做论元。

B. 非格标语言：（a）NP可以无格；（b）动词题元可以不按常规释放，NP可以不通过占据题元位置获得题元；（c）不占据题元位置的NP可以不是论元。

在（7Ab）中，我们把NP的格与题元相关联，而实际上它们的关联性是可以从可见性假设（Visibility Hypothesis）中推出的。需要指出的是，虽然根据可见性假设，有格的NP才能被指派题元，但实际上有格的NP并不一定有题元。比如在下面例（8）中，主语有格，但没有题元。另外，我们在（7Ac）中说有题元标记的NP才可以作论元，这一说法与经典题元准则略有不同。根据题元准则，只有论元才可以被指派题元，每个题元必须被指派给且只能指派给一个论元。这一说法可以解释以下例（8）中英语句子的占位（expletive）主语为何不是论元。按分析，以下两句中的占位主语虽然被赋格，但未被赋题元（因为动词seem无题元可以释放），故不是论元（当然，我们的这一不同说法也可能会带来一些意想不到的不良后果，只是我们暂时还没有注意到）。

（8）　a. It seems that he is leaving soon.

b. There is a unicorn in the garden.

按我们的分析，凡格标语言，NP都要通过题元位置来获得题元。题元虽然是个词汇–语义概念，但在格标语言中题元指派却是个句法层面的

---

① 这是格过滤式（case filter）的要求。

操作[①]。格标语言与非格标语言的差别之一就是前者中的论元与GF，即语法功能项，可以合二为一，实际上前者中的论元都是GF[②]。在非格标语言中，由于占据主宾语这类GF位置的NP无格，动词的题元可以不按常规释放，NP可以不通过题元位置来获得题元，NP所占据的句位也可以不是题元位置。按照这一分析，现代汉语中的主语和宾语如果不占据题元位置，就可以不是论元。如此，例（3）中就不存在多了一个论元的问题，因为这两句中的宾语不占据题元位置，不是论元。在英语中GF一般与论元合二为一（GF不是论元的情况仅限于无题元标记的NP，如例（8）），而在现代汉语中，主宾语这类GF可以不是论元。这一分析可以解释为何一般认为现代汉语中的GF语法化程度比较低。按我们的分析，GF语法化的过程就是其与论元合二为一的过程。根据我们的分析，现代汉语中语法化的只有句位（如动词后的位置就十分受限；对动词后句位限制的有关论述可参看Huang，1982），而GF根本就没有完全语法化；汉语中的主、宾名称实际上只是为方便起见给相关句位内的成分贴的使用标签。现代汉语由于只讲句位，即动词前后有没有句法位置放NP，不讲论元，所以一方面像例（1）中那些不与动词后题元相对应的NP可以占据句位，像例（3）中那些动词后不是题元位置的句位也可以放入NP[③]，另一方面，一些NP虽然与动词题元结构内的题元对应，但没有句位也无法放到动词之后，如：

（9） a. *推［他］向深渊

b. *推向深渊［他］

c. *推向［他］深渊

（10） a. *捆绳子箱子

b. *捆箱子绳子

与动词后的位置相比，现代汉语动词前的位置就比较宽松，现代汉语的句

① 现在流行的说法是：题元由轻动词指派。

② 但反之不亦然，因为语法关系项不一定是论元。

③ “飞上海”“走西口”等例句中不及物动词带宾语的情况亦相同。

位可以说是前松后紧。请看以下例句：

（11）a. 这个问题我解决不了。

b. 我这个问题解决不了。

在例（11）中，施、受成分出现在动词前时，位置可以颠倒，这一方面是因为汉语除了有话题位置外，还有子话题的结构位置（胡建华，1996；徐烈炯、刘丹青，1998），另一方面是因为汉语的NP没有格标。英语可以有例（11a）这样的话题句，但不可以有例（11b）这样的子话题句。

（12）*I this problem cannot solve.

例（12）之所以不合法，原因很简单：英语是格标语言，格须指派给相应的结构位置，而在句中this problem是处于主语位置，因此会得到主格，而这一格标不合法。

3. 格与主宾语的浮现和解读

从格的角度来看主宾语浮现及解读上的限制，我们或许能更好地理解以下汉语与日语动结式中NP解读上的差异。Li（1993）注意到（另参看李亚非，2006），日语有相当于例（13）的动结句例（14），但没有相当于例（15）的动结句例（16）（日语例句用罗马拼音）：

（13）张三跳烦了。

（14）John-ga　odori-akiru-ta

John-主格 跳舞-烦-过去时

（John（跳舞）跳烦了。）

（15）张三跳烦了李四了。

（16）*John-ga　Mary-o odori-akiru-ta

John-主格 Mary-宾格 跳舞-烦-过去时

（John跳烦了Mary了。）

从表面上看，汉语和日语的区别在于，在V_1和V_2组成的动结复合词中，汉语的V_2的语义主语可以是动结复合词的宾语，而日语V_2的语义主语则不可（Li，1993；李亚非，2006），但从格的角度看，日语动结复合词中的V_1和V_2都是不及物动词，无法给相关NP指派宾格，所以不能带宾语。由于这一原因，日语例（16）这样的结构无法成为一个合法结构。汉语由于无格，动词宾语的允准不靠格，而靠结构位置和语义；而在例（15）中，在结构上汉语动结复合词后有一个宾语位置，在语义上这一位置内的成分又能够得到妥当的解读，故汉语例（15）这样的结构完全有可能是一个合法的句子。

Li（1993）还注意到，像例（17）中的句子可以有三种解读：

（17）张三追累了李四了。

a. 张三追李四，张三累。

b. 张三追李四，李四累。

c. 李四追张三，李四累。

而与例（17）相似的日语句子例（18）却只有一种解读：

（18）John-ga　Mary-o karakai-akiru-ta

John-主格Mary-宾格 逗-烦-过去时

a. John逗Mary，John烦

b. *John逗Mary，Mary烦

按我们的分析，例（18b）的解读之所以不成立，是因为V_1和V_2给Mary指派的格有冲突。换句话说，在例（18）中如果Mary是V_2的主语，Mary得到的就应该是主格，而不是宾格。就日语这种赋格语言而言，动结复合词中的V_1和V_2，哪一个给相关NP赋格，哪一个就可以给该NP指派题元①。在这方面，汉语与日语有着本质上的不同。例（17）中的解读成立，是因为汉语无格，其中NP的解读没有格的限制。

---

① 在ECM结构中，格与题元可以分离。一种可能是把ECM结构、控制结构、词汇性致使结构等都看作兼语式。这类结构实际上是内嵌（embedded）结构，而动结复合词中的V_1和V_2可能没有结构上的内嵌关系。

4. 结语

本章讨论了格与题元、论元和GF之间的关系，并从格标的角度对汉语与英语等语言在主宾语实现上的差异做了初步探讨。我们认为，语言间的一个重要差异就是NP是否需要通过赋格来允准；语言可以分为格标语言与非格标语言。在格标语言中，NP只有被赋格才可以得到允准，而在非格标语言中，NP可以不通过赋格来得到允准。由于非格标语言中占据主宾语这类GF位置的NP无格，动词的题元可以不按常规释放，NP可以不通过题元位置来获得题元，NP所占据的句位可以不是题元位置。现代汉语中的主语和宾语如果不占据题元位置，就可以不是论元。

如果说汉语中的NP可以没有格，那么接下来必须要回答两个问题：汉语NP为什么可以没有格？汉语中的NP是如何得到允准和解读的？就第一个问题而言，我们认为可以从功能性成分中找答案。如果采用Chomsky（1992）的思路，我们可以把AgrS和AgrO看作是核查主、宾格的成分[①]。如果采用Chomsky（2001）的语段（phase）理论，我们可以把T和表及物性或使役性的动词形位“小v”看作标示并核查NP的格的成分。假设格的存在需要以这些可以赋格或核查格的功能性成分的存在为前提，那么汉语中这些功能性成分的缺失可能是汉语NP可以无格的关键原因[②]。英语中的许多功能性投射，比如，一致成分投射（AGR）、时态投射（T）以及否定投射（NEG）等，在汉语中可能都不存在（Hu、Pan & Xu，2001；胡建华，2007），而这很可能正是造成英、汉语句法在许多方面不同的深层原因。

至于第二个问题，比较复杂，由于篇幅限制，我们只能另文探讨。在此仅指出一点：在格标语言中，NP的允准和解读由句法来执行，而在现代

---

① 根据Chomsky（1991、1992），赋格是在句法层面按照相邻（adjacency）原则来进行的。

② 语言间的重要差异之一就是形态（morphology），而从生成语法的角度看，这种形态上的差异就是功能语类上的差异。

汉语中NP的允准和解读并不完全取决于句法，而是由句法-语义-语用的接口机制来决定。

参考文献

胡建华　1996 《汉语中的主位与子主位》,《徐州师范学院学报》第3期。

胡建华　2007 《否定、焦点与辖域》,《中国语文》第2期。

李亚非　2006 《论语言学研究中的分析与综合》,《中国语文》第3期。

沈家煊　2006 《"王冕死了父亲"的生成方式》,《中国语文》第4期。

徐烈炯　刘丹青　1998 《话题的结构与功能》，上海教育出版社。

Chomsky, N. 1981 *Lectures on Government and Binding* [M]. Foris. Dordrecht.

Chomsky, N. 1991 Some notes on economy of derivation and representation [A]. In R. Freidin (ed.). *Principles and Parameters in Comparative Grammar* [C]. Cambridge, MA.: The MIT Press. 417-454.

Chomsky, N. 1992 A minimalist program for linguistic theory [A]. *MIT Occasional Papers in Linguistics* 1 [C].

Chomsky, N. 2001 Derivation by phase[A]. In M. Kenstowicz (ed.). *Kenneth Hale: A Life in Language* [C]. Cambridge, MA.: The MIT Press. 1-52.

Hale,K. & S. J. Keyser 1993 On argument structure and the lexical expression of syntactic relations [A]. In K. Hale & S. J. Keyser (eds.). *Views from Building 20-Essays in Honor of Sylvain Bromberger* [C]. Cambridge, MA.: The MIT Press. 53-109.

Hu, Jianhua, Haihua Pan & Liejiong Xu 2001 Is there a finite vs. nonfinite distinction in Chinese? [J]. *Linguistics* 36 (6): 1117-1148.

Huang, C. -T. James 1982 Logical Relations in Chinese and the Theory of Grammar [D]. Ph. D dissertation. N. Y.: MIT.

Li, Yafei 1990 On v-v compounds in Chinese [J]. *Natural Language and Linguistic Theory* 8: 177-207.

Li, Yafei 1993 Structural head and aspectuality [J]. *Language* 69 (3): 480–504.

Li, Yafei 1995 The thematic hierarchy and causativity[J]. *Natural Language and Linguistic Theory* 13: 255-282.

Li, Yafei 1999 Cross-componential causativity [J]. *Natural Language and Linguistic Theory* 17: 445-497.

Li, Yafei 2006 The origin of thematic arguments—A Chinese perspective [R]. Talk at CUHK.

Lin, Tzong-Hong 2001 Light Verb Syntax and the Theory of Phrase Structure [D]. Ph. D dissertation. Irvine: UC-Irvine.

Rouveret,A. & J. R. Vergnaud 1980 Specifying reference to the subject: French causatives and

conditions on representations [J]. *Linguistic Inquiry* 11: 97–202.
Song, Hongkyu 2005 Causatives and Resultatives in Korea [D]. Ph. D dissertation. Madison: University of Wisconsin-Madison.

（原载《外语教学与研究（外国语文双月刊）》2007年第3期）

第四章　论元的分布与选择：语法中的显著性和局部性

1. 理论思考

我们注意到以下英汉语句子的b、c变式在合法性上有差异（胡建华，2006、2007）。

（1） a. 这个问题我解决不了。

　　 b. 我这个问题解决不了。

　　 c. 这个问题解决不了。

（2） a. this problem I cannot solve.

　　 b. *I this problem cannot solve.

　　 c. *this problem cannot solve.

我们认为，以上英汉语例句的b、c变式在合法性上的差异与这两种语言中动词的形态以及名词的格特征有关：汉语的动词和名词一样，都没有形态标记，这使得汉语的动词和名词只能以“毛坯”形式（即光杆形式或根形式）直接进入句法进行运算[①]，光杆动词和名词进入句法后再用相应的算子来允准（胡建华、石定栩，2005），而英语动词则需要像名词一样[②]，必须在

① Y. Li（2006）对汉语动词持类似的观点，认为动词可以以根形式进入句法，但他所讲的根动词指的是不加轻动词的根动词。

② 英语名词性成分的复数化是形态操作，肯定是在词法完成的，那么一个DP的D+NP过程是在词法完成的，还是在句法完成的？按惯常的分析，D+NP是个句法操作过程。看来英语也可能有个句法允准问题。

注意：NP加复数标记后还可以加D，而这时加D的操作似乎是为了满足接口的需要。如此看来，汉语的动词和名词所面对的仅是一个接口要求（胡建华、石定栩，2005），而英语中的动词和名词则首先要面对形态上的要求。

“羽翼丰满”后，即先经过形态化的允准后，才可以进入句法进行运算。汉语的名词与英语的不同，没有“数”特征标记；汉语动词也与英语的不同，没有T（时态）标记。以往主流的汉语生成语法研究认为，汉语有隐性的（covert）定式与不定式（finite vs. nonfinite）之分（Huang，1982、1984、1987、1989；Tang，1990），因此也有隐性的时态。汉语句子与英语一样，不定式取［-时态］值，定式取［+时态］值（Li，1985）。然而，我们论证过汉语既没有隐性的定式与不定式之分，也没有隐性的时态（Hu、Pan & Xu，2001）。虽然有的学者坚持认为汉语有隐性的时态（如Sybesma，2007），但也有一些学者认可汉语无时态的观点（Smith & Erbaugh，2005；Smith，2008；Verkuyl，2008）。假设我们的这一观点是正确的，那么汉语句法结构中就没有T（时态）投射；如此，就不存在T确定（value）相关句子主语的格值问题（参看Chomsky，2000、2001、2008）。由于汉语名词没有“数”特征，同时又由于汉语没有T，也不存在主语给T确定“数”值的问题。我们认为“数”特征和“格”特征之间具有以下关系：

（3）“格”值确定原则

a. 如果某一语言中的名词可以给动词形态的Φ特征（人称、数特征）确定值，那么该语言中的动词形态也可以给相关的名词的格特征确定值。

b. 如果某一语言中的某些名词有显性格标记，那么该语言中没有标记的名词也有隐性格标记。

根据以上原则，如果一个语言中的名词可以确定动词形态上的Φ值，那么动词形态也会对相关论元的“格”值进行确定；但动词形态确定名词的“格”值并不必然导致相关名词确定动词形态的Φ值。比如日语名词就有格，但动词形态并没有Φ特征。

汉语名词性成分不具有“数”特征，并且句子中也没有T，所以汉语没有格；因此，也不存在论元的格值确定问题。可能是由于汉语句子中没有T，并且主语也没有格，汉语句子自然就缺乏英语中的那种EPP

特征[①]。另外，由于汉语名词没有“数”特征，句子没有T投射，汉语句法运算自然要比英语更多地依赖信息结构的投射（胡建华，2008）。与汉语不同，英语T作为动词的形态成分具有无解的Φ特征，因此需要合适的名词性成分来与其形成局部核查关系并确定其Φ值；同时又由于英语的名词带有无解的“格”特征，需要动词形态与其形成局部核查关系并确定其“格”值。例（2b）和例（2c）不合法，就是因为处于主语位置的this problem无法与相关的T形成合法的核查关系。进一步观察有关语言现象，我们还发现例（2b）也无法通过把例（2a）中的主语I话题化来合法生成，这是因为英汉语在论元的分布、选择和确认上也有差异，不仅仅是个形态特征问题，还有个题元确认问题以及这一确认机制背后的显著性与局部性的交互作用问题。在例（2b）和例（2c）中，this problem由于处于动词前的位置，会被局部性条件自动确认为外论元，由于按我们的分析英语是局部性条件优先语言，所以施事题元必须按照局部性条件与外论元连接，从而使this problem错误地获得施事解读，导致句子的解读失败。与英语不同，汉语是显著性条件优先语言，局部性可以被显著性压倒（Pan & Hu，2001），所以在汉语例句（1b）中动词的施事题元可以按照显著性原则越过局部NP“这个问题”来与句首的更显著的NP“我”进行题元连接，从而使句子获得合法解读。传统上，生成语法在处理汉语例（1c）这样的受事主语句时，使用的是主语脱落分析法，即认为在这类句子中有一个空主语。如果用这种分析来解释例（2c）与汉语相应的例子之间的区别，似乎可以说：例（2c）不合法是因为英语不是pro脱落语言。但这一说法没有意识到英语不仅不能说例（2c），主语没有脱落的例（2b）也不能说[②]，而例（2c）和例（2b）之所以不能说，可能是同一个原因造成的。我们认为

① EPP指扩展投射原则（extended projection principle）。该原则要求句子必须有主语。Huang（2008）指出汉语句子可能没有EPP特征。

② 在英语中，主宾语分别话题移位到不同位置也一样导致句子不合法：*John，I think that this problem cannot solve.

这一原因与我们讨论的格核查和题元释放有关。

这里所讨论的以上英汉语例子涉及论元的分布与题元的释放或选择。对汉语论元分布以及题元选择的研究，国内比较有影响的是陈平（1994、2004）发表的两篇论文。陈平的研究所根据的是Dowty（1991）的原型题元（proto-thematic-roles）理论。首先检讨原型题元理论在汉语中的运用，指出原型题元理论无法恰当处理汉语论元分布和题元选择问题。然后，通过显著性与局部性之间的互动对汉语论元的分布和题元的选择以及英汉语在论元分布与题元选择上的区别做出系统的解释。最近，Markman（2009）也对格的普遍性提出挑战，认为汉语是无格语言，这和我们的结论（胡建华，2006、2007）是一致的。但Markman（2009）的关注点和我们有所不同，他看到的是汉语严格的词序限制与无格之间的联系，而我们所看到的却是汉语论元分布的自由性与无格之间的相关性。由于Markman（2009）没有注意到汉语论元的排序问题，其分析无法为我们关注的语言事实提供一个解释框架。

2. 原型理论及其问题

在本章讨论中，我们把主宾语这类语法功能项（grammatical function）看作是根据句法构型（configuration）定义的句法成分，把题元角色（theta-roles）看作是在初始结构中指派的语义成分。初始结构是连接词汇语义与句法的接口结构[①]。

对于汉语句子论元在主宾语句法位置上的分布以及它们与题元之间的关联（下面的讨论中我们把题元角色一概简称为题元），陈平（1994）有比较系统的论述。他认为句法成分与题元之间的配位取决于以下施事性等级：

（4）　施事＞感事＞工具＞系事＞地点＞对象＞受事

① 这里的初始结构等于D结构。

陈平（1994）指出，在以上施事性等级中位于“>”左边的成分优先于右边的成分充任主语，而位于“>”右边的成分优先于左边的成分充任宾语。陈平（1994）采用Dowty（1991）的分析，认为施事和受事不是初始概念，而是由以下两组基本特征组合构成的语义成分。在Dowty（1991）的系统中，最基本的语义角色只有两类，即由以下两组特征组成的原型施事和原型受事（Dowty，1991：572—573）：

（5）原型施事特征：自主性（volition），感知性（sentience），使动性（cause），位移性（movement），自立性（independent existence）

（6）原型受事特征：变化性（change of state），渐成性（incremental theme），受动性（causally affected），静态性（relatively stationary），附庸性（no independent existence）

陈平（1994）根据Dowty（1991）指出，一个名词性成分一般情况下只能具备部分原型施事性或受事性特征，不大可能具有所有的特征。由于这一原因，所谓的施事性或受事性就有一个强弱的问题。原型施事性特征越多，施事性就越强；原型受事性特征越多，受事性也就越强。

用Dowty（1991）原型说中两组特征的组合我们可以很好地说明为何在施事不出现的情况下，以下例句可以成立：

（7）书给了李四

根据陈平（1994）的定义，主语是“位于句首、后带动词性短语同为句子直接成分的名词性短语”，而宾语是“位于动词后面、与该动词同为上一个动词性短语的直接成分”。据此，在“书给了李四”一句中，“书”就是主语，因为“书”位于句首，后带动词性短语，并且是句子的直接成分。在例（7）中，“书”可以作一个合格的主语，因为按照（5），“书”比“李四”更具施事特征。“书”至少具有“位移性”和“自立性”两个施事特征，而“李四”只具备“自立性”这个特征。如果（5）中特征的多少决定NP的施事性强弱的话，那么在例（7）中“书”的施事性应该比“李四”强。另外，按（6），“李四”和“书”则可能具有同样的受事性：“李四”具有“静态性”特征，而“书”则具有“受动性”特征。当然，还有一种可能，那就是“李四”也可以理解成具有“受动性”特征，而如此，“李四”的受事性就要比“书”还强。但问题是，这一分析虽然可以解释汉语例句“书给了李四”为何合法，而“李四给了一本书（表示：给了李四一本书）”为何不合法，但却无法解释以下例句中语义成分与句法成分配位的合法性①。

（8）　李四收到了书

以上例句中相关NP的施、受特征与例（7）相同，“书”同样比“李四”更具施事特征，而“李四”比“书”更具受事特征，所以按施事性等级以上例句应该不合法，合法的例句应该是例（9）：

（9）　*书收到了李四

但事实却正相反，例（9）并不符合语法。实际上，像“收到”这样的动词，其三个语法功能项的浮现并不受施事性强弱的制约。请看以下例句：

（10）李四收到张三一封信。

在以上例句中，“张三”就具有原型施事特征中的“自主性”“使动性”和“自立性”三个特征，“一封信”具有“位移性”和“自立性”，而“李四”只具有“自立性”特征，因此“张三”或“一封信”都应该比“李四”更具有作主语的资格。如此，表示例（10）中句子意思的结构应该是以下例子：

（11）a. #张三收到李四一封信②

b. *一封信收到张三李四

但实际上例（11）中的两例都无法表达例（10）中的语义。

陆丙甫（2006）曾指出陈平（1994）没有提到文献中广泛出现的recipient（接受者）或benefactive（受益者）。陆丙甫认为跟接受者和受益者这两个角色在形态上最对应的是“与格”（dative），因此可以把这两个

① 对“收到”的分析受Newmeyer（2001）对receive分析的启发。

② 用＃这一符号来标明相关例句无法得到相应的解读。

角色称为“与事”。陆丙甫举出以下例句证明，在施事主语句中与事通常落实为宾语。

（12）a. 公司奖励了他（一万元）。[施事－动词－与事－（受事）]

b. 强盗抢了张三（全部财产）。[施事－动词－与事－（受事）]

陆丙甫认为，与事的施事性比施事弱，但比受事强，所以在没有施事的情况下，与事要比受事优先作主语，如下所示。

（13）张三收到了书。[与事－动词－受事][①]

陆丙甫认为陈平（1994）的施事性等级中的“对象”和“受事”可以合并，而“系事”跟SVO句式无关可以删除。他在增加“与事”之后，提出以下施事性等级：

（14）施事＞感事＞工具＞地点＞与事＞受事

在此，需要注意的是，用施事性等级来分配语义成分，实际上是从超结构的层次上来给语义成分和句法成分进行配位，在这种操作中，题元角色的指派不受题元结构的限制。这种在超结构层次上对语义成分与句法成分配对的操作，自然不假设存在着一个由词汇信息投射出来的初始结构，但如果不做这一假设，在处理具体问题时就很容易出问题。不仅处理“收到”类动词会出问题，处理“给予”类动词也会出问题。比如，在例句“张三送给了李四一本书”中有施事、与事和受事三个题元角色。虽然在这个句子中这三个角色是按照（14）中的题元等级配位的，但如果施事不出现，与事因等级高于受事应优先出现在主语位置，就会形成以下例句：

（15）#李四给了一本书

但以上例句并不合法，因为该例句无法表达“送给李四一本书”的意思。实际上，以下违反例（13）中实施性等级的句子反而是合法的句子。

（16）书给了李四

要妥当解释例（16），一种方法是把其中动词前的“书”看作是省略了

① 陆丙甫没有分目标和来源，但这二者在汉语中的句法特性实际上并不相同。

施事的“话题句”中的话题。由于话题可以不看作是句法成分，施事等级得到遵守。如此一来，我们还可以根据例（11）中与事作主语的情况，继续说与事的施事性高于受事。但这一处理方法，实际上是给句法结构引入了零形句法成分，如此，例（16）实际上具有例（17）这样的结构：

（17）书Pro给了李四

在例（17）中主语是空代词，而书不是主语，是话题。但如果把零形句法成分引入到陈平的分析之中，则整个语义成分与句法成分的配位问题就和陈平的讨论在许多方面无法对接了。另外，如果采用补成分的方法，我们同样也可以给例（15）补出一个施事主语，让“李四”作话题，但例（15）按同样的方法处理后得到的是一个可接受性比例（15）要高的句子。

（18）??李四，我给了一本书

上例只有当加上一个接应代词后，才完全合法。

（19）李四，我给了他一本书

但问题是例（19）中的施事主语并不可以取零形式，就是用接应代词也不可，如下所示：

（20）*李四Pro给了他一本书

另外，如果引入这种处理方法，陈平当作主宾语句法成分讨论的许多例子都要重新考虑。鉴于此，我们不把例（16）看作主语省略的话题句。

实际上，单凭施事性等级是很难安排句子中的名词性成分的句法位次的。比如，在“张三被李四打了”这样的被动句中，语义成分与句法成分的配位就不受施事性等级的制约。

另外，汉语的主动结构也有施受与主宾反向配位的情况，如下所示：

（21）a. 我吹了三天海风　　　　b. 他在吹电扇

Zhou（1990）把这类句子称作“深层”作格（“deep” ergative）结构，因为在这种结构中施事处于宾语位置，而受事／客体处于主语位置。以下是Zhou（1990）举的例子：

（22）a. 张三晒太阳　　　　　　a'. *太阳晒张三

b. 他淋雨了　　　　　　　b'. *雨淋他了

c. 我照镜子　　　　　　　c'. *镜子照我

在这种结构中，施事性等级显然无法处理句法成分与语义成分的配位。Zhou（1990）认为例（22）中的a'、b'、c'显示，它们之间的配位如果按一般方法处理，让施事作主语，则要么不自然，要么受一些额外因素的限制。

当然，施事性等级也无法正确预测汉语动结式中的配位情况，如下所示：

（23）那瓶酒喝醉了老王

在以上例子中，受事处于主语位置，施事处于宾语位置。

3. 题元的允准与连接：局部性与显著性之间的交互作用

我们认为，在现代汉语中句法成分的允准与解读并不依赖施事性等级，而是取决于句法成分是否占据题元位置从而得到题元允准，句法成分与题元之间的连接是否是最小连接。在分析中，题元允准是一种局部运算，而句法成分与题元之间的连接涉及局部性与显著性之间的交互作用。Hu（2002）指出，局部性原则和显著性原则是协调并制约语法系统运作的两个重要原则。根据Hu（2002），这两个原则可以表述如下：

（24）局部性原则：语法系统优先选择最局部的成分进行加工或运算。

（25）显著性原则：语法系统优先选择最显著的成分进行加工或运算。

最理想的情况是：最局部的也是最显著的。但实际的情况往往是：最局部的成分不一定显著，最显著的成分可能不具有局部性。以下的分析将显示：局部性与显著性之间的交互作用实际上就是计算这两个因素在语言信息加工中的权重。

在我们的分析中，题元由初始结构指派。一个作主宾语的句法成分如果占据题元位置就可以直接接受题元允准。

（26）题元允准条件

a. 一个句法成分可以得到题元允准和解读，当且仅当该成分占据题元位置；

b. 一个句法成分占据题元位置，当且仅当其句法位置与题元位置对应且该句法成分与相关题元的语义特征完全相容。

简单地讲，题元允准条件就是对处于常规句法位置的NP按动词的词汇语义进行解读的条件。但如果一个NP所占据的位置不是题元结构位置，那怎么办呢？这种情况下，我们就要看该NP能否通过题元连接条件来与相关题元结构中的题元建立合法的连接。题元连接条件可以表述如下：

（27）题元连接解读条件：一个句法成分α与一个题元β可以进行连接解读，如果α与β没有加标引并且它们之间的连接是最小连接（Minimal Link）。

题元连接解读条件是用来解读不占据常规句法位置的NP的。对于最小连接条件，我们根据Rizzi（1990）、Pan（1998）以及胡建华、潘海华（2002）做出如下定义：

（28）最小连接条件

a. 一个句法成分α与一个题元β之间的连接是最小连接，当且仅当（i）α与β的语义特征相容，（ii）α成分统治（c-command）β并且（iii）在α与β之间没有一个干扰性句法成分γ，以致γ成分统治β但不成分统治α。

b. γ是一个干扰性句法成分，当且仅当γ未加标引并且γ的显著性≥α（高于或等于α）。

最小连接条件是用来定义在什么情况下一个不占据常规句法位置的NP与一个题元之间的连接才称得上是最小连接。在我们的分析中，加标引的成分就是获得解读的成分。一个成分未加标引，就是还没有被解读。

假设我们已有若干显著性等级，并且我们知道在n个显著性等级中γ＞α，在n'个显著性等级中α＞γ，那么我们就可以根据以下原则来计算相关成分的显著性。

（29）显著性计算

设：$\gamma>\alpha$的等级数量为N，$\alpha>\gamma$的等级数量为N'，那么：

a. $\gamma>\alpha$，即γ比α显著，当且仅当：N＞N'；

b. $\gamma=\alpha$，即γ与α的显著性相同，当且仅当：N=N'，或者在每一个显著性等级中$\gamma=\alpha$，即在每一个等级中γ与α都处于同一个等级位次。

（30）显著性等级[1]

a. 生命显著性等级

人类＞非人类（高级生命＞其他生命）[2]＞无生命＞抽象体

b. 指称显著性等级

人称代词＞专名＞定指＞无定特指＞非特指

c. 人称显著性等级

1、2＞3

d. ……

如何确定以上显著性等级以及等级内的成员是个经验（empirical）问题，所以我们这儿不把它定义为一个封闭类。另外，这儿的显著性计算不仅指某个NP在某个显著性等级内的排序，还指某个NP跨显著性等级的显著性计算（Hu，2002）。

题元连接解读条件可以处理以下情况：

（31）a. 车卖了　　b. 张三车卖了　　c. 车张三卖了　　（张三卖了车）

（32）a. 鸡吃了　　b. 张三鸡吃了　　c. 鸡张三吃了　　（张三吃了鸡）

（33）a. #李四喜欢　b. #张三李四喜欢　c. 李四张三喜欢　（张三喜欢李四）

在以上例句中，动词在词库中的题元信息标注都是V（θ_1，θ_2）。在例

---

① 关于显著性等级的设定，参看Silverstein（1976）、Comrie（1981）、Hu（2002）、Siewierska（1988）等。

② 非人类应该根据现实世界的弱肉强食法则排列。另外，一些特定动词的词汇语义也会改变有关名词性成分的显著性解读。

（31—32）中，θ_1是施事，θ_2是客体／受事（我们用数字1标注外部题元，用2标注内部题元）。在例（33）中，θ_1是感事，θ_2是客体。

按照Reinhart（2002）的分析，题元由更为基本的特征丛（feature cluster）构成。特征丛的基本成分是表示致使变化（cause change）的+/−c和表示心理状态（mental state）的+/−m。这两个成分不同值之间的组合可以划定8种特征丛，如下所示。

（34）	[+c+m]	施事	[+c]	致使
	[+c−m]	工具	[+m]	感事
	[−c+m]	经历者	[−c]	目标、受益者等与格
	[−c−m]	客体／受事	[−m]	论题（subject matter）

根据Reinhart（2002），在例（31—32）中，θ_1的特征丛为［+c+m］，在例（33）中，θ_1的特征丛为［+m］。［+c+m］特征组合的具体实现是施事，而［+m］特征组合的具体实现是感事。这两组特征组合中所含有的+/−m特征决定它们要求生命显著的名词性成分来实现。

在例（31a）中，"车"不符合θ_1特征丛中含有的［+m］对生命显著性的要求，与θ_1的语义特征不符，因此根据题元允准条件，"车"不处于题元位置，无法使用题元允准条件来获得施事解读。我们认为题元允准条件是具有使用优先权的条件，即题元允准条件和题元连接条件按照以下顺序使用：

（35）题元允准条件＞题元连接解读条件

由于在（31a）中，题元允准条件不可用，"车"无法得到题元允准，便只好转用题元连接解读条件来进行允准和解读。"车"与这两句中的内论元，即客体题元θ_2可以建立连接，由此获得解读。这里需要指出的是，在题元确认中，存在着一个外题元优先确认原则：

（36）外题元优先确认原则

当外题元需要释放时，其他题元要在外题元确认之后才可以释放。

a. 可以显性释放的外题元要释放为显性论元；

b. 无法显性释放的外题元则解读为隐性论元。

（可以释放是指有相应的名词性成分引发其外题元特征）

在例（31a）中，由于“车”是无生命的，所以外题元θ_1无法通过与它建立解读关系来显性释放，只能作为隐性论元解读。在例（31b）中，根据外题元优先确认原则，我们首先用题元允准条件来检验动词短语前的NP“车”是否可以解读为外题元，“车”与θ_1的［+c+m］特征不相符，所以“车”无法得到题元允准。因为外题元优先确认原则的作用，我们须继续寻找其他可以使外题元可以确认的NP。句首的“张三”不占据题元位置，因为它所处的位置与题元结构中相关题元的位置不具有结构对应性，所以不能运用题元允准条件来解读。但是，“张三”可以用题元连接解读条件来解读。把“张三”与θ_1连接是最小连接，符合题元连接解读条件，因此“张三”可以得到解读，外题元也得到确认。外题元确认后，动词短语前的“车”就可以与θ_2连接，这一连接也是最小连接。这里要指出的是，在例（31b）中虽然名词性成分“车”切入“张三”与θ_1之间，但“车”的显著性比“张三”低，所以它不是阻断它们连接的γ，由于它们之间的连接没有被一个更显著的NP阻断，所以是最小连接。

在例（32a—b）中，“鸡”是作为“可吃物”来理解的，因此其解读过程与“车”相同。当把“张三”与施事连接时，由于处于“张三”与施事中间的“鸡”的显著性比“张三”低，“张三”可以越过它解读为句子的施事。当外题元得到确认后，我们再把“鸡”与句子的客体/受事角色连接，动词前的两个NP都得到恰当地解读。在例（31c）和例（32c）中，由于题元允准条件是优先使用的条件，同时又由于动词短语前的“张三”完全符合外题元的语义要求，“张三”会自动解读为句子的施事。

现在我们来看例（33），例（33）作为例（37）重复如下：

（37）a. #李四喜欢

b. #张三李四喜欢

c. 李四张三喜欢（张三喜欢李四）

在（37a）中，句首成分“李四”很难理解为句子的逻辑宾语，这是因为“李四”与θ_1的语义特征完全相符，θ_1符合显性释放的条件，而且题元允准条件还是优先使用的条件，这一切使得“李四”自动作为占据题元位置的成分获得题元解读。在例（37b）中，我们如果试图把“张三”理解为施事，“李四”理解为客体 / 受事同样很难行得通。这是因为（1）在句子理解时我们会自动按题元对应条件把“李四”解读为施事，（2）如果我们把“张三”理解为施事，首先就得放弃需优先使用的题元允准条件，用题元连接解读条件来解读“张三”，但是当我们试图把“张三”与施事连接时，在“张三”与施事之间却有一个未加标引的句法成分“李四”，由于“李四”的显著性与“张三”相同，不符合最小连接条件的要求，所以“张三”无法与外题元进行连接解读①。如此，句子解读失败。值得注意的是，由于外题元优先释放原则的存在，我们也不能越过外题元把“李四”先和内题元连接，以使其变为加标引的成分，从而不阻挡“张三”与外题元之间的连接。在例（37c）中，句首的“李四”是逻辑宾语，后面的“张三”是逻辑主语。这一解读是合法解读。首先，我们在句子理解时优先选择的句法成分解读机制是题元允准机制，按照这一机制，“张三”会解读为外题元。把“李四”与客体 / 受事连接时，虽然连接线路中间有“张三”，但由于它已经加标引，获得了外题元解读，所以不会干扰“李四”与客体 / 受事的连接。

除了以上讨论的例句，我们的分析还可以处理其他一些复杂的情况。陈平（2004）曾经讨论了以下例句②：

（38）a. 这句话谁都说不好　　　　a’. 他什么话都说不好

b. 什么话他都说不好　　　　b’. ?/*谁这句话都说不好

① 把（37b）中的专名NP_2换成一个定指NP后，NP_1解读为外题元的可能性会有所提高，如下所示。情况之所以如此，是因为这一置换使得NP_2得到是焦点解读，另外也使得NP_1的指称显著性略高于NP_2。

（i）？张三这个人喜欢

② 对这类涉及“都”量化的例子，较早的讨论见于Lee（1986）。

（39）a. 这条狗谁都喜欢　　a'. 他什么狗都喜欢

b. 什么狗他都喜欢　　b'. *谁这条狗都喜欢

（40）a. 东京什么都太贵（东京物价太贵）　　a'. 物价哪儿都太贵

b. 哪儿物价都太贵　　b'. *什么东京都太贵

陈平把以上句子称作双项名词句，把动词短语前的两个NP分别称作NP_1和NP_2。陈平发现以上例句中的NP_1如果是周遍性成分，那么它在施事性等级中的位次就得低于NP_2，否则句子不合语法。以上例句b类句子的NP_1的施事性低于NP_2，句子合法；b'类句子的NP_1的施事性高于NP_2，句子则不合法。这一现象非常有意思，我们发现，实际上这一限制也适应于无定名词词组。

（41）a. #有的人张三不喜欢（有的人不喜欢张三）

b. #少数学生新来的老师不喜欢

c. #有的人这条狗不喜欢

在例（41a—c）这三个例句中，如果把NP_1解读为外题元，NP_1的施事性高于NP_2，句子就比较别扭。至此，人们会问，NP_1的施事性为什么不能高于NP_2？这一限制的本质是什么？或者说，形成这一限制的底层原因是什么？我们认为以上制约NP_1解读的限制不是其较高的施事性，而是它的低显著性。具体来讲便是，NP_1在以上例句中解读失败是因为它在指称显著性等级中比NP_2所处的等级低。在以上可接受性低的例句中，NP_1都是无定的，而NP_2都是定指的。如此，我们根据（29）和（30）对相关NP的显著性进行计算后就会发现，NP_1的显著性最多只能与NP_2相同。比如，在例（41c）中，虽然“有的人”在生命显著性等级中比“这条狗”高，但在指称显著性等级中却比“这条狗”低，由于这一原因，二者的显著性就会相同①。

① 有人觉得以下例句似乎可以接受。我们注意到，在以下例句中，NP_1的指称特征为无定特指，NP_2的指称特征为定指。一种可能的解释是，虽然定指特征高于无定特指特征，但它们二者在指称显著性上的差别不够悬殊（它们在该等级中的地位具有相邻性），而它们在生命等级上的差别却是压倒性的，所以总的算起来，NP_1的显著性要略高于NP_2。这就解释了为什么有人会觉得在以下例句中NP_1可以越过NP_2与外题元连接。

（i）？有的人这句话说不好

这样，根据题元连接解读条件，例（41c）中的NP_1就无法越过NP_2来与外题元连接。例（38—40）中的b'例句和例（41）中的其他例句中的NP_1都难以得到施事解读，原因亦相同。在这些例句中，NP_2的显著性要么高于NP_1，要么与NP_1相同。这样，NP_2自然会阻断NP_1与外题元（即施事）的连接解读。

由于是显著性在起作用，所以当NP_1是无定短语时，如果我们降低NP_2的显著性，NP_1就可以越过NP_2与外题元连接，如下所示：

（42）a. 有的人什么都不喜欢

b. 少数学生什么课都不喜欢

c. 有的人什么狗都不喜欢

在例（41a—c）中，NP_2的显著性比NP_1低，所以NP_1可以越过NP_2与外题元连接解读。

在我们的最小连接条件定义中，成分统治这一概念很重要。如果动词短语前的两个名词性成分与相关题元之间的关系不是成分统治关系，我们所面对的情况就完全不同。在以下例句的a式中，很难把NP_1理解为施事，NP_2理解为受事，即逻辑宾语（方梅，1995）。按我们的分析，这是因为NP_2会阻断NP_1与施事之间的连接解读。

（43）a. #我你完全信任　　　　b. 我［对你］完全信任

（44）a. ??大家这个问题都很感兴趣

b. 大家［对这个问题］都很感兴趣（《现代汉语八百词》，1980年版157页）

（45）a. #我你接管了　　　　b. 我［把你］接管了

但当以上例句中的逻辑宾语NP_2处于介词短语之内时，它就不会阻断NP_1与外题元的连接，因为介词短语内的名词性成分不成分统治外题元。

潘海华、梁昊（2002）曾讨论过“谁他都认识”这一例句。他们按优选论的思路用一个制约条件等级来决定这一例句中“谁”和“他”的解读。他们的制约条件等级为：语义匹配制约＞近距离制约＞词类制约。在上例中，选择“谁”作主语违反近距离制约和词类制约，而选择“他”不违反任何制约，所以选“他”作主语符合优选条件。但我们如果用他们的制约条件来处理例（38b'）或者例（40b'）就会出问题，因为选择以上例句中的NP_2作主语会违反最高级别的制约条件，即语义匹配制约，所以只能选择NP_1。后一选择虽然会违反近距离制约和词类制约，但同前一个制约条件相比，这两个制约条件的级别比较低，所以他们的主语选择机制会允准这一选择，但这一选择并不合法。他们在处理这类例子时会出错，是因为他们的分析没有提供一个排除不合格NP作主语的机制。

4. 非常规语序与题元

下面我们来看我们在第2节中讨论过的一些例子。首先看例（7），在此重复为例（46）：

（46）书给了李四

在例（46）中，“书”与外题元语义特征不相符，无法使用题元允准条件解读，外题元处理为隐性论元，然后“书”与客体题元连接获得解读。

与例（46）不同，在例（47）（原标号为（15））中目标“李四”出现在动词短语前，但由于“李四”在句中所占据的位置是题元位置，其语义特征符合外部题元要求，所以“李四”在这个位置上就会被题元允准条件自动解读为外题元，无法解读为目标。

（47）#李四给了一本书

再请看以下两个例句（原标号为（7）和（8））。

（48）李四收到了书

（49）*书收到了李四

例（48）合语法，比较好理解，因为例（48）中句法成分的分布完全对应于题元结构中题元的分布。现在的问题是如何理解例（49）。我们认为例（49）不合法是因为语义角色为来源的“李四”在以上句式中得不到解读。我们认为“取得”类动词与“给予”类动词具有不同的词法信息标

注:“取得”类动词在词库只标注两个题元的信息，而“给予”类动词在词库中标注了三个题元的信息。张伯江（1999）曾注意到“给予”类的双宾句式一般排斥动量词，而“取得”类的却可以与动量词兼容。比如，例（50）不大容易接受，而例（51）就比较好接受：

（50）*我曾经送过她一次毛衣

（51）我曾经买过她一次毛衣

我们认为这两种句式在动量词使用上之所以表现不同，是因为这两个句子是由不同的结构线性化而成的。“取得”类句子动词后多出来的来源这一角色是“构式”的产物，这一语义角色信息并没有在动词“吃”的词库信息中标注；而“给予”类动词后的两个宾语都是词库中标明的题元。对于“取得”类动词，动词后的两个名词性成分，即一般所说的NP_1和NP_2，我们采用单一VP处理方法。在我们的分析中，NP_2是动词V的宾语，也是VP内唯一的论元，NP_1是抽象动词“有”（BE-WITH）引入的句法成分。抽象动词“有”按胡建华（2008）的分析可以实现为体貌成分。NP_1处于动词之后并形成［NP_1, NP_2］序列是V提升出VP的结果。

（52）a.［$_{vP}$我［$_{v'}$ v［$_{AspP}$她［$_{Asp'}$有［$_{VP}$一次［$_{VP}$买毛衣］］］］］］

b.［$_{vP}$我［$_{v'}$ 买—Asp-v［$_{AspP}$她［$_{Asp'}$ ~~买—Asp~~［$_{VP}$一次［$_{VP}$~~买~~毛衣］］］］］］

按我们目前的分析，NP_1“她”的允准不直接依赖词汇动词本身，而是依赖体貌成分“有”。“买”在没有移入轻动词v之前，不表示施事性。同时。由于“买”是根动词形式直接使用，其语义很大程度上取决于可分解构式。以上结构的解读是：我搞了一个买毛衣的事件，而她经历了一个买毛衣的事件。按胡建华（2008）的分析，“有”某事件就是经历某事件。根据我们的分析，该例句中“毛衣是从她那儿买的”这一含义是构式义，而这一构式义的允准取决于动词“买”所含有的“获取”义。

汉语受益者不能与受损者一样作为非核心论元进入句法，比如英语可以说：

（53）a. John melted me some ice.　　b. John baked me a cake.

但汉语就不能说：他化我块冰；他烤我块面包（张宁，2000）。英汉语的这种损益不对称，或许与两种语言中的一些词法与句法上的系统区别有关。受益者可能所处的句法位置比较高，动词只有移入T后，它才能出现在动词后，但由于汉语与英语不同，没有V到T的移位（Tang，2001），或者按笔者的说法，汉语根本就没有T，那么自然就不存在V到T的移位，所以汉语中的受益者就不可能出现在动词后面。另外，英语受损者也不能有汉语这样的“取得”类结构，比如英语的句子He bought me a sweater就没有汉语中的“买走”的意思。我们认为这是因为英语没有υP内表体貌的“有”。另外，需要指出的是，对于汉语这类双宾结构中的非核心论元，有人觉得可以用文献中讨论的applicative（涉用格）来分析。但这种分析，目前见到的大多是贴标签。我们还没看到涉用格使用的条件，什么情况下可以使用涉用格，什么情况下不可以，只是给相关现象贴上个涉用格标签并不解决什么问题。而一旦有人给出涉用格使用的条件和限制，那时你叫它涉用格也好或其他什么名称，就不太重要了，因为反正不管说它是什么格都没有形态上的显性标注可供识别。

在“给予”类双宾句中，动词后的NP_1和NP_2实际上是某个VP内的成分，这个VP的核心为空动词“有”。NP_1和NP_2分别作“有”的主语和宾语。这也就是说，“给予”类动词投射的是双VP结构，而“取得”类动词投射的是单一VP结构。按照我们的这一分析，张伯江所讨论的动量词问题就比较好解释。“取得”类双宾句实则是单VP结构，实际上也就是单宾句，就像一般的VO结构中可以插入动量词一样，“取得”类句子也可以在其VO中插入动量词。而“给予”类双宾句则是双VP结构，NP_1和NP_2实际上形成一个单独的VP结构，表示NP_1拥有NP_2。这种表拥有的VP结构不含动元，即事件变量，当然无法受动量词修饰，所以我们不能说以下的句子。由于同一原因，“给予”类句子自然也会排斥动量词，因为动量词所作用的VP内没有事件变量可供约束。

（54）*她有一次毛衣

另外，还需要指出的是：虽然“抢”这样的动词允许NP_1单独出现在它后面（沈家煊，2000），如“张三抢了李四”，但却不允许NP_2从动词后移到动词前，如例句“*十块钱抢了李四”就不能说。这是因为没有NP_2，NP_1会被解读为“抢”的宾语，而“抢”则解读为：x ACT-on y，即讲的是“x对y做了些什么”。当NP_1和NP_2一起出现在“抢”的后面时，两个名词性成分之间虽然只剩下删除的主动词和“有”的拷贝，但由于NP_1和NP_2的存在，[NP_1 ~~V Asp~~ [V NP_2]] 的基本结构框架得以保留，NP_1就可以在这个保留下来的构式中作为“有”的主语来解读。而当NP_2从NP_1后面移开并出现在动词前时，[NP_1 ~~V Asp~~ [~~V~~ [NP_2]] 这一构架就荡然无存，这时，NP_1就会被重新分析为主动词的宾语，而不是抽象动词“有”的主语。

除了以上讨论的例句，我们的分析也可以解释以下两个例句合法性上的不同：

（55）a. *那瓶酒喝了老王（表示“老王喝了那瓶酒”的意思）

b. 那瓶酒喝醉了老王

例（55a）为什么不合法，施事性等级和我们的分析都能解释：按施事性等级，例（55a）不合法是因为施事和受事与主语和宾语的配位颠倒。按我们的分析，例（55a）不合法是因为无法通过题元允准或题元连接来给相关名词性成分安排恰当的解读。但施事等级如何解释例（55b）？按我们的分析，例（55b）与例（55a）的不同之处在于例（55b）中句子谓语是由两个根动词形成的动结复合词。我们认为动结复合词中的V_1和V_2各自引入一个题元结构，主语和宾语分别在V_1和V_2所引入的两个题元结构中获得解读。V_1中的题元要分配给主语，而V_2的题元要指向句子宾语。例（55b）中V_1的主语是“这瓶酒”，它不占据题元位置，因此无法通过题元允准获得解读，但它可以通过题元连接来与V_1题元结构中的客体连接。在例（55b）中V_2的唯一题元“老王”在句法结构中无法处于V_2前的外论元位置，因为这一位置被V_1和V_2的合并挤压掉了。但V_1-V_2动结复合词为

"老王"提供了一个宾语位置。"老王"在此位置与V_2的题元连接符合连接条件。由此，两个名词性成分都获得合法解读。另外，我们认为例（55b）这种施、受颠倒结构中的致使义并非来自轻动词CAUSE，而是来自动结式这一结构所形成的规约含义。施、受颠倒动结式中的V_1-V_2形成因果关系（cause-effect）链，V_1是因，V_2是果，而V_2只有含状态义时才可以表示结果。

但是，如果我们把例（55b）中的两个名词性成分的位置颠倒一下，句子反而不好接受：

（56）*老王喝醉了那瓶酒

这是因为在例（56）中，虽然"老王"可以直接通过题元允准条件获得解读，但"那瓶酒"的解读却有问题。"那瓶酒"只能与V_2的题元连接，但这一连接却无法实现，因为它们的语义特征不相容。当然，我们注意到例句"老王喝醉了酒"是个合法的句子。这个句子之所以合法，按我们的分析，是因为"酒"在这个例子中不是论元。我们认为，只有具有指称性的名词性成分才可以作论元，而"酒"在这个例子中没有指称，所以不是论元。非论元成分不需要得到题元。

再请看以下例句：

（57）a. 老王喝光了那瓶酒　　　　b. *那瓶酒喝光了老王

（58）a. 老王吃腻了那道菜　　　　b. 那道菜吃腻了老王

在例（57a）和例（58a）两例中，主语占据V_1的外题元位置，可以通过题元允准获得解读，而宾语可以与V_2的唯一题元进行连接，两个句子的宾语可以分别解读为：那瓶酒光了；那道菜腻。在例（57b）和例（58b）两例中，主语分别通过题元连接从V_1的内题元那儿获得解读，而宾语则通过题元连接从V_2的题元那儿获得解读。在例（58b）中，"腻"的语义指向宾语，"老王"拿走"腻"的感事题元，句子的意思是老王感到腻；而例（57b）宾语的解读不成功，"光"的语义无法指向"老王"，我们不能说：老王光了。因此，例（57b）不合法。

最后，我们来看我们的这一方法怎么处理被动句。我们认为在"张三被李四打了”这样的被动句中，动词的施事题元已经被从题元结构中拿掉，所以“李四”在句法结构中只能作嫁接语，不作论元。这样，在以上被动句句中，主语“张三”虽然不占据题元位置，但可以通过题元连接条件来获得受事解读，句子自然合法。

5. 进一步的讨论

5.1　格、EPP、光杆动词和题元

汉语没有格（胡建华，2006、2007），所以就没有EPP问题。由此，汉语的施事可以不与格关联（因为没有格），可以不释放。当施事以隐性论元形式存在时，汉语及物动词似乎是当不及物动词用，所以汉语有大量受事主语句。但汉语有个核心论元配置问题，即所谓的配价问题。核心论元由词法决定。另外，汉语还有个句法位置限定问题。文献中用格来说明的问题，在汉语可能仅是个句位的分布问题。汉语中句法位置的分布有其自己的限制（胡建华，2006、2007）。论元的选择及其在句法结构中的分布，由词法、句法、语义、信息结构决定，其背后的工作原理是显著性和局部性的混合运算。

英语由于动词形态特征的存在，动词题元和格混合在一起，是激活的特征，因此需要句法核查，而汉语动词是光杆形式直接进入句法，其题元特征与格分离，因此既可以沉睡，也可以靠NP与动词之间的匹配来激活。NP如与动词的题元特征不符，动词的题元要求就不会被显性释放。我们知道，汉语光杆名词可以直接进入句法运算。名词性成分如何确定指称特征由句法环境决定。这一情况当然同样适用于动词。汉语动词题元特征的释放也由句法环境决定。动词的题元特征需要恰当的名词性成分来激活，否则就会沉睡，以隐性论元的身份存在。所以题元的释放问题在汉语是个动词与名词之间的搭配问题。在英语则是个特征核查问题，也就是说是个形态句法问题。

对于英汉语的这一区别，我们可以这么来理解。英语由于T及动词带

有格特征，格特征是呈“阳性”反应的“病毒”特征，需要在句法推导过程中被尽早核查掉；而英语的题元特征由于依附于格特征，自然也是活跃的特征。在英语中，格特征的活跃带动题元特征的激活，而格特征的核查常常会带来题元特征的释放（参考可见性条件（Visibility Condition））。汉语没有格特征（胡建华，2006、2007），因此题元特征不活跃，自然也就不存在通过核查格特征来释放题元特征的问题。汉语的题元特征由于无法依靠格核查来激活，于是只能像处于潜伏期的病毒一样，等着寻找合适的“宿主”成分来进行特征释放。而如果没有相应的诱发成分，或者说，没有相应的可以接受题元特征释放的“宿主”，这些特征就会像没有外在症状的病人所携带的病毒一样，继续潜伏。

5.2 句子加工中的显著性和局部性

我们在“引言”中讨论了以下例句：

（59）a. 这个问题我解决不了

b. 我这个问题解决不了

（60）a. this problem I cannot solve

b. *I this problem cannot solve

我们认为例（60b）不合法是因为this problem无法核查相关的格特征。这儿还要进一步问的问题是：例（60b）中的I和this problem为什么不可以都看作是处于话题位置？例（60a）显示英语中的宾语可以话题化，以下例句显示英语中的主语显然也可以话题化：

（61）$John_i$, I think t_i will buy this book

那么，例（60b）为什么不可以看作是宾语话题化后主语又做了话题化移位？例（60b）当然可以看作是双话题化的产物，以下例句可以清楚地显示这一点：

（62）*$John_i$, this $book_j$, I think t_i will buy t_j

我们认为例（62）不合法是因为英语题元确认遵守严格的局部性条件。英语的最小连接不需要考虑显著性，不显著的NP也会阻断最小连接。因此，在例（62）中，外题元空位会首先与this book连接，这自然会导致解读错误。

英汉语在显著性与局部性之间的运算上有系统的不同。以反身代词为例，英语反身代词是局部性优先：局部性＞显著性；而汉语就可以用显著性来压倒局部性（Pan & Hu, 2001），即：显著性＞局部性。

（63）a. *John_i thinks these remarks hurt himself_i

b. 张三$_i$觉得这些言论伤害了自己$_i$

但我们也要看到，虽然显著性与局部性这两个条件之间的互动可以解释以上例句，但在处理以下例句时却遇到问题。

（64）a. *This book_j, John_i, I think t_i will buy t_j

b. ?这本书$_j$，张三$_i$，我认为t_i会买t_j

以上英汉语例句双话题化有不同的可能性，它们之间的区别或许在于汉语可以有所谓的主谓谓语句，即主谓结构作谓语。但这一分析的问题是会抹杀受事主语句作谓语与施事主语句作谓语在外接NP_1主语时的区别，如例（38—40）所示。另外，这一分析也会错误地预测主谓谓语结构可以递归生成，而实际上，除了例（38—40）的问题之外，主谓结构的内嵌生成能力是十分有限的，如例（69）和例（70）。

另外一种分析是对两种语言的话题结构做限制。按这一分析，例（64a）的问题大概和英语话题是TP嫁接形成的有关。一种情况是TP不允许多重嫁接，还有一种情况是在John话题移位后，this book再作话题化时是嫁接在John这一话题之上的，但这一嫁接却使得this problem与内嵌句宾语位置之间的连接无法建立，因为this problem无法成分统治这一位置。汉语话题是基础生成的（徐烈炯、刘丹青，1998），所以不存在这一问题。

另外，我们看到，客体／受事在施事后的双项名词句是有标记的。我们前面的讨论已经显示了这一点。这类双项名词句所遇到的问题或许与以下情况相同。

（65）a. *What did who buy　　　　b. who bought what

以上英语例句的LF（逻辑式）结构如下：

（66）a. who_i $what_j$ t_i buy t_j　　b. $what_j$ who_i t_i bought t_j

例（67）显示例（66a）中的who和what与各自的语迹在LF形成的是交叉（crossing）关系：

（67）[who_i $what_j$ t_i t_j]

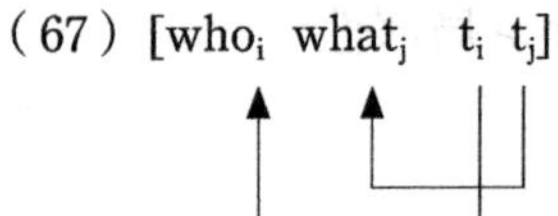

而例（68）显示例（66b）中的who和what与各自的语迹在LF形成的是套叠（nesting）关系：

（68）[$what_j$; who_i; t_i; t_j]

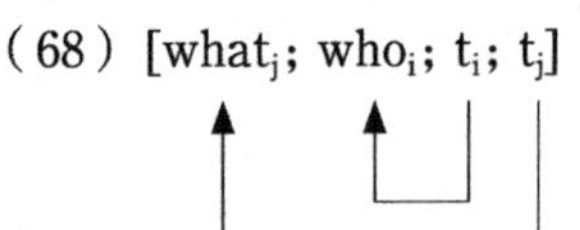

早期的句法研究对套叠与交叉结构有比较多的讨论（Kuno & Robinson，1972；Fodor，1978；Pesetsky，1982）。一般认为，具有套叠关系的依存结构是比较容易加工的结构，而具有交叉关系的依存结构是比较难加工的结构。这一限制同样适用于LF结构。具有交叉关系的依存结构比较难加工，是因为储存在记忆中的填位成分（filler）是按照"后进先出"（last-in-first-out）的原则与相关空位连接的（Frazier & Fodor，1978）。在例（67）这样的结构中，句子加工器（processor）从左向右进行线性加工时，"先出"的是最后的填位成分what，但what却无法填入它所遇到的第一个空位t_i，因为二者的语义不相容；这样，what只好继续向右寻找可填入的空位。由于加工器在继续向右寻找空位时，还需要额外"记住"其搜寻路径上的未填入空位t_i，以便继续加工，这自然就增加了加工的难度。

这里讨论的显著性和局部性交互作用机制似乎和句子加工机制可以相互印证。在双项名词句的理解中，NP_1是先压入记忆存贮栈（stack）的成分，NP_2则是后进入的成分，从存贮栈提取一个成分时，自然是后者优先，但如果前者足够显著，也可以被提取机制"看见"，或者说在短时记忆中具有足够的活跃性，从而会被优先加工。但如果先压入的成分显著性与后压入的成分相当或者更低，那么似乎就没有什么理由要优先提取它了。所谓的"后进先出"实际上也就是"先进后出"，先压入的成分要想被优先提取，那就是特例，而要形成特例，总要有足够的理由。大脑短时记忆对句子加工的限制还可以体现在NP_1和NP_2解读的时限（timing）要求上，以下汉语例句和英语例句加工不顺，可能都与加工的时限性有关[①]。

（69）a. ??这个问题$_j$，张三$_i$，我认为t_i解决不了t_j

　　b. ?张三$_i$，这个问题$_j$，我认为t_i解决不了t_j

（70）a. *这个问题$_j$，张三$_i$，我认为李四知道t_i解决不了t_j

　　b. ?*张三$_i$，这个问题$_j$，我认为李四知道t_i解决不了t_j

以上例子加工起来都有一定的难度，这是因为句首的NP_1和NP_2是更深一层的内嵌句的成分。在把它们与相应的空位关联时，会越过一些干扰性NP。这类干扰性成分越多，加工时间就越长，难度也就越大。另外，值得注意的是，以上例子还表现出一个比较有意思的现象：句子中的NP_1和NP_2如果按照受事、施事顺序排列，加工起来反而要比按照施事、受事顺序排列困难。一种可能的解释是，当NP_1和NP_2按照施事、受事顺序排列时，这两个成分可以同时加工，即把两个成分按已有顺序同时放入两个空位，而当它们按照受事、施事顺序排列时，只能分别单独加工，因为它们的排列顺序不对应于空位的先后顺序，这自然就增加了加工的时间。此外，还有一种可能的解释就是，在例（69b）和例（70b）中，NP_1和NP_2在加工时很可能被重新分析为"NP_1的NP_2"这样的领属结构[②]，比如，例（69b）中的两个NP就可以理解为"张三（的）这个问题"。如果真是这样，这两个NP的解读自然可以同时进行。

---

① 在与笔者的一次交谈中，李行德指出NP_1和NP_2如果是按施事、受事序列排列，则进一步内嵌比较困难；笔者后来发现，NP_1和NP_2就是按受事、施事顺序排列，内嵌也很困难，有的情况下还更困难。总之，如果把施事和受事都从内嵌较深的结构中提取出来，不管以何种顺序排列，在加工上都比较困难。

② 这一可能性是刘丹青指出来的。

6. 结语

Hu、Pan & Xu（2001）认为汉语没有定式与不定式之分，也没有时态投射。胡建华（2006、2007）进一步指出，汉语NP也没有格。在格标语言中，NP的允准和解读由句法来执行，而在现代汉语中NP由于没有格，其允准和解读并不完全取决于句法，而是由句法—语义—语用的接口机制来决定（另参看Pan & Hu，2008；Hu & Pan，2009）。但是胡建华（2006、2007）虽然指出汉语NP的允准、分布以及解读会涉及一个接口问题，至于怎么接口却并没有讨论[①]。我们的目的就是通过确立局部性和显著性交互作用的运算规则来显示句法-语义-语用是如何接口的。在我们的分析中，局部性属于句法运算，而显著性涉及句法、语义、语用等单元的接口运算。我们认为，局部性属于内在的语法知识，具有跨语言的一致性，而显著性属于接口知识，在不同语言会有不同表现。显著性在不同的语言不仅有不同的定义，其语法地位也不尽相同，它在汉语起着更加重要的作用。这儿的一个问题就是：为什么在汉语中显著性会如此重要？答案还是和格有关。格的一个作用就是区分句法成分，汉语没有格，区分句法成分就无法使用差分格标策略（Differential Case-Marking Strategies）。但显然句法成分是需要某种方法来区分的，否则很多情况下句子的解读无法进行。在这种情况下，显著性在语法运算中的作用就凸现出来了。因此，显著性是汉语句法成分差分标记的一种手段。

Markman（2009）认为汉语没有格，所以汉语的词序限制更加严格。我们认为，汉语没有格，所以需要一套制约并调节句法成分分布的机制，而词序限制仅是这一机制运作的产物。这也就是说词序是果，而不是因。

① 胡建华（2008）讨论了句法与信息结构接口机制在句法成分允准和解读中的作用。我们认为，信息的分拣和组配实际上就是一个显著性计算问题，而本章所讨论的双项名词句加工中的显著性与局部性计算又是和信息结构分不开的。在双项名词句中，NP_2所处的位置就是一个焦点位置。

所谓的词序限制实际上就是我们所讲的题元确认，而题元确认仅反映句法结构对应于初始结构时的一种解读。实际上，这一解读机制在很多情况下往往派不上用场，因为在实际语句中，句法成分所处的位置往往并不是题元位置。鉴于这一情况，我们并不完全同意Markman（2009）关于汉语的格与词序之间关系的分析。我们认为，汉语没有格，词序限制有时会严格，比如汉语动词后可以放的成分就很有限。但有时反而又会比英语宽松，比如汉语可以有例（1b）和例（1c）这样的例子，而英语就不可以。对于汉语这种没有格标的语言，句法成分的确认需要一种不同的差分标记策略。这一策略就是在句法-语义-信息结构接口上运作的显著性以及显著性与局部性之间的交互作用。由于显著性反映的是接口特性，所以显著性和局部性的运算就是句法-语义-信息结构接口的具体实现。我们的研究显示，这一接口机制可以更好地确定汉语句法成分的分布、选择和解读。

参考文献

陈　平　1994《试论汉语中三种句子成分与语义成分的配位原则》,《中国语文》第3期。

陈　平　2004《汉语双项名词短语结构与话题-陈述结构》,《中国语文》第6期。

方　梅　1995《汉语对比焦点的句法表现手段》,《中国语文》第4期。

胡建华　2006《题元、论元和GF——格效应与语言差异》，东亚语言比较国际研讨会，上海师范大学。

胡建华　2007《题元、论元和语法功能项——格标效应与语言差异》,《外语教学与研究》第3期。

胡建华　2008《现代汉语不及物动词的宾语和论元——从抽象动词“有”到句法-信息结构接口》,《中国语文》第5期。

胡建华　潘海华　2002《NP显著性的计算与汉语反身代词“自己”的指称》,《当代语言学》第1期。

胡建华　石定栩　2005《完句条件与指称特征的允准》,《语言科学》第5期。

刘丹青　2001《汉语给予类双及物结构的类型学考察》,《中国语文》第5期。

陆丙甫　2006《汉语语义角色的配位》，未刊稿。

潘海华　1997《词汇映射理论在汉语句法研究中的应用》,《现代外语》第4期。

潘海华　梁昊　2002《优选论与汉语主语的确认》,《中国语文》第1期。

沈家煊 2000 《说"偷"和"抢"》,《语言教学与研究》第1期。

徐烈炯 刘丹青 1998 《话题的结构与功能》,上海教育出版社。

张伯江 1999 《现代汉语的双及物结构式》,《中国语文》第3期。

张 宁 2000 《汉语双宾语句结构分析》,陆俭明主编《面临新世纪挑战的现代汉语语法研究》,山东教育出版社。

Chomsky, Noam 2000 Minimalist inquiries: the framework. In Roger Martin, David Michaels, and Juan Uriagereka (eds.), *Step by Step: Essay on Minimalist Syntax in Honor of Howard Lasnik*. Cambridge, Mass.: MIT Press.

—— 2001 Derivation by phase. In Michael Kenstowicz (ed.), *Ken Hale: A Life in Language*. Cambridge, Mass.: MIT Press.

—— 2008 On phase. In Freidin, Robert, Carlos P. Otero, & Maria Luisa Zubizarreta (eds.), *Foundational Issues in Linguistic Theory——Essays in Honor of Jean-Roger Vergnaud*. Cambridge, Mass.: MIT Press.

Comrie, Bernard 1981 *Language Universals and Linguistic Typology*. Chicago: University of Chicago Press.

Dowty, David 1991 Thematic proto-roles and argument selection. *Language* 67, 3: 547–619.

Frazier, Lyn, and Janet Dean Fodor 1978 The sausage machine: A new two-stage parsing model. *Cognition* 6, 291–326.

Fodor, Janet Dean 1978 Parsing strategies and constraints on transformations. *Linguistic Inquiry* 9, 427–473.

Hu, Jianhua 2002 Prominence and Locality in Grammar: The Syntax and Semantics of Wh-questions and Reflexives. Ph. D. Dissertation, The City University of Hong Kong.

Hu, Jianhua, Haihua Pan & Liejiong Xu 2001 Is there a finite vs. nonfinite distinction in Chinese? *Linguistics* 39 (6): 1117–1148.

Hu, Jianhua & Haihua Pan 2009 Decomposing the aboutness condition for Chinese topic constructions. *The Linguistic Review* 2/3.

Huang, C.-T. James 1982 Logical relations in Chinese and the theory of grammar. Ph. D. Dissertation, MIT.

—— 1984 On the distribution and the reference of empty pronouns. *Linguistic Inquiry* 15: 531–574.

—— 1987 Remarks on empty categories. *Linguistic Inquiry* 18, 321–337.

—— 1989 Pro-drop in Chinese: a generalized control theory. In O. Jaeggli and K. Safir (eds.), *The Null Subject Parameter*, pp. 185–214. Dordrecht: Kluwer.

—— 2008 Topics in parametric syntax. CUHK Distinguished Scholars Lecture Series, the Chinese University of Hong Kong.

Kuno, Susumu, and Jane J. Robinson 1972 Multiple questions. *Linguistic Inquiry* 3: 463–478.

Li, Y.-H. Audrey 1985 Abstract case in Chinese. Ph. D. Dissertation, University of Southern

California.

Li, Yafei 2006 The origin of thematic arguments-A Chinese perspective. Talk given at CUHK.

Lin, Tzong-Hong 2001 Light verb syntax and the theory of phrase structure. PhD thesis, UC-Irvine.

Markman, Vita G. 2009 On the parametric variation of case and agreement. *Natural Language and Linguistic Theory* 27: 379－426.

Newmeyer, Frederick J. 2001 Grammatical functions, thematic roles, and phrase structure: their underlying Disunity. In Davies, Williams D. & Stanley Dubinsky (eds.) *Objects and Other Subjects-Grammatical Functions, Functional Categories and Configurationality*, pp. 53－75. Dordrecht: Kluwer.

Pan, Haihua 1998 Closeness, prominence and binding theory. *Natural Language & Linguistic Theory* 16, 771–815.

Pan, Haihua, and Jianhua Hu 2001 An optimality-theoretic account of Mandarin complex reflexive *ta-ziji*' (s/he-self). *Proceedings of the LFG*01 *Conference*. Stanford: CSLI Publications.

—— 2008 A semantic-pragmatic interface account of (dangling) topics in Mandarin Chinese. *Journal of Pragmatics* 40, 1966－81.

Pesetsky, David 1982 Paths and categories. Ph. D. Dissertation, MIT.

Reinhart, Tanya 2002 The theta system An overview. *Theoretical Linguistics* 28 (3): 229－290.

Rizzi, Luigi 1990 *Relativized Minimality*. Mass.: The MIT Press.

Siewierska, Anne 1988 *Word Order Rules*. New York: Groom Helm.

Silverstein, Michael 1976 Hierarchy of features and ergativity. In Dixon, R. M. W. (ed.), *Grammatical Categories in Australian Languages*. Linguistic Series 22. pp. 112－171. Canberra: Australian Institute of Aboriginal Studies.

Smith, Carlota S. 2008 *Time with and without tense. In Guéron, Jaequeline & Jacqueline Lecarme* (eds.), *Time and Modality*. PP. 227－249. Dordrecht: Springer.

Smith, Carlota S. & Mary S. Erbaugh 2005 Temporal interpretation in Mandarin Chinese. *Linguistics* 43, 713－756.

Sybesma, Rint 2007 Whether we tense-agree overtly or not. *Linguistic Inquiry* 38, 3: 580－587.

Tang, C. -C. Jane 1990 Chinese phrase structure and the extended x'-theory. Ph. D. Dissertation, Cornell University.

Tang, Sze-Wing 2001 The (non-) existence of gapping in Chinese and its implications for the theory of gapping. *Journal of East Asian Linguistics* 10, 201－224.

Verkuyl, Henk J. 2008 *Binary Tense*. Stanford: CSLI Publications.

Zhou, Xinping 1990 Aspects of Chinese syntax: Ergativity and phrase structure. Ph. D. Dissertation, University of Illinois at Urbana-Champaign.

（原载《中国语文》2010年第1期）

第五章 “他的老师当得好”与论元的选择：语法中的显著性和局部性

1. 引言

近些年有多篇形式句法的论文讨论“他的老师当得好”这一所谓的伪定语或准领属结构，所关注的重点是这一结构中的句法语义对应（syntax and semantics correspondence）问题。该结构之所以被称作伪定语或准领属结构，就是因为其中的“他”与“老师”的关系不是真正的领属关系，“他”并不是“老师”的领有者。一般情况下，“他的老师当得好”所表达的是“他当老师当得好”的意思。“当”语义上的主语是“他”，而不是“老师”。“老师”虽然在结构上处于动词之前，但在语义上需要理解为“当”的宾语。简而言之，“他”与“老师”之间虽然在结构上由一个一般情况下表领属关系的虚词“的”关联，似乎形成的是一种领属结构或定语结构，但“他”与“老师”在语义上却体现了一种主宾关系，造成所谓的形义错配（syntax-se-mantics mismatch）。

这类结构所表现出的句法与语义之间的不对应性，对于一些汉语形式句法学者来说，似乎很是构成一个句法推导（syntactic derivation）的难题，因为他们坚信句法与语义是应该一一对应的。他们认为句法与语义的不对应性很可能是一种表面现象或假象，这一表面上的不对应或许仅是一种句法推导的结果。换句话说，他们认为这一结构虽然表面上看来似乎表现出句法语义的不对应性，但在某个层次上或某个句法推导阶段，其句法语义是对应的，最后所表现出来的不对应，是句法推导为了满足其他句法要求的结果。

为了解决这一句法与语义的不对应问题，一些形式句法学者为这类结构假设了各种抽象的结构图以及句法推导方式（邓思颖，2008、2009、2010；黄正德，2008；潘海华、陆烁，2011；杨炎华，2014），但一般讨论都回避了一个重要问题，即：在这一结构中，“老师”为什么不可以作“当得好”的基础生成的（base-generated）主语？

在“他的老师当得好”中，“他的老师”形成了“NP_1的NP_2”这样的伪定语结构。在这一结构中，是NP_1还是NP_2作“当得好”基础生成的主语？换言之，这个句子应该从句法上分析为“他当得好”还是“老师当得好”？这一点形式派学者并没有认真讨论。如果实际情况是，在初始阶段就是“老师”而不是“他”处于“当得好”的主语位置，那么就不需要把“他的老师当得好”的初始结构分析为“他的当老师当得好”或“他DO他的当老师得好”这样的结构形式。如果认为“老师”不能作“当得好”的主语，只能作“当”的宾语，那就等于不承认汉语中有受事主语句。

限于篇幅，我们暂不讨论功能、认知等学派对“他的老师当得好”这一结构的研究，而是先集中精力认真检讨一些形式句法研究对该结构最具代表性的分析，衡量其利弊得失，然后对该结构的性质做出新的分析和论证，并就其名词性成分的解读提出一个非移位分析方案。现代汉语普通话是受事主语句语言，而“他的老师当得好”这类结构是普通话中真正的受事主语句。受事主语句中伪定语结构的解读，可以用Hu（2002）及胡建华（2010）所提出的显著性与局部性这两个交互作用的条件来调节。至于非受事主语句中的伪定语结构，其解读不取决于句法，而是取决于语境或言谈双方所共享的背景知识。

2. 移位分析的一些问题

形式句法讨论“他的老师当得好”时，多认为这一结构不是基础结构，而是通过相应成分移位转换而来的。黄正德（2008）认为，这类结构的生成经历了以下几个过程：

（1） a. 他DO［$_{GP}$他的当老师］（得好）。（深层结构）

b. 他当$_i$［$_{GP}$他的t_i老师］（得好）。（动词核心移位）

c.［e］当$_i$［$_{GP}$他的t_i老师］（得好）。（受事主语句步骤一：主语删略）

d.［他的t老师］$_j$当t_j（得好）。（受事主语句步骤二：宾语提前）

e. 他的老师当得好。（表面结构）

按黄正德（2008）的分析，例（1a）是“他的老师当得好”的深层结构，即多数汉语文献所称的底层结构（deep structure）。在这一底层结构中，“他的老师”被分析为一个动名词词组GP（gerundive phrase）。这一动名词词组由两个结构层次组成：一个是由动词中心语“当”投射而成的VP层次，一个是由功能性中心语G（在英语中，这一功能性中心语G实现为-ing形式；而在汉语中，这一功能性中心语G取的是零形式）投射而成的GP层次，即动名词词组。为了更加直观，我们把具体结构表征如下：

（2）［$_{GP}$他的［$_{G'}$-G［$_{VP}$当［$_{NP}$老师］］］］

这一动名词词组在底层结构中充当一个没有语音形式的轻动词DO的补足语（comple-ment），DO的主语是“他”。DO的语义大约相当于“做”或者“搞”之类的动词，这一结构所表达的语义大约相当于“他做他的当老师”。

在例（1b）中，动名词词组中的动词中心语“当”进行从中心语到中心语的移位（head-to-head movement），先移入功能性中心语G，如下所示：

（3）［$_{GP}$他的［$_{G'}$当-G［$_{VP}$~~当~~［$_{NP}$老师］］］］

然后再移入句子的主动词DO，如下所示：

（4） 他当-G-DO［$_{GP}$他的［$_{G'}$~~当~~-G［$_{VP}$~~当~~［$_{NP}$老师］］］］（得好）。

例（4）是我们给例（1b）所做的详细表征。形成例（1b）后，再进行例（1c）和例（1d）这样的操作。在例（1c）中，主句主语“他”被删略；在例（1d）中，动词中心语已经移走后的GP结构［$_{GP}$他的t_i老师］移入主句主语删除后留出的空位。然后，把各种表征符号去掉，就形成例（1e）这样的表面结构，即多数汉语文献所称的表层结构（surface structure）。按照黄正德（2008）的分析，在表层句法处于主语位置的“他的老师”实际上是一个从DO的宾语位置移位而来的动名词结构，这一结构相当于“他的（当）老师”，其中动词位置为空。

需要指出的是，黄正德（2008）提出的这些移位步骤源自特定的理论假设，这些移位步骤的发生并不具有现实的可（听）见性，也似乎并没有独立的经验证据证明这些移位的确发生过。不仅如此，如果用生成语法的一般理论来检查这些源自特定理论假设的移位，就会发现其中若干移位步骤并不受生成语法对移位所设的普遍限制的制约，这不禁让人对这些移位的合法性和真实性很是生疑。

第一，在黄正德（2008）所给出的底层结构（1a）中，主句动词DO的主语是“他”，“他”先从DO那儿拿外部题元（施事），然后在（1c）中再被删略。在（1d）中，［他的t老师］从DO的宾语位置移入DO的主语位置后，就会又从DO那儿拿到施事题元角色。同一个题元角色被指派给两个不同的名词性成分，会违反题元准则（theta-criterion）这一普遍限制，这一移位正是生成语法理论所不允许的。

第二，黄正德（2008）没有说明例（1b）和例（1c）是底层结构还是表层结构。如果是底层结构，DO的主语“他”为什么可以删略？一般来说，经过删略、添加以及移位等句法操作所转换出来的结构都不再属于底层句法结构，而是表层句法结构。如此，在例（1b）中，当动词“当”进行中心语移位后，所生成的结果只能是表层结构。我们知道格指派是一种表层结构操作，那么，例（1b）中DO的主语“他”就会得到主格，DO的宾语［$_{GP}$他的t_i老师］就会得到宾格。这时，如果把［$_{GP}$他的t_i老师］移入DO的主语位置，［$_{GP}$他的t_i老师］就会被再次赋格，从而得到主格。而双重赋格是生成语法理论所不允许的。

第三，如以上讨论所示，要形成例（1b）这样的结构，动名词词组

[$_{GP}$他的[$_{G'}$G[$_{VP}$当[$_{NP}$老师]]]]中的动词“当”要先移到动名词中心语G上，然后再移到没有语音形式的轻动词DO上。但需要指出的是，动名词结构的中心语G是一个词缀性质的东西，虽然它没有语音形式，但其作用与有语音形式的非定式性（nonfinite）词缀是一样的（比如，可以认为它相当于英语的-ing），具有非定式特征，否则假设这一G的存在便没有意义。当“当”移到G上的时候，“当”就变成“当-G”了，“当-G”便由此获得了非定式特征。这时，它已经变成了一个非定式动词，那么在这种情况下，它就不应该再移到DO上变成定式（finite）动词。从特征核查的角度看，一个动词移位到G上，已经完成了两个成分之间相互特征核查的任务，那么它就没有动因要再移到DO上。另外，这一移位最终所形成的结构成分“当-G-DO”，即一个包含非定式性词缀的定式动词，也是一个奇怪的成分，因为它既具有非定式特征又具有定式特征。当然，我们或许可以认为“当”移入到G上以后，继续前移的时候就把G脱落（stranding）了，G留在了原地。但词缀性质的G虽然是空的，没有语音形式，却也是词缀，只不过是一种零形词缀而已。词缀是不可以被脱落的。

黄正德（2008：注20）实际上也意识到以上分析潜在的问题。为了避免这些问题，他在一个脚注中提出，这个G词缀实际上是N词缀，属于实词范畴，因此不是屈折（inflectional）词缀，而是派生（derivational）词缀。他认为，英语的派生在词汇部门进行，而汉语的派生是在句法部门进行的。

黄正德这一补充的说法更有问题。第一，说现代汉语的G属于实词范畴，缺乏证据。说G属于实词范畴，就等于说这个功能语类不是功能语类。而如果把非功能语类的词缀放在句法部门而非词汇部门处理，整个语法系统都需要做重大的调整。另外，这一处理方法就等于又想让它起功能语类的作用，又不想让它受功能语类的限制；又想让它起N的作用，又不想让它受实词语类的限制。这无疑是等于设置了一个总是不受限制的成分。第二，说英语的派生过程在词汇部门进行，汉语的派生过程在句法部门进行，更是缺乏证据。这就等于说现代汉语是不用句法层次和词汇层次来区分屈折和派生的一个特例。第三，说派生在现代汉语中作用的范围大于一个词，似乎只是为了对付伪定语结构，而我们却并不知道大于一个词的派生词具体是什么样子。另外，说汉语的派生词缀是加在比词大的结构上的，解释不了“他的当老师”为什么不能说。当然，我们注意到，黄正德在脚注中说派生的范围要小于“主之谓”，这或许是不能说“他的当老师”的原因。但按他的分析，要生成“他的老师当得好”，却要先生成“他的当老师”，而这个结构里却是有派生词缀N的。那么，这个派生词缀的范围就会包括“主之谓”。如果说这个结构里没有派生词缀，那么动词“当”就没有一个N词缀可以移到上面；如果说这个派生词缀只对动词中心语起作用，那么派生在现代汉语中运作的范围就不能是大于一个词。第四，这一分析等于说一个动词为了做动词，必须先变成名词，然后才可以再变回来做动词。比如，按黄正德（2008）的分析，“他的老师当得好”中的动词“当”要经过V-to-N-to-V的移位，即先变成名词，然后再变成动词；而这些词缀又都没有语音形式，也没有实际语义，很难证明其中的动词的确发生了这样的词类转变。第五，派生词缀往往是有词汇意义的，而黄正德所假设的这个派生词缀没有任何实际词汇意义；为句法部门假设一些没有实际词汇意义的派生词缀，意义不大。另外，在所假设的结构“他的当老师”中，当动词“当”移位拿到N词缀后，它就变成了名词，但我们很难设想它是一个什么样的名词。第六，如果说伪定语结构的中心语是G，那么该结构如黄正德（2008）所言，就是IP/TP，即句子。如果说中心语G实际上是N，那么该结构就不是IP/TP，也即不是句子，而是NP。如果又说伪定语结构的中心语实际上是N，因此是NP，那么就等于大费周折转了一圈，还是把伪定语分析为一般的名词词组。说一个句子具有名词性和说它是名词是两回事。胡建华（2013）指出，要区分名词性和名词。名词自然有名词性，但并不是所有具有名词性的结构就是名词。一个句子也可以具有名词性，但有名词性的句子并不是名词。伪定语结构直观上看就是一个名词词组，如果假设它是一个包含动词词组的动名词词组，然后说它可以再经多次转换之后被分析为一个名词词组或者说相当于一个名词词组，那么就不如直接说伪定语结构始终是一个名词词组。

邓思颖（2010）也指出了黄正德（2008）的分析中的一些问题。他认为黄正德的动词中心语移位分析有三个问题不好解决。第一，这一分析无法解释包括香港粤语在内的一些南方方言例句所表现出来的主宾不对称，如以下香港粤语例句所示。

（5）*佢嘅老师做得好。（他的老师当得好。）

（6）你读你嘅书。（你念你的书。）

按黄正德（2008）的分析，在以上例句中，“佢嘅老师”和“你嘅书”都是动名词词组，但该词组处于主语位置不合法，如例（5）所示；处于宾语位置却合法，如例（6）所示。

第二，黄正德（2008）的分析无法解释吕叔湘（1984/2008：175）讨论过的以下例句：

（7）a. 你的象棋能下得过他？　　　b. 她的媒人没做成。

邓思颖（2010）认为例（7）中情态动词和动词一起形成的“能下”以及否定词和动词一起形成的“没做”都不是复合词，无论是从词法来看还是从句法来看，这类复杂谓语都不能算是一个词或中心语，因此不能进行中心语移位。

第三，在有些例句中，动名词词组中主语与宾语的解读根本无法建立在句子主要谓语动词之上。比如，在例（8）中，“他”与“周瑜”之间的主宾关系就不能理解成是“压场”关系；在例（9）中，“他”与“周瑜”之间也不是一种“看好”关系（邓思颖，2010）。

（8）他的周瑜还是比较压场的。

（9）对于周瑜的扮演者梁朝伟，网上对他的周瑜并不怎么看好。

需要指出的是，邓思颖（2010）所指出的第二个问题，对黄正德（2008）的分析来说并不是问题。按黄正德（2008）的分析，例（7）中的两个例句并不会牵涉复杂谓语移位的问题。比照例（1）中黄正德（2008）所给出的分析，我们认为，他的动词移位方法可以按以下步骤生成例（7a）：

（10）a. 你能DO［$_{GP}$你的下象棋］（得过他）？（深层结构）

b. 你能下$_i$［$_{GP}$你的t_i象棋］（得过他）？（动词核心移位）

c.［e］能下$_i$［$_{GP}$你的t_i象棋］（得过他）？（受事主语句步骤一：主语删略）

d.［你的t象棋］$_j$能下t_j（得过他）？（受事主语句步骤二：宾语提前）

e. 你的象棋能下得过他？（表面结构）

在例（10a）中，动名词词组GP中VP的动词中心语是“下”而不是“能下”，“能”选择DO投射的υP作补足语。至于主句主语“你”（“能”左边的主语“你”），可以认为是从DO的主语位置移位而来的。至于主句主语“你”的删略，当然需要考虑它是在DO的主语位置还是在“能”的主语位置删除的，这涉及理论内部具体分析技术的考量，但到底具体如何处理，无关大局。总之，例（10）中的分析说明，例（7a）对黄正德（2008）的分析来说并不是一个问题。下面再看黄正德（2008）的分析如何处理例（7b）。我们比照黄正德（2008）的分析，可以把例（7b）的生成步骤表征如下：

（11）a. 她没DO［$_{GP}$她的做媒人］（成）。（深层结构）

b. 她没做$_i$［$_{GP}$她的t_i媒人］（成）。（动词核心移位）

c.［e］没做$_i$［$_{GP}$她的t_i媒人］（成）。（受事主语句步骤一：主语删略）

d.［她的t媒人］$_j$没做t_j（成）。（受事主语句步骤二：宾语提前）

e. 她的媒人没做成。（表面结构）

在例（11a）中，动名词词组GP中的动词中心语是“做”而不是“没做”，“没”选择DO投射的υP作补足语。我们认为“没”并不直接否定DO，“没”可以分解为“不+有”（Wang，1965），独立主导一个投射层次。从语义上来讲，动名词词组GP内VP的动词也不可能是“没做”，因为那样的话，“她的媒人没做成”在底层结构的语义就是“她DO她的没做媒人（成）”了，而这一语义是不可解的。按黄正德（2008）的分析，“她的媒人没做成”的语义应该是“她没DO她的做媒人（成）”才对。至于例（11c）中的主语删略，情况与我们上面的讨论基本相同，在此不再赘言。

虽然邓思颖（2010）所指出的第二个问题对黄正德（2008）的分析并不构成挑战，但他提出的第一和第三个问题对黄正德（2008）来说的确不好回答。尤其是第三个问题，即根本无法从句内找到相应的动词对“NP_1的NP_2”结构进行解读的问题，使得动词中心语移位之说难免捉襟见肘。

为了解决动词中心语移位所难以处理的问题，邓思颖（2008、2009、2010）提出了一个空动词假设分析来处理“他的老师”这一伪定语结构。按他所提出的空动词分析，在“他的老师当得好”中，“他的老师”是由动词词组VP加名物化词头Nom（nominalizer）构成的名物化词组NomP。邓思颖（2008、2009、2010）认为，名物化词组是由动词词组VP中的V向名物化词头移位形成的，他认为，“只要动词可以移到名物化词头的位置，就能够产生出动名词”（邓思颖，2008），如下所示：

（12）[$_{NomP}$ Nom [$_{VP}$ V…]]

按照这一思路来分析伪定语结构，邓思颖就需要首先确认伪定语结构中的名物化词头和动词中心语V。但是，显然在“他的老师”中我们是听不见这两个成分的。于是，他就为“他的老师”假设了一个零形式的名物化词头和一个空动词（因为是零形式，依然听不见），认为“他的老师”这一名物化词组是空动词中心语向空名物化词头移位形成的（邓思颖，2008、2009、2010），而伪定语嫁接（adjoin）在名物化词组上起修饰作用，如下所示：

（13）[$_{NomP}$ 伪定语 [$_{NomP}$ Nom [$_{VP}$ e 宾语]]]

邓思颖的这一分析涉及两个空中心语，空动词V以隐性的形式空移到空名物化词头Nom上面，这完全是空对空的空移位。两个成分都是空的，移位也是空的，无法验证的空成分加上无法验证的空移位，使得这一分析的可靠性令人生疑。

我们认为，对空成分的假设，可以从点推到面，但不能从无到无，无无相生，以致从无中生出“有”来（胡建华，2007）。形式语言学是一门研究自然语言的经验科学，它秉持科学理念，讲究可证伪性（falsifiability）和一致性（consistency）（参看Popper，1935/2002：18—20，72—73）。假设各种空成分、空移位的存在，一定要给人留出可以证明其不存在的机会和可能性，即可以对其进行证伪的机会和可能性。可证伪性是定义科学发现、科学规律的基本属性。科学研究如果不讲究可证伪性，各种不受限制的假设就会泛滥，就不会真正地解决什么问题。

在生成语法的传统中，说空成分的存在以及隐性移位的发生，都是要用相应的诊断（diagnostic）手段来证明给人看的，否则，别人为什么要相信？隐性的移位，我们之所以相信它存在，就是因为它会表现出显性移位所具有的移位效应。如果无法证明隐性移位可以表现出相应的显性移位所具有的句法效应，我们就有理由不相信它的存在。

除了过多地依赖空成分和隐性移位，邓思颖（2008、2009、2010）的分析还存在一个句子作动词“当”的主语的问题。按他的分析，“他的老师”在底层结构（以及其他结构层次）是一个作主语的句子。邓思颖（2010）把“他的老师当得好”简略表征为以下结构：

（14）[他的f老师]当得好。

按邓思颖的说法，f是一个进行了名物化的空动词。名物化结构或者动名词结构实际上就是句子，只不过是非定式句。黄正德（2008：注9）就明确指出，动名词词组GP实际上是主谓结构，是一种IP/TP。这实际上就是我们所说的句子。潘海华、陆烁（2011）也指出邓思颖的分析虽然设置了空动词，但在表层句法把“他的老师”看作句子。

把“他的老师”处理成句子是有问题的，因为“当”的词汇语义决定它并不选择一个句子作主语。把“他的老师”处理成句子，就无法解决“当”的题元角色指派的问题，而这一问题在黄正德（2008）的分析中是不存在的。如果采用邓思颖的分析，把“他的老师”处理成句子，那么我们不禁要问：这个句子是“当”的主语吗？“当”的外部题元角色是指派给这个句子吗？“当”的外部题元角色显然不能由一个句子来承担，句子表命题（proposition），而“当”并不选择一个命题来指派外部题元角色，它的外部题元角色必须和实体（entity）关联。黄正德（2008）的分析没有语义选择不匹配的问题，在他所给出的分析步骤中，如例（1）所示，名词与动词之间的语义选择是匹配的。当然，黄正德的分析存在上面指出的另外一些问题。

邓思颖（2008、2009、2010）的分析的另外一个问题是杨炎华（2014）指出来的。杨炎华（2014）指出，邓思颖的“名物化”分析无法解释“为什么名物化短语中的动词必须为空，而当动词显现出来的时候句子却根本不合格”，如以下例句的对比所示：

（15）他的（f）老师当得好。

（16）*他的当老师当得好。

按我们的分析，例（16）不合法就是因为“他的当老师”是句子，而“当”不选择句子作主语。

邓思颖（2010）给出以下例子来说明空动词的存在。

（17）张三吃了三个苹果。[我e两个]当然可以。

（18）张三e三个苹果，李四e四个橘子。

杨炎华（2014：398）指出，以上例子中的空动词都可以用显性动词填充。

（19）张三吃了三个苹果。我吃了两个当然可以。

（20）张三吃了三个苹果，李四吃了四个橘子。

杨炎华（2014）认为一个只有在例（15）这样的结构中才不能显性化的空动词值得怀疑。我们认为例（16）不合法说明例（15）中的“NP_1的

NP_2”结构不能分析为句子，只能分析为名词词组。如果这一结构不是句子，其中自然就没有空动词。例（17）（19）与例（16）在动词语义选择上的一个重要区别就是：例（16）中的谓语动词“当”不能选择句子作主语，而例（17）（19）中的谓语“可以”没有这一选择限制。

邓思颖（2009：注4）试图用同音删略的分析来解释为什么汉语名物化词组中的动词必须为空。后来，邓思颖（2010）对这一分析又做了修正。他认为汉语名物化词组中所包含的空动词是在底层结构形成的深层复指（deep anaphora），是一种空指代形式（pro-form），并非通过移位或同音删略形成的。他指出，空动词这一空指代形式的显著特点就是可以通过语用因素复原，通过特定的语用环境来寻找所指（邓思颖，2010）。邓思颖（2010）认为，像“他的周瑜还是比较压场的”这样的例句，“他的”与“周瑜”之间的空动词在句内是找不到的，其所指只能通过语用在语境内寻找、复原。

邓思颖（2010）采用的这一语用、语境说法实际上彻底消解了空动词假设的意义。道理很简单，假设了一个空动词，但这个空动词却解决不了什么具体问题，最后问题的解决还要推给语用、语境。如果是这样，那么假设空动词的意义何在？为什么非要假设一个空动词而不直接用语用、语境来解读伪定语结构？如果伪定语结构中NP_1与NP_2之间的语义关系是通过语用、语境来确认的，那么，假设一个无法验证的空成分在其中起作用（而实际上又不能真正起到什么实质性的作用），不是以简驭繁，而是无谓地化简为繁。实际上，英语中领属结构的解读也是通过语用、语境来进行的，请看以下例句：

（21）They like Mary’s story.

（22）John’s picture was on sale.

例（21）中，Mary可以是讲故事（story）的人，也可以是故事所叙述的对象，即故事中的主人公。在例（22）中，John可以是照片（picture）的领有者、收藏者、拍摄者，也可以是照片所拍摄的对象。我们总不好也假设以上英语领属结构中各有一个空动词分别代表不同的意思，而其意思的确定又都需要视具体情况（语用、语境）而定。

3. 基础生成还是转换生成？

在“他的老师当得好”这一结构中，“当”的主语是“他”还是“老师”？

说“他”是“当”的主语而“老师”是“当”的宾语，或者说“老师”是“当”的主语，都不是一件理所当然的事。如果我们进行话题化测试，就会发现既可以有例（23）这样的结构，又可以有例（24）这样的结构：

（23）a. 他啊，老师当得好。

b. 他啊，就老师当得好（，其他就不怎么样了）。

c. 他就老师当得好。

（24）a. 老师啊，他当得好。

b. 老师啊，就他当得好（，其他人不行）。

c. 老师就他当得好。

如果我们把“啊”看作话题标记并区分话题与主语，那么在例（23）中“他”是话题，“老师”是主语，而在例（24）中“老师”是话题，“他”是主语。当然，如果我们凭语义断主语，就会认为在例（23）（24）中都是“他”作“当”的主语，“老师”作“当”的宾语。

凭语义断主语与凭句法结构断主语，常常是不对应的。“他的老师当得好”表现出来的就是语义与句法之间的不对应性，这使得句法学家总是不断生出要把语义和句法对应起来的冲动，所以才会假设出各种复杂的推导步骤和过程，目的就是让语义与句法在某一个句法层面上相对应。但实际上，人类语言中句法与语义的经常性不对应，还真可能就反映了人类语言的一种本性（nature）。自然语言中的句法和语义在多数情况下是对应的，这代表着语言的理性要求，体现了语法系统运作讲究简单、有效、经济、可靠、稳定的特性。然而，自然语言的句法语义又经常表现出不对应性，经常性的不对应才会增加语言的灵活性、丰富性、变通性和变异性。对应反映了语言的本性，不对应也反映了语言的本性，总体上的对应与经常性的不对应，二者合在一起才构成人类语言的本性。如果一味追求句法语义对应的绝对性，而不考虑句法语义经常性不对应的现实性，试图把语言中一切不符合理想状态的失序现象通过句法推导的方法解决掉，所得到的并不一定是问题的解决，而很可能是事实的扭曲和一种分析技术的虚妄。我们认为，形式语言学研究，如果忽视人类语言事实的深度复杂性，偏执于理想中的简单一致对应性，所丧失的很可能就是经验科学研究所必须具备的一份闪耀着理性主义光辉的冷静。

深入到语言事实之中，我们就会发现，在很多情况下，我们还真不一定能很清楚地知道涉及主宾语认定的句法和语义是如何对应的。比如在以下例句中，我们似乎不太好确定是“他”看得远还是“眼光”看得远。

（25）他的眼光看得远。

在以上例句中，我们可以把“眼光”看作“看”的外论元（external argument）吗？也就是说，眼光能看吗？如果仅凭语义来判断主语，必然会遇到这类难以回答的问题。对例（25）进行话题测试，我们可以得到下面的两种变式。

（26）他啊，我一直认为眼光看得远。

（27）论眼光，我一直认为他看得远。

从以上两种话题变式来看，“他的眼光”中的两个名词词组，即NP_1“他”和NP_2“眼光”，似乎都可以作主语。

有的分析认为“他的老师当得好”是从“他当老师当得好”这样的动词拷贝结构（通过动词删略）转换而来，并认为在现代汉语普通话中，所有的这类伪定语结构都能换成动词拷贝式（潘海华、陆烁，2011）。但是，这一说法在处理语言事实上有问题。比如，我们虽然可以有例（28）中的结构，但我们却没有相应的例（29）中的结构：

（28）a. 他看问题看得远。　　b. 他看问题眼光看得远。

（29）a. *他的问题看得远。　　b. *他的问题眼光看得远。

例（28）中的两个动词拷贝结构都合法，而例（29）中的两个结构都不合法。如果说“他的老师当得好”是从“他当老师当得好”转换而来的，那么为什么从“他看问题看得远”“他看问题眼光看得远”分别转换而来的“他的问题看得远”“他的问题眼光看得远”却不合法？

转换分析一直有一个过度生成的问题，也就是说它不仅能生成合法的结构，也会生成不合法的结构。显然，在这个问题的处理上，动词拷贝分析存在过度生成的问题。

除了以上问题，还有一些句子，在语义上虽然可以把其中的NP_1和NP_2分别理解为主语和宾语，但在句法上却无法把它们分别放入主语和宾语的位置（虽然这两个位置是可以放相关成分的），如下所示：

（30）他的眼光放得远。

语义上，“他”和“眼光”分别是“放”的主语和宾语，但如果我们把“眼光”放到动词“放”的宾语位置，句子却不能说，如下所示：

（31）a. *他放眼光。　　b. *他放眼光放得远。

但在例（30）中“他的眼光”表达的意思却的确是“他放眼光”的意思。

把例（28）（29）与例（30）（31）放到一起综合考虑，就会发现在动词拷贝基础上提出来的动词删略分析或者说重新分析方法（潘海华、陆烁，2011）在处理语言事实上是有问题的。比如，从例（28）动词拷贝结构通过动词删略而来的例（29）就不合法，而例（30）又找不到生成这些结构的源头，即合法的动词拷贝结构。如例（31）所示，能够生成例（30）的合法的动词拷贝结构不存在。但是，如果找不到合法的动词拷贝结构，那么又怎么通过动词删略来生成合法的例（30）呢？或者说，如果根本就没有例（31），那么例（30）是怎么来的呢？

把“NP_1的NP_2”中的NP_1看作主语、NP_2看作宾语，实际上是把NP_1与NP_2之间的关系看作是一种语义上的施受关系。但实际上，眼光放远一点，就会发现在“NP_1的NP_2”中，这种施受关系也可以反转。请看以下例句：

（32）a. 汤唯的替身演得好。 b. 蒋介石的特型演员演得好。

c. 汤唯的替身当得好。 d. 那把小提琴的琴手拉得好。

e. 那个案子的法官判得好。

以上例句会给动词拷贝说、重新分析说以及各种动词移位分析带来不小的麻烦，因为在以上例子中需要解决的问题不再是NP_1如何做主语，而是NP_1如何作宾语。比如（32a）这一例子所表达的意思不是“汤唯演替身演得好”而是“替身演汤唯演得好”，而“那个案子的法官判得好”也不是“那个案子判法官判得好”而是“法官判那个案子判得好”。

实际上，吕叔湘（1984/2008：176）早就讨论过类似的句子。他举出的例句是“他的针扎得不疼”，认为这句话中的“他的针”除了可以表示“针是他的”这一意思之外，还可以表示“他给人扎的针”和“人给他扎的针”这两种意思。其中，“人给他扎的针”的意思也就是“针扎他”的意思，伪定语“他”是受事而不是施事。

沿着这一思路来重新看“他的老师当得好”这一特定的例子，就会发现“他当老师”也不是这个句子中“NP_1的NP_2”的唯一解。比如，当我们说“一班的老师当得好”或者“一班的老师教得好”时，我们当然也可以把其中的“老师”理解为“当一班老师的老师”或“教一班的老师”。如此，“他的老师当得好”当然也可以这样理解，比如，当“他”是指一个小学生时，“他”就可以理解为受事，而“老师”则理解为施事。

除了以上“NP_1的NP_2”结构施受反转的例子，以下例子似乎也不太好用轻动词这把“万能钥匙”或重新分析法来处理。

（33）a. 安检人员一件行李一件行李地检查e。

b. 要想学好英语，就得一个单词一个单词地死记硬背e。

在以上例子中，宾语这一论元要从状语中找，而且宾语位置还无法把论元补出来。实际上，如果把作状语的名词放回到宾语位置，句子反而别扭，如下所示：

（34）a. *安检人员检查一件行李一件行李。

b. *要想学好英语，就得死记硬背一个单词一个单词。

我们认为，例（33）中的结构和伪定语结构正反映了汉语的特点。由于汉语没有时态（tense），不区分定式与非定式（finite vs. nonfinite）（Hu、Pan & Xu，2001），而且名词词组不需要格（胡建华，2007），所以汉语中动词的题元特征可以不被激活（胡建华，2010），名词性成分的允准除了通过句法之外，还可以通过语义来进行（Pan & Hu，2008；Hu & Pan，2009），其解读则由显著性和局部性条件来调节（胡建华，2010）。这一切使得汉语语法系统与英语语法系统有若干本质上的不同。

4. 复杂谓语与受事主语句

我们认为在“他的老师当得好”结构中，“当得好”是复杂谓语，而“老师”是受事主语，整个结构是受事作主语的复杂谓语句。汉语中有受事主语句，也有话题句。但文献所讨论的许多受事主语句很难与省略了主语的话题句区分开来。比如“饭吃了”就很难说是受事主语句，因为句子的施事可以补出来，比如我们可以说“饭我吃了”。如果主语能补出来，那很可能就不是受事主语句，而是省略了主语的话题句。我们区分省略了主语的受事话题句与真正的受事主语句，认为“他的老师当得好”这类结构才是现代汉语普通话中真正的受事主语句。

有的分析认为“他的老师”是话题，“当得好”的主语是一种零形成分，即生成语法中所讲的空主语pro（杨炎华，2014）。但这一分析无法解决的问题是：pro不能用有形的代词来代替。比如，在以下结构中，把所假设的空主语pro补出来，句子就不合法。

（35）a. *他$_i$的老师，他$_i$当得好。

b. *张三$_i$的老师，他$_i$当得好。

c. *张三$_i$的篮球，他$_i$打得好。

这很可能说明“当得好”的主语并不是pro。请注意：在例（35c）中，“张三”是唯一在有生性（animacy）上符合代词“他”复指要求的NP，但这两个成分之间仍然不能建立同指关系。如果“NP_1的NP_2”不是伪定语结构，其谓语也不是复杂谓语，代词和“NP_1的NP_2”中的NP_1就可以建立同指关系。请看以下例句：

（36）a. 他$_i$的儿子$_j$，他$_i$从来（都）不管e_j。

b. 张三$_i$的那几个儿子$_j$，他$_i$从来（都）不管e_j。

需要指出的是，在例（36）中，句首的名词词组不是移位而来的，而是基础生成的话题。如果把例（36b）中句首的名词词组放在动词“管”后面的宾语位置，“他”和“张三”不能共指。

（37）*他$_i$从来不管张三$_i$的那几个儿子。

在“他的老师当得好”这一结构中，如果“他”得到的是动词“当”的外部题元角色，那么动词前的名词词组“他的老师”只能作主语，不能作话题。但如果“他”不从动词“当”那儿拿外部题元角色，那么像“他的老师”这样的动词前的名词词组就可以作话题，如下所示：

（38）他$_i$的老师他$_j$当得好。

（如：张三的老师，他当得好。意思是：他当张三的老师当得好）

在以下例句中，如果“张学良的故事”中的“张学良”是动词“讲”的施事（亦即讲故事者，而不是故事叙述的对象），动词前不能补出一个与“张学良”共指的代词，如例（39a）所示。当然，不是说受事主语句中的“NP_1的NP_2”只能紧挨着谓语，比如在例（39b）中，就可以通过加上一个名词性成分“这一段”让“NP_1的NP_2”结构离开谓语一点。在例（39b）中，“这一段”与“张学良的故事”构成“部分-整体”关系，这一整个的“部分-整体”结构是受事，这个受事整体仍然是主语，所以这个结构仍然是受事主语句。

（39）a. *张学良$_i$的故事，他$_i$讲得好。

b. 张学良的故事，这一段讲得好。

在复杂谓语构成的受事主语句中，主语不是话题。真正的话题虽然也可以是受事，即受事话题，但却不是受事主语。请看以下例句：

（40）张三的那几个儿子应该好好地管一管了。

例（40）中句首的名词词组不是主语，而是话题，所以该句不是受事主语句。这一点可以通过代词复指来验证：

（41）张三$_i$的那几个儿子$_j$，他$_i$应该好好地管一管（他们$_j$）了。

例（40）与"他的老师当得好"这样的受事主语句的不同之处在于，后者的谓语是可以表被动义的复杂谓语。请注意：这里说的是"可以表被动"，并没有说是"必须或只能表被动"。这种情况和英语例子（42a）相似：

（42）a. John is ready to please.　　b. John is easy to please.

例（42a）与例（42b）不同：例（42b）只表被动，而例（42a）既可以表主动义，也可以表被动义。

按这一分析，"他的老师当得好"也是有歧义的，之所以有歧义，就是因为其中的复杂谓语既可以表主动，也可以表被动。下面的例子或许能更清楚地显示这一点：

（43）姚明的赛程安排得好。

在例（43）中，如果"姚明"自己安排自己的赛程，那么句子就是表被动义的受事主语句。但如果是别人安排"姚明"的赛程，那么"姚明的赛程"就是话题，句子不表被动。当然，在例（43）的两种解读中，句首名词词组都是受事。前一种解读是受事主语句，后一种解读是受事话题句。这一点和例（42a）有所不同，例（42a）中的John的主语身份不受被动解读或主动解读的影响。

把受事主语与其他结构区分开来，对于处理前面我们讨论的那些棘手的例子有很大的帮助。比如，例（32）中的那些例句，按我们目前的分析，就不是受事主语句。也正因为这些句子不是受事主语句，所以这些句子中的主语位置就都可以放一个复指代词。

（44）a. 汤唯的替身$_i$，她$_i$演得好。

b. 蒋介石的特型演员$_i$，他$_i$演得好。

c. 汤唯的替身$_i$，她$_i$当得好。

d. 那把小提琴的琴手$_i$，她$_i$拉得好。

e. 那个案子的法官$_i$，他$_i$判得好。

5. 南北差异与主宾不对称

邓思颖（2008、2009）注意到“他的老师当得好”这一结构在合法性上表现出南北差异。比如，在香港粤语、邵东湘语、闽南话以及温州吴语中，这一结构就不合法。以下例句引自邓思颖（2009）。

（45）*佢嘅老师做得好。（香港粤语）

（46）*渠个老师当得好。（邵东湘语）

（47）*伊的老师当甲好。（闽南话）

（48）*渠个先生当好险。（温州吴语）

邓思颖（2008、2009）还注意到如果以上例句中的“NP_1的NP_2”结构出现在宾语位置，相关例句就合法。请看以下例句（邓思颖，2009）：

（49）佢读佢嘅书。（香港粤语）

（50）渠读渠个书。（邵东湘语）

（51）伊读伊的册。（闽南话）

（52）渠读渠个书。（温州吴语）

邓思颖（2009）对以上部分南方方言例句所表现出来的主宾不对称做了这样的解释。首先，他解释了北方话（实际上他指的主要是普通话）为什么可以说“他的老师当得好”这样的句式而以上南方方言却不可以。他认为北方话的名物化词头Nom有一个能够诱发动词进行移位的特征，这一特征使得动词移到名物化词头上，与名物化词头结合在一起。如果名物化词头缺乏诱发动词移位的特征，动词就不会移位。而如果名物化词头缺乏这样的特征，就成了“真空”的功能词。“真空”的功能词是语法所不允许的。在这种情况下，“名物化词头就不能存在，因而不能产生动名词”（邓思颖，2009）。按邓思颖（2009）的这一分析，北方话由于有一个诱发动词移位的名物化词头，因此可以通过动词到名物化词头的移位，形成“他的老师”这样的动名词结构，所以可以有“他的老师当得好”这样的句式。而以上例句所涉及的南方方言由于名物化词头缺乏诱发动词移位的特征，所以这些名物化词头实际上并不存在，于是自然形成不了类似北方话中“他的老师”这样的动名词结构，所以以上南方方言就不会有类似“他的老师当得好”这样的句式。

然后，邓思颖（2009）又解释了为什么当“NP_1的NP_2”结构处于动词宾语位置时可以作为动名词结构出现在以上南方方言例（49—52）之中。他认为这是因为这些动名词词组做的是轻动词DO的补足语，而轻动词DO有一个诱发动词移位的特征。这使得动名词词组中的动词V会先移向名物化词头，然后再移向轻动词DO，如下所示。

（53）主语DO [$_{NomP}$ 伪定语 [$_{NomP}$ Nom [$_{VP}$ V宾语]]]

邓思颖（2009）假设，当“NP_1的NP_2”结构作宾语时，在底层结构处于名物化词组NomP上的动词是有语音形式的实义动词，这一实义动词最终移位到轻动词DO上，担当句子的主要谓语动词。按他的分析，粤语的“佢读佢嘅书”（以及他所讨论的其他南方方言中类似的例句）的底层结构应该是例（54）这样，“佢读佢嘅书”是通过实义动词“读”移位到DO上形成的。

（54）佢DO [$_{NomP}$ 佢嘅 [$_{NomP}$ Nom [$_{VP}$ 读书]]]

邓思颖（2009）的以上分析有三个问题：

第一个问题是，当他讨论处于主语位置的“NP_1的NP_2”结构时，他为北方话所假设的名物化词头是一个没有语音形式的空词头，他所讲的名物化词头上诱发动词移位的特征也是一个没有语音形式的空特征，而动词移位也是没有语音形式的空动词所进行的隐性移位（空移位）。让空名物化词头的空特征凭空诱发空动词空移到空名物化词头之上，再让空动词与空名物化词头以听不见的空形式结合在一起，我们认为，所解决的终究是一个空问题。因为说北方话有一套空成分、空特征、空移位，但又不给出证据证明这些空灵成分及其运作的确存在，然后又说南方方言不具备这些空成分、空特征、空移位，就等于说北方话可以说“他的老师当得好”而南方方言不可以，也就等于说北方话和南方方言是因为不一样所以不一样。这是用复杂的术语对事实做了复述（restatement of facts），而不是解释。

第二个问题是，邓思颖（2009）没说清楚他所讨论的那些南方方言到底有没有一个空名物化词头。他先是说南方方言的名物化词头没有诱发动词移位的特征，所以无法形成动名词词组（这就等于说南方方言有一个空名物化词头，只是没有相应的特征）。然后又说因为南方方言的名物化词头没有诱发动词移位的特征，因此语法不允许其存在，所以名物化词头在南方方言中不存在。这样来看，南方方言应该是没有一个名物化词头才对。但他在解释为什么南方方言中的“NP_1的NP_2”结构可以作为动名词结构处于动词宾语位置时（例（49—52）），他又假设南方方言中的“NP_1的NP_2”结构又有了一个名物化词头。这样做的逻辑是：这一结构在宾语位置时合法是因为它被名物化词头变成了动名词词组，而这一结构处于主语位置时不合法是因为它无法变成动名词词组。说“NP_1的NP_2”结构处于主语位置时不合法是因为没有名物化词头，而处于宾语位置时就合法是因为又有了名物化词头，这仍然是对事实的复述，等于说这个结构处于主语位置不合法，处于宾语位置合法。另外，如果采用邓思颖（2009）的分析，把动词移到名物化词头Nom上，这个动词就变成了非定式动词；它再次前移到轻动词DO上，最终就会变成一个含非定式特征的定式动词。这种移位的合法性无疑很令人生疑。

邓思颖（2009）以上分析的第三个问题是选择性地使用具有语音形式的实义动词移位策略。如例（53）所示，当“NP_1的NP_2”处于宾语位置时，邓思颖（2009）并不为这一结构假设一个空动词，而是像黄正德（2008）一样，假设实义动词在底层结构处于“NP_1的NP_2”结构之内。邓思颖对宾语位置上的“NP_1的NP_2”结构的处理方法，不仅无法解释他为什么需要拾起来他自己认为有问题的动词移位分析，而且破坏了理论的一致性。这样做就等于针对主语位置和宾语位置选择性地交替使用空动词假设和动词移位假设，不仅丧失了理论一致性，还陷入了就事论事的泥沼。以这样的方法来处理主宾不对称，就等于是说主语位置和宾语位置不一样，所以才会有主宾不对称。另外，动词移位说也无法解决在句子内找不到可以移位的动词的情况，这一点是邓思颖（2010）指出来的。比如，在例（55）中，“梁朝伟的周瑜”处于宾语位置，但却没有什么动词可以移位：

（55）我喜欢梁朝伟的周瑜。

除了以上主宾不对称现象，邓思颖（2009）还注意到，邵东湘语虽然不允许有“他的老师当得好”这样的结构，却允许有“他的篮球打得好”这样的例子。请看邓思颖（2009）举出的以下两组例子。

第一组

（56）渠个篮球打得蛮好。　　（57）渠个象棋动得蛮好。

（58）渠个车子开得蛮好。　　（59）渠个字写起蛮好看。

第二组

（60）*渠个老师当得好。　　（61）*渠个周瑜演得蛮好。

（62）*渠个教练当唔长。　　（63）*渠个媒人莫当成。

邓思颖（2009）采用沈家煊（2007）的转喻说对以上两组例句在合法性上的比对做了解释。他认为，第一组例句可以说，是因为伪定语结构中的NP_2可以进行转喻，比如例句中的“篮球、象棋”可以通过转喻来表示“球艺、棋艺”的意思。用转喻来解释上面的例句，例句中的“NP_1的NP_2”结构就是常规的名词词组，NP_1通过“的”字来修饰NP_2，里面不含动词或空动词，因此不是动名词或名物化词组。

那么，为什么第二组例句不能说呢？邓思颖（2009）认为这是因为第二组例句中的NP_2没有转喻的用法。至于为什么第二组例句中的NP_2没有转喻的用法，邓思颖（2009）的解释是：转喻具有不可预测性。这就等于说凡是能说的句子就能说，凡是不能说的句子就不能说，因为凡是能说的句子都不可预测地转喻了，凡是不能说的句子都不知为何不能转喻。

转喻一说使得邓思颖（2009）提出的句法分析失去了存在的必要性，因为既然可以用转喻来解释上面第一组例子，那么也可以用转喻来解释普通话中“他的篮球打得好”这样的例子。如果按邓思颖（2009）的分析，上面邵东湘语例句中的“渠个篮球”实际上是指“他打篮球的球艺”，那么，上面普通话例句中的“他的篮球”难道不是也指“他打篮球的球艺”吗？如此一来，在普通话中“他的老师当得好”可以说，在邵东湘语中“渠个老师当得好”（包括其他南方方言中与之相类似的那些不能说的句子）不能说，不就都可以用转喻这一不可预测之法来解释吗？这样一来，事情就变得简单了：凡是能说的，都发生了转喻；凡是不能说的，都还没有发生转喻。在普通话中“他的老师”可以转喻，“老师”指角色，而在那些南方方言中与之相对应的那些结构不能转喻。邓思颖可能没意识到，转喻法以及空动词的语用、语境解读之说（邓思颖，2010），对他的空动词假设以及隐性移位分析无异于釜底抽薪，彻底消解了其存在的必要性。

加上转喻解释，邓思颖（2009）等于给“NP_1的NP_2”结构提供了三种分析：空动词分析、实义动词移位分析、转喻分析。三种分析分别对应于三种不同的情况。这样的处理削弱了他所提出的分析的解释力。

6. 论元选择中的显著性和局部性

我们认为以上南方方言例句所表现出来的主宾不对称现象，实际上和这些方言是否允准受事主语句有关。在我们的分析中，“饭吃了”这样的结构不是受事主语句，只有“他的老师当得好”这样的结构才是受事主语句。受事主语句的典型特征是受事主语处于主语位置而不是话题位置，并且这个主语位置还必须是非题元位置。

按我们的分析，当“NP_1的NP_2”结构处于宾语位置时，就是一个常规的宾语，这个宾语处于一个题元位置并在宾语的位置上得到受事题元。此时，两个名词词组的解读不受宾语位置的影响。而当“NP_1的NP_2”结构处于主语位置，就存在一个是常规主语解读还是受事主语解读的问题。所谓的南北差异，关键在于相关语言是否允准受事主语句。在普通话中，“NP_1的NP_2”结构可以作受事主语，而在以上南方方言中，这一结构不能作受事主语。但是，当“NP_1的NP_2”处于宾语位置时，就不存在一个受事主语句问题，所以例（49—52）合法。

在南方方言中，相关的结构不成立，是因为这些方言不是受事主语句语言。与普通话相比，局部性在这些南方方言中的地位更加重要。由于局部性的作用，在这些方言例子中，如果把“NP_1的NP_2”放在主语位置，NP_1就无法与“做”或“当”的外部题元关联，因为NP_2会优先与之关联，以致NP_2会优先被解读为施事，使得相关结构自动得到主动句解读，而无法得到受事主语句的被动解读。

上一节讨论的例（56—59）和例（60—63）两组例子，其差别在于NP_2的生命度：第一组例子中的NP_2是无生命的，而第二组例子中的NP_2是有生命的。

把邓思颖（2009）所讨论的普通话、邵东湘语、粤语/闽南话三种方言用受事主语句这一参数划分，就会如例（64）所示，首先分出受事主语句语言和非受事主语句语言这两端，在普通话和粤语/闽南话这两端的中间是高度受限的受事主语句语言，即邵东湘语。

（64）受事主语句语言 ◄————————► 非受事主语句语言

普通话　　　　邵东湘语　　　　粤语、闽南话

说邵东湘语是高度受限的受事主语句语言，是因为在这一方言中仅当NP_2是无生命名词时，才可以构成受事主语句。这和粤语有所不同，粤语则根本排斥表被动义的受事主语句。

这里要强调的是，与上面所讨论的南方方言相比，普通话不仅是一种受事主语句语言，也是一种显著性比局部性优先的语言。在现代汉语普通话中，“他的老师当得好”之所以可以解读为“他当老师当得好”，是因为

在普通话中，“当得好”前面的主语位置可以是非题元位置。我们前面说过，“他的老师当得好”这样的结构和例（42a）“John is ready to please”相似，是有歧义的。当这一结构表达主动义时，“当得好”前面的主语位置是一个题元位置，占据这一位置的名词词组会被指派“当”的外部题元角色。而当这一结构表达被动义时，“当得好”前面的主语位置是非题元位置。“John is ready to please”的情况也类似，当这个句子表达主动义时，其主语John从ready那儿拿外部题元角色，这时，ready就像“John is eager to please”中的eager一样，是可以给主语指派外部题元角色的。当这个句子表达被动义时，ready就像“John is easy to please”中的easy一样，不给John指派外部题元角色，John得到复杂谓语的内部题元角色，被解读为受事。

我们区分题元位置与非题元位置，是为了用非移位的方式来处理名词词组的题元解读问题。根据胡建华（2010）提出的题元允准条件，一个作主宾语的句法成分如果占据题元位置，就可以直接接受题元允准。题元允准条件如下：

（65）题元允准条件（胡建华，2010）

a. 一个句法成分可以得到题元允准和解读，当且仅当该成分占据题元位置；

b. 一个句法成分占据题元位置，当且仅当其句法位置与题元位置对应且该句法成分与相关题元的语义特征完全相容。

题元允准条件是对处于可以指派题元角色的位置的NP进行解读的条件。但如果一个NP所占据的位置不是题元位置，就无法通过这一允准条件来获得题元角色。现代汉语普通话的特点之一就是名词词组的题元角色经常不根据题元允准条件来获得。当“当得好”这一谓语表达被动义时，它前面的主语位置就是一个非题元位置。这个时候，占据这一位置的名词词组的题元角色就无法通过占据题元位置来获得，而是需要通过题元关联条件来获得。题元关联解读条件可以表述如下（胡建华，2010）：

（66）题元关联条件

一个句法成分α与一个题元β可以进行关联，如果α与β之间的关联是最小关联（minimal link）。

最小关联条件表述如下：

（67）最小关联条件

a. 一个句法成分α与一个题元β之间的关联是最小关联，当且仅当（i）α与β的语义特征相容，（ii）在α与β之间没有一个干扰性句法成分γ。

b. γ是一个干扰性句法成分，当且仅当γ的显著性≥α（高于或等于α）。

最小关联条件是用来定义在什么情况下一个不占据相关题元句法位置的NP与一个动词所隐含的题元之间的关联才称得上是最小关联。

对于名词性成分的显著性，我们需要确立一个显著性等级来计算。我们可以先设立以下显著性等级。需要说明的是，如何确定显著性等级以及等级内的成员是一个经验（empirical）问题。由于这一原因，显著性等级不可能定义为一个封闭类。另外，显著性的计算不仅会涉及某个NP在某个显著性等级内的排序，还有可能涉及某个NP跨显著性等级的显著性计算（Hu，2002；胡建华，2010）。

（68）显著性等级①（胡建华，2010）

a. 生命显著性等级

人类＞非人类（高级生命＞其他生命）②＞无生命＞抽象体

b. 指称显著性等级

人称代词＞专名＞定指＞无定特指＞非特指

c. 人称显著性等级

1、2＞3

d. ……

① 关于显著性等级的设定，参看Silverstein（1976）、Comrie（1981）、Siewierska（1988）、Hu（2002）等。

② 非人类生命体的显著性等级应该根据现实世界的弱肉强食法则排列。另外，一些特定动词的词汇语义也会使相关成分的解读超越显著性等级的限制。

确立了显著性等级之后，我们还需要确定一个计算显著性的算法。假设在n个显著性等级中γ＞α，在n'个显著性等级中α＞γ，那么我们就可以根据以下原则来计算相关成分的显著性。

（69）显著性计算（胡建华，2010）

设：γ＞α的等级数量为N，α＞γ的等级数量为N'，那么：

a. γ＞α，即γ比α显著，当且仅当：N＞N'；

b. γ＝α，即γ与α的显著性相同，当且仅当：N＝N'，或者在每一个显著性等级中γ＝α，即在每一个等级中γ与α都处于同一个等级位次。

有了以上显著性等级及显著性计算方法，我们就可以根据名词性成分的显著性来看名词性成分如何与相关题元角色进行关联。总的来说，一个显著性高的NP可以越过一个显著性低的NP与动词的题元角色进行关联，但是，如果两个NP经过计算具有同样的显著性，局部性就会起作用，动词的题元角色会优先选择离它近的NP关联，而离动词题元角色远的NP则不大容易与其关联。

如前所述，当把“当得好”理解为表被动的谓语动词时，其主语位置是非题元位置。在现代汉语普通话中，“他的老师当得好”是表主动还是表被动，不仅取决于可以表被动义的复杂谓语，还取决于处于其主语位置的名词词组的语义特征。如果把“他的老师”中的“老师”理解为有生命的个体（individual），“当得好”就是表主动义的谓语动词。这时，“他的老师”就不是伪定语，而是真定语。然而，当把“老师”理解为“当”的宾语，表示“他当老师”的意思时，“老师”是无指的，不指称有生个体，不具有作施事的条件。这时，作伪定语的“他”由于在显著度上比“老师”高，所以就可以越过“老师”来拿“当”的外部题元角色。无指的“老师”的语义特征与“当”的外部题元角色不相容的，不会被解读为施事，其题元角色可以通过题元关联条件与动词“当”的内部题元角色相容，得到受事解读。

这一分析同样可以用来解释邓思颖（2009）所给出的邵东湘语第一组

例（56—59）。在邵东湘语第一组例句中，"NP_1的NP_2"结构中的NP_2，如"篮球、象棋、车子"等都是无生命的，因此无法通过题元允准条件得到动词的外部题元角色，只能通过题元关联条件来与动词的内部题元角色进行关联解读。由于这些例句中NP_1比NP_2的显著性要高，动词的外部题元角色可以越过一个成分统制（c-command）成分NP_2而与一个子统制（sub-command）成分NP_1进行关联解读。

在邓思颖（2009）所讨论的第二组例（60—63）中，NP_2都具有有生性特征，而邵东湘语又不完全是普通话这样的受事主语句语言，所以NP_2会优先使用题元允准条件（局部性条件）进行解读，这样，就无法把NP_2理解为受事。像邵东湘语这种高度受限的受事主语句语言，主语位置的题元特征（即动词的外部题元角色）会比较容易激活，其谓语动词不大容易像普通话那样处理成表被动义的复杂谓语，因此把一个具有有生性的名词词组NP_2放在其主语位置，动词的外部题元角色便会马上被激活，题元允准条件便开始运作。而如果是把一个无生命的名词词组放在主语位置，动词的外部题元特征就会被压制，NP_2就不会通过题元允准条件来解读。当NP_2通过题元关联条件来与动词的内部题元角色关联时，相关结构就会被作为受事主语句来解读。

题元允准解读条件是一个局部性条件。显然邓思颖（2009）所讨论的那些南方方言，要比现代汉语普通话更加注重局部性运算。这样的话，相关动词的题元角色就会优先寻找离自己最近的NP进行解读。在以粤语为代表的南方方言中，不管离动词最近的NP是不是有生命的，动词的外部题元角色都无法舍近求远，越过一个离自己近的NP，去与一个离自己远的NP进行关联解读。这说明粤语更加注重局部性，不是受事主语句语言，其主语位置的题元特征比较活跃，相关谓语无法处理成一个表被动义的复杂谓语。这种情况和邵东湘语又有所不同。在邵东湘语中，如果离动词最近的NP是无生命的，主语位置的外部题元特征就可以不被激活，相关谓语就可以做被动解读。此时，NP_2就会与动词的内部题元角色关联，而NP_1则可以越过NP_2与动词的外部题元角色关联。

在普通话例句“他的老师当得好”中，“老师”没有指称，在生命显著性等级和指称显著性等级中都比“他”低，所以“他”可以越过“老师”与动词“当”的外部题元角色进行关联解读。但是，虽然我们可以说“他的老师当得好”，却不大可能用“他的老师骂得好”来表示“他骂老师骂得好”的意思（沈家煊，2007）。这是因为这个句子中的“老师”指的是有生个体，当我们把这个句子理解为“他骂老师”时，“老师”仍然是有指的。动词“骂”的内部题元角色要求一个有生个体或实体来承担。这样的话，在显著性等级上，“他”并不比“老师”高，而且“他”还比“老师”离动词更远，“他”自然不容易越过“老师”来与动词的外部题元角色关联。在这种以“骂”为谓语的句子中，如果把NP_2的显著性降低，NP_1就可以越过NP_2与动词的外部题元角色关联，如下所示：

（70）a. 他的猴玩得好。　　　　　　b. 他的街骂得好。

与“他的老师骂得好”不同，例（70a）是有歧义的。一种意思是“猴玩得好”，另一种意思是“他玩猴玩得好”。后一种意思之所以成立，就是因为“猴”的显著性（生命显著性）比“他”低，所以“他”可以越过“猴”与动词“玩”的外部题元角色关联。例（70b）没有歧义，因为“街”与动词“骂”的外部题元角色语义不相容，不能得到外部题元角色解读。由于“街”的显著性比“他”低很多，所以“他”很容易越过“街”得到动词的外部题元角色解读。再看以下例句：

（71）a. 他的马骑得好。　　　　　　b. 他的教练骑得好。

例（71a）是没有歧义的，只能表示“他骑马骑得好”的意思，因为“马”作动词“骑”的受事符合我们对这个世界的理解，“马”作动词“骑”的施事不符合我们对这个世界的理解。例（71b）和“他的老师骂得好”一样，也是没有歧义的，正常情况下只能表示“教练骑”的意思。如果非要表示“他骑教练”的意思，那就需要强有力的语境支援（contextual support），但即便如此，效果也未必好，“他骑教练”的解读仍然很勉强，这说明语境解读的作用是有限的，并不能压倒显著性和局部性交互作用下所定义的解读。在例（71b）中“教练”是有指的有生个体，在显著性上并不比“他”低，而且又离动词最近，自然会阻挡“他”与动词外部题元角色的关联解读。在例（71b）中，NP_2通过题元允准条件得到谓语动词的外部题元角色，所以例（71b）不是受事主语句。如果要把例（71b）处理成受事主语句，就得把NP_1与外部题元关联，但由于显著性和局部性条件的作用，NP_1无法越过NP_2与外部题元关联，因此例（71b）无法获得受事主语句的解读。

7. 结语

在“他的老师当得好”这一结构中，“他”与“老师”的关系不是常规的领属关系，而是一种语义上的主谓关系，表示“他当老师”的意思，这便是所谓的伪定语结构。为了解决这类结构的解读问题，汉语形式语法学者们假设出各种复杂的推导过程，但实际上，语言成分的解读并非都要以句法结构与语义解读相对应的形式来实现，也就是说，并不是有什么样的语义解读，就要相应地假设有什么样的句法结构来支撑该解读。Marantz（1997）、Harley & Noyer（2000）、Alexiadou et al.（2009）都曾指出，在领属结构中，领属者可以是施事、致使者、处所、受事等，如何解读取决于百科知识。按照Chomsky（1970）的分析，像“John's picture of Mary that the Museum has”可以变为“Mary's picture by John that the Museum has”，或“the Museum's picture of Mary by John”，或“the picture of Mary by John of the Museum's”，不同的语义解读并不需要假设不同的句法结构与之对应。

我们认为，“他的老师当得好”这一结构是现代汉语普通话中真正的受事主语句，其中“NP_1的NP_2”结构的解读，可以用显著性与局部性这两个交互作用的条件来调节。至于非受事主语句中的“NP_1的NP_2”结构，其解读不取决于句法，而是取决于背景知识。像“他的周瑜还是比较压场的”这样的句子，其中“NP_1的NP_2”结构的解读是相应的背景知识决定的，如果不具备相应的背景知识，就不知道这句话中的“NP_1的NP_2”表达的是什么意思。动词移位分析和动名词假设所讨论的仅是一些结构比较简单的例子，如果把例（72）这样的例子放进来考虑，就会发现没有什么行得通的移位方法可以把那些看似琐碎的句法语义关系都通过句法推导出来。

（72）你去捧你的梁朝伟的周瑜去吧，我还是喜欢我的林青霞的东方不败。

用动词移位以及动名词假设来分析例（72）显然比较麻烦。

在例（72）中，“我”不是“林青霞”或“东方不败”的领有者，而是其喜欢者，所以“我的林青霞的东方不败”就会被定义为伪定语结构。在这一结构中，“我”可以同时与“林青霞”和“东方不败”建立“喜欢”关系，而“林青霞”与“东方不败”之间则是“表演”关系。

如果用动名词或名物化分析来看例（72），我们就会发现，“你的梁朝伟的周瑜”和“我的林青霞的东方不败”很可能是一种复杂的双重动名词或名物化结构，这无疑为动词移位分析增加了一定的处理难度。不仅如此，就是想搞清楚“你”与“梁朝伟”和“周瑜”以及“我”与“林青霞”和“东方不败”之间各种可能的关系，恐怕也颇费周折，而如果忽视这些复杂的语言事实，偏执于一种理想化的模式来进行形义相配，这些细微琐碎却又复杂多变的语言事实就会变得越来越难以驾驭，终究会成为句法语义所不能承受的对应之轻。

参考文献

邓思颖 2008 《形义错配与名物化的参数分析》，《汉语学报》第4期。

邓思颖 2009 《“他的老师当得好”及汉语方言的名物化》，《语言科学》第3期。

邓思颖 2010 《“形义错配”与汉英的差异——再谈“他的老师当得好”》，《语言教学与研究》第3期。

胡建华 2007 《题元、论元和语法功能项——格标效应与语言差异》，《外语教学与研究》第3期。

胡建华 2010 《论元的分布与选择—— 语法中的显著性和局部性》,《中国语文》第1期。

胡建华 2013 《句法对称与名动均衡—— 从语义密度和传染性看实词》,《当代语言学》第1期。

黄正德 2008 《从"他的老师当得好"谈起》,《语言科学》第3期。

吕叔湘 1984 《"他的老师教得好"和"他的老师当得好"》,吕叔湘著《语文杂记》,北京:生活·读书·新知三联书店,2008年。

潘海华 陆烁 2011 《从"他的老师当得好"看句法中重新分析的必要性》,《语言研究》第4期。

沈家煊 2007 《也谈"他的老师当得好"及相关句式》,《现代中国语研究》第9期。

杨炎华 2014 《"他的老师当得好"的重新审视》,《当代语言学》第4期。

Alexiadou, Artemis, Elena Anagnostopoulou& Florian Schäfer 2009 PP licensing in nominalization. In Anisa Schardl, Martin Walkow and Muhammad Abdurrahman (eds.), *NELS* 38, 39–52. Amherst: University of Massachusetts, Graduate Student Association.

Chomsky, Noam 1970 Remarks on nominalization. In Roderick A. Jacobs and Peter S. Rosenbaum (eds.), *Readings in English transformational grammar*, 184–221. Waltham, MA: Ginn.

Comrie, Bernard 1981 *Language universals and linguistic typology*. Chicago: University of Chicago Press.

Harley, Heidi & Rolf Noyer 2000 Formal versus encyclopedic properties of vocabulary: Evidence from nominalization. In Bert Peeters (ed.), *The lexicon-encyclopedia interface*, 349–374. Amsterdam: Elsevier.

Hu, Jianhua 2002 Prominence and locality in grammar: The syntax and semantics of Wh-questions and reflexives. Ph. D. Dissertation, The City University of Hong Kong.

Hu, Jianhua, Haihua Pan & Liejiong Xu 2001 Is there a finite vs. nonfinite distinction in Chinese? *Linguistics* 39: 1117–1148.

Hu, Jianhua & Haihua Pan 2009 Decomposing the aboutness condition for Chinese topic constructions. *The Linguistic Review* 26: 371–384.

Marantz, Alec 1997 No escape from syntax: Don't try morphological analysis in the privacy of your own lexicon. In Alexis Dimitriads, Laura Siegel, Clarissa Surek-Clark and Alexander Williams (eds.), *Proceedings of the 21th annual Penn linguistic colloquium*, 201–225.

Pan, Haihua & Jianhua Hu 2008 A semantic-pragmatic interface account of (dangling) topics in Mandarin Chinese. *Journal of Pragmatics* 40: 1966–1981.

Popper, Karl 1935/2002 *The Logic of scientific discovery*. London & New York: Routledge.

Siewierska, Anne 1988 *Word order rules*. New York: Groom Helm.

Silverstein, Michael 1976 Hierarchy of features and ergativity. In Robert M. W. Dixon (ed.),

Grammatical categories in Australian Languages. Linguistic Series 22, 112–171. Canberra: Australian Institute of Aboriginal Studies.

Wang, William S. Y. 1965 Two aspect markers in Mandarin. *Language* 41: 457–470.

（原载《世界汉语教学》2016年第4期）

第六章　现代汉语不及物动词的论元和宾语：从抽象动词“有”到句法-信息结构接口

1. 问题

现代汉语有些不及物动词可以带宾语，比如在例（1a）中，不及物动词“死”便带了个宾语“父亲”，有些不及物动词不能带宾语，比如在例（1b）中，不及物动词“病”就不可以带宾语。

（1）　a. 王冕死了父亲　　　　　　b. *王冕病了父亲

以上例句的共同点是：不及物动词的唯一论元都是在宾语位置，而不是在常规的主语位置，另外，不及物动词的前面还多了一个论元，该论元与不及物动词及其投射似乎没有什么选择关系；其不同点则是一个句子合法，一个句子不合法。例（1b）不合法似乎与多出的论元关系不大，因为去掉句子中与不及物动词“病”的投射没有选择关系的论元“王冕”，句子仍然不合法。

（2）　*病了父亲

例（1b）的问题出在不及物动词的论元“父亲”的位置上：“病”的唯一论元不能出现在宾语位置。另外，需要指出的是，例（1a）合法并不是因为动词“死”可以当作及物动词用，“死”在例（1a）中还是不及物动词。我们知道有些不及物动词可以有使役用法，比如“开”和“沉”这类动词，就既可以说“门开了”和“船沉了”这样的句子，又可以说“他们开了一扇门”和“他们沉了一艘船”这样的句子。后一种用法，动词含有致使义。这时，可以把含致使义的动词看作及物动词。但例（1a）中的情况不同，因为“死”没有致使义，所以虽然例（1a）具有“NP-V-NP”这样的格式，但其中的动词不是及物动词。

对例（1a）和例（1b）两个句子在合法性上的区别，常见的解释有两种。一种是语义解释，一种是句法解释。用语义限制来解释，可以依照李钻娘（1987）的处理方法，说只有表达“出现”或“消失”义的动词才能合法地构造例（1a）这类NP后置的句式。例（1a）表示的是失去义，以下例句中的动词则表示出现义：

（3）　a. 我来了两个朋友。　　　　　b. 他长了几根白头发。

李钻娘（1987：21）指出表示消失义的动词，如“死、掉、瞎、坏、落、破、跑、丢”等，和表示出现义的动词，如“出、来、多、折、闪、少”等，实际上都是用来表示一种变化，因此在这类句子中，“了”是必不可少的。根据她的分析，“了”在这类句子中应该被看作是结果补语，而不是一个动词的后缀，而相关动词也应该是结果动词，表示从一种状况转变为另一种状态的结果（李钻娘，1987：23）。

（4）　a. *他死父亲。　　　　　b. *我来两个朋友。

从语义上的出现和消失来解释例（1a）和例（1b）在合法性上的对比，似乎比较符合我们的语感。实际上在大多情况下，这一解释也确实行得通。只是当遇到一些合法的例子我们无法从中找出出现义或消失义时，才会发现这一解释大概也没有找到问题的关键。

句法解释往往会涉及非宾格假设（unaccusative hypothesis）。非宾格假设是Perlmutter（1978）在关系语法（relational grammar）框架内提出来的①。后来这一概念经Burzio（1981、1986）在管辖与约束理论（government and binding theory）框架内做了进一步发展②。虽然关系语法和管辖与约

---

① 值得指出的是，除Perlmutter（1978）外，Partee（1965）、Fillmore（1968）、Bowers（1973）等人早就对非宾格现象做了探讨。

② 当然，Burzio（1981、1986）用的术语并不是非宾格，而是作格（ergative）。Burzio（1981、1986）把动词分为及物动词、不及物动词和作格动词三个类。Burzio讲的作格动词和有关文献中的一些说法有所不同，一般文献仅把可以有使役转换的不及物动词，如affondare（sink，沉）这样的动词，称作作格动词。比如，Haegeman（1994）采用的就是这样一个分类。她把上述动词称作作格动词，把没有使役转换的动词，如arrive（到）等，称作非宾格动词。而在Burzio（1981、1986）的系统中，这两类动词都是作格动词。

束理论所使用的术语或分析框架有所不同，但就非宾格现象本身而言，这两种理论对相关事实的认定差别不大。非宾格假设对不及物动词所采用的是分裂不及物（splitintransitivity）分析，即把不及物动词区分为非宾格（unaccusative）和非作格（unergative）两类动词①。非宾格动词的唯一论元，在表层结构虽是主语，但在底层结构却是宾语；而非作格动词的唯一论元不管在哪个句法层次上都一直是主语。随着最简句法（minimalist syntax）的发展，非作格动词与非宾格动词的区分与轻动词和词汇动词之间的区别挂上了钩：非作格动词的唯一论元由一种半功能性的（semi-functional）中心语，如轻动词υ或语态成分（voice）引入（Kratzer，1996；Chomsky，1995），而非宾格动词的唯一论元则靠词汇动词引入，如下所示：

（5） a. 非宾格动词的结构：[$_{VP}$ V NP]

b. 非作格动词的结构：[$_{vP}$ NP v [$_{VP}$ V]]

非宾格动词的唯一论元是词汇动词的补足语（complement），而非作格动词的所谓唯一论元是轻动词的标志语（specifier）。用非宾格假设来解释例（1a）和例（1b）的区别，可以说“死”是非宾格动词，而“病”是非作格（unergative）动词。汉语的非宾格动词可以有显性非宾格句式，即其处于底层宾语位置的唯一论元在表层结构也可以处于同样的位置，而非作格动词的唯一论元无论在底层还是在表层都只能处于主语位置。由于“死”和“病”是不同类型的不及物动词，例（1a）和例（1b）在合法性上的差异就比较容易得到解释。

用语义上的出现义或消失义之类的限制或用句法中的非宾格假设虽然可以解释例（1b）为什么不合法，却无法解释以下例句为什么又是可以说的句子。

（6） 王冕家病了一个人（沈家煌，2006：295）

综合考虑以上例句的情况，就会发现以上提到的语义或句法两种解释

① 这里的非作格动词就是Burzio（1981、1986）术语体系中的不及物动词。不涉及可以有使役用法的不及物动词。

大概都有潜在的问题。这两种解释存在的问题，实际上是一个解释力“过强”或“过弱”的问题。从非宾格／非作格角度来解释，其过强的一面是会排除例（6）这样合格的句子。“病”不是非宾格动词，其后跟着一个宾语，从理论上讲应该不合语法，但事实并非如此。对例（6）这样的例子，徐杰（1999）在非宾格／非作格理论基础上所做的领有／隶属名词移位处理方法也会遇到同样的问题。按徐杰（1999）的处理方法，例（6）中的宾语应该是由隶属名词的降落移位生成的，由于这一移位会使得移位名词无法成分统制并约束其语迹，违反约束A原则，故句子应该不合语法。但显然徐杰的预测也过强。如果对非宾格／非作格解释的有关限制放松一下，允许非作格动词的底层主语在表层结构移到动词之后，这一处理方法又会有个解释力过弱的问题，因为它无法排除不合格的例（1b）。说只有表达“出现”或“消失”义的动词才能跟宾语，这一建立在词汇语义基础上的处理方法也会遇到同样的问题。例（6）中的“病”不表“出现”或“消失”义，却可以和例（1a）具有同样的句式。总之，我们这儿所讨论的这种句法或语义分析在处理例（6）时都会面临一个预测力过强的问题，也就是有可能不恰当地排除例（6）这种合法的句子；但如果我们把相关的句法或语义限制稍微放松一下，又会遇到一个预测力过弱的问题，会把例（1b）这种不合法的句子错误地当作合法的句子放进来[①]。

最近，沈家煊（2006）用糅合（blending）造句法对例（1a）这样的句子做了新的解释。按沈家煊（2006）的分析，“王冕死了父亲”这个例子是由“王冕的父亲死了”和“王冕丢了某物”两个小句糅合而成；而“我来了两个客户”则是由“我有两个客户来”和“我得了某物”糅合而成。沈家煊认为以上两个例子都是类推糅合的产物：从“王冕的父亲死了”和“我有两个客户来”这样的句子截取词项，从“王冕丢了某物”和“我得了某物”截取结构框架，然后仿照所截取的结构框架，类推出先前没有的

① 潘海华（1997）讨论的受害者插入规则在处理例（2）和例（6）时也会遇到同样的问题。

“王冕死了父亲”和“我来了两个客户”这样的结构。

从形式语法的角度来看类推糅合造句机制，首先考虑的是类推糅合法如何限制自己的生成能力问题。也就是说，类推糅合法如何保证只生成合格的句子，不生成不合格的句子。对此，沈家煊（2006）实际上已经做了考虑。他的处理方法是引入“因果”联系。但问题是，因果联系虽然可以允准例（1a）这样的句子，却也会排除例（6）这样的句子。同样，任何通过因果类推来允准例（6）的处理方法也很难不把例（1b）误判作合法的句子。由于以上原因，我们认为类推糅合法也存在着解释力“过强”或“过弱”的问题：对类推糅合一旦严格限制，如规定类推糅合仅限应用于表“丧失”或“获得”的结构，那就会排除例（6）这样的句子；而如果对类推糅合不做严格限制，则很容易把例（1b）这样的句子放进来。

2. 一个形式处理方案：从动词的句法投射到句法和信息结构接口

要妥善处理以上例句所表现出来的问题，须从两个方面来考虑。一个方面是动词的句法投射（syntactic projection）和动词移位限制，另一个方面就是句法和信息结构的接口（syntax-information structure interface）限制。首先，我们假设在相关的结构中都有一个抽象的动词“有”；当这一抽象动词与不同的动词关联并触发相关动词的移位时，会产生不同的句法结果。其次，信息结构与句法结构之间有一定的接口要求，具体地讲就是，句法结构给相关成分指派的特征要与信息结构对它们的解读保持一种和谐对应（harmonic correspondence）。

2.1 抽象动词“有”与动词移位

黄正德（1990）认为汉语表存在的“有”和完成（perfective）句的“有”是一样的，应该分析成选择TP（tense phrase），即句子，作补足语的助动词。在黄正德（1989、1990）这一分析的基础上，我们对“有”做出新的分析。我们假设汉语有一个表存在的抽象动词“有”（抽象不等于空，恰如音位之抽象，指的是它不能简单等同于现实中的某一实体成分），抽象动词“有”的作用在于对事件（event）或状态（state）的存在做断言（assertion）（Huang，1987）。我们认为这一抽象的“有”可以出现在两个不同的句法环境，或者说可以选择两种不尽相同的成分作补足语。“有”可以选择的一种补足语是VP，另一种是TP。当它选择VP作补足语时，如果有词汇动词V到“有”的移位发生，它会实现为像动词后的词缀“了”这样的体貌成分（Wang，1965）。这时，“了”就是抽象动词“有”的变体。当“有”选择TP作补足语时，它则实现为显性词汇动词“有”。

说体貌成分“了”是动词“有”的变体是有证据的。Wang（1965：460）指出，在粤语和闽语中，“他买了书”这样的句子就可以直接使用“他有买书”这样的形式[①]。在有关的文献中，“了”被看作是用来表示“实现”义的体貌成分（刘勋宁，1988），而我们认为实际上“实现”就是“有”。“拥有”一个事件就是“经历”一个事件，而事件的“经历”正是事件的“实现”。按我们的分析，一个事件的拥有者就是该事件的经历者。实际上，在一些语言中领属者或经历者往往有着相同的语法标记，即都通过与格标记或介词引入[②]。另外，在日耳曼或罗曼诸语言中，完整体（perfective）标记也与表“拥有”的HAVE具有词源上的关系[③]。这里还需要指出的是，如果把“了”分析成“有”，那么在理论上就很难把“了”按李钻娘（1987）的方法处理成结果补语。因为按这一分析，“V-了”等

① 粤语或闽语之所以不说“他买了书”而说“他有买书”，一种可能是因为这两种方言中的体貌成分在υP之上，另一种可能是因为这两种方言没有V到υ的移位。我们认为后一种可能性最大。当然，这两个方言中动词移位的具体情况到底如何，还需进一步的分析才能搞清楚。邓思颖（2006）对这个问题有不同的看法。他认为粤语的动词要比普通话的移得靠前，而普通话的动词又比闽语的移得靠前。

② 陆丙甫在给笔者的一封电子邮件中指出，“死”和“病”这类无自控性的动词，其“主语”在一些语言中使用与格一类标记，而这可能与我们所分析的现象也有关。

③ Jespersen（1932：29—31）、Wang（1965：460）以及Traugott（1972：91—4，144—5）就曾指出这一点。

于“有-V”；如果“有”不是结果补语，那么“了”也应该不是[①]。

如果采用我们提出的这一分析，那么，当“有”选择VP作补足语时，如果在VP之上有引入施事的轻动词v，即施事性v^*（agentive v），并且投射出一个vP，作为体貌词缀的“有”则出现在VP和vP之间，如下所示：

（7）$[_{vP}$ e $[_{v'}$ v $[_{AspP}$ $[_{Asp'}$ 有 [VP]]]]]

以上的分析显示汉语中的某些体貌成分，如动词词缀“了”，是出现在vP之内的，这也就是说“了”不是vP外的体貌成分，即不是INFL这类vP之上的功能语类投射的组成部分，而是vP内的体貌成分。从理论上讲，这一分析是有一定的道理的，因为体貌词缀“了”是修饰、限定词汇动词V的成分，自然在初始结构要邻近V，而如果“了”要与V在初始结构相邻，自然就无法处于INFL投射之中，因为在INFL与VP之间还有施事性v的投射。另外，还需要指出的是，如果VP之上的轻动词是Φ特征不完整（Φ-incomplete）的v，无法引入作施事的外部论元，或者说VP之上根本连一个Φ特征不完整的v也没有，“有”及其变体“了”也不是INFL之中的成分[②]。“有”作为半功能性的成分，与轻动词v具有同样的语类性质，它们都不属于INFL成分。从经验事实上来讲，这一分析也有一定的道理，因为汉语的“了”虚化得还不够，还在很大程度上保留着动词的词汇特性，因此“了”仅是半功能性的语类，所引入的可能是词汇体（lexical aspect）或称情状体（situation aspect）[③]。也许正是由于这一原因，李钻娘（1987）才会认为“了”不是动词后缀，而是结果补语（另见Sybesma，1997）。另

---

① 其实，就本章节所讨论的例句而言，“了”也不大像结果补语，至少在这里所讨论的结构中，“了”不应该被看作结果补语，因为由不及物动词带结果补语形成的动结式和本文讨论的不及物动词带“了”所构成的谓语在带宾语上表现是不一样的。也正是由于这一原因，我们所讨论的例句中的谓语仅由单个的不及物动词构成，不包括动结式这样的复杂谓语形式。

② 说Φ特征不完整的v不能引入外部论元（Chomsky，2001），一般是指被动结构或非宾格结构中的轻动词。我们对轻动词的设置采取从严的策略，在保证理论完整性和一致性的前提下，凡不用轻动词也可以处理的问题，就不设置轻动词。

③ 情状体与动作方式（aktionsart）有关。

外，根据Tang（2001）的分析，现代汉语（普通话）只有V到轻动词υ的移位，没有V到T的移位；如果把体貌成分放在INFL区域之内（我们采用Pollock（1989）的分裂INFL说（split-INFL hypothesis），认为INFL由包括T在内的若干功能性成分组成），即*v*P之上，动词就无法获得这一词缀；而如果我们把“了”看作*v*P内的体貌成分，把它直接放在*v*P之下，VP之上，V就很容易嫁接到它上面。

如果我们采用上面提出的分析，让“有”选择VP作补足语，那么，例（1a）的部分生成过程可以做如下表征。首先，抽象动词“有”与非宾格VP进行合拼（merge），生成（8a）这样的结构。在（8a）中，抽象动词“有”对一个VP事件的存在做断言，即断言对于王冕来说，存在着一个“死父亲”的事件。

（8） a.[$_{\text{TP}}$王冕 [$_{\text{AspP}}$ [$_{\text{Asp'}}$有 [$_{\text{VP}}$死父亲]]]]

b.[$_{\text{TP}}$王冕 [$_{\text{AspP}}$ [$_{\text{Asp'}}$死－了 [$_{\text{VP}}$ ~~死~~父亲]]]]①

然后，在（8b）中，VP中心语（动词“死”）经过中心语移位嫁接在“有”上，抽象的“有”实现为“死”的后缀，以“了”的形式出现（Wang，1965），从而生成例（1）这样的表层形式。

在（8）这样的结构中，“王冕”可以直接放入主语位置，即［Spec，TP］位置，但该主语位置不是题元位置，与动词“死”没有题元选择关系。我们认为动词“死”的题元只能在底层结构指派给其唯一论元宾语，由于动词的一个题元只能指派一次且只能在底层结构指派，所以在（8）中动词“死”无法给句子主语位置指派题元。按照这一分析，在以下结构中，主语“父亲”也不占据题元位置：

（9） [$_{\text{TP}}$父亲 [$_{\text{AspP}}$ [$_{\text{Asp'}}$死－了 [$_{\text{VP}}$ ~~死~~ ~~父亲~~]]]]

在（9）中，主语“父亲”的题元不是从主语位置获得的，而是从其动词后的宾语位置继承而来的。综合考虑（8）和（9）中的情况，我们就会发现

① 双删除线标出的成分代表相关成分移位后被删除的拷贝（copy）；这一表征形式基本等同于语迹。

句法生成过程中实际上还有另外一种可能性，那就是把“王冕”放入话题位置，而把动词后的“父亲”移向主语位置，生成（10）这样的结构。（10）这样的结构，在胡裕树、范晓（1995）的分析中，是一种话题主语句结构。根据这一分析，在以下结构中，“王冕”处于话题位置，而“父亲”处于主语位置（另参看Pan & Hu，in press；潘海华、韩景泉，2005）。

（10）[$_{TopP}$王冕 [$_{TP}$父亲 [$_{AspP}$ [$_{Asp'}$死－了 [$_{VP}$~~死~~ ~~父亲~~]]]]]

表达式（8）和（10）的区别在于，在（8）中“父亲”是述题（comment）中的成分，是“有”断言的对象，而在（10）中“父亲”是主语，由于这一原因，它也可以不属于述题，另外它也不是“有”的断言对象。因此（8）与（10）的语义解读不尽相同①。

与例（1a）不同，例（1b）是一个不合法的句子。我们认为在例（1b）中也有一个抽象的动词“有”，只是在（1b）的底层结构中，“父亲”不是“病”的宾语，而是它的主语，如（11）所示：

（11）王冕 [$_{Asp'}$有 [$_{VP}$父亲 [$_{V'}$病]]]

---

① Teng（1974）曾经讨论（8b）“王冕死了父亲”与以下例句在语义解读上的差别。

（i） 王冕的父亲死了。

他指出，这两种句式之间没有派生关系，因为（8b）可以用来回答“王冕怎么了？”这一问句，而（i）只能用来回答“王冕的父亲怎么了？”这一问句，不能用来回答前一问句。另外，Teng（1974）还指出，在“王冕死了父亲”这一例句所指称的情景中，王冕应该还健在；而在“王冕的父亲死了”这一例句所指称的情景中，王冕既可以已经去世，也可以依然健在。Teng（1974）进一步用以下例句来显示这两个句子语义上的区别：

（ii）孔子的后裔死了。（iii）*孔子死了后裔。

例（ii）合法，而例（iii）不合法，这是因为例（ii）有例（iii）所没有的一层含义，即孔子死得比他的后裔要晚，但这却与事实不符。这里还要指出来的是，例（iii）虽然与例（ii）有明显区别，与以下例句（iv）之间的区别却很模糊：

（iv）？？孔子啊，后裔死了。

这说明例（iii）中的句首NP很可能与例（iv）中的一样，都是话题。按照我们的这一分析，“王冕死了父亲”、“王冕的父亲死了”以及“王冕啊，父亲死了”这三个句子之间大概有这么一个异同关系：第一句中的“父亲”是新信息，而其余两句中的不是；第一句与第三句中的“王冕”是话题（或者按张伯江（2002）的说法具有示踪性），而第二句中的不是话题。另外，第一句和第三句中的“父亲”都可以作为述题，即谓语中的成分，来处理（虽然第三句中的“父亲”具有次话题性，但仍可以处理成主谓谓语句），而第二句中的“父亲”不是述题或谓语中的组成部分，只能是话题。

动词“病”在我们的分析中是一个表状态的非作格动词，按照Hale & Keyser（2002：205—225）所讨论的一种分析，状态动词的底层形式可能是一种抽象的介词结构，如下所示：

（12）$[_{P}D[P[D]]]$

在我们的分析中，状态动词内含的抽象介词P可以大致相当于英语表拥有的介词with[①]，而状态动词所指称的状态则用名词来表示；说某物处于某种状态，实际上就是说某物带有某种状态。对非作格状态动词的处理，将采用一种相对简化了的分析。在Kayne（1993）对英语HAVE领属结构分析的基础上[②]，我们认为汉语非作格状态动词（以及形容词）具有以下（13a）中的结构。在（13a）这一结构中，非作格状态动词或形容词由N和P合并（conflation）生成，即N嫁接到P上，生成P–N结构，该结构表示某种状态或特性。然后该P–N结构再嫁接到BE上，生成状态动词。这一分析说明状态动词或形容词本身并不具有动词性，也就是说从词法上讲，它们不具有动词性，其动词特性是通过句法操作派生而来的。（13a）中的N为状态动词提供音系内容（phonological content），而BE提供语类特征（categorial feature），但这一语类特征是句法派生中添加的特征，而不是其本身固有的词汇特征。为了简化表述方式，我们把（13a）这样的结构简化为（13b）中的结构。在（13b）中，V大致相当于“BE+with”。

（13）a. $[_{VP}\ \mathrm{Spec}\ [_{V'}\mathrm{BE}\ [_{PP}\ P\ [N]]]]$[③]

---

① Hale & Keyser（1993，2002）认为该结构中的P表示中心同位（central coincidence），即核心部位的紧密关联或接触。对这一概念的讨论最早见于Hale（1986）。

② Kayne（1993：110）在Freeze（1992）的基础上，认为英语的领属结构可以有以下表征：

（i）…BE $[_{DP}\mathrm{Spec}\ D/P^{0}e\ [\mathrm{DP}_{pom}\ [\mathrm{AGR}^{0}\ \mathrm{QP/NP}]]]$

在以上结构中$D/P^{0}e$代表介词性的D^{0}。这一介词性的D^{0}在英语中要嫁接到BE上面，于是就会生成HAVE，如下所示。

（ii）$D/P^{0}e$ + BE → have

③ 为了使短语结构的处理具有一致性，我们也可以在Kayne（1993）的基础上假设非作格状态动词具有以下这样的结构：

（i）$[_{VP}\ \mathrm{Spec}\ [\mathrm{v'BE}\ [_{PP}\ \mathrm{DP}\ [P\ [N]]]]]$

在以上结构中，P可以在某个阶段嫁接到BE上生成“有”，然后DP移到［Spec，VP］。

b. [$_{VP}$DP [V [N]]]

（13b）中的V起关系语（relator）的作用（参看Dikken，2006），在指称状态的N与其主语DP之间建立一种述谓关系（predication）。在我们的分析中，V不是轻动词，而是一个通过句法合并生成的复合动词，其中含有表达“带有”义的“BE+with”两个成分。按这一分析，“病”在词库中是 [$_{PP}$ P [$_{N}$ 病]] ①，句子中使用的所谓动词“病”是加上BE后形成的，有着 [$_{V'}$BE [$_{PP}$with [病]]] 这样的结构，表达的意思是“带有病”。

由于非作格状态动词投射出的是VP，“有”就可以直接与这一VP合拼。如此，例（1b）在初始阶段可以有以下这样的结构：

（14）王冕 [$_{AspP}$ [$_{Asp'}$有 [$_{VP}$父亲 [$_{V'}$V [$_{N}$病]]]]]

要生成例（1b）这种结构，“病”需先移向V，然后“病-V”复合体一起移向抽象的“有”②，当“病”嫁接到“有”上时，“有”实现为“了”③，如下所示。

（15）[$_{TopP}$王冕 [$_{TP}$e [$_{AspP}$ [$_{Asp'}$病-V-了 [$_{VP}$父亲 [$_{V'}$ ~~病-V~~ [$_{N}$ ~~病~~]]]]]]]

在表达式（15）中，VP主语“父亲”没有移入句子主语，即 [Spec，TP] 位置，而我们认为这正是例（1b）及其句法表达式（15）不合法的原因。

2.2 句法和信息结构接口限制

我们认为例（1b）及其句法表达式（15）之所以不合法，究其原因是因为在该例中句法结构与信息结构之间的接口有问题。假设汉语的VP主语可以提升到TP主语位置，也可以不提升，但如果是定指（definite）的VP主语则必须提升到TP主语位置④。这样的话，我们就可以用一个VP主

① 这一分析可以解释为什么“病”直接从词库中拿出来时不能用否定词“不”来否定，即不能说“不病”。这是因为“不”只能否定动词性的成分，而词库中的“病”不含动词性。当通过句法操作给“病”添加上动词性成分“有”时，就可以用“不”来否定，只不过“不”遇到“有”要变成“没（有）”，于是就有了“没（有）病”这一否定形式。

② 如果拘泥于细节，则是N先嫁接到P上，然后P-N再嫁接到BE上。

③ 我们把VP之上的“有”看作不可分解的“有”。

④ 关于主语的有定性可参看朱德熙（1982：96—97）以及Xu（1995）中相关的讨论。

语的移位条件来排除有关的句子形式。

（16）定指VP主语的移位条件

具有［+定指］特征的VP主语须向TP主语位置移位。

我们认为在汉语中当一个DP中的D为零形式时，如果该DP出现在主语位置，则该DP将会被指派给话题特征，于是该DP也就具有了［+定指］特征。这里所讲的主语位置可以是句子主语位置，也可以是VP主语位置。主语位置具有强话题性，因此可以允准放入此位置DP中的零形D并给其指派话题特征。正是由于这一原因，放入主语而不是宾语位置的含零形D的DP就会得到［+定指］解读。比如，在例（17a）中，含零形D的DP处于主语位置时就会因为具有话题特征而被解读为［+定指］，而在例（17b）中，当同样的成分处于宾语位置时，就没有这一解读：

（17）a. 客人来了。　　　　b. 来了客人了。

由于［Spec，VP］位置是主语位置，所以在例（15）中当含有零形D的DP“父亲”处于这一位置时就会得到话题解读，从而获得了［+定指］特征。我们前面讲过，VP主语如果具有［+定指］特征，则必须移位。那么这一移位的动因是什么？一种可能是扩展投射原则（extended projection principle）的要求，扩展投射原则简称EPP，这一原则规定句子必须有主语。但是说具有［+定指］特征的VP主语必须移到TP主语位置是EPP作用的结果是有问题的，因为EPP特征的满足应该不会考虑VP主语的［+定指］特征，也就是说如果是EPP在起作用，没有［+定指］特征的VP主语也应该强制性地向TP主语移位。Huang（2008）指出，汉语的TP可能不具备EPP特征，而这或许是汉语与英语等其他语言区别的关键所在。如果Huang（2008）的这一意见是对的，那么具有［+定指］特征的VP主语向TP主语的移位就不是EPP特征驱动的。我们认为具有［+定指］特征的VP主语之所以须向TP主语移位，不是出于TP主语的EPP特征要求，而是出于信息结构对信息进行分拣（partitioning）和组配（packaging）的要求。汉语句子中信息的分拣以动词为基点，动词前的成分具有话题性，呈现旧信息，动词及动词后的成分作为述题引入新信息。如果一个名词词组本身是不定指的，它在初始结构处于VP主语位置也不具有话题性；而如果一个名词词组本身是定指的，或者它是光杆名词，含有零形D，那么当它处于VP主语位置时，就会获得话题特征。如果一个名词词组在初始结构被指派给了话题特征，这一特征在以后的句法生成中就会保留下来。由于初始结构不是句子生成的终端结构，保留下来的话题特征就会影响具有该特征的成分在句子进一步生成时的分拣和组配。为了与信息结构保持一种和谐，或者说为了最终生成的语符串（string）能够在信息结构中进行有效分拣，具有话题性的VP主语在动词提升后就不能留在原位，而应提升至TP主语位置，即动词前组配已知信息的位置。具有话题性的VP主语如果留在原位就会在信息结构中被作为述题的组成部分，即新信息进行分拣，而把表达已知信息的话题成分作为表达未知信息的述题进行分拣是一种无效分拣。由于它在初始结构中就已经被标明是话题成分，信息结构对它的解读与它自身所应该具有的解读就不协调，这自然会造成信息结构的信息分拣无效，从而造成句子在信息结构层面上解读的失败，于是生成的句子就不合法[①]。从以上讨论我们可以看出（16）中的定指VP主语移位条件实际上可以从信息结构对句法结构的要求中推导出来。在此，我们可以把句法结构与信息结构接口条件定义如下：

（18）句法结构与信息结构接口条件

一个句法成分被句法结构指派的特征要与信息结构对其作为信息载体进行信息分拣时所指派的解读保持和谐对应。

从句法结构与信息结构接口条件来看，例（1b）及其表达式（15）之所以不合法，是因为具有话题性的VP主语“父亲”没有移入TP主语位置，从

① 刘探宙（2008）讨论了“王冕家就病了他老父亲一个”这样的句子，认为这一句子中的“他老父亲一个”虽然是有定的，但句子仍然合法。我们认为，在刘探宙所举出的例子中，焦点标记“就”实际上引入的是新信息，对存现句中焦点标记与有定性关系的讨论可参看Hu & Pan（2007）。另外，以上句子中的“一个”对于名词性成分信息地位的标记贡献也很大，对此的有关讨论可参看张伯江（2006）。

而造成承载已知信息的话题成分在信息结构中被作为承载新信息的述题成分分拣，违反了句法结构与信息结构之间的协调原则。注意，在表达式（15）中“王冕”放在了话题位置，当然它也可以放在［Spec, TP］位置，但这样会阻止VP主语“父亲”向［Spec, TP］的移位，仍然会违反我们关于具有话题特征的VP主语须移入TP主语位置的规定。

和例（1b）相比，例（6）是一个合法的句子。例（6）的句法生成过程为（19）：

（19）［$_{\text{TopP}}$王冕家［$_{\text{TP}}$e［$_{\text{AspP}}$［$_{\text{Asp'}}$病-V-了［$_{\text{VP}}$一个人［$_{\text{V'}}$~~病-V~~［$_{\text{N}}$~~病~~］］］］］］］

在（19）中“病”移向V，然后当“病-V”复合体再移向抽象的“有”时，“有”实现为“了”。在（19）中［Spec, VP］位置上的DP“一个人”中的D是通过分类词（classifier，简称CL）向D的提升而得到允准的（Cheng & Sybesma，1999），由于在DP内部有CL向D移位这一允准机制的存在，VP主语位置的话题特征无法通过句法运作从DP外部来允准DP内部的零形D。因为“一个人”具有［-定指］特征，而不是［+定指］特征，不具有话题性，因此可以留在原位。实际上如果“一个人”不留在原位，而是移入主语位置，则会生成一个可接受性比较低的句子，如下所示：

（20）??［$_{\text{TopP}}$ 王冕家［$_{\text{TP}}$一个人［$_{\text{AspP}}$［$_{\text{Asp'}}$病-V-了［$_{\text{VP}}$ ~~一个人~~［$_{\text{V'}}$ ~~病-V~~［$_{\text{N}}$~~病~~］］］］］］］

由于汉语无定名词成分难以获得话题性，一般不作句子主语，所以在（19）中当“病”移到VP主语“一个人”前面时，“一个人”不需向TP主语移位，而这正可以避免无定主语效应。无定主语效应也与句法结构和信息结构之间的和谐性要求有关，无定NP本来是承载未知信息的，把它放在主语位置就会被不恰当地作为已知信息处理。这里还需要说明的是，句法特征的指派在结构生成的初始阶段就已经开始了，而信息结构的解读是在结构生成过程完成之后进行的。另外，由于句子指称特征的要求（胡建华、石定栩，2005），T必须得到投射。在汉语中当T得到投射后，［Spec,

TP］位置可以直接放入一个名词性成分，也可以移入一个名词性成分，但如前所述，当句子中的VP主语不具有［+定指］特征时，VP主语就可以不移入［Spec，TP］。

虽然在以上的分析中，动词向抽象“有”的移位可以解释例（6）为何合法，却无法解释以下例句为什么不合法。

（21）*?王冕病了一个人。

与例（6）“王冕家病了一个人”相比，例（21）的可接受性比较差。究其原因，是因为例（6）中的话题“王冕家”是方位词组，而例（21）中的话题“王冕”是名词词组。方位词组可以提供空间定位，为述题的运作划定范围或提供框架[①]，因此具有天然的话题性，自然可以作为话题独立存在，而一个名词词组并不具有天然的话题性，因此如果得不到适当的允准，无法合法地在句子中存在。例（21）的问题正出在作话题的名词词组“王冕”上，这一名词词组与动词“病”所能提供的句法变量没有约束关系，也没有与句子中的其他成分建立一种句法或语义上的变量约束关系，于是无法得到句法或语义上的允准（Pan & Hu，in press），句子自然就难以接受。实际上，如果把例（21）中的“病”换成非宾格动词“死”，句子的可接受性也仍然比较勉强。

（22）?王冕死了一个人。

例（22）的可接受性比较差也是因为句首名词“王冕”没有得到相应的允准。例（1a）与例（22）不同，在例（1a）“王冕死了父亲”这个句子中，句首名词因为与动词后名词之间有领属关系，因此可以得到允准，而在例（22）中“王冕”与“一个人”之间不容易建立领属关系，句首名词词组就得不到允准。如果把例（22）中的“一个人”换成“一个孩子”（如下所示），句首名词词组“王冕”就很容易与“一个孩子”建立领属关系从而得到允准，句子就完全可以接受了。

① 这类话题具有时空定位作用。徐烈炯、刘丹青（2007）把这类话题称作时地语域式话题。

（23）王冕死了一个孩子。

另外，如果把例（22）中的“王冕”换成“王冕家”这样的方位词组，句子也完全可以接受，如下所示：

（24）王冕家死了一个人。

按这一分析，那么是不是把例（21）中宾语换成与句首名词具有领属关系的名词，例（21）就合法了呢？也是，也不是。如果这一置换生成的是例（1b）“王冕病了父亲”这样的句子。置换的结果就不合法。这样的句子不合法，与句首名词的允准无关。其不合法的原因，如前所述，在于VP主语“父亲”的投射中含有零形D，而零形D在主语位置会得到［+定指］特征，由于定指DP没有向TP主语位置提升，违反了（16）及（18）中的相关条件，句子自然不合法。按这一思路，如果在例（21）这样的句子中VP主语不含受话题特征允准的零形D，并且与句首名词词组还具有一种领属关系，句子是不是就合法了呢？情况确实如此，请看以下例句[①]：

（25）王冕病了一个工人。

对例（25），可以把“王冕”理解为一个手下有若干工人的包工头，如果他手下的工人病了，不能为他干活了，这时就可以说例（25）这样的句子。在这种情况下使用例（25）时，句首名词词组“王冕”和动词后的名词词组“一个工人”之间就建立了领属关系。这里需要着重指出的是，例（21）不合法并非完全因为非作格动词的唯一论元处于动词之后造成的，因为就是把它放在动词前，句子的可接受性也比较差。

（26）??王冕，一个人病了。

在这一点上，例（25）就很不同。把例（25）中的动词论元放在动词前，句子依然合法。

（27）王冕，一个工人病了。

---

① 例（25）及其使用的场景是2007年在青岛参加首届“当代语言学圆桌会议”时沈家煊针对本文初稿提出来的。

例（26）和例（27）是双项名词结构[①]。在双项名词结构中，动词前的两个名词词组可以用一个连接语“的”来关联，如下所示。

（28）??王冕的一个人病了。　　　（29）王冕的一个工人病了。

例（28）显示，例（26）中的两个名词词组用连接语“的”关联后，句子的合法度不会有任何提高，这是因为在缺乏相关语境信息的情况下，例（26）中动词前的两个名词词组不太容易建立一种领属关系。例（27）与例（26）在这一点上就不同，例（27）中动词前的两个名词词组比较容易建立领属关系，用不用连接语关联，句子的合法度不变。这一切都说明，例（21）的问题不是出在句法上，而是出在语义上。

最后要讨论的就是为什么“王冕家病了一个人”可以说，而把句子中的状态动词“病”换上动作类非作格动词“笑”后，句子却不能说。

（30）*王冕家笑了一个人。

“笑”和“病”都不是非宾格动词，既然“病”可以有例（6）这样的句式，“笑”为什么却不能？根据Hale & Keyser（2002），我们认为动词“笑”具有以下的词法结构：

（31）$[_V$ V $[_N$ 笑 $]]$

根据Hale & Keyser（2002）的分析，实际的动词是经由V中心语与N补足语合并形成的。V中心语提供语类特征，N补足语提供音系特征。Hale & Keyser（2002）进一步指出，动作类非作格动词本身并没有一个标志语（specifier），这也就是说动作类非作格动词没有外部论元（external argument）。假设动作类非作格动词的外部论元是由VP之上的一个功能语类引入的（Marantz，1984；Kratzer，1996；Collins，1997）。再假设这一功能语类是一个施事性轻动词υ（Chomsky，1993、1995；Hale and Keyser，1993）。我们在前面讲过，如果在VP之上有一个表施事的轻动词

① 双项名词的说法源自陈平（2004）。其实，英语文献中一般用的词语是双项主格结构（double-nominative construction）这一术语，考虑到汉语中格的性质难以确定（胡建华，2007），这里采用陈平的说法，把这类结构称作双项名词结构。

v并投射出一个vP，那么选择VP做补足语的“有”就会出现在VP和vP之间。这样，“王冕家笑了一个人”这个句子就应该具有以下初始结构：

（32）[$_{TopP}$王冕家 [$_{TP}$e [$_{vP}$一个人 [$_{v'}$$v$ [$_{Asp'}$有 [$_{V}$V [$_{N}$笑]]]]]]]

要生成例（30），（32）中的相关成分还要经历以下表达式中的移位：

（33）a. [$_{TopP}$王冕家 [$_{TP}$e [$_{vP}$一个人 [$_{v'}$$v$ [$_{Asp'}$有 [$_{V}$笑-V [$_{N}$~~笑~~]]]]]]]

b. [$_{TopP}$王冕家 [$_{TP}$e [$_{vP}$一个人 [$_{v'}$$v$ [$_{Asp'}$笑-V-了 [$_{V}$~~笑-V~~ [$_{N}$~~笑~~]]]]]]]

在（33a）中，“笑”先移向V，然后在例（33b）中“笑-V”复合体又移向抽象的动词“有”，抽象的“有”实现为“了”。在（32）和（33）中，轻动词v代表事件的发起者，为动词提供动作解读。表达式（32）和（33）显示没有任何途径可以生成例（30）这样的句子，因为要生成例（30），“笑-V-了”复合体必须移到“一个人”之前，但“一个人”之前不存在这样一个可以让这一复合体移入的位置。当然，在（33）中，在vP之前存在着一个T，那么“笑-V-了”复合体能否移入T这一位置呢？我们认为不能，因为如前所述，相关的独立研究已经证明在汉语中不存在V到T的移位（Tang，2001）。简言之，例（30）不合法是因为没有任何合法途径可以生成这个句子。我们在前面讲过，动词“有”可以选择TP作补足语；当“有”选择TP作补足语时，它是一个词汇动词。如果在（33b）的TP之前插入一个提升动词“有”，那么能不能生成例（30）呢？

（34）[$_{TP}$王冕家 [$_{VP}$有 [$_{TP}$e [$_{vP}$一个人 [$_{v'}$$v$ [$_{Asp'}$笑-V-了 [$_{V}$~~笑-V~~ [$_{N}$~~笑~~]]]]]]]]]

在TP之前插入“有”只会生成（34）这样的结构，即“王冕家有一个人笑了”这样的句子，无法生成例（30）。在（34）中“笑-V-了”复合体无法嫁接到主句的“有”上，因为第一，为了不违反中心语移位限制（head movement constraint）[①]，这一移位须先进行V到T的移位，而V到T的移位在汉语是一种不可能有的移位；第二，这一移位会形成V到T再到

① 中心语移位限制是指一个中心语不能越过一个离它近的且成分统制它的中心语移向另一个中心语。

V式的移位，而V一旦移到T是无法再移到V的[①]；第三，“有”既然在选择TP作补足语时实现为词汇动词，就不允许其他动词对它进行显性嫁接。总之，从（34）中无法生成例（30），只能生成下面这样的句子：

（35）王冕家有一个人笑了。

3. 讨论

我们的研究受到吕叔湘（1990［1946］）和沈家煊（2006）有关研究的启发。吕叔湘（1990［1946］：458）认为表示“出现”和“消失”的句子是一种“存在句”，这类句子可以改说为“有……”，而“有”就是单纯表存在的动词。按这一分析，“村里死了一个人”就可以改说为“村里有一个人死了”。吕叔湘（1990［1946］）的这一分析启发了我们处理例（1a）这类句子的思路。在吕叔湘（1990［1946］）的基础上，我们提出了推导例（1a）和例（6）这类句子的抽象句法。但我们这里提出的与抽象存在动词“有”有关的句法结构并不等于吕叔湘（1990［1946］）所讲的“x有y P”结构（P指谓语）。虽然用“x有y P”结构来说明“x P y”结构比较直观，但我们的形式系统不能直接照搬这一分析，因为这一使用日常语言来描写相关语句的分析过于具体，其生成能力会受限。比如“衣服上破了一个洞”这样的句子就无法用“衣服上有一个洞破了”这样的“x有y P”结构来生成。而这一例句用我们的抽象句法来处理就不会有什么问题。根据我们的分析，“衣服上破了一个洞”的部分底层结构为：［$_{TP}$ e［$_{AspP}$［$_{Asp'}$有［$_{VP}$ 破一个洞］］］］。这里需要着重指出的是，在我们的分析中，“村里死了一个人”和“村里有一个人死了”是由两种不同的结构生成的，它们之间不存在着相互的派生关系。在我们的分析中，前一个句子只有一个“有”，后一个句子有两个“有”。在“村里有一个人死了”这个句子中，除了有一个

① 这一点是笔者在北京语言大学语法理论工作坊报告相关内容时（2008年7月24日），黄正德先生指出来的。

选择VP作补足语的表体貌的“有”之外，还有一个选择TP作补足语的词汇动词“有”。这一点我们在上一节最后一部分的讨论中已经指了出来。

沈家煊（2006）认为像例（1a）这样表丧失义的句子的糅合所依托的是“x丢y”提供的句法框架，而表获得义的句子依托的则是“x得y”这样的结构。沈家煊（2006）的这一分析很有洞见，但同时我们也认为他所使用的糅合造句的句法框架仍然过于具体，糅合造句所截取的句法框架应该是与具体词项的语义信息无关的抽象句法框架。按我们的分析，为例（1a）这种句式提供句法框架的应该是抽象的存在动词“有”，而不是任何其他具体的词项，而相关句子的“得”与“失”的含义都是从抽象的“有”中推出来的。“得”与“失”可以从“有”和“无”中推出，而“有”和“无”又都可以从抽象的“有”中推出，抽象的“有”即“存在”。实际上，“有、无”和“得、失”都是对“存在”的表述。

参考文献

陈　平　2004 《汉语双项名词句与话题—陈述结构》,《中国语文》第6期。

邓思颖　2006 《汉语方言受事话题句类型的参数分析》,《语言科学》第6期。

胡建华　石定栩　2005 《完句条件与指称特征的允准》,《语言科学》第5期。

胡建华　2007 《有无之间——不及物动词的宾语与论元》，当代语言学圆桌会议论文，青岛海洋大学。

胡建华　2007 《题元、论元和语法功能项——格标效应与语言差异》,《外语教学与研究》第3期。

胡裕树　范晓　1995 《动词研究》，河南大学出版社。

李钻娘（Alice Cartier） 1987 《出现式与消失式动词的存在句》（罗慎仪译）,《语文研究》第3期。

刘勋宁　1988 《现代汉语词尾“了”的语法意义》,《中国语文》第5期。

吕叔湘　1990［1946］《从主语、宾语的分别谈国语句子的分析》,《吕叔湘文集》第2卷，商务印书馆；原载《开明书店二十周年纪念文集》。

黄正德　1989 《中文的两种及物动词和两种不及物动词》,《世界华文教学会议论文集》，世界华文教育协进会。

黄正德　2007 《汉语动词的题元结构与其句法表现》,《语言科学》第4期。

刘探宙　2008 《一元非作格动词带宾语现象》，中国社会科学院语言研究所“五四”

青年学者演讲稿。
潘海华 1997 《词汇映射理论在汉语句法研究中的应用》,《现代外语》第4期。
潘海华 韩景泉 2005 《显性非宾格结构的句法研究》,《语言研究》第3期。
沈家煊 2006 《“王冕死了父亲”的生成方式——兼说汉语“糅合”造句》,《中国语文》第4期。
徐 杰 1999 《两种保留宾语句式及相关句法理论问题》,《当代语言学》第1期。
徐 杰 2001 《普遍语法原则与汉语语法现象》,北京大学出版社。
徐烈炯 刘丹青 2007 《话题的结构与功能》(增订本),上海教育出版社。
张伯江 2002 《“死”的论元结构和相关句式》,《语法研究和探索》(十一),商务印书馆。
张伯江 2006 《存现句里的专有名词短语》,《语法研究和探索》(十三),商务印书馆。
朱德熙 1982 《语法讲义》,商务印书馆。
Belletti, A. 1988 The case of unaccusatives. *Linguistic Inquiry* 19: 1–34.
Bowers, John S. 1973 *Grammatical Relations*. Ph. D. dissertation, MIT.
Burzio, L. 1981 *Intransitive Verbs and Italian Auxiliaries*. Ph. D. dissertation, MIT.
Burzio, L. 1986 *Italian Syntax*. Dordrecht: Reidel.
Cheng Lisa Lai-Shen & Rint Sybesma 1999 Bare and not-so-bare nouns and the structure of NP. *Linguistic lnquiry* 30, 4: 509–542.
Chomsky, N. 1993 A minimalist program for linguistic theory. In K. Hale and S. J. Keyser (eds.), *The View from Building* 20, pp. 1–52. Cambridge, Mass.: The MIT Press.
Chomsky, N. 1995 *The Minimalist Program*. Cambridge, Mass.: The MIT Press.
Chomsky, N. 2001 Derivation by phase. In Michael Kenstowicz (ed.), *Ken Hale: A Life in Language*, pp. 1–52. Cambridge, Mass: The MIT Press.
Collins, C. 1997 Argument sharing in serial verb construction. *Linguistic Inquiry* 28: 461–497.
Dikken, Marcel den 2006 *Relators and Linkers —The Syntax of Predication, Predicate Inversion, and Copulas*. Cambridge, Mass.: The MIT Press.
Fillmore, Charles 1968 The Case for Case. In E. Bach and R. Harms (eds.) *Universals in Linguistic Theory*, pp. 461–481. New York: Holt, Rinehart and Winston, Inc.
Freeze, R. 1992 Existentials and other locatives. *Language* 68: 553–595.
Haegeman, Liliane 1994 *Introduction to Government and Binding Theory* (2nd Edition). Oxford: Blackwell.
Hale, Ken 1986 Notes on world view and semantic categories: Some Warlpiri examples. In Pieter Muysken and Henk van Riemsdijk (eds.), *Features and Projections*. Dordrecht: Foris.
Hale, K. , and S. J. Keyser 2002 *Prolegomenon to a Theory of Argument Structure*. Cambridge, Mass.: The MIT Press.
Hole, Daniel 2006 Extra argumentality—affectees, landmarks, and voice. *Linguistics* 44, 2: 383–424.

Hu, Jianhua & Haihua Pan 2007 Focus and the basic function of Chinese existential *You*-sentences. In Ileana Comorovski & Klaus von Heusinger(eds.), *Existence: Semantics and Syntax*, pp. 133–145. Dordrecht: Springer.

Huang, C. -T. James 1987 Existential sentences in Chinese and(in) definiteness. In Eric J. Reuland and Alice G. B. ter Meulen (eds.) *The Representation of (In) definiteness*. pp. 226–253. Cambridge, Mass.: The MIT Press.

Huang, C. -T. James 1990 On 'be' and 'have' in Chinese. *The Bulletin of the Institute of History and Philology*, Academia Sinica 59, 43–64.

Huang, C. -T. James 2008 Topics in parametric syntax. CUHK Distinguished Scholars Lecture Series, the Chinese University of Hong Kong.

Jespersen,Otto 1932 *A Modern English Grammar on Historical Principles*, Part IV, Syntax(3rd Vol.). London: George Allen and Unwin.

Kayne, Richard 1993 Toward a modular theory of auxiliary selection. Reprinted in *Parameters and Universals*, Richard Kayne, pp. 107–130. Oxford: Oxford University Press, 2000.

Kratzer, A. 1996 Severing the external argument from its verb. In J. Rooryck and L. Zaring (eds.) Phrase Structure and the Lexicon, pp. 109–137. Dordrecht: Kluwer.

Levin, B. , and M. Rappaport 1995 *Unaccusativity: At the Syntax-Lexical Semantics Interface*. Cambridge, Mass.: The MIT Press.

Marantz, A. 1984 *On the Nature of Grammatical Relations*. Cambridge, Mass.: The MIT Press.

Li, Yen-hui Audrey 1990 *Order and Constituency in Mandarin Chinese*. Dordrecht: Kluwer.

Pan, Haihua and Hu Jianhua In press. A semantic-pragmatic interface account of (dangling) topics in Mandarin Chinese. *Journal of Pragmatics*.

Partee, H. Barbara 1965 *Subject and Object in Modern English*. Ph. D. Dissertation, MIT.

Perlmutter, D. 1978 Impersonal passives and the unaccusative hypothesis. *Proceedings of the Berkeley Linguistic Society* 4, pp. 157–189. Berkeley: University of California.

Pollock, J. -Y. 1989 Verb movement, UG and the structure of IP. *Linguistic Inquiry* 20, 365–424.

Sybesma, Rint 1997 Why Chinese verb-*le* is a resultative predicate. *Journal of East Asian Linguistics* 6, 215–261.

Tan, Fu 1991 *Notion of Subject in Chinese*. Ph. D. dissertation, Stanford University, CA.

Tang, Sze-Wing 2001 The (non-) existence of gapping in Chinese and its implications for the theory of gapping. *Journal of East Asian Linguistics* 10, 201–224.

Teng, Shou-Hsin 1974 Double nominatives in Chinese. *Language* 50, 3: 455–473.

Traugott, Elizabeth C. 1972 *The (A) History of English Syntax: A Transformational Approach to the History of English Sentence Structure*. New York: Holt, Rinehart and Winston.

Wang, William S. Y. 1965 Two aspect markers in Mandarin. *Language* 41, 3: 457-470.
Xu, Liejiong 1995 Definiteness effect on Chinese word order. *Cahiers de Linguistique Asie Orientale* 24 (1): 29–48.

（原载《中国语文》2008年第5期）

第七章　宁波话与普通话中话题和次话题的句法位置

1. 引言

本章讨论宁波话和普通话（以及英语）中话题（topic）与次话题（subtopic）的句法位置。我们认为，次话题在宁波话中是一个语法化成分，而在普通话中却不是。支持这一说法的证据来自两种方言中次话题的不同句法表现。我们的研究表明，在宁波话中次话题有着固定的句法位置，而在普通话中次话题只占据一个临时性的嫁接位置（adjoined position）。

2. 宁波话和普通话中与次话题有关的语言事实

在宁波话中，次话题可以出现在主语之后、情态动词之前，如例（1a）所示，也可以出现在主语和情态动词之后，如例（1b）和例（1c）所示。例（1b）和例（1c）的区别在于：例（1b）中的次话题得到了焦点敏感算子（focus-sensitive operator）“都”的允准（license），而例（1c）中的次话题没有得到焦点敏感算子的允准。

（1）　a. 小明文章可能写好该勒。

　　　b. 小明可能文章都写好该勒。

　　　c. 小明可能文章写好该勒。

如果我们把宁波话和普通话作一番比较，我们就会发现普通话虽然允许出现例（1a）和例（1b）这样的句式存在，但不允许出现（1c）这样的句式。请看以下与例（1）相对应的普通话例句：

（2） a.小明文章可能写好了。

b.小明可能文章都写好了。

c.*小明可能文章写好了。

在以上普通话例句中，次话题只有在得到焦点敏感算子的允准时才可以出现在情态动词之后。例（2c）不合法是因为出现在情态动词之后的次话题没有被一个焦点敏感算子允准。

宁波话次话题与普通话次话题的另一个不同之处是宁波话的次话题可以被一个复指代词复指，而普通话的次话题则不可以，如下所示：

（3） 尔手骨净净渠。"你手洗洗它"

（4） *你手洗洗它。

根据刘丹青（2000）以及Liu（2000），上海话中的次话题也可以用复指代词复指，如下所示：

（5） a.侬地板拖拖伊。"你地板拖拖它"

b.侬老酒拿伊吃脱。"你酒把它喝了"（刘，2000：93）

（6） 侬拿苹果吃脱伊。"你把苹果吃了它"（Liu，2000）

以下例句显示，在普通话中次话题不可用复指代词复指。

（7） a.*你地板拖拖它。

b.？你酒把它喝了。

（8） *你把苹果吃了它。

3. 次话题与VP嫁接

海外对话题和次话题所占据的句法位置有两种解释。一种解释见于Xu & Langedoen（1985）、Lee（1986）、Tang（1990）以及Lin（1992）。持这一观点的学者认为，涉及次话题的结构是由双重话题化（double-topicalization）形成的。根据这一观点，宾语首先嫁接到IP形成次话题，然后主语再通过话题化移到嫁接在IP上的宾语之前。另一种解释见于Ernst & Wang

（1995）。根据Ernst & Wang（1995），在上一节讨论的次话题出现在主语之后的例子中，主语仍处于原位，即仍然占据［Spec，IP］位置，而宾语则直接嫁接到VP之上，形成次话题。我们把前一种解释称作双重话题化分析，把后一种解释称作VP嫁接分析。本章将首先指出VP嫁接分析的问题，然后提出自己的分析来对例（1—8）做出解释。

根据Ernst & Wang（1995），在普通话例（2）和以下例句中，前置（preposed）宾语嫁接的位置是情态（modal）VP。

（9）　我花生不能吃。

Ernst & Wang（1995）认为汉语中的情态动词不应看作是汉语句子的INFL（屈折成分）。他们根据Ernst（1994），认为汉语中的INFL虽然有定式（finite）与不定式（nonfinite）之分，但总是采取零（null）形式。他们认为情态动词是具有［±定式］特征的空（empty）INFL的补足语（complement）。我们认为Ernst & Wang（1995）上述分析无论在理论还是在事实上都站不住脚。首先，如果像Ernst & Wang（1995）所说的，INFL在汉语总是呈零形式，即汉语中根本不存在显性（overt）INFL与隐性（covert）INFL之间的对立，假设汉语中存在INFL便毫无疑义。Ernst & Wang（1995）认为汉语中的INFL具有［±定式］特征，然而根据Hu、Pan & Xu（2001），汉语中根本不存在定式与不定式之间的区分。另外，即使我们接受Ernst & Wang（1995）以及Ernst（1994）关于汉语中存在零INFL的假设，Ernst & Wang（1995）关于情态动词是具有［±定式］特征的空INFL的补足语的分析也完全是任意性（arbitrary）、规定性（stipulative）的，因为他们没有给出证据证明为什么空INFL的补足语是情态动词。因为在Ernst & Wang（1995）的分析中，INFL没有依托物，我们完全可以像Ernst & Wang（1995）一样在一定的范围之内随便假设INFL的位置，如此，它的位置也完全可以在情态动词之后，作情态动词的补足语。如果INFL的位置是任意决定的，那么我们便不可能知道前置的宾语是嫁接在VP之前还是INFL之前。

第二，如果按照Ernst & Wang（1995）的分析，可以把前置宾语嫁接到INFL之后，情态动词之前，那么，我们要问，为什么不能把它嫁接到情态VP之后的VP之前？Ernst & Wang（1995）认为把前置宾语嫁接到情态动词之后，VP之前是有标记性的（marked）。如例（2b、2c）所示，前置宾语如果出现在情态动词之后，VP之前，它必须被一个焦点标记词（focus marker）允准（license）。例（2b）之所以可接受，就是因为前置宾语得到了焦点标记词“都”的允准。根据Ernst & Wang（1995），前置宾语之所以很难在情态动词之后，VP之前出现是因为前置宾语是焦点（focused）成分，而焦点成分要取较宽的辖域（scope）。如果焦点成分真的如Ernst & Wang所说需取宽域，那么，把前置宾语嫁接到IP之上岂不是辖域更宽？可见，把前置宾语嫁接到情态动词之前完全是任意性的，并没有什么有力的证据来证明前置宾语应该嫁接到那个位置。

第三，Ernst & Wang（1995）的分析无法解释为什么宁波话例（1c）是一个可接受的句子。在宁波话例（1c）中，虽然前置宾语处于情态动词之后，同时又没有得到一个显性焦点标记词的允准，但句子仍合格。第四，Ernst & Wang（1995）的分析无法解释为什么前置宾语在以下英语句子中不能嫁接到VP之前。

（10）*John will only his paper finish.

在（10）中，虽然前置宾语得到了一个焦点标记词“only”的允准，但它仍然不能嫁接到VP之上。如果VP嫁接是一种普遍可行的句法操作手段，Ernst & Wang需要解释为什么这种句法手段在英语中不可行。

4. 话题的允准与语言间的差异

我们认为在普通话中次话题处于IP嫁接位置，如下所示：

（11）[小明$_i$ [$_{IP}$文章$_j$ [$_{IP}$$t_i$可能写好了$t_j$]]]。

遵循Huang（[1982]1998）的分析，我们假设情态动词是汉语INFL的体现。在例（11）中，当前置宾语处于IP嫁接位置时，它可以得到INFL的中心语（head）允准，因为在前置宾语和INFL之间没有任何显性NP阻挡INFL对它的允准。我们认为允准语（(licenser）对被允准语（licensee）的允准必须满足邻接（adjacency）条件，即允准必须在邻接条件下才可以实现。如果例（11）中的前置宾语是通过中心语INFL来允准的，那么以下英语例句中的前置宾语是通过什么来允准的呢？

（12）John, I don't like.

根据Pan & Hu（2002），我们认为句法允准有两种，一种是中心语允准，另一种是开放性句法谓语（open syntactic predicate）允准。我们认为英语例（12）中的前置宾语是通过开放性句法谓语来允准的。如果开放性谓语可以允准显性NP，那么为什么以下英语例句不合语法呢？我们完全可以认为在以下例句中，INFL允准前置宾语，然后开放性谓语允准嫁接在前置宾语之前的主语。

（13）*[John$_i$ [his paper$_j$ [t$_i$ may have finished t$_j$]]].

我们认为开放性句法谓语允准显性NP的条件是，作为允准语的开放性谓语必须只含有一个空位（open slot）。以上英语例句不合语法，就是因为嫁接在前置宾语之前的主语受到含有两个空位的开放性谓词的允准。然而，接下来要问的问题是，为什么与英语例（13）相类似的汉语例（11）却是一个合语法的句子？我们认为例（11）与例（13）之间的区别涉及汉、英之间语言类型上的区别。汉语是话题显著型（topic-prominent）语言，而英语不是。我们认为话题显著型语言的一个典型特点就是这类语言具有一个允准话题的功能语类Top，即话题中心语。英语与汉语的区别就在于汉语有Top，而英语没有。因为汉语具有一个功能语类Top，所以例（11）中话题化的主语不是通过开放性谓语来允准的，而是通过话题中心语Top来允准的，如下所示：

(14) TopP

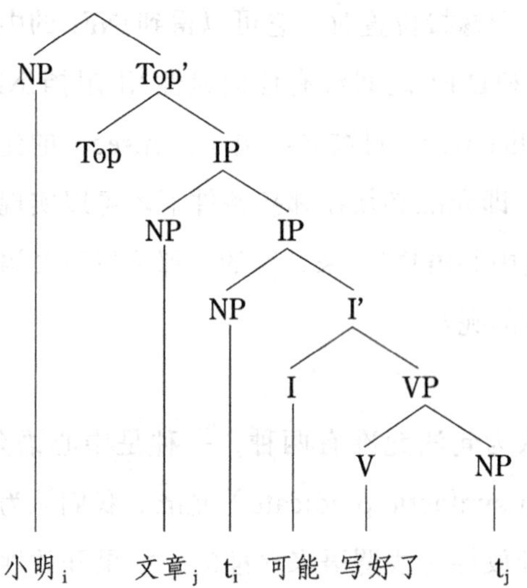

值得指出的是，IP嫁接成分因为没有特定的功能语类来允准，因此既可以作焦点又可以作话题，其具体身份不是句法决定的，而由话题功能语类节点Top来允准的成分却只能作话题，如下所示：

(15) a. 水果，苹果，我最喜欢吃。

b. *苹果，水果，我最喜欢吃。

例(15)显示IP嫁接成分可以作焦点，而处于[Spec, TopP]的NP因为被Top允准，所以不能作焦点。我们认为在普通话句子中只有一个话题中心语节点，而在宁波话句子中却有两个话题中心语节点，而这正是普通话与宁波话之间的重要区别。

根据我们的分析，普通话句子例(2a)中的前置宾语可以有两种解读：一是把它解读为焦点，一是把它解读为话题。在例(2b、2c)中，当前置宾语处于情态动词之后时，我们认为情态动词是通过中心语–中心语(head-to-head)移位移到了Top，即话题中心语位置，从而使Top词汇化(lexicalized)。在这种情况下，前置宾语仍然处于IP嫁接位置。假设有一些情态动词具有非强制性(optional)话题特征，可以随意性地移入Top节点，接下来的问题是，如果作为INFL的情态动词移走后，如何保证IP嫁接的前置宾语仍然能得到允准呢？允准的办法有一个，就是用焦点标记词来允准。例（2b）合语法，就是因为当作为INFL的情态动词移到话题节点后，前置宾语得到了焦点标记词的允准。例（2c）不合语法，是因为当情态动词移到话题节点后，前置宾语既没有得到INFL的允准，又没有得到焦点标记词的允准。那么，接着要问的问题是，在宁波话例（1c）中情态动词也是处于前置宾语之前，而且前置宾语也没有得到焦点标记词的允准，句子却为什么会符合语法？我们认为例（1c）符合语法，是因为在宁波话句子中有两个话题中心语节点，即两个Top。例（1c）的结构如下：

（16）$TopP_1$

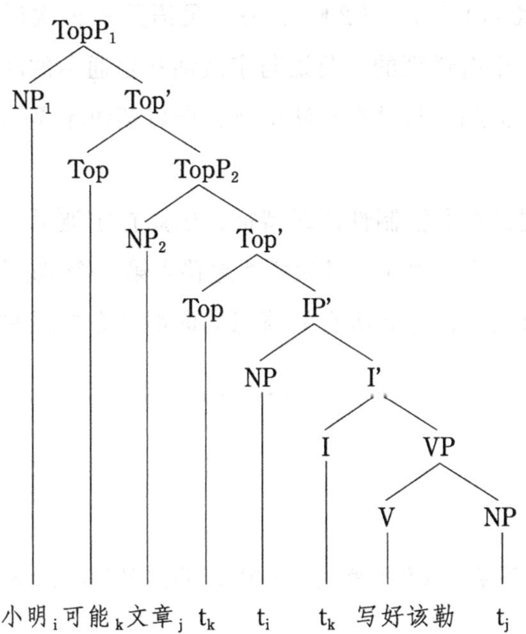

因为在宁波话句子中有两个话题节点，所以当例（16）中的情态动词移到主话题中心语位置后，前置宾语作为次话题仍然能得到允准。允准它的是次话题中心语。而这正是在宁波话中当情态动词移走后次话题不需焦点标记词允准仍然能符合语法的原因。

由于宁波话中的前置宾语不是处于IP嫁接位置，而是处于第二个话题中心语的标志语（specifier）位置，即第二个［Spec，TopP］，所以前置宾语在宁波话中不是话语意义上的话题，而是句法话题。所谓句法话题就是指由特定句法位置允准的话题。正是因为宁波话中的次话题是由句法位置允准的，所以我们可以说宁波话的次话题是语法化了（grammaticalized）的话题。由于普通话的次话题在结构位置上仅处于IP嫁接位置，因此不是由特定的句法位置允准的话题，而是话语意义上的话题，所以普通话的次话题与宁波话的次话题句法性质不同。把宁波话、普通话和英语放在一起来看，我们就会发现宁波话有两个句法上的话题位置，普通话有一个，而英语则没有。如果说次话题蕴含着话题的存在，而话题不一定蕴含着次话题的存在，那么刘丹青（2000）和Liu（2000）关于吴语是一种次话题型（subtopic）语言的分析是完全有道理的。英语与宁波话和普通话的区别在于英语虽然有话语意义上的话题，却没有句法话题，所以英语不是话题型语言。

我们假设某些情态动词具有非强制性话题特征，因此在宁波话中，当前置宾语处于次话题位置时，情态动词可以随意性地移入第一个Top位置，如例（16）所示。需要指出的是，并非所有的情态动词都具有非强制性话题特征。请看以下例句：

（17）a. 小明会做好作业。

b. 小明作业会做好。

c. *小明会作业做好。

d.［CP小明$_i$［C’会不会$_v$［CP作业$_j$［C’［IP t_i［I’t_v［VP做好t_j该勒］］］］］］］？

在以上例句中，情态动词“会”便没有话题特征，例如我们可以从例（18a）通过情态动词向话题中心语移位派生出例（18b），但不能从例（19a）派生出例（19b），因为“可能”有话题特征，而“会”没有话题特征，所以“会”不能向话题中心语移位。

（18）a.今天下午小明可能来。

b.今天下午可能小明来。

（19）a.小明会做好作业。

b.*会小明做好作业。

因为“会”在例（17c）中没有移到话题中心语位置，所以例（17c）中的前置宾语也没有移入次话题中心语可以允准的位置［Spec，$TopP_2$］，因此句子不合语法。如果我们用“会”来形成一个“A－不－A”问句，由“会”而派生的“会不会”便具有了疑问特征，因为具有疑问特征的词语具有算子（operator）特性，可以移入第一个话题中心语位置取宽域，所以前置宾语也可以移入次话题位置，而这正是例（17d）为什么合语法的原因。需要指出的是，以下与宁波话例（17d）相对等的普通话例（20a）仍是一个不合语法的句子，这正说明普通话中的前置宾语处于IP嫁接位置，因此得不到话题中心语的允准。由于普通话中的前置宾语得不到次话题中心语的允准，所以当情态动词移入话题中心语之后，它要通过焦点标记词来允准，如例（20b）所示：

（20）a.*小明会不会作业做好了？

b.小明会不会作业也做好了？

支持宁波话（以及上海话）中有两个句法话题的证据还来自例（3—8）。在宁波话例（3）、（5）以及（6）中，当次话题与复指代词同标（co-index）时，句子符合语法，而在普通话例（4）、（7）和（8）中，当次话题与复指代词同标时，句子不符合语法。宁波话的例子符合语法，是因为当次话题与复指代词同标时，次话题不包含在管辖语域（governing category）内。假设复指代词的管辖语域是IP，当把宁波话中的次话题与复指代词同标时，因为次话题是在IP之外的句法话题位置，所以把它们二者同标后，复指代词在其管辖语域内仍然是自由的，因此没有违反以下Chomsky（1981）的约束原则B：

（21）约束B原则

代词在管辖语域内必须是自由的。

但当把普通话例（4）、（7）和（8）中的前置宾语与复指代词同标后，情况便发生了变化。因为普通话中的前置宾语处于IP嫁接位置，所以普通话前置宾语没有脱离IP，也就是没有出复指代词的管辖语域，所以当把普通话例（4）、（7）和（8）中的前置宾语与复指代词同标后，代词在其管辖语域内是受约束成分，而不是自由成分，因此把它们二者同标便违反了约束原则B。

5. 结语

我们的研究证明次话题在普通话处于IP嫁接位置，在宁波话处于话题中心语允准的句法话题位置。我们对宁波话、普通话和英语在话题化上的差异做了系统的理论解释，这一研究进一步证实了徐烈炯、刘丹青（1998）以及刘丹青（2000）和Liu（2000）关于次话题在吴语中是一个语法化成分的假设。

参考文献

刘丹青　2000 《吴语中的前置词、后置词及相关语序类型》(Adpositions and the relevant word order types in Wu dialects)，香港城市大学博士论文。

徐烈炯　刘丹青　1998 《话题的结构与功能》，上海教育出版社。

Ernst, Thomas 1994 Functional categories and the Chinese Infl. *Linguistics* 32, 191–212.

——& Chengchi Wang 1995 Object preposing in Mandarin Chinese. *Journal of East Asian Linguistics* 4, 235–260.

Hu, Jianhua, Haihua Pan & Liejiong Xu 2001 Is there a finite vs. nonfinite distinction in Chinese? *Linguistics* 39 (6): 1117–1148.

Huang, C. -T. James [1982] 1998 *Logical relations in Chinese and the theory of grammar*. New York: Garland Publishing, Inc.

Lee, Thomas 1986 *Studies on quantification in Chinese*. PhD Dissertation, UCLA.

Lin, Jowang 1992 The syntax of zenmeyang 'how' and weishenme 'why' in Man-darin Chinese.

Journal of East Asian Linguistics 1, 293–331.

Liu, Danging 2000 Sub-topic prominent dialects: a subtype of topic-prominent languages. Paper presented at the International Symposium on Topic and Focus in Chinese. The Hong Kong Polytechnic University.

Pan, Haihua & Jianhua Hu 2002 Representing Topic-Comment Structures in Chinese. *Proceedings of the 16th Pacific Asia Conference on Language, Information and Computation.*

Tang, C. -C. Jane 1990 *Chinese phrase structure and the extended X' theory*. PhD Dissertation, Cornell University.

Xu, Liejiong and Terence Langedoen 1985 Topic structures in Chinese. *Language* 61, 1–27.

Xu, Liejiong 2001 The topic-prominence parameter. In Haihua Pan (ed.), *Studies in Chinese Linguistics II*, pp. 209–234. Hong Kong: The Linguistic Society of Hong Kong.

（与潘海华、李宝伦合著，原载徐烈炯、刘丹青主编
《话题与焦点新论》，上海教育出版社，2003年）

第八章 孤岛条件与话题化中名词词组的允准

1. 引言

本章讨论汉语中话题化移位与孤岛条件（Island Condition）之间的关系问题。我们发现，当复杂名词词组（Complex Noun Phrase）处于句子主语位置时，其中的名词性成分可以通过话题化（topicalization）移出，但当复杂名词词组处于宾语位置时，其中的名词性成分有时可以通过话题化操作移出，有时则不可。我们认为这都与名词词组是否得到句法上的形式允准（formal licensing）有关。我们认为，所有的名词性成分在句子中都需要得到允准。当一个名词性成分被移到话题位置时，这一话题化的名词性成分如果得到句法上的形式允准，则句子合语法；如果得不到句法上的形式允准，则句子不合语法。

2. 孤岛条件

Huang（1984）指出，从邻接条件（Subjacency）——尤其是复杂名词词组制约条件（Complex NP Constraint，简称CNPC）——的角度比较汉语中的话题化与英语中的话题化，便会发现这两种语言中的话题化有很大不同。在英语中，不管一个具有语法功能的复杂名词词组是处于主语位置还是处于宾语位置，这一复杂名词词组中的任何成分都不能通过话题化从这一复杂名词词组中移除，如以下例句所示：

（1） a. *John$_i$, [$_{NP}$ the voice with which e_i sings] is good.

b. *John$_i$, I like [$_{NP}$ the voice with which e_i sings].

（2） a. *John$_i$, [$_{NP}$ the book which e_i wrote] are many.

b. *John$_i$, I have read [$_{NP}$ many books which e_i wrote]. (Huang 1984: 560)

在例（1a）和例（2a）中，复杂名词词组作主语；在例（1b）和例（2b）中，复杂名词词组作宾语。这些复杂名词词组都是由名词中心语加关系从句组成的。在以上例句中，不管复杂名词词组是作主语还是作宾语，复杂名词词组中的成分都不能通过话题化移出复杂名词词组。虽然在英语中从复杂名词词组中进行话题化时情况比较一致，但在汉语中情况却并非如此。在汉语中，当复杂名词词组作主语时，话题化似乎可以违反孤岛条件CNPC，但当复杂名词词组作宾语时，话题化则不能违反孤岛条件CNPC，如以下例句所示：

（3） a. 张三，[[e$_i$唱歌的声音]很好听]。

b. *张三$_i$，我很喜欢[e$_i$唱歌的声音]。

（4） a. 张三$_i$，我听说[[e$_i$写的书]不少]。

b. *张三$_i$，我念了[不少e$_i$写的书]。

在例（3a）和例（4a）中，复杂名词词组处于主语位置，“张三”可以从中移出；而在例（3b）和例（4b）中，复杂名词词组处于宾语位置，“张三”则不可以从中移出。这一现象在文献中称作主、宾不对称现象。Huang（1984）指出，虽然以上（a）句都是合格的句子，但并不证明像邻接条件这类的孤岛条件在汉语中可以被违反。Huang认为有两条途径可以生成受话题约束的变量（variable）:（i）通过移位生成一个与非论元成分同标（co-indexed）的Wh语迹；（ii）通过把话题与在深层结构结构衍生的pro同标，从而实现话题对该pro的非论元约束，并由此使得pro转变为变项。

根据Huang的分析，例（3）和例（4）中的空语类（empty category）都不是通过移位派生的。Huang认为，例（3）和例（4）中的话题和空语类都是在深层结构原位生成的。在这些例句中，空语类都是pro，因此其指称需根据Huang提出的广义控制规则（Generalized Control Rule，简称GCR）来获取。Huang的广义控制规则定义如下：

（5） 广义控制规则（Huang 1984: 552）

把空代词（empty pronominal）与最近的名词性成分同标.

在例（3a）中，空语类是一个在深层结构原位生成的pro，其指称可以通过广义控制规则来获取。虽然在例（3a）中离空语类最近的名词性成分是关系从句的中心语，但由于它已经与其他成分（假设是“唱歌”的工具）形成了同标关系，所以它不能作先行语。这时，pro便可以继续向上寻找最近的名词性成分，当它找到话题“张三”并与之同标后，它便变为一个变项，受占据非主目语位置的话题约束。例（4a）与例（3a）的情况基本相同。例（4a）的话题“张三”首先占据内嵌句的话题位置，与空主语同标后再移向主句话题位置。例（3b）和例（4b）的情况与例（3a）和例（4a）则不相同。在例（3b）和例（4b）中，离空语类最近的不是话题“张三”，而是句子主语，当用广义控制规则把空语类与句子主语同标后，句子话题便得不到解读，故句子不合语法。根据以上分析，Huang得出结论：孤岛条件在汉语，如同在英语中一样，不能被违反。

3. 反例

虽然例（3b）和例（4b）说明话题化操作不能把一个名词性成分从孤岛中移出，但Xu（1986）以及Xu和Langendoen（1985）却举出以下例句证明孤岛条件在汉语有时是可以违反的：

（6） 这本书$_i$，我没见过一个［$_{NP}$［$_{IP}$e能读懂e$_i$的］人］（Xu，1986: 80）

（7） 这个问题$_i$，我从来没遇到过［$_{NP}$［$_{IP}$e$_i$能回答的］人］（Xu and Langendoen，1985: 15）

在以上例句中，虽然话题化把一个名词性成分从孤岛中移出，但句子仍然合语法。Shi（1992、2000）与Ning（1993）认为例（6）和例（7）中与话题同标的空语类实际上是一个零形复指代词（resumptive pronoun），而不是移位留下的语迹。他们指出在汉语中无生命（inanimate）的复指代词一般采取零形式，因此例（6）和例（7）并不对Huang的分析构成反例。然而，复指代词分析法虽然能解释例（3b）和例（4b）与例（6）和例（7）之间的区别，却无法恰当地解释例（3b）和例（4b）与以下例句之间的差别：

（8）　那个坏蛋$_i$，我没见到过一个［$_{NP}$［$_{IP}$e敢管e$_i$的］人］

例（8）中的话题"那个坏蛋"是一个有生命的名词词组，与Shi（1992、2000）与Ning（1993）所假设的孤岛内无生命复指代词pro具有不同的特征。因此，他们的分析会预测例（8）不合语法，因为该例句中的话题是有生命的，而如果孤岛内的空语类按他们的分析是无生命的复指代词pro，有生命的话题应该无法与无生命的空语类同标，但例（8）中的话题显然可以与孤岛内的空语类同标，这说明在例（8）中与话题同标的空语类不是一个无生命的复指代词pro，而是变量。实际上，复指代词分析法不仅无法说明为什么例（8）合语法，它还无法说明为什么例（9）不合语法：

（9）　*这个问题$_i$，我没有听［$_{NP}$［$_{IP}$市长回答e$_i$的］新闻］

如果复指代词分析法的确成立的话，那么例（9）就应该合语法，因为句子的话题是一个无生命名词词组，因此完全可以与孤岛内无生命复指代词pro同标。然而，例（9）是病句，这说明例（9）中的话题"这个问题"无法与孤岛内的空语类建立合法的约束关系。可见，Shi（1992、2000）与Ning（1993）提出的无生命复指代词分析法并不成立。

4. 名词词组的允准

以上的讨论显示，当复杂名词词组处于句子主语位置时，其中的名词性成分可以通过话题化操作移出，但当复杂名词词组处于宾语位置时，其中的名词性成分有时可以通过话题化操作移出，有时则不可。把例（3b）和例（4b）与例（6）和例（7）作一番比较，我们发现，虽然两组句子中的复杂名词词组都处于句子宾语位置，但通过话题化操作移出的名词性成分在复杂名词词组内的关系从句中却分别占据不同的句法位置。在例（3b）和例（4b）中，移出的名词性成分在关系从句中占据主语位置；在例（6）和例（7）中，移出的名词性成分在关系从句中占据宾语位置。这又是一种主宾不对称，但并不是严格意义上的主宾不对称，因为虽然当复杂名词词组处于句子宾语位置时，占据复杂名词词组内关系从句主语位置的名词性成分绝对不能移出，占据复杂名词词组内句子宾语位置的名词性成分实际上也不是全都可以移出，如例（9）所示。

我们认为，一个名词性成分是否能移出孤岛与其是否能得到形式化的句法允准有关。按照我们的分析，所有的名词性成分在句子中都需要得到允准。当一个名词性成分被移到话题位置时，这一话题化的名词性成分如果得到句法允准，则句子合语法；如果得不到句法允准，则句子不合语法。在我们提出的名词性成分允准方案中，一个名词性成分可以通过两种途径来得到允准：一个是通过动词来允准，另一个是通过述谓关系（predication）来允准。显然，动词允准要考虑孤岛条件等因素，否则我们就无法解释为什么在例（3b）和例（4b）中包含在复杂NP内的动词没有允准它们各自的话题。述谓关系的允准则指的是有一个开放性的谓词（open predicate）与被允准的名词词组形成话题-评论关系。以下例句之所以符合语法，就是因为话题与一个开放性的谓词形成了话题-评论关系，因而得到了允准：

（10）王教授$_i$，我听说［$_{CP}$ t_i［$_{IP}$［$_{NP}$［$_{IP}$ e_i 写的］书］不少］］

在例（10）中，话题“王教授”首先在内嵌句话题位置与开放性谓词“e写的书不少”形成话题—评论关系从而得到允准，然后再移到主句话题位置。例（3a）和例（4a）之所以合语法，情况亦相同。在例（3b）和例（4b）中，话题得不到相关动词的允准，因为相关动词处于孤岛之中；它们同样得不到一个开放性谓词的允准，因为作宾语的复杂NP无法和话题形成话题-评论关系。

如果例（3b）和例（4b）不合语法是因为话题化后移出的名词词组没有得到允准，那么例（6）和例（7）与例（3b）和例（4b）一样，其通过话题化移出的名词词组似乎也没有得到允准，为什么却是合格的句子？我们认为例（3b）和例（4b）与例（6）和例（7）之间的区别与复杂名词词组中的关系从句不同的派生过程有关。我们认为修饰中心语名词词组的关系从句可以有两种派生方法：一种是把关系从句直接嫁接（adjoin）在中心语名词词组上，另一种是通过移位把原来处于一个名词词组后面的次谓语结构移到这个名词词组之前使之成为修饰中心语名词词组的关系从句。根据这一分析，例（6）在句法派生的某一阶段曾经具有以下句法表达形式：

（11）这本书$_i$，我没见过一个［$_{NP}$ 人$_j$［$_{CP}$［$_{IP}$ e_j 能读懂 e_i］］］

我们认为例（6）是由例（11）这一基础结构转换而来的，在例（11）的基础上把CP移到中心语名词词组“人”之前便可以形成例（6）这样的结构。如果例（6）确实是由例（11）派生而来的，那么在LF我们便可以把移到中心语名词词组之前的CP以（reconstruct）操作放回到它原来的位置。这样，这一被重构回原位的CP便可以作为一个次谓语（即开放性谓词）在LF对话题“这本书”进行允准。话题与次谓语可以形成话题—评论关系，因此是合格的述谓关系。例（11）中的次谓语结构与以下的描写小句（descriptive clause）具有共同点，即其主语都受主句宾语的强制性控制（obligatory control）。

（12）我看到一个小姑娘$_i$［e_i 长得很漂亮］

但例（11）中的次谓语结构与例（12）中的描写小句有一点不同，即前者包含一个未饱和谓词（unsaturated predicate），因此只有例（11）才可以和话题形成述谓关系。如果说例（6）和例（7）中的关系从句是由次谓语结构前移形成的，那么例（3b）和例（4b）中的关系从句是怎么形成的？我们认为例（3b）和例（4b）中的关系从句是通过把一个CP直接嫁接在中心语名词词组之前形成的。以下例句说明例（4b）中的关系从句不是从次谓语结构派生而来的：

（13）a. *我念了不少书$_j$［张三写 e_j］

b. *张三$_i$，我念了不少书$_j$［e_i 写 e_j］

例（13）中的例子显示，方括号内的词语串并不是一个次谓语结构，因为次谓语结构与描写小句一样，其主语必须受主句宾语控制。由于主句宾语并不控制方括号内小句的主语，所以方括号内的小句与主句并不构成一个整体。实际上，方括号内的小句与主句是完全分开的两个句子。由于例（3b）和例（4b）中的关系从句不是从位于中心语名词词组之后的次谓语结构派生而来的，所以在LF便无法将其放回原位，因此便没有机会与话题形成述谓关系从而对话题进行允准。由于例（3b）和例（4b）中的话题既得不到动词的允准（因为动词处于孤岛内），又无法在LF得到述谓结构的允准，所以例（3b）和例（4b）是不合格的句子。例（9）不合语法，情况亦相同，因为例（9）中修饰中心语的是补语从句（complement clause），而补语从句的生成与次谓语结构完全无关。

需要指出的是，例（11）这样的结构只能保证话题被允准，却并不能保证话题与次谓语结构中的宾语空位同标不违反Huang的广义控制规则以及孤岛条件。为了方便讨论，我们把例（11）在下面作为例（14）重新列出：

（14）这本书$_i$，我没见过一个［$_{NP}$ 人$_j$［$_{CP}$［$_{IP}$ e_j 能读懂 e_i ］］］

按照广义控制规则，例（14）中次谓语结构中的空宾语应该找主句主语作先行语，因为主句主语离空宾语最近。这样，话题便得不到解读，因此广义控制规则会把例（14）判为不合法的句子。然而，例（14）却是一个合法的句子，这说明广义控制规则并不是一个恰当的语法条件。例（14）还违反了孤岛条件，因为处于主句宾语之后的次谓语结构仍然包含在一个复杂名词词组内，把“这本书”从次谓语结构的宾语位置移走，仍然要越过由CP和NP形成的孤岛。例（14）中的话题化虽然违反了孤岛条件，但句子仍然符合语法。这说明只要话题化后从孤岛中移出的名词词组能够得到允准，孤岛条件就不起作用。

5. 结语

我们简要讨论了汉语中名词词组的移位与孤岛条件之间的关系问题。我们的研究发现，把一个名词词组从孤岛中移出后所派生的结构，有时是一个合格的结构，有时则是一个不合格的结构，而这都与名词词组的允准有关。名词词组的允准有两种：一种是通过动词来允准，另一种是通过述谓结构来允准。我们的研究表明，(i) 孤岛条件在汉语可以被违反；(ii) 当移出孤岛的名词词组能够得到形式化允准时，句子便符合语法；而当移出孤岛的名词词组无法得到形式化允准时，句子便不符合语法。

参考文献

徐烈炯　刘丹青　1998 《话题的结构与功能》，上海：上海教育出版社。

Chomsky, Noam. 1981 *Lectures on government and binding*. Dordrecht: Foris.

Huang, C. -T. James 1982 *Logical relations in Chinese and the theory of grammar*. Doctoral Dissertation, MIT, Cambridge, Massachusetts.

Huang, C. -T. James 1984 On the distribution and reference of empty pronouns. *Linguistic Inquiry* 15: 531–574.

Jiang, Zixin 1991 *Some aspects of the syntax of topics and subject in Chinese*. Doctoral Dissertation, the University of Chicago.

Li, Jen-i Jelina 1996 *Preverbal NP Positions in Mandarin Chinese*. Doctoral dissertation, University of Arizona.

Ning, Chunyan 1993 *The Overt Syntax of relativization and topicalization in Chinese*. Doctoral Dissertation, University of California (Irvine).

Shi, Dingxu 1992 *The nature of topic comment constructions and topic chains*. Doctoral Dissertation, University of Southern California.

Shi, Dingxu 2000 Topic and topic-comment constructions in Mandarin Chinese. *Language* 76, 2: 383–408.

Xu, Liejiong. and D. T. Langendoen 1985 Topic structures in Chinese. *Language* 61. 1: 1−27.

Xu, Liejiong 1986 Free empty categories. *Linguistic Inquiry* 17: 75−93.

（与潘海华合著，原载徐烈炯、邵敬敏主编《汉语语法研究的新拓展》（一），浙江教育出版社，2002年）

第三部分　名动之分

第九章 句法对称与名动均衡：从语义密度和传染性看实词

1. 引言

句法讲究对称性（symmetry），这种对称性可以理解为结构上的对称或结构成分的对立存在。结构上的对称在这里指的是A与B两种结构相同；结构成分的对立存在则可以理解为一个成分的存在以另一成分的存在为前提，对立的双方共处于一个结构体中，相互依存，且在一定的条件下各自向与自己相反的方向转化。根据这一观点，名词和动词不仅具有结构上的对称性，而且是一种对立的存在。

从这一角度来观察，我们在讲汉语动词可以直接作主宾语时，就不会忘记讲汉语动词也可以不加“装修”直接做谓语（胡建华，2010）；另外，汉语的名词也是无须“化妆”就可以直接“素面”入句。而汉语动词和名词之所以会有这些特点，是因为它们有着共同的基础，即没有形态。对此我们可以做出两个推测：(1) 凡是某一语言中的动词可以不经形态变化直接作主句谓语的，该语言中的动词和名词也可以直接作主宾语。(2) 凡是某一语言中的动词和名词可以不经形态变化直接作主宾语的，该语言中的名词就有可能直接作主句谓语。

讲句法不仅要讲名词和动词，还要讲名词性成分和动词性成分；而名词性成分并不就等于名词，动词性成分也不就等于动词。名词性成分和动词性成分作为句子的基本构成成分，其存在也可以理解为一种对立的存在；而构成一个句子命题的句法成分由于结构对称性的要求，一般会保持一种“质”的平衡。我们常说汉语的动词可以直接作主宾语，但我们也常常忽略了另外一个问题，那就是没有足够重视选择动词作主宾语的谓语动词都是些什么样的动词，这些动词都具有些什么样的“质”，即其动性如何。注意到谓语动词的“质”，就会注意到汉语动词作主宾语也是有标记的。

实际上，主宾语和谓语之间需要保持一种“词质”（lexical properties）的平衡（equilibrium）。也就是说，主宾语的语义密度和谓语的动作性之间由于对称性的要求，要在名词性和动词性的强弱上保持均衡。这一均衡很大程度上是本章第2节要讲的名词性成分的语义密度（semantic density）与动词性成分的动性（actionality）之间的平衡[①]。我们认为，主宾语与谓语之间的对接要受以下句法层面词质平衡律（Law of Equilibrium on Lexical Properties）的制约：

（1） 论元与动元的词质平衡律

主宾语的语义密度与谓语的动性具有以下关联性：

a. 主宾语的语义密度越低，则谓语的动性就越弱；

b. 谓语的动性越强，则主宾语的语义密度就越高。

所谓论元和动元（event variable），粗略地等于主宾语和谓语动词。这两类成分所组成的句子在质上要达到一种对称性：主宾语的质“轻”，即语义密度低，谓语动词的质也“轻”，即动性弱；谓语动词的质“重”，主宾语的质也要与之达成平衡。主宾语与谓语动词之间的架构是一种对称架构，其语义密度高低与动性强弱要保持平衡。下文将显示，这一词质平衡律的要求不是来自结构本身，而是来自句子命题构建中语义上的需要。注意，我们并没有说当谓语动词的动性弱时，论元的语义密度是否也应该低一些。

① 这里区分动性（actionality）与动词性（verbal properties）这两个概念。

2. 语义密度与传染性：汉语是一种形容词性语言

名、形、动从语义密度上构成一个连续统。一般来说，名词的语义密度最高，动词的语义密度最低，而形容词的语义密度处于名、动二者之间。

(2)　语义密度　高　中　低

词类　名词　形容词　动词

语义密度高的名词一般是典型名词，指称一些在三维空间里占据明确边界的有形（tangible）事物；语义密度低的名词往往是非典型名词，指称一些边界模糊的非固化事物或抽象概念。动词的语义密度一般比较低，有些语义密度稍高一点的动词是从名词转化而来的。语义密度与挥发性（volatility）成反比，与稳定性成正比：越不易挥发的成分，就越具有稳定性，语义密度也就越高（Thom，1983）。如果把实词用一个语义密度标尺来衡量，就会发现，实词中动词性和名词性之间的对立，既可以表现为绝对的两极化，又可以趋于中和（neutralize），而形容词就是名、动对立中和的一个词类，所以形容词身上既有名词性又有动词性。

除了词类与词类之间在语义密度上表现不同，就是同一个词类内部也可以根据语义密度进行划分。比如，状态动词的语义密度就高，而情态动词的语义密度就低。

(3)　语义密度　高　中　低

动词　状态动词　情态动词

(4)　语义密度　高　中　低

名词　物体名词　指示词

(5)　语义密度　高　中　低

形容词　状态形容词　区别词

以上所谈的语义密度，除了用语义本身这一尺度来衡量，还可以从哪方面来把握？答案是句法。我们所讲的句法实际上就是指实词本身的词汇句法

（lexical syntax，简称L-syntax）以及实词所处的句法结构。实词的词汇句法结构下文会讲，而实词所处的句法结构则受论元与动元的“质”均衡律的制约。

划分词类，除了语义密度这一纬度（latitude），还有“传染性”这一维度。传染性与是否携带“病毒”有关。动词与名词的不同之一，就是动词是有内在的“病毒”的，是“病毒”携带者，所以动词具有潜在的传染性；而名词没有传染性，因为名词本身不含病毒。这里所讲的“病毒”指的是动词所携带的论元结构信息，而“传染”则指论元结构的投射以及格特征的指派。动词因为有传染性，所以很容易扩展成句子，句子就是动词所携带的病毒进入句法结构后进行病毒扩散的结果。可以说，任何语言中的动词都有病毒，但不同语言中动词的病毒具有不同的传染性。动词病毒首先分为阳性病毒和阴性病毒。格标记就是阳性病毒传染后的结果。动词的阳性病毒又可以根据传染性的大小进行分类，而动词的阴性病毒在没有诱发因素时是不会传染的。动词病毒的阳性与阴性之分，是区分不同语言动词的一个标准。按胡建华（2010）的分析，如果某一语言中的动词所携带的病毒是阴性的，那么该语言中动词所携带的病毒在没有被激活时，它在某些环境中的表现就和名词相似。这类病毒只有处于病毒诱发环境之中并被激活后才会变得活跃，才会表现出动性，从而“传染”名词投射成句子。汉语动词的病毒呈阴性，所以动性不强，在动性没有被激活之前就会表现得很像名词。

从语义密度上看，汉语的名动对立自然是存在的，但从传染性上看这一名动对立又常常趋于中和。因此在这个意义上来说，汉语实词的动词性不突出，名词性也不突出，而是形容词性突出。说汉语的名词和动词以及形容词本身都具有形容词性，理论根据来自传染性这个标准。支持该说法的一个经验证据，就是汉语中的动词和名词都可以直接作修饰语，而这正是形容词的特性。另外一个经验证据就是汉语的名词也可以直接作谓语，而汉语名词作谓语时表现出来的也是形容词的特点，即表特性（property）

而不是个体（entity）；其语义类型是<e, t>，而不是<e>。

当然，说汉语的实词是形容词性的，就要解释传统动词带宾语的问题。但是，实际上动词也有根本不能带宾语的（如：不及物动词），而传统上所讲的形容词也有可以带宾语的（比如：他高我一头／矮我一级）。能不能带宾语，在汉语中很难说是区分动词与形容词的一个可靠且可以贯彻始终的标准。从现代分析句法的角度看，我们可以说宾语都不是动词这类的实词引入的，而是功能语类独立引入的。这样，就不存在一个动词可以带宾语而形容词不能带宾语的问题，因为按宾语由功能语类引入的分析，动词和形容词是一样的，都不引入宾语①。

因为没有形态标注，汉语中名词和动词的对立性就没有得到凸显。正是由于这一原因，这两个词类之间的对立性就不是很大，也很容易跑到名、动两极之间的中间地带，即形容词的地盘。所以从跨语言比较的角度看，汉语实词的表现都有点像形容词。

说汉语是一种形容词性语言，并不意味着我们认为汉语没有名、动对立。语言中的名、动对立总是存在的，语言间的差别仅在于用什么来构建对立性以及对立性的大小如何。名、动对立是我们概念化这个世界并进行逻辑思考和表达的基础。如果没有名动对立，就无法构建命题。没有命题，怎么交际？没有命题，所谓的语言就成了一个讯号系统。所以名、动对立一定是有的，语言间的区别仅在于对立性的大小以及是否给这种对立加形式标注来固化。

实际上，没有名、动对立的实词，也无法说它是名词还是动词，因为对名词的定义是以动词为参照点给出的；同样，对动词的定义也需要以名词为参照点。它们之间的关系是一种对立存在关系。从句法对称的角度看，我们可以说，某一语言有什么样的名词，就有什么样的动词；有什么样的动词，也会有什么样的名词。因此，按我们的分析，名词和动词的特

---

① 但实际上实词与功能语类之间仍然有选择关系。

性在词汇句法层面也要保持一种词质的均衡。

（6） 词汇句法名动均衡律

语言中名词和动词的词质是均衡的。

如果这一定律成立，那么我们就可以说，如果汉语动词的动性不强，那么汉语名词的名词性也不会强到哪儿去。这里要指出的是，说汉语动词的动性不强并不意味着动词在汉语句法推导（derivation）中不具有主导作用。实际上，恰恰因为汉语动词的动性不强，汉语动词在造句时更成为不可或缺的成分①。这是因为动性的强弱是和形态相关联的。在像汉语这样缺乏形态的语言中，动词起着支撑句法框架的作用。而在动词有屈折形态的语言中，支撑句法框架的主要是形态。动词有屈折形态的语言，句法结构具有较高的稳定性；而如果句法结构具有稳定性，通过名词来提取相关的句法结构就比较容易，由此就可以得到一个命题。动词没有屈折形态的语言，句法结构不稳定，不使用动词就难以得到一个命题。所以汉语中单独一个名词是无法传递命题信息的。为了表达命题意义，就必须使用动词。另外，汉语名词的允准是在句法层面进行的（胡建华、石定栩，2005），所以也需要依靠动词提供相应的句法框架来获得解读。而英语的名词在入句前就已经是DP（determiner phrase）了，因此和汉语名词不同，不需要依靠句法来允准其解读。刘丹青（2010）指出，汉语是一种动词型语言。这里需要注意的是：说一种语言是动词型的语言并不等于说这种语言包括名词在内的所有实词就具有动词性。说汉语是动词型的语言，也并不意味着汉语动词的动性就强，更不意味着否定汉语是一种名词性或形容词性语言的可能性。我们说汉语是一种形容词性语言，指的是汉语的实词表现出形容词的特性。说某一语言中的实词具有“形容词性”，并不意味着该语言是“形容词型”语言。

实际上，汉语名词的词质是不怎么纯的，所以可以直接作谓语，而这

---

① 参看刘丹青（2010）关于汉语动词强制性使用的例子。

也是我们认为汉语的名词具有形容词性的一个原因。请看例（7）：

（7） a. 小王黄头发。

b. 你哪儿人？

c. 小王，人怎么样？

d. 他今年四十多岁，还仍然独身 / 单身。

要是和汉语的动词或形容词相比，我们会发现汉语名词作谓语时倒不怎么受完句条件的限制。如果从是否可以直接完句来看，似乎汉语的名词更具有谓语性。但显然问题并非如此简单。

如果只看到汉语的名词可以直接作论元，而不考虑汉语的名词还可以直接作谓语的情况，就会说汉语的名词是论元性的。但汉语名词还可以直接作谓语的情况应该怎么说？是不是要说汉语的名词也是谓词性的？实际上，汉语名词并不因为是论元性才可以直接作主宾语，而是因为是入句后才可以确定其相关的指称信息，是作了主宾语才具有了论元性。英汉语的区别不在于其名词是不是论元性的，而在于是在哪个层面、通过什么手段把名词变成论元（即DP）。英语必须在词汇层面通过形态操作把名词变成论元，光杆非物质名词不可以直接入句；而汉语的任何光杆名词都可以直接入句。汉语光杆名词是在句法层面通过抽象算子的约束（operator binding）形成论元的（胡建华、石定栩，2005）。

汉语名、动对立性不大，是因为汉语在根词（root）基础上建立的名、动对立没有形态手段来固化。也就是说，汉语名动对立是原始形态的。因为没有用形态来“装修”或“化妆”，不管什么词类都可以“毛坯”或“素面”入句，入句后再通过容纳（accommodate）算子进行时空解读（spatio-temporal interpretation），所以汉语词类的形态“性别”不是很显明。注意，汉语的名动对立不是形态对立，而是根词对立，而通常所讲的英语名动对立实际上是形态对立，而不是根词层次上的对立。英语名词和动词之间的对立，如果不讲形态上的对立，在根词层次上和汉语名动对立没有什么太大的区别，也就是说，其名动对立性也一样不够显明。有关的神经语言学研究也发现名动之分只有落实到形态上才能够显明（Bornkessel-Schlesewsky and Schlesewsky，2009）。

另外还要指出的一点就是，汉语恰恰就是因为没有什么形态手段可用，所以汉语的词类一方面对立性不够显明，另一方面词类也不怎么容易“转性”，因为汉语缺乏可以让其“转性”的形态手段。像英语那样随便把名词加点动词形态就可以当动词用的事情，在汉语中就不大会发生。这说明，事物的正反两面是对称的，能量是守恒的。而正是由于这一原因，汉语的名转动有时似乎很容易，而有时似乎又很难。容易在于名词作谓语时根本不需要形态上的改变，名词只要是表特性，就可以作谓语，而且作谓语时也不需要动词的帮助；而难又在于汉语没有什么形态手段可用，汉语名词虽然在表特性时可以作谓语，但基本上无法像英语名词那样当作“及物动词”使用。英语名词不能直接作谓语，是因为英语中凡是作主句谓语的成分都必须有体现在动词上的屈折形态。英语名词可以作及物动词使用，靠的也正是屈折形态的帮助，屈折形态加在句法结构中致使动词的节点上，名词得到的是致使语义解读。正是“易也形态，难也形态”。

动词的语义密度比较低，其中一个原因是动词所包含的名词性内核的语义密度比较低。语义密度与“传染性”具有内在联系。语义密度低的成分其稳定性比较差，所以需要通过“传染”其他成分来保持自己的“存活”。现实世界里真正病毒的“语义密度”及稳定性就比较低，存活时间也比较短，所以需要靠传染合适的宿主来保持自身的存活。我们知道，动词一般描述的是过程，其神经影像不像名词的那么稳定（Thom，1983），所以对动词的理解需要借助合适的名词来进行。也就是说，动词是通过与名词相关联来保持其神经影像的稳定性的。另外，对名词的理解也离不开动词。没有动词为名词的理解提供一个调节环境，名词语义密度的高低也无从谈起。正所谓：没有无物质的运动，也没有无运动的物质。

动词具有“传染性”。多数动词含有可以进行结构表达的句法“基因”信息，即句法病毒，而这是名词所不具备的。名词不含有句法结构的信息，所以名词当动词用，是名词依托已有的句法结构对名词本身隐含的某一要素进行“构式”解读，其所处的句法结构不是名词投射而成的，也就是说，不是名词本身所含有的结构信息的句法表达。分清这一点很重要，即作动词使用的名词也和真正的动词不一样。另外，动转名一定是隔离了动词病毒的“传染性”，其论元结构“基因”信息被冻结了，丧失了活性，无法通过传染机制在句法层面做进一步的表达。动词“病毒传染”的隔离方法大概有两种，一种是在动性外壳之外加隔离层，如名物化词缀；另外一种就是去动性外壳。

从词汇句法结构上看，名词、动词和形容词都包含名词性内核（nucleus），即词核，表示抽象的名词性概念。在词汇句法层面，名词性内核并入（incorporate）到一个抽象介词性中心语后可以形成表特性的名－介结构复合体；该名－介复合体体现的是词汇句法中形容词的基础结构，而如果该名－介复合体再并入到一个抽象的述谓性轻语类（light categories），就构成了形容词，如例（8a）所示；如果再为该结构添加一个抽象动词，就会生成一个状态动词或非宾格动词的结构（胡建华，2008），如例（8b）所示。

（8）　a. [$_{PredP}$ Spec [$_{Pred'}$ Pred [P [N]]]]

　　　b. [V [$_{PredP}$ Spec [$_{Pred'}$ Pred [P [N]]]]]

如果给例（8b）这样的结构添加一个施事性轻动词构成的动性外壳，就会生成一个使动动词，如例（9）所示。

（9）　[$_{vP}$ Spec [$_{v'}$ v [V [$_{PredP}$ Spec [$_{Pred'}$ Pred [P [N]]]]]]]

沈家煊（2009a）认为汉语里名、动、形三者之间是包含关系，动词是名词的一个次类，形容词是动词的一个次类。我们认为，把动词看作是名词的一个次类，是有道理的，因为动词中含有名词，并且由于现代汉语动词没有形态外壳，其中的名词性内核就很容易被提取。但和沈家煊（2009a）的观点不同的是，我们认为印欧语里名、动、形也都是包含关系。当然，这里所说的包含关系与沈家煊（2009a）所说的不同，而是指实词的词汇句法结构表征上的结构支配关系（dominance）。印欧语与汉语在名动包含上并无什么不同，其不同主要表现在是否给名词和动词加形态外壳。由于在词汇结构中动词中含有名词，而名词中不含有动词，所以名词能做的事情，动词也能做，而动词能做的事情，名词未必能。在我们的词汇结构表征中，动包含形，形包含名；形容词和动词都含有名词性内核，名词性内核是所有实词都含有的词核。根据这一分析，名词能做的事情，形容词也能做；而形容词能做的事情，动词也能做。根据传递性（transitivity）规则（即：$\forall a, b, c \in X:(aRb \land bRc) \Rightarrow aRc$），动词自然也可以做名词能做的事情。我们认为，实词之所以实而不虚，就是因为它含有名词性内核。名词性内核是实词得以成立的概念基础。

我们认为，从名词到形容词到动词，是一个不断进行词汇句法扩展投射的过程：名词性内核加上不同的轻语类，就会构成不同的实词（如，形容词、状态动词、使动动词）。就实词而言，像英语这样的印欧语以及古汉语与现代汉语的区别，在于英语和古汉语的实词可以通过形态标记固化实词的外壳，即词壳，而现代汉语实词没有形态手段可用，也就是说现代汉语实词没有固化的词壳。

汉语里形容词、动词用作名词比较容易，一是因为汉语形容词和动词中含有名词性内核，二是因为汉语形容词和动词没有形态外壳。在这种情况下，汉语动词的用途就没有被形态外壳所固化，动词在词法结构中所包含的名词性内核也没有完全被封住，所以就可以被直接提取用作名词。汉语里名词性成分用作动词一般比较困难，这是因为在汉语中需要通过额外的句法操作（而不是词法操作）才能为名词性成分添加动词词性，而这种非词法层面的操作（即句法操作）是一种比较费力且高度受限的操作。

根据我们的这一分析，现代汉语动词含有名词性成分，但名词并不含动词性成分。由于没有形态来固化，现代汉语动词的动性外壳是虚外壳。动转名是去虚外壳的减法操作，自然比较容易。名转动是给名词加动性外壳，由于不是天然带有动性外壳，同时又由于临时添加的外壳无法固化，这一加法自然就比较难做[①]。

当然，也不是所有的动词都可以用作名词。一般来说，一个动词的语义密度越高，其神经映像的结构也就越稳定，也就越容易被用作名词（Thom，1983）。这是因为神经影像结构稳定的动词一般都是状态动词，而状态动词在动－名语义密度连续统中靠近形容词，或者就是和形容词占据同样的地位，从而也就更靠近或者说更像名词。比如，在动词家族中“开始”与“结束”这两个动词，其神经影像的结构就相对来说比较稳定，所以跨语言来看这两个动词作名词用就比较容易。

以上的讨论显示，划分词类，语义密度和传染性这两个参数缺一不可。句法传染实际上指的就是通过论元结构投射释放题元信息。英语的动词和名词都可以有题元信息，如destroy和destruction。但动词具有论元结构，其题元信息具有传染性；名词没有论元结构，所以名词所包含的题元信息就不具有传染性。英语名词的题元信息需要借助介词或's等传导手段来实现。汉语动词具有潜在的传染性，其题元信息病毒是阴性的。因此，汉语动词的论元结构没有内在阳性病毒来推动其投射，而是要靠外在条件激活。这使得汉语动词与英语动词在论元结构的投射上有很大不同，英语动词携带题元信息的阳性病毒，论元结构投射的动力是内在的，而且论元结构不投射，推导就会崩溃。从汉语动词病毒的阴性特征来看，汉语动词似乎和英语名词比较相似，但阴性病毒也是病毒，是可以被激活的，所以也

---

① 古汉语也是动转名比名转动多，也是因为动含名而名不含动。另外，古汉语很可能有形态，所以可以在词汇层面对名转动所外加的动性外壳加以固定，因此名转动要比现代汉语容易。就动词的活用而言，古汉语也多于现代汉语，道理相同。首先，古汉语有词缀，动词的动性活用可以通过添加施事性的动性外壳，并通过词缀固化外壳来实现。现代汉语没有词缀，临时活用比较困难，因为临时添加的虚外壳无形态固化，虚无缥缈。另外，我们认为使动词带有使动外壳，而与之相对应的非宾格不及物动词很可能也是通过去使动外壳得来的（Han，2007），做的是减法，如及物的“沉”与不及物的“沉”。在动词的活用上，也是减法比加法好做。非使动动词没有使动外壳，如临时用作使动，则一无使动词那样的天然使动外壳资源，二无形态可以对临时添加的外壳进行固化，当然就难。从这个角度来看，V_1-V_2复合动词的兴起自然与汉语形态丧失有关，V_1的作用在于允准V_2的外壳，起着古汉语词缀的作用。

可以传染，而名词中的题元信息是冻结的，自身不具备传染性（胡建华，2010）。

3. 名动之分的内在性

名动之分是人类语言范畴化的结果，是一种抽象的内在知识。我们认为不存在前范畴化的名动不分的根词。名动的区别在于名动有不同的词壳。名词的词壳是定位子（localizer），如D类成分，而动词的词壳是一种启动子（promoter），如轻动词，其作用在于激活并启动动词内核中的句法信息（通过中心语移位）从而投射成论元结构。动词内核"基因"信息的进一步表达，依赖于类似时态成分T或者其他功能成分（如体貌成分）的进一步投射。这类功能成分截取动词的"基因"信息，然后进行结构表达，从而形成句法结构。语言之间的区别之一就在于功能成分的结构表达能力及表达形态不同。

动词有动性外壳，即启动论元结构投射的成分，而名词没有，尽管这一动性外壳可以是虚外壳。实际上有的词还可以有空内核、实外壳。比如，情态动词、述谓语（predicator）、轻动词（light verb）和指示词（包括英语的冠词）就是这种情况。情态动词、述谓语以及轻动词占据动性外壳位置，其内核为空。这类动词性轻语类因为没有一个名词性内核，所以就不能作主宾语[①]。指示词占据名词的定位子外壳位置，其内核为空，也恰因为它的内核为空，指示词无法作谓语。情态动词、述谓语以及轻动词不能作主宾语和指示词不能活用作谓语，道理是相通的。专有名词正好和指示词相反，它有名词性内核，但定位子的外壳是空的，所以专有名词可以向上提升至定位子位置，表定指。我们知道，英语的情态动词虽然是动词，但不能加-ing。情态动词正是因为没有名词内核，所以无法投射出一

① 徐阳春（2006：183）认为这类成分是非动作性动词。他认为非动作性动词大致包括关系动词（如"属于、是"等）、情态动词、形式动词（"加以、给以"等）和致使动词（"使、致使"等）。

个论元结构。按我们的分析，投射一个论元结构需要两个条件：一个是名词性内核，即概念成分，另一个是动性外壳。

传统的分析一般认为汉语中动词可以直接作主宾语，但如何证明作主宾语的动词不是句子的投射?

我们知道，句子可以作主宾语。例（10）中方括号内的结构就是句子。

（10）a.[你去澳门]比较好。

b.语言学会决定[我们明天去澳门]。

我们又知道汉语句子中的名词性成分可以省略，比如例（11）：

（11）a.你吃这碗饭　　　　b.你吃

c.吃这碗饭　　　　d.吃

那么，句子作主宾语时，其中的名词性成分当然也可以省略。例（12）方括号标出的成分是作主宾语的句子，其中圆括号标出的是可以省略的成分。

（12）a.[（你）去（澳门）]比较好。

b.语言学会决定[（我们）明天去（澳门）]。

说句子成分只有齐全了才算句子，有悖论元结构投射的一般理论与事实。这一说法不大容易处理像例（11）中句法成分省略的例子。

说占据主宾语位置的动词实际上是句子，可以比较好地解释以下现象:

（13）笑比哭好。

我们说例（13）中的“哭”和“笑”都是句子，这一点可从以下例子中得到证明。

（14）a.你笑比哭好。　　　　b.*笑比你哭好。

如果我们把例（14a）的“哭”和例（14b）中的“笑”理解为句子，我们就可以解释清楚为什么例（14a）合法而例（14b）不合法，这是因为例（14a）中“哭”的投射是一个作句子成分的句子，其主语是一个空主语Pro，受另一个作句子成分的句子（“笑”投射成的句子）的主语“你”的控制（control)。例（14b）不合法，是因为“笑”所投射出来的句子的空主语没有受到合法的控制解读，因为“哭”的主语“你”不成分统制（c-command）“笑”的空主语，因此无法通过控制关系给它指派解读。如果不承认例（13—14）中的光杆动词实际上已经投射为句子，例（14）中两个句子在合法度上的差别就难以得到妥当的解释。

在英语中，有的句法位置也会中和词类的区别，要说清楚这一情况，大概还是要承认除了可以看到的显性的词之外，还有抽象成分的存在以及句子结构的投射，如例（15）：

（15）a. They considered [him a nice guy].

b. They considered [the house beautifu1].

例（15）中方括号部分是文献中所讲的小句（small clause），小句中虽然没有动词，但小句所提供的是一个句子环境。如此，就可以理解为什么名词能够和形容词出现在同一环境。这是因为在例（15）的小句中，名词和形容词实际上并不是直接作小句的谓语，而是作一个抽象述谓语（abstract predicator）的补足语。这个抽象述谓成分可以具体实现为as/to be这样的显性形式。需要指出的是，英语小句的情况和汉语一般句子的情况比较相似。从形式上看，英语小句中的名词也可以直接作谓语。英语不在小句内讲形态变化，形态变化是主句的要求。

我们知道，汉语中动词可以和名词并列，如例（16）所示（沈家煊 2009b）：

（16）女人与花钱，买房与风水，吃与营养，上海人与吃

但是把上面的并列结构代入某些动词的宾语位置，却会有问题：

（17）a. *张三想［女人与花钱］。

b. *张三想［吃与营养］。

c. *张三想［上海人与吃］。

注意，当动词或名词同类并列并作这类动词的宾语时，句子是成立的，只是当动词和名词错类并列在一起时，不能跟在这些动词后面作宾语。

（18）a. 张三想女人与孩子。

b. 张三想挣钱与花钱。

c. *张三想女人与花钱。

我们认为沈家煊（2009b）所举例子中的并列连词很可能并不是真正的并列连词，而动词和名词也并没有形成真正的并列结构。

怎么看动词和名词的区分？答案是：动词可以投射成句子，而名词则不可，虽然名词可以作谓语。究其主要原因，就在于动词具有传染性，而名词没有。有传染性的成分可以对其内核的信息在句子层面做充分表达（即投射为句子），没有传染性的成分则不可。

表面上看，动词做谓语和名词作谓语似乎没有什么不同。

（19）他哭。

（20）她黄头发。

但是把以上结构分别放入一个具有句法鉴别性的环境，情况就不一样了。

（21）a. 小王打算［哭］。

b. *小王打算［黄头发］。

"打算"只选择句子作宾语，可以作谓语但无法投射成句子的结构不能做其宾语。例（21）说明"黄头发"无法投射成句子。之所以如此，是因为"黄头发"是名词，不具有投射成句子的"病毒"，没有传染性。

我们说，要区分名词性成分和名词。名词具有名词性，但名词性成分却不一定是名词。请看例（22）：

（22）a. 她打算［哭］。

b. *她打算［为什么哭］？

c. *她打算哭不哭？

d.［她打算哭还是（打算）不哭］？

"打算"选择名词性的句子作宾语，但不选择名词。由于名词性的句子是孤岛，所以"为什么"和"A－不－A"成分在名词性的句子中无法表疑问。

但正如我们前面所强调的，名词性不等于名词。“打算”的宾语就不能是名词。

（23）a. 他打算［明天调查／出走］。

b. *他打算［明天的调查／出走］。

要解释例（23a—b）的区别，一种方法是说动词转了类，认为“明天的调查／出走”中的动词转换成了名词，而“打算”的宾语不能是名词，所以相关句子不合法。

如果不愿意说动词转了类，那么就得说例（23a）的“调查”是句子，例（23b）的“调查”只是个动词，不是句子，而“打算”只选择句子作宾语，不选择动词作宾语，所以例（23a）合法，例（23b）不合法。

我们采用的说法是：像“明天的调查／出走”这样的结构是包含动词的名词性结构，也就是说在动词词组外层加上了一个名词性外壳。这种结构的特点是动词的进一步投射受到限制，即动词无法投射成完整的句子。所谓完整的句子，指的是论元结构得到完整投射的结构。像英语的-ing，我们认为也是一个名词性外壳，在这外壳之下实际上有一个动词词组，-ing并没有把相关动词词组变成名词。

按我们的分析，“明天的调查／出走”中的动词投射出的是不含启动子 *v*（即轻动词）的VP结构。由于没有 *v*，所以不能说：*这件事的你调查。这是因为没有允准“你”的轻动词 *v*，所以它无法作“调查”的结构主语。“的”后面的词组因为是VP，所以可以用副词来修饰。按照胡建华（2007）的分析，“不”是VP嫁接成分，所以“不”可以否定该VP，形成“这本书的不出版”之类的结构。

在例（23）中，“打算”必须选择一个完整的句子作宾语，而像例（23b）中的“明天的调查／出走”这样的“NP的VP”结构是名词性的结构，其中所包含的动词无法进行论元结构的完整投射，所以不是完整的句子，所以就不能作“打算”的宾语。

说直接作主宾语的动词实际上是句子，符合理论上的简单性原则，因为只用一个pro脱离参数（pro-drop parameter）就可以对英汉语之间的系列差异做出统一的简单解释：汉语是pro脱落语言，所以动词可以直接作主宾语；英语不是pro脱落语言，动词必须根据其论元结构带上主宾语后，以完整的句子形式再来作另外一个动词的主宾语。这也就是说，英语动词不能直接作主宾语，是因为英语不允许pro脱落。

在不定式结构中，英语的光杆动词也可以作句子，比如he tries to move以及they made him move这两个句子，前一个句子中的move就可以理解为句子，这个动词前的to不是它的黏着形式，而后一个句子就根本没有to，是光杆不定式。形式句法的有关文献认为以上结构中move的外部论元位置是在move之前、to之后，这一分析也可以用来说明以上例子是光杆动词做句子。

另外，还要指出的一点是，英语的-ing结构有的不是句子，而有的是句子。说汉语作主宾语的动词相当于英语的-ing结构，这一说法太笼统，因为该说法没有讲清楚汉语作主宾语的动词具体地是相当于英语里的哪种-ing结构。实际上汉语动词直接作主宾语时常常是句子。英汉语的区别在于英语有定式句与非定式句之分，而汉语没有（Hu、Pan and Xu，2001）。英语-ing结构在很多情况下也不是改变了词类，而是改变了句类。从这一点上看，英汉语之间的不同并不是动词的不同，而是句子类型的不同。

英语的-ing结构并不等于名词，甚至它在功能上就是作名词使用时，也和名词不一样，比如它就不能用属格来标记（Abney，1987）。

（24）a. *[the singing]'s affect on them was heartwarming

b. *stagnating's evils

c. stagnation's evils

实际上，汉语放入主宾语位置的动词性成分，其性质也是十分复杂的。不同动词的主宾语位置对放入的成分有着不同的选择和限制。对主宾语的性质要从其谓语的属性上考察。另外，仅看主宾语是什么词类也还不够，还要看它们是什么语义类。是“事实”“命题”还是“事件”？请看例（25—27）：

（25）a. 张三提到过［逃跑］。

b. 张三提到过［他逃跑］。

c. 张三提到过［他的逃跑］。

d. 张三提到过［他什么时候逃跑］。

（26）a. 张三希望［逃跑］。

b. 张三希望［他逃跑］。

c. *张三希望［他的逃跑］。

d. *张三希望［他什么时候逃跑］。（注意，此处讨论的不是直接疑问句）

（27）a. ??张三推迟了［逃跑］。

b. *张三推迟了［他逃跑］。

c. 张三推迟了［他的逃跑］。

d. *张三推迟了［他什么时候逃跑］。

例（25）中的主句谓语动词选择的补足语是事实，例（26）中的主句谓语动词选择的补足语是命题，而例（27）中的主句谓语动词选择的补足语是事件。例（27）中的“推迟”只能推迟一个事件，不能推迟一个事实或命题，而例（27a）中的光杆动词则很容易被理解为命题，不大容易被理解为事件。这说明光杆动词很容易投射为句子，而不是像例（27c）中的“的”字限定的动词结构那样无法投射成句子。例（26）中的动词“希望”选择的补足语是命题，而命题要由句子来实现，无法由例（26c）中“的”字限定的动词结构来实现。例（25）中动词“提到”选择事实作补足语，而事实可以由句子、“的”字限定的动词结构以及间接疑问句来实现。间接疑问句不能出现在选择命题和事件作补足语的动词后面，只能出现在选择事实作补足语的动词之后，说明间接疑问句只能表示事实。“的”字限定的动词结构可以表示事实和事件，但绝不能表命题。

Austin在一篇题目为Unfair to Facts的文章（Austin 1979［1961］：

156）中提到：The collapse of the Germans is an event and is a fact—was an event and was a fact. 对Austin的这一说法，Vendler（1967）在一篇题目为Facts and Events的论文中提出了批评，认为事实和事件不尽相同。另一个哲学家Peterson（1997）认为Vendler的分析还不够细致，他在Vendler基础上提出要区分事实、命题和事件。

Smith（2004）指出，按Peterson（1997）的分析，最重要的是看句子是由什么样的谓语动词和什么样的补足语构成的。通过Smith（2004）给出的例子，我们可以看到不同的补足语和不同的谓语动词组配会产生不同的结果。

（28）a. The collapse of the Germans occurred yesterday/was slow.

b. *That the Germans collapsed occurred yesterday/was slow.

c. *The Germans' collapsing occurred yesterday/was slow.

（29）a. I know that the Germans collapsed.

b. *I know the collapse of the Germans.

c. *I know the Germans's collapsing.

例（28）显示，例（28a）中的主句主语必须由一个事件名词词组来充当，主语从句或-ing结构都不可以。例（29a）中的主句动词的宾语必须由一个内嵌句来充当，事件名词词组或-ing结构则不可。例（30a）中的主句谓语动词选择一个事件补足语，这一补足语不能用内嵌句或间接疑问句来替代；例（31a）中的主句谓语动词选择一个事实补足语，事实补足语可以用内嵌句或间接疑问句替换；例（32a）中的主句谓语动词选择一个命题补足语，命题补足语可以用内嵌句替换，但不能用间接疑问句替换。

（30）Mary's refusal of the offer was followed by silence.

a. *That Mary refused the offer was followed by silence.

b. *What Mary refused was followed by silence.

（事件）

（31）Mary's having refused the offer was significant.

a. That Mary refused the offer was significant.

b. What Mary refused was significant.

（事实）

（32）Mary's having refused the offer was inconsistent.

a. That Mary refused the offer was inconsistent.

b. *What Mary refused was inconsistent.

（命题）

例（33—35）来自Vendler（1967）。这些例子说明，名词、-ing结构以及句子在作句子成分时与相关的谓语动词之间的关系是十分复杂的。例（33b—c）表明、句子和-ing结构不能代替例（33a）中的名词作主语；例（34—35）表明用介词of引入一个名词作补足语的-ing结构和直接选择名词作补足语的-ing结构在作主语时对于谓语具有选择性。

（33）a. John's death occurred at noon.

b. *That he died

c. *His having died

（34）a. John's playing poker is unlikely.

b. ?John's playing of poker

（35）a. John's playing of poker is sloppy.

b. *John's playing poker

Chomsky（1970）也曾讨论过类似的例子。他指出，例（38）处于例（36）和例（37）之间。例（36）中做主句主语的是-ing结构，这一结构可以带宾语，可以被副词修饰，因此更像动词结构，也就是说更像句子；例（37）中作主句主语的是名词结构；而例（38）中作主句主语的-ing结构则既像名词结构，又像动词结构。

（36）a. John's riding his bicycle rapidly (surprised me)

b. Mary's not being eager to please (was unexpected)

c. Sue's having solved the problem (made life easy for us)

（37）a. John's decision to leave (surprised me)

b. Mary's eagerness to please (was unexpected)

c. Sue's help (was much appreciated)

（38）a. John's refusing of the offer

b. John's proving of the theorem

c. the growing of the tomatoes

汉语作主宾语的光杆动词以及“的”字结构中的动词相当于以上三类中的哪一类？从例（25—27）来看，汉语中的光杆动词似乎是句子，而“NP的VP”结构中的动词似乎像名词性结构。

一般认为词类的划分涉及三个方面，即语义、形态和分布。我们知道从词汇语义无法预测词类，而汉语又没有形态，所以划分词类似乎就只能看分布了。但我们认为词类的划分是脱离语义、形态与分布的。我们都知道语义是靠不住的，那么形态呢？实际上，形态是在已有词类基础之上进行的标记，属于二次加工，即形态操作是词类敏感操作：不同的形态标记加在不同的词类上。这样一来，不管什么语言，划分词类比较靠得住的似乎就是分布了。但分布不是用来划分词类的！我们认为分布只是可以用来验证已有的词类而已，即所谓依句辨品，而不是离句无品。

谭景春（2010）探讨了“单身、独身、只身”这三个词语。他指出“只身”只能作副词，而“独身”和“单身”不一样，“单身”有名词用法而“独身”却没有。这三个词的词类归属说明词类划分不是语义和形态决定的，也不是分布决定的，是先验地存在的。分布只不过是用来验证其已有的词类。

以下是谭景春（2010）所讨论的部分有关的例子：

一、单身

1. 名词：仅就感情来说，爱上一个有家室的人和爱上【一个单身】，并无高下之分。

2. 动词：遇见现在丈夫之前，她【单身了】两年。

3. 副词：若是女性房主，应避免【单身】前往。

二、独身

1. 动词：他四十多岁了，还仍然【独身】。

2. 副词：约见异性网友时，不要【独身】前往，见面要选择人多的公共场所。

三、只身

1. 副词：抗战时期，胡适【只身】赴美。

一般认为有形态的语言可以根据形态来分词类，但这一看法是有问题的。首先形态也不是能靠得住的，这一点曹伯韩（1955）曾经讨论过[①]。吕叔湘（1990［1954］）在讨论与词类有关的一些原则性问题时曾引过谢尔巴的一段话对此做出说明。他指出，按照谢尔巴的说法，当我们把俄语的“桌子”或“熊”等词语列入名词时，与其说是因为它们有名词的变格，我们才说它们是名词，“毋宁说是因为它们是名词，咱们才叫它们变格[②]”。

另外，如上文所说，形态标注往往是二次加工，即在已经分类的根词上做进一步标注，所以用哪些形态标记来对根词做进一步加工，首先要辨明根词的词类。如果无形态的根词就没有词类，那也就不存在这一问题了。

比如，英语的词缀-ive可以加在动词的后面，但却无法加在名词的后面。

（39）suggest → suggestive, describe → descriptive

express → expressive, decide → decisive

*grass → grassive, cat → cative, tribe → triptive

① 曹伯韩（1955）指出词类不能单靠词本身的形态来认定，比如electorate和elaborate具有相同的形态，但前者是名词，后者是动词；又比如worsted（毛织品）虽然以-ed结尾，和动词过去时态的词尾一样，但却是名词；而ground，stand，brush，pump等既可以是名词又可以是动词，从形态是无法辨别的。

② 2010年在私下讨论时，当笔者说形态是在已经分出词类的根词基础上做进一步标注时，刘丹青提醒我谢尔巴表达过类似的观点。

-ive表示“……的，与……有关的，属于……的，有……性质的”。从语义上来说，以上名词没有什么理由不可以加-ive。不能加的原因只能来自词类限制。所以我们在加-ive之前，首先要知道根词的词类。

另外，一般来说以-ive结尾的词是形容词，但实际上也不尽然，如captive。

其他的词缀，如-ion更是如此。

对以上例子的讨论说明，就是在形态语言中，根词也有词类，而且形态标出来的也不是绝对的类。派生形态操作要先看根词词类，屈折形态的操作更是如此。

实际上，要贯彻理论的一致性，所面临的无非是两种截然对立的选择：一种说所有的语言都词无定类；另一种则说所有的语言都有内在的词类划分，词类的验证可以靠分布，但分布并不总具有区别性。周祖谟（1955：39）就说过：“词类是语言自身表现出来的类别，不是你想这样分他想那样分的一件事儿。”

我们认为，从理论和经验上考虑，前一种说法遇到的麻烦会比较多，其解释力远不如后一种说法。

4. 结语

名动之分是造句法之根本，即句子生成之“道”。汉语的名词和动词以弱对立形式出现，正体现了“道”的精神，也体现了“道”之用。正所谓：反者，道之动；弱者，道之用（《老子》第四十章）。反，既是反（即对立），又是返；而返，在我们的理论框架内，就是对立的中和。中和须以对立为基础，没有对立，就谈不上中和，故中和蕴含着对立。汉语名动特征虽弱，然仍有对立，且由于特征弱，更易返，也就是说更易中和。而名动的中和，表现出的正是一种形容词性。形容词是自身含有名动对立特征的词类，也就是说形容词内在的特性是名动双性，是内在名动特性对立趋于中和的结果，所以其特征表征是：[+N，+V]。

至此，我们的词类观已经很清楚了，就是:（1）任何语言都有名动的分类，不存在汉语无词类的问题；名动之分在不同语言中所表现出的不同仅在于对立性的大小;（2）名动分类体现了一种抽象的、内化了的范畴化知识。名动对立是造句法之根本，即句子生成之“道”。这一知识可以通过形态标记来表征，也可以通过分布来验证或检验，但这一知识不等于形态和分布。

我们说实践是检验真理的一种标准，但我们不说实践就是真理或就等于真理。正因为如此，所以我们认为：分布或语法功能也不等于词类。

参考文献

曹伯韩　1955 《关于词的形态和词类的意见》,《中国语文》杂志社编:《汉语的词类问题》。北京：中华书局。
胡建华　2007 《题元、论元和语法功能项——格标效应与语言差异》,《外语教学与研究》第3期。
胡建华　2008 《现代汉语不及物动词的宾语和论元——从抽象动词“有”到句法—信息结构接口》,《中国语文》第5期，396—409。
胡建华　2010 《论元的分布与选择：语法中的显著性和局部性》,《中国语文》第1期。
胡建华　石定栩　2005 《完句条件与指称特征的允准》,《语言科学》第5期。
刘丹青　2010 《汉语是一种动词型语言》,《世界汉语教学》第1期。
吕叔湘　1990［1954］《关于汉语词类的一些原则性问题》,《吕叔湘文集》第2卷，原载《中国语文》第9期。
沈家煊　2009a 《我看汉语的词类》,《语言科学》第1期。
沈家煊　2009b 《我只是接着向前跨了半步—— 再谈汉语的名词和动词》,《语言学论丛》第40辑。
沈家煊　2010 《虚实象似—— 韵律和语法的扭曲对应》，中国社会科学院语言研究所演讲稿。
谭景春　2010 《〈现代汉语词典〉第6版条目修订举例》，中国社会科学院语言研究所高研演讲稿。
徐阳春　2006 《虚词“的”及其相关问题研究》，北京：中国社会科学出版社／文化艺术出版社。
周祖谟　1955 《划分词类的标准》,《中国语文》杂志社编:《汉语的词类问题》，北京：中华书局。原载《语文学习》1953年12月号。

Abney, S. 1987 *The English noun phrase in its sentential aspect*. Ph. D. diss., MIT, Cambridge, MA.

Austin, J. L. 1979 [1961] *Philosophical Papers*. 3rd edition. Oxford: Oxford University Press.

Bornkessel-Schlesewsky, I. and M. Sehlesewsky 2009 *Processing Syntax and Morphology: A Neurocognitive Perspective*. Oxford: Oxford University Press.

Chomsky, N. 1970 Remarks on nominalization. In R. Jacobs and P. Rosenbaum, eds. , *Readings in English Transformational Grammar*. Waltham, MA: Ginn. pp. 184－221.

Han, Jingquan (韩景泉) 2007 *Argument structure and transitivity alternation*. Ph. D. diss. , City University of Hong Kong.

Peterson, P. 1997 *Fact, Proposition, Event*. Dordrchet: Kluwer.

Smith, C. S. 2004 Discourse mode: An interesting level of text structure. Talk given at the City University of Hong Kong.

Thom, R. 1983 *Mathematical Models of Morphogenesis*. W. M. Brookes and D. Rand, trans. Chichester: Ellis Horwood.

Vendler, Z. 1967 *Linguistics in Philosophy*. Ithaca, NY: Cornell University Press.

（原载《当代语言学》2013年第1期）

第四部分　量化与焦点

第十章 否定、焦点与辖域

1. 引言

本章讨论否定词的辖域（scope）、否定与焦点的关系以及否定词“不”的句法特性。徐杰、李英哲（1993：84）认为否定词没有独立的辖域，因为“否定中心和否定词没有直接的前后语序关系”，而“否定中心的选择取决于独立于否定本身的焦点的选择”。根据他们的分析，在“是老王没来”这个句子中，由于“是”标记出句子的焦点，而否定词总是对句子的焦点进行否定，所以句子中的动词“来”并没有被否定。袁毓林（2000）则认为否定词有自己独立的辖域，由于这一原因，否定中心可以与句子的焦点分离。根据这一分析，在“是老王没来”这个句子中，否定词所否定的仍然是动词“来”。Lee & Pan（2001）也认为否定词有自己的辖域，即否定词只否定其右侧的成分。李宝伦、潘海华（2005）进一步指出，否定词的辖域是其m-统制的局部区域[①]，否定词在没有焦点的情况下否定靠近否定词右侧的成分，形成毗邻否定，但如果否定词后面有焦点存在，否定词否定焦点。对于毗邻否定，沈家煊（1999）已经做过讨论。根据他的分析，当动词前还有其他副词性成分与否定词毗邻时，否定词在常规情况下并不否定动词，而是否定与否定词毗邻的副词性成分。

笔者不同意徐杰、李英哲（1993）关于否定与焦点之间的关系的分析。在他们的分析中，焦点否定不受局部辖域的制约，但我们认为否定

---

① m-统制由某个句法节点的第一个最大投射决定。

词的操作范围只能是一个局部区域。这一局部区域是受否定词成分统制（c-command）的VP。在“是老王没来”这个句子中，否定词对其局部辖域之外的焦点“老王”的否定实际上是一个假象。这一假象是由含有否定式的预设造成的。正如袁毓林（2000）所指出的，“否定形式本身也可以是预设中的成分”①。Lee & Pan（2001）也认为否定辖域之外的焦点成分需要由其他的算子，而不是否定算子，来约束。如此，我们可以把“是老王没来”这个句子的语义用以下表达式来表征：

（1） SHI(<LW, A, λx［MEI LAI (x)］>)

$= \forall x \in$ ALT(LW)［MEI LAI (x)→x=LW］

（其中A为焦点选项（the alternatives of focus））

虽然我们也持否定受局部辖域制约的观点，但并不完全认可否定词可以对否定词后面的VP嫁接语（adjunct）或焦点形成单独否定的说法。我们认为否定词在句法上否定的是VP以及VP的中心语V^0。需要指出的是，由于否定词具有焦点敏感性（focus sensitivity），当否定句中引入焦点后，如果仅靠语感判断，很难断定否定词操作的对象是焦点还是其他成分。所以在这种情况下，最关键的是要找到可以判断否定词与什么成分关联的区别性句法环境（distinctive syntactic environment）。在以下的讨论中，将用特定的句法环境来鉴别否定词是否可以不否定VP而否定自己辖域之外的焦点。我们通过对相关语言事实的分析，除了论证否定词在句法上否定

① 蔡维天（2004）认为，在以下含有焦点的句子中，句子的预设为基本命题“阿Q喝红酒”（假设相关的语境中有红酒、白酒、黄酒、啤酒），而其断言则为含有“红酒”补集的命题之否定。

（i） 阿Q只喝［红酒］^{F}。（阿Q不喝白酒、黄酒、啤酒）

a. 预设：阿Q喝红酒。

b. 断言：阿Q不喝红酒以外的酒。

根据这一分析，我们可以认为在含有焦点的否定句中，否定将在预设中保留，而断言则为含有“红酒”补集的命题之肯定，如下所示：

（ii）阿Q不喝［红酒］^{F}。

a. 预设：阿Q不喝红酒。

b. 断言：阿Q喝红酒以外的酒。

的是它所嫁接（adjoin）并成分统制的VP以及VP的中心语V^0，还将论证当否定词的辖域内有焦点时，否定词在语义上也不直接否定焦点，而是否定由不同焦点投射而成的焦点词组FP（即focus phrase）。根据这一分析，语义上的FP与句法上的VP形成对应关系，即FP = VP。此外，我们还将讨论否定词"不"的句法位置以及句法特性。在对现代汉语普通话和东干话否定结构比较研究的基础上，论证否定词"不"是VP嫁接语，不是INFL系统内的功能性成分。

2. 否定的辖域

吕叔湘（1985：246）早就指出，"在句子里，'不'或'没'的否定范围是'不'或'没'以后的全部词语。一个词在不在否定范围之内，有时候会产生重大的意义差别"。以下例（2）—（4）引自吕叔湘（1985：246）[①]。

（2） a. 我［一直］^{F}没生病。　　b. 我没［一直］^{F}生病。

（3） a. 他［天天］^{F}不上班。　　b. 他不［天天］^{F}上班。

（4） a. 我［实实在在］^{F}没告诉他。

b. 我没［实实在在］^{F}告诉他。

（5） a. 他［故意］^{F}没去。　　b. 他没［故意］^{F}去。

（6） a. 他［能］^{F}不去。　　b. 他不［能］^{F}去。

（7） a. 他［一定］^{F}不去。　　b. 他不［一定］^{F}去。

（8） a. 他因为天［热］^{F}没去上班。

b. 他没因为天［热］^{F}去上班。

以上例句显示，否定词是不可以对其局部辖域之外的成分否定的，因为这会造成不理想的后果。在以上例句中，虽然都有否定词辖域之外的成分被指派了焦点，但却无法被跟在这些焦点成分后面的否定词否定。如果否定

① 所有援引例句中的焦点标记符号皆系作者所加。

词可以对其局部辖域之外的焦点进行否定，那么以上例句中a句的解读应该和b句相同，但实际上这是不可能的。虽然吕叔湘先生强调否定的范围在否定词之后，但他又指出“否定的焦点也可能在“不”或“没”之前，这样就把否定的范围扩大到“不”或“没”的前面去了”（1985：247）。以下的例句引自吕叔湘（1985：247）。

（9） a.你［明天］F别来（=你别明天来）

b.［小王］F不想打球（小李想打）

吕叔湘先生在以上例句中观察到的否定词对它前面成分的否定实际上是由其他原因造成的。具体地讲，在以上两例中，否定词并没有否定它前面的焦点成分，而是仍然否定VP。当焦点算子（focus operator）对某一焦点变量进行操作时，带有否定词的谓语会充当焦点变量的限制性成分（restrictor），当受否定性谓语限制的焦点变量在核心域（nuclear scope）影射到焦点成分上时，焦点成分便会得到以上例句中貌似直接否定焦点的解读。对于以上例句中否定与焦点的关系，吕叔湘先生做的是针对具体例句的描写工作。徐杰、李英哲（1993）的研究实际上是把吕叔湘先生对例（9）中否定和焦点关系的描写进一步概括为否定操作的一般原则，即焦点在哪儿，否定词便连到哪儿。袁毓林（2000）在吕叔湘（1985）的基础上对否定的辖域作了进一步的说明，他认为“在无标记的情况下，否定的辖域一定是否定词之后的成分”。袁毓林也讨论了否定的焦点在否定词之前的情况，指出“在有标记的情况下，否定的辖域可以回溯到否定词之前的成分”（袁毓林，2000）。但我们发现这种情况一般只限于否定词之前的成分是受主要动词控制的从属成分。如例（10）所示：

（10）我就［这句话］F听不进去。

我们认为，从形式句法的角度看，例（10）中被否定的成分是句子宾语，因前置宾语的语迹在否定词的辖域之内，所以被否定成分仍没超出否定词的辖域。

如果单独就个别的例句，如例（9），来讨论否定词是否可以否定其左侧的成分，两种说法很可能没有太大的差别。但如果想找一条可以涵盖更为广泛的语言事实的一般规律，那么对否定辖域的不同处理和限制则无论在经验上（empirical）还是在理论上都差别很大。徐杰、李英哲（1993）所做的工作不是描述语言事实，而是对相关语言事实做出统一解释。如此，要验证他们所提出的规律是否是一般规律，就要把他们所提出的规律摆在相关的语言事实面前验证。显然，他们所提出的否定规律无法涵盖例（2—8）中的情况并对其做出合理的解释。袁毓林（2000）、Lee & Pan（2001）以及李宝伦、潘海华（2005）之所以坚持否定有自己的辖域，实际上是考虑到例（2—8）中的情况并希望为否定的关联寻找一条一般性规律。

徐杰、李英哲（1993）的分析不仅无法解释以上例句，对以下例句也会做出错误的预测：

（11）a. 他不好好吃饭。

b. *他［好好］F不吃饭。

（12）a. 他不慢慢走。

b. *他［慢慢］F不走。

例（11）和例（12）在合法性上形成对比。按我们的分析，虽然例（11b）和例（12b）中的修饰性副词被指派了焦点，但否定词并不对其进行否定。但是，徐杰、李英哲（1993）的分析在处理这样的例句时会做出错误的预测。按他们的分析，在例（11b）和例（12b）中当相关副词被指派焦点时，否定词就会否定焦点。因为根据他们的分析在例（11b）和例（12b）中否定词否定的是焦点，而不是否定词后面的动词，那么，他们的分析就会预测例（11b）和例（12b）实际上应该分别等同于例（11a）和例（12a），这样例（11b）和例（12b）就应该与例（11a）和例（12a）一样符合语法。但事实并非如此。除此之外，他们的分析还会对以下例句做出错误的预测：

（13）*是［老王］F不吃了木瓜。

例（13）也是一个不合语法的句子。根据Huang（1988）的研究，否定词“不”不能和体貌标记“了”围绕着同一个动词共现，因为“不”先否定了动词“吃”，与之构成一个非事件（nonevent）；这时，如果用“了”去表述一个非事件，会造成语义上的冲突。根据Huang（1988：284）的分析，否定词“不”的操作受以下P原则的制约：

（14）P原则：否定语素“不”与紧随其后的第一个V^0直接形成一个结构体。

在例（13）中，否定词“不”先嫁接到V°“吃”上，形成被否定的动词“不吃”，然后“了”再缀于“不吃”之后，如例（15）所示。但如上所讲，这一结构在语义上是不可解读的。

（15）[[v_0不 [v_0吃]] 了]

然而，如果按徐杰、李英哲（1993）的分析，否定词可以否定其左侧的句子焦点的话，那么例（13）就应该是个合格的句子，因为在那种情况下，“不”并没有否定动词“吃”，而是否定了句子的焦点，这样，动词“吃”作为表事件的动词就应该可以与“了”共现。但例（13）并不是一个合格的句子，这反过来证明否定词并不否定其左侧的句子焦点。

Huang（1988）所讨论的另一类例子是由主要谓语（primary predicate）与次要谓语（secondary predicate）一起形成复杂谓语（complex predicate）的句子，即描述性‘得’字句，如：

（16）*他们 [[不跑] 得很快]。

Huang（1988）对这类例句的解释与例（13）相同：例（16）预设“跑”这一事件不存在，同时又断言这一事件具有“快”的特性。这会造成语义上的矛盾。徐杰、李英哲（1993：85）认为例（16）这类例子不合语法，是因为（a）否定词要尽可能靠近焦点，而在例（16）中形容词“快”是焦点，所以否定词要放在“快”前；（b）“不”的副词词性决定在（16）中它必须放在形容词前，而不是放在例（16）中现有的位置；例（16）中放“不”的位置应该放“没”，因为后者是动词或助动词。徐杰、李英哲的第一个观点存在两个问题：第一，说否定词要尽可能靠近焦点，与他们论文的主旨“否定中心和否定词没有直接的前后语序关系”相矛盾。这一点袁毓林（2000）已经指了出来。第二，例（16）中的形容词‘快’只承载常规的信息焦点（Xu，2003），我们完全可以通过添加焦点标记改变例（16）中焦点的位置，如下例所示：

（17）a. *是［他们］^{F}不跑得很快。

b. 是［他们］^{F}跑得不很快。

由于焦点位置的变化，按徐杰、李英哲的分析，在例（17a）中“不”不需靠近形容词“快”，因为“快”不是焦点，因此他们的分析会预测例（17a）是个合语法的句子，但这一预测显然是错误的。另外，在例（17b）中，否定词靠近非焦点成分‘快’而不是焦点成分“他们”，徐杰、李英哲的分析会预测例（17b）是一个不合语法的句子，但实际上例（17b）却符合语法。徐杰、李英哲的第二个观点也存在两个问题。第一，作为副词的“不”不仅可以放在形容词前，也可以放在动词前，如“他不喜欢看电影”。如此，说因为“不”是副词便必须放在“快”之前，是就具体例句所做的人为规定。第二，如Huang（1988）所举的以下例（18）所示，就是在“得”字句这种复杂谓语结构中，在一定的条件下“不”也可以不放在形容词之前。

（18）如果你不跑得快，你就得不到奖品。

以上的分析显示否定词的操作范围只能是一个局部区域，而作为焦点敏感算子的否定词并不否定其局部辖域之外的焦点。对否定词的辖域，我们可以做以下规定：

（19）否定词的辖域

否定词的辖域为其成分统制的区域。

值得指出的是，例（19）并不是一个专门为否定词特设的辖域规定，因为这一关于否定的辖域规定完全可以从已经得到独立验证的现代汉语普通话句法同构原则（The Isomorphic Principle）中推出来。句法同构原则的具体内容如下（参看Huang，1982：137）：

（20）句法同构原则

一个量化（quantificational）或逻辑（logical）成分A如果在显性句法结构成分统制另一个量化或逻辑成分B，那么A在LF句法结构也成分统制B。

句法同构原则在现代汉语普通话中是制约算子取域（scope-taking）的一般性原则，否定词作为逻辑算子，其辖域的获取自然也要受这一原则的制约。

3. 否定的对象

虽然在上一节我们为否定词划定了辖域，但我们没有明确地说否定词的否定对象是什么。在此我们对否定词“不”的否定对象做如下说明：

（21）“不”的否定对象：

“不”是VP嫁接语，它否定的对象是它所嫁接的VP及VP中心语V^0。

李宝伦、潘海华（2005）认为在没有对比焦点的情况下，否定词否定的是受其成分统制的成分。如果在否定词m-统制的辖域内有对比焦点，否定词否定的是焦点[①]。按照这一分析，在以下例句中，“不”在没有焦点的情况下分别否定的是“快”和“在学校”。

（22）a. 他没快跑。　　　　b. 他不在学校读小说。

按照李宝伦、潘海华的分析（另参看沈家煊，1999），例（22a）的意思应该是：他跑了，但不快；例（22b）的意思应该是：他读小说的地方不是学校。从这些解读可以看出，否定词并没有否定“跑”或“读小说”。如果在否定词m-统制的辖域之内有焦点，否定词则否定焦点。在例（23—24）中焦点分别是‘跑”和“小说”，否定词则对焦点进行否定。

（23）他没快［跑］^{F}。

---

① 吕叔湘（1985：246）认为，否定的焦点一般是句子末了一个成分，即句末重音所在，“但如果前边有对比重音，否定的焦点就移到这个重音所在”。另外，吕叔湘（1985：247）还指出，“如果动词之后的宾语意义泛浮，跟动词形成一个整体，否定的焦点在这个整体，否则焦点仍然在宾语”。

（24）他不在学校读［小说］^{F}。

说在没有焦点的情况下，否定词否定毗邻成分和说在有焦点的情况下，否定词否定焦点，同样都有问题。请看以下例句：

（25）*他不［在学校］读了小说。

（26）*他不在学校读了［小说］^{F}。

如果在例（25）中“不”否定的是与之毗邻的介词词组而不是动词，句子应该合语法，但情况并非如此。同理，如果在例（26）中“不”没有否定动词，而是否定了焦点“小说”，句子也应该符合语法，但例（26）显然是个不能说的句子。再请看下例：

（27）*他不［快］跑过。

（28）*他不［在学校］读过小说。

一般来说，“不”所否定的动词不能在后面缀加体貌助词“过”（参看Wang，1965）。但如果按毗邻否定的说法，在例（27）和例（28）中，“不”否定的就应该不是动词，而分别是与之毗邻的副词“快”和“在学校”，这样例（27）和例（28）就应该符合语法。何况，如果按以上对例（22a）和例（22b）的解读，例（27）和例（28）又可以分别获得合理的解读。例（27）解读为：他跑过，但不快；例（28）的解读为：他读过小说的地方不是学校。按照对例（22a）和例（22b）的分析，我们一样可以从这些解读看出，否定词没有否定“跑”或“读小说”。但问题是，以上例句不合语法。

如果想继续维护毗邻否定和焦点否定的说法并对以上问题做出解释，一种方法就是说句法否定与语义否定可以是两个不尽相同的过程，它们之间没有对应性（correspondence）。毗邻否定和焦点否定是语义否定过程，而否定词与某些句法成分的不相容是受某些纯句法否定规则的限制。根据这一说法，例（27）和例（28）之所以不合语法，问题不是出在语义否定上，而是出在句法否定上：有某种句法规则不允许“不”否定缀有体貌助词“过”的动词。这一说法除了在理论上无法解释为何句法否定与语义否定不具有对应性外，也无法说明纯句法否定的规则是什么。

我们认为以上问题的解决之道不在区分句法否定和语义否定，而在深究句法与语义在否定上的对应性。按照分析，否定词“不”在语义上并不否定焦点，而是否定由不同焦点投射而成的焦点词组；在句法上也不否定焦点，而是否定VP和动词中心语$V^0$①。根据Wang（1965），“了”和“有”处于互补分布，而“不”在动词“有”之前会衍生为语素变体“没”。如此，“没”（或“没有”）本身便含有动词或助动词，而“不”是副词，它修饰的是动词（包括形容词）词组VP（另参看吕叔湘，1985）。我们在句法结构上把“不”看作是某一V^0的最大投射VP的附加语（adjunct），它的否定辖域是它所成分统制的VP。据此，例（22b）的部分结构如下：

（29）

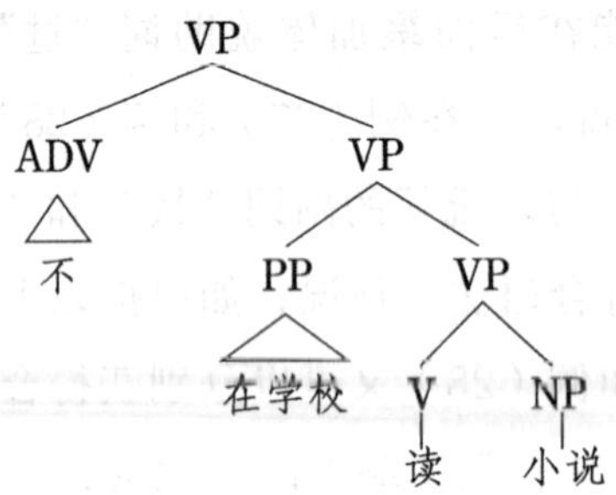

根据这一分析，例（22b）所表达的意思是：对于他来说，在学校读小说这一事件不存在。同理，例（22a）的意思并不是：他跑了，但不快；而是：对于他来说，不曾有这么一个既具有“跑”的特性又具有“快”的特性的事件。具体讲，当VP中含有焦点或VP有副词性修饰语时，否定词“不”在语义上否定的是一个VP子集。比如，在以下例句中，虽然否定词似乎都是否定的不同的焦点成分，但实际上情况并非如此。

（30）a. 我不买今天的［报纸］^{F}。

① Herburger（2000）讨论了焦点与否定中的约束解读（bound reading）与自由解读（free reading）。约束解读类似焦点否定，自由解读类似动词否定。

b. 我不买［今天］^{F}的报纸。

c. 我不［买］^{F}今天的报纸。

在以上例句中，否定词否定焦点只是一个假象。实际上否定词在以上例句中否定的不是焦点，而是以不同焦点为核心投射而成的焦点词组FP（参看Krifka，待刊）。在例（30）中，不同的焦点触发不同的选项集合（alternative set），而不管焦点如何变化，否定词在语义上所否定的焦点词组仍然是VP，只是由于焦点不同，焦点VP词组的选项不同。在例（30a）中，VP“买今天的［报纸］”是VP“买今天的x”的一个子集；在例（30b）中，VP“买［今天］的报纸”是VP“买t的报纸”的一个子集；而在例（30c）中，VP“［买］今天的报纸”是VP“P今天的报纸”的一个子集。按照这一分析，语义与句法的对应性体现在：FP=VP。

当然，在具体的分析中，我们也可以把焦点与否定分开来处理。一种方法是让焦点算子比否定词取更宽的辖域。从句法上讲，焦点与话题都属于语力词组（force phrase），句法位置比较高。以含有焦点的例（24）为例，如果忽略不计焦点词组与VP之间的句法投射，那么当焦点成分在LF移入句法结构中的焦点位置后，生成的部分结构如下：

（31）

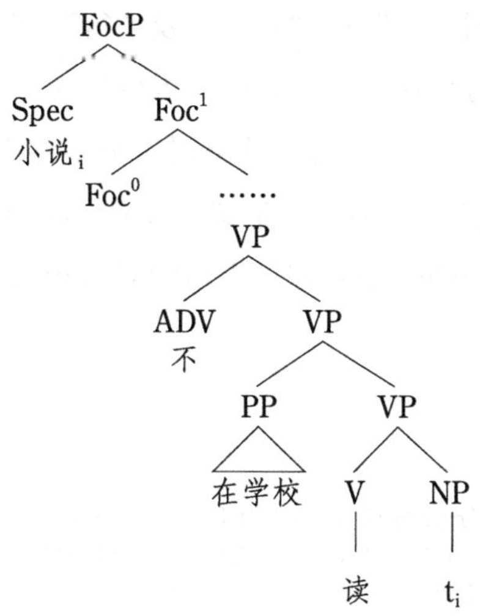

对应于以上句法结构的是以下语义解读：

（32）$\forall x \in$ ALT（小说）[不在学校读（x）（他）→x=小说]

（32）的意思是：他不在学校读的是小说。

把焦点操作与否定操作分开处理，或者让否定词否定焦点词组而不是焦点，都比焦点否定的解释力强。采取焦点操作与否定操作分开处理的方法，我们可以解释例（2—8）中的情况（参看Lee & Pan，2001）。例（2—8）中两组句子的区别在于焦点成分是否处于否定词的辖域之内。不在否定词辖域之内的焦点成分不是否定词操作的对象。除此之外，我们还可以解释为什么像例（33）这样的句子不合格。

（33）*老王不吃了[木瓜]^F。

从句法上讲，否定词"不"必须嫁接在VP之上并否定VP和V^0。例（33）之所以不合语法，就是因为否定词"不"所嫁接并否定的对象不是VP，而是AspP（即体貌中心语的最大投射），违反了否定词"不"必须嫁接在VP之上并否定VP和V^0的汉语句法规定。从语义上讲，否定词"不"和体貌标记"了"都是动词中事件变量（event variable）的约束语，而当"了"约束了事件变量后，否定算子无法再对同一事件变量进行约束并否定，也就是说"不"没有了否定的对象①。

另外，在我们的分析中，体貌助词"了"或"过"以及"得"字结构中的"得"都被看作是约束事件变量的存在算子。如此，也可以认为在例（33）中逻辑否定算子"不"和存在算子"了"约束的是同一个事件变量。这一双向约束不仅会因为两个算子语义上的冲突，造成句子的不可解读，而且还会使句子违反Koopman & Sportiche（1982/3）提出的双向约束条件（Bijection Condition）。

（34）双向约束条件

① 这一分析方法与Huang（1988）的分析有所不同。在Huang（1988）的分析中，否定词"不"会先对动词'吃'进行否定并在此基础上与之构成一个非事件（non-event）。这时，如果用'了'再去表述一个非事件，会造成语义上的冲突。

算子和变量要受双向约束对应关系（bijective correspondence）的制约。

这一解释同样适合例（13）、例（16）、例（17a）以及（27）。在例（16）这样的“得”字结构中，“不”和“得”同时约束既具有“跑”的特性又具有“很快”的特性的事件变量，造成语义冲突并违反了双向约束条件。

值得注意的是，如果否定词与体貌助词等算子约束的不是同一个事件变量或者说不是作用于同一个动词，句子便会合语法。请看以下例句：

（35）他没快跑过。

在例（35）中，否定算子约束的是动词“有”中的事件变量（事件包括状态（state）），“过”约束的是“跑”所含有的事件变量，由于两个算子分别约束两个不同的变量，即分别作用于不同的动词，句子没有违反双向约束条件。前面讨论的例（18）也没有违反双向约束条件，因为根据Huang（1988）的分析，例（18）中的条件结构为“不”引入了一个零形情态动词。按我们的分析，在例（18）这类结构中，条件从句这一结构引入并允准的是一个零形动词，如此，“不”否定的不是显性动词，而是得到条件从句允准的零形动词。例（18）的部分结构如下：

（36）如果你［$_{VP}$不［$_{VP}$［$_{V0}$［$_{VP}$跑得快］］］］，……

当然，如果我们采用焦点词组否定的分析方法，我们一样可以解释例（33）为何不合语法。根据焦点词组否定的分析，否定词否定的是FP，而FP = VP，并且否定VP也会否定VP的中心语V^0（关于这一点，我们在下一节会具体讨论）。由于在例（33）中VP所指称的事件，既被否定词否定其存在又被体貌标记肯定其存在，从而造成语义冲突，所以例（33）不合法。

我们说在例（36）中“不”的操作对象是VP层级结构中上层VP的中心语，即零形动词，而不是下层VP的中心语“跑”，是符合（21）中的条件的，因为“不”在例（36）中否定的是它所嫁接的VP和VP中心语V^0。例（36）中的结构在“不”嫁接前是一个双层VP结构，最底层以“跑”

为中心语的VP是“不”所否定的零形动词的补足语（complement）。值得指出的是，我们的这一分析可以对饶长溶（1988）所讨论的“不”在双项动词性词组前偏指前项的情况做出统一的解释。饶长溶指出，否定词“不”在双项动词性词组之前，语义偏指前项[①]。他讨论的双项动词性词组有三种：连动、“副动＋动”和“助动＋动”。“副动”和“助动”在本文分别称作“嫁接语”和“情态动词”。就“副动＋动”和“助动＋动”的否定而言，虽然否定词的语义似乎指向前项，但按分析，否定词否定的对象在这两种结构中实际上是不同的。后者是否定词的操作对象，而前者不是。我们对例（36）的分析适用于饶长溶讨论的“助动＋动”的情况，而对例（22）中两例的分析则适用于他讨论的“副动＋动”的情况。由于前面的分析已经讨论了这两种情况，这里我们仅侧重谈连动结构否定的情况。饶文讲的连动结构的否定，可以用“不花钱看电影”和“不买票看电影”两例来说明。按饶文的分析，“不”在这两例中可以表示“看电影”但“不花钱”或“不买票”的意思，而不可以表示“花钱”或“买票”但“不看电影”的意思。另外，饶文指出，前例还可以表示“不花钱不看电影”的意思，而后例不大容易表示这一意思。前例和后例从形式上看似乎没什么不同，为何在解读上会不大一样？我们认为这与某一具体的连动句例到底代表一个什么样的结构有关。

据我们所知，连动结构（serial verb construction）是一个很笼统的称呼，到底连动结构具体指的是什么样的结构，在有关文献中是颇有争议的，因为这一结构的性质，不管是从跨语言的角度看还是从理论的角度看，都说不太清楚。这在汉语尤其如此，因为汉语没有形态标记。就现代汉语普通话的连动而言，一种可能是连动中的前项，即V_1，表示方式方法，而这正是饶文采取的一种分析。但是，如果连动中的前项表示方式方法，那么按我们的分析，前项实际上是后项的修饰限定成分，是嫁接语。

① 饶长溶（1988）的这篇文章，是《中国语文》审稿人提醒作者注意的。

如此，连动中的前项否定就等于“副动+动”的前项否定；这种前项否定在我们的分析中如同例（22）中的前项否定一样，是一个假象。这样，我们完全可以用分析例（22）的方法来分析这类的连动否定。还有一种可能是，连动结构的后项，即V_2，投射出的VP是前项V_1的补足语，形成VP层级结构，而这样V_1和V_2形成的连动结构就等于“助动+动”结构，对于这类结构，我们可以用分析例（36）的方法来处理。最后的一种可能是，V_1和V_2形成并列结构。如果V_1和V_2是一个并列结构，连动否定自然就等于“V_1的否定+V_2的否定”，而这正是饶文讨论的“不花钱看电影”表示“不花钱不看电影”意思时的情况。汉语由于没有形态标记，某一具体的连动结构到底指哪一种情况，要从语义和语用上判断[①]。“花钱看电影”与“买票看电影”相比，前例中的前项“花钱”一般不用来指称获取看电影机会的方式，而后例中的前项“买票”则常用来指获取看电影机会的方式。比如，一个从没到电影院看过电影的人，如果在电影院门前询问怎样才可以看电影时，别人大多情况下回答他的肯定是：买票才可以看电影，而不是告诉他：花钱才可以看电影。饶文讨论的“老吴不上街买菜”与“不骑车上班”两例，情况亦相同。前例中前项一般情况下不是对买菜方式的说明，故V_1和V_2可以理解成并列结构，于是可以得到“不上街不买菜”的解读；而后一例中的前项倾向于指称上班的方式，故不容易处理成并列结构，所以就不大可能得到“不骑车不上班”的解读。

4. 普通话否定词“不”的句法地位：从与东干话否定结构比较的角度看

我们说否定词“不”会否定V^0，这可以从东干话中得到印证。普通话

① 在英语，由于有形式标记关联，V_1和V_2的关系在形式上是显明的。如“张三拿锤子打李四”这个汉语句子在英语可以分别有两种对应形式：

（i）Zhangsan took a hammer to hit Lisi.

（ii）Zhangsan took a hammer and hit Lisi.

是从否定VP开始，进而否定V^0，而东干话正相反，是从否定V^0开始，进而否定VP。在某种程度上，东干话的否定结构是普通话否定结构的镜像（mirror image）。

根据王森（2001）对中亚东干人（西北陕甘回民的后代）所说的东干话否定现象的描写，在东干话中，一个句子如果有能愿动词，否定词要放在能愿动词前[①]，否则，否定词紧跟谓语动词。另外，在东干话中，某些副词虽然出现在否定词前，但否定词的辖域却高于这些副词。在王森（2001）举的东干话例子中，“我的窗子甚不高”表示“我的窗子不太高”，“水很很地不热”表示“水不太热”，“偷菜蔬的贼，在园子呢里不睡”表示“偷菜蔬的贼，不在园子里睡”。在这些例子中，否定词前的副词都在否定词的辖域之内。根据刘丹青（2005）的介绍，在SVO和SOV语言中，否定词与动词直接结合的情况占绝对优势。刘丹青（2005）认为动词是VP的核心，否定词直接与动词结合，通过否定核心来否定小句是非常合理的。按照刘丹青的这一思路，我们可以这样来看VP否定：否定V^0等于否定VP，而否定VP也就等于否定V^0。

虽然东干话中的否定现象从现实语言的角度进一步印证了普通话否定词否定动词和VP的说法，但如何从句法上说清楚普通话否定词“不”的句法地位却仍然是个问题。一种方法是假设否定功能投射NegP存在，把否定成分“不”看作嫁接在最小VP（包括AdjP）上的算子（operator），然后做算子提升，移入[Spec, NegP]，即否定投射的标志语位置。否定词与否定的功能投射关联的方法之一便是在显性句法（overt syntax）层面移位，如例（22b），其部分结构可以表征如下：

① 作者在做自己的分析而不是援引他人的说法时，用情态动词而不用能愿动词这一术语。

（37）

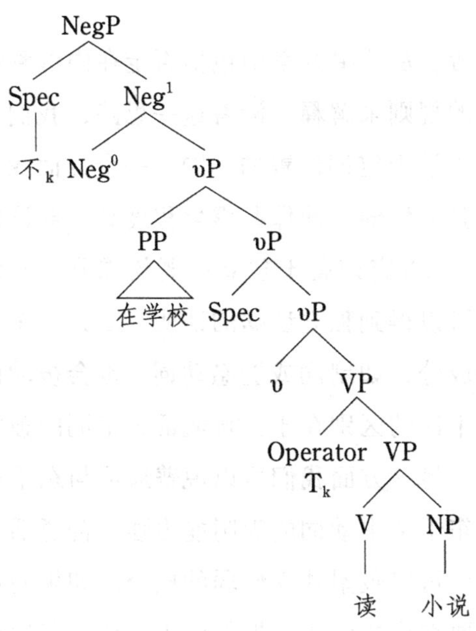

从句法上讲，在（37）中否定词移位后便会把否定的辖域扩展至整个*v*P。因此，"不"的操作范围是*v*P，它否定的既不是移位后与之毗邻的成分，也不是焦点，而是动词和*v*P。从语义上讲，"不"的辖域也是*v*P。如在例（22b）中，否定词否定的是相关动词所含有的、受修饰语限定的事件论元（event argument）或事件变量（event variable）（参看Davidson，1967；Parson，1990）。

虽然我们在（37）中试图从形式句法的角度证明VP否定是从V^0否定通过算子提升形成的，但按照这一分析来解释东干话与普通话的区别，我们似乎很容易走入最简方案中有关特征强、弱的解释套路：在普通话中，否定的功能投射具有强特征，因此否定词要在显性句法层面提升；而在东干话中，否定的功能投射不具有强特征，因此否定词不需要在显性句法层面提升，但否定词仍需在LF句法层面提升出*v*P，以确保否定词得到正确的辖域解读。但这一解释显然很难让人满意，因为这一解释实际上并不是真正的解释，只不过是把有关事实换了个方式重新讲述了一遍，即对事实的重述（restatement of facts）。

刘丹青（2005）在讨论东干话以及关中方言中包括否定在内的种种语序现象时，用一条“核心吸附”的规则来解释。沿着这一思路，我们大概可以从两个方面来看普通话与东干话否定词位置的不同。一个方面我们可以采用刘丹青的说法，认为那些独立性弱，即那些虚化程度高、弱读的成分，会被VP核心（V^0）吸附过去。否定词属于独立性弱的成分，所以较容易被吸附。刘丹青的这一说法可以得到独立证据的证明，因为在东干话中不仅否定词，其他独立性弱的成分，如副词或能愿动词，也会被动词吸附。按照这一说法，普通话与东干话的区别在于：普通话否定词的独立性强，而东干话否定词的独立性弱。另一方面我们可以说普通话与东干话的不同在于动词的吸附能力不同：东干话中动词的吸附能力强，普通话中动词的吸附能力弱。吸附力强的动词可以吸附独立性弱的成分。如果刘丹青的这一分析是对的，那么我们需要在形式句法的框架内重新认识普通话与东干话否定词位置的不同。在NegP假设的框架内（即假设否定有独立的功能投射），解决的方法大概有两种。一种方法是遵循前面的思路，假设有一个Neg（否定）功能语类存在，其补足语（complement）为VP。但与上面的处理方法不同的是，我们把否定词看作基础生成于［Spec，NegP］，即否定投射的标志语位置的成分。语言间的一个区别便是动词是否会向否定功能中心语Neg^0提升。在东干话中，动词会在显性句法层面提升并嫁接在Neg^0上，于是否定词自然会紧靠动词，形成“我的窗子甚不高”这样的句子。在普通话中，动词在LF句法但不在显性句法层面向Neg^0提升，所以否定词可以和动词分开，形成例（22b）这样的句子。这一分析虽然看上去有些道理，但实际上问题一样不少。这一分析首先要解释东干话动词为何要在显性句法层面提升到Neg^0，而普通话动词为何不需做显性提升。这一问题如果不用特征强、弱之类的说法来搪塞，似乎很难回答。另外，这一分析还要解释为何在东干话中副词并没有在动词移位后留在原位。假设东干话例句“我的窗子甚不高”在动词移位前可以有以下表达式来表示：

（38）我的窗子［$_{NegP}$不［$_{VP}$甚［$_{VP}$高］］］

在动词移位后，其表达式应如下：

（39）我的窗子［$_{NegP}$不一高$_{v}$［$_{VP}$甚［$_{VP}$ t_{v}］］］

表达式（39）显示，在东干话中，动词移位后我们应该得到的句子是：我的窗子不高甚。但现实中的句子却不是这样。为了得到现实中的句子“我的窗子甚不高”，表达式（39）中的副词“甚”还需要移到否定词的前面去。但问题是：副词为何要移到否定词的前面？这一移位既没有合理的动因，又使得显性句法失去与LF句法之间的对应性，实在是毫无理由。

如果动词提升的方法有问题，那么采用否定词降落（lowering）的方法如何？附着性成分的降落处理是生成语法早期使用过的方法。现在，生成语法的学者们大多放弃不用了，因为据说这一涉及右向移位（rightward movement）的分析在理论和经验上都有局限性（参看胡建华，1999），所以新近的一些研究大都把某一成分的降落分析成另一成分的提升。但如果我们仅就普通话和东干话中与否定有关的现象来看，否定成分降落分析似乎更符合语言事实。如果我们采用否定成分降落分析，东干话例句“我的窗子甚不高”的表达式为（40）：

（40）我的窗子［$_{NegP}$ t_{Neg}［$_{VP}$甚［$_{VP}$不$_{Neg}$高］］］

根据这一分析，普通话与东干话的区别在于东干话中的否定词牵涉降落移位，而普通话中的否定词不做降落移位。降落移位分析有一个好处，它可以解释为什么东干话否定词可以否定它前面的副词，这是因为副词原本就在其辖域之内。

如此来解释普通话与东干话否定词位置的不同，我们自然可以采用刘丹青（2005）的说法，用“核心吸附”的规则来解释否定词降落移位的动因。按照以上例（39）的分析，核心吸附是在句法推导过程中实现的。例（40）的分析，与我们上一节的分析不同，依赖于否定功能投射的存在。

把否定看作功能语类，即有一个独立的功能语类来实现否定投射，这是自Pollock（1989）以来生成语法学家普遍采用的一种处理方法。在INFL分裂假设（Split Inflection Hypothesis）的影响下，Neg被看作是与时态T，一致成分AGR以及体貌成分ASP可以相提并论的功能语类（Zanuttini，1991; Haegeman，1995）。Zanuttini（1991）把否定成分看作需要依赖动词或时态中心语T而存在的附着性成分，而Haegeman（1995）则认为否定功能中心语取零形式，否定词是零形否定功能中心语的标志语，即［Spec，NegP］。在（37）中，我们把否定词看作零形否定功能中心语的标志语，但如果我们要采用否定词降落（lowering）的方法来解释东干话中的否定现象，就应该把否定词看作中心语，通过并入（incorporation）或附缀化（cliticization）操作与动词结合在一起。

在上一节的分析中，我们没有假设汉语中否定功能语类的存在。如果不假设否定功能投射的存在，核心吸附就没有必要假设是移位的结果。在这种情况下，我们可以直接把独立性弱的成分与动词合拼（merge）。如果我们坚持使用目前的方法，不假设否定句中有一个否定功能投射，我们的分析会遇到什么问题呢？首先，我们看以下例句：

（41）a. 他不好好吃饭。

b. *他好好不吃饭。

（42）a. 他不慢慢走。

b. *他慢慢不走。

如果我们假设有否定功能中心语，我们可以说，否定功能中心语选择V的最大投射VP做补足语。VP自然包括其嫁接语，如例（41）和例（42）中的“好好”与“慢慢”。例（41a）和例（42a）合语法是因为否定功能中心语的选择限制（selectional restriction）得到满足，而例（41b）和例（42b）不合语法是因为否定功能中心语的补足语虽然是VP，但不是包含嫁接语在内的V的最大投射VP。当然，我们还可以说副词“好好”或“慢慢”在以上例句中是通过副词移位到达现在的位置的。一种可能的情况是，这类副词在以上例句中占据的位置是NegP的嫁接语位置，而这一移位缺乏动因，所以相关的句子不合格。比较否定词中心语说，我们上一节使用的否定词的副词分析法似乎在解决例（41）和例（42）时会有一些问题。对我们的副词分析法的一个可能的质疑就是：既然否定词是副词，它在例（41b）和例（42b）中为何不能修饰动词或动词词组？另外，既然否定词“不”是副词，受副词修饰的VP仍为VP，这时再用副词“慢慢”修饰VP应该没有什么问题，但为何例（41b）和例（42b）却不合法？

虽然以上的说法似乎很有道理，但实际上情况并非如此。例（41b）和例（42b）之所以不合语法，可能和有没有否定功能中心语没什么关系。这两个句子的问题都出在修饰性副词与否定 VP的语义不相容上。一个VP被否定，说明相关VP所指称的事件不存在，一个不存在的事件自然无法再用方式副词对其作进一步的描述①。

否定功能中心语说是把Neg看作INFL（屈折）系统中的成分，这实际上很有问题。例如，一般说来，INFL成分是可以允准VP省略（VP ellipsis）的，如下所示：

（43）a. 你能讲英语，我也能［$_{VP}$_］。

b. 你不讲英语，*我也不［$_{VP}$_］。

（44）a. 你不能讲英语，我也不能［$_{VP}$_］。

b. 你不能讲英语，*我也不［$_{VP}$_］。

在例（43a）和例（44a）中情态动词“能”可以允准VP“讲英语”的省略。一般来说，情态动词可以看作INFL系统中的成分。如果否定词也是INFL系统中的成分，它也应该允准VP省略，但事实并非如此。例（44b）显示，否定词可以居情态动词之前。按否定功能中心语分析，这个居情态动词之前的否定词自然处于INFL系统之内，但这个否定词显然不能允准

① 量化副词（adverb of quantification），如“常常”“经常”“总是”等，可以出现在“不”前面。一种可能的分析是，出现在“不”前面的量化副词不是VP嫁接语，而是修饰、限定INFL的成分。

VP省略。否定词的这一特性和属于INFL系统的情态动词不一样，倒是和一些修饰性副词十分相似。在以下例句中，修饰性副词“慢慢”也不能允准VP省略：

（45）你慢慢走，*我也慢慢［$_{VP}$_］。

以上例句说明把否定词“不”分析为“慢慢”这类副词，要比把它看作INFL中的功能性成分更符合语言事实。

当然，如果我们把“不”分析成副词，并且不假设句子中有一个功能语类Neg存在，我们需要解释的是为什么在东干话中否定词在VP修饰语之后可以否定它前面的VP修饰语，而在普通话中否定词在VP修饰语之后却不可以否定VP修饰语。首先，我们认为普通话否定词“不”是VP嫁接语，而东干话中的否定词是V^0嫁接语。VP嫁接语是XP类成分，即最大投射（maximal projection）；而V^0嫁接语则是X^0成分，即中心语。VP嫁接语以VP为嫁接对象，自然可以不紧靠动词，而V^0嫁接语的嫁接对象是动词中心语，便不可与动词分离[①]。另外，我们猜想在普通话这种INFL系统不发达且又遵循SVO语序的语言中，句法同构原则会决定某些结构的辖域解读。由于这一原因，在普通话中当一个成分不受否定词的成分统制时，否定词无法对其进行否定。在东干话这种有SOV倾向的语言中，辖域解读可能不完全受句法同构原则制约。起码，东干话的否定词的辖域就可以不完全受句法同构原则的制约。在这一结构中，VP 的特征由动词中心语与嫁接在动词中心语之上的否定词中心语共同决定。当否定词中心语嫁接到动词中心语上面时，动词中心语与否定词中心语合二为一，形成一个含有否定特征的动词中心语，而动词中心语可以通过特征渗透（percolation）把包括否定特征在内的中心语特征传递给整个VP。这时，包括VP嫁接语（修饰性副词）在内的整个VP都具有包含否定特征在内的动词中心语特

① 嫁接语分两类：XP与X^0，即最大投射成分与中心语成分。最大投射成分只能嫁接到XP，而中心语成分则只能嫁接到X^0。如果东干话中的否定词是X^0成分，它的一个可能的嫁接对象便是V^0。

征，其结果是把整个VP变成否定性VP，而这一结果正和通过VP外部否定操作形成否定性VP相同。

我们把普通话否定成分“不”看作VP嫁接语，而把东干话否定成分“不”看作V^0嫁接语，实际上等于把普通话的“不”看作词（word），而把东干话的“不”看作附缀（clitic）。在刘丹青（2005）的分析中，东干话中的否定成分，及一些独立性弱的副词和情态动词，都被看作附缀性成分。把普通话和东干话中的“不”看作句法性质不同的成分是有句法证据的。首先，普通话中的“不”可以被指派重音，而东干话中的“不”不能被指派重音。一般说来，附缀是不可以接受重音的。其次，普通话的“不”可以在回答问句时单独出现，如刘丹青讨论的例（46）所示：

（46）甲：你去吗/你去不去？

乙：不，我不去[①]。

在以上的答句中，“不”可以单独出现，但在东干话中，否定词“不”在以上情况下不能单独出现。

最后还要指出的一点就是，说东干话否定成分“不”是V^0嫁接成分，是可以证明的。前面提到，普通话否定成分“不”不能允准VP省略，但情态动词可以。究其原因，是因为“不”是VP嫁接语，而情态动词属于INFL系统内的成分，后者可以允准VP省略，前者不可以。对于我们的这一分析，我们可以想到的是以下这种不同意见：一个句法成分是否可以允准VP省略与其是否属于INFL成分无关，情态动词具有动词性，所以可以允准VP省略，“不”不具有动词性，所以不能允准VP省略。因此，普通话中的VP省略不能证明其情态动词是INFL成分。对于这一意见，如果我们考虑到东干话中情态动词的情况，我们就会发现它的问题。在东干话中，像（43a）这样的例子是不能说的，也就是说，东干话中的情态动词虽然具有动词性，却不能允准VP省略。东干话中的情态动词之所以不能允准VP

① 详见刘丹青（2005）就普通话和吴语在这个问题上的区别的讨论。

省略，按我们的分析，是因为这些情态动词不属于VP之外的INFL系统，而是处于VP之内的V^0嫁接位置。一个包含在VP之内的成分当然不能允准VP省略，因为它无法成分统制包含它的VP；只有当VP的允准成分可以成分统制它时，它才可以省略。另外，当情态动词嫁接到V^0上面时，后者也不能脱落，因为中心语嫁接使得嫁接成分与被嫁接成分合二为一了。这一点，就是按传统的附缀分析也是如此：附缀性成分所附着的词干是不能脱落或取零形式的。就目前所掌握的情况来看，把东干话中的情态动词分析为V^0嫁接成分，是有道理的。如果东干话中的情态动词是V^0嫁接成分，那么东干话中的否定成分“不”也应该是V^0嫁接成分，因为后者与前者在分布上，或者说在与动词的关系上，完全相同①。

5. 结语

本章讨论了否定词的辖域、否定与焦点之间的关系以及否定词“不”的句法地位，结论是：1）普通话否定受局部辖域限制，否定词的否定辖域是它成分统制的VP；2）否定词在句法上否定的是VP以及VP的中心语V^0，在语义上也不直接否定焦点，而是否定焦点词组FP，而FP = VP；3）否定词“不”是VP嫁接语，不是INFL系统内的功能性成分。

参考文献

蔡维天　2004《谈“只”与“连”的形式语义》，《中国语文》第2期。
胡建华　1999《限制性句法：句法反对称理论》，《当代语言学》第2期。
李宝伦　潘海华　1999《焦点与‘不’字句之语义解释》，《现代外语》第2期。
李宝伦　2005《焦点与汉语否定和量词的相互作用》，徐烈炯、潘海华主编：《焦点结构和意义研究》，208—233，外语教学与研究出版社。
刘丹青　2005《汉语否定词形态句法类型的方言比较》，日本《中国语研究》总54卷，第252期，1—25。
吕叔湘　1985《疑问・否定・肯定》，《中国语文》第4期。

① 作者对东干话中VP省略的分析，借助于对关中方言中有关语料的了解。对于关中方言语料的判断，得到刘丹青、唐正大的帮助。

饶长溶 1988 《不” 偏指前项的现象》，中国语文杂志社编:《语法研究和探索》(四)，北京大学出版社。

沈家煊 1999 《不对称和标记论》，江西教育出版社。

王 森 2001 《东干话的语序》,《中国语文》第3期。

徐 杰 李英哲 1993 《焦点和两个非线性语法范畴:“否定”“疑问”》,《中国语文》第2期。

袁毓林 2000 《论否定句的焦点、预设和辖域歧义》,《中国语文》第2期。

张伯江 方梅 1996 《汉语功能语法研究》，江西教育出版社。

Davidson, Donald 1967 *The Logical Form of Action Sentences*. In *The Logic of Decision and Action,* N. Rescher (ed.), 81–95. Pittsburgh: University of Pittsburgh Press.

Ernst, Thomas 1995 Negation in Mandarin. *Natural Language and Linguistic Theory* 13. 665–707.

Haegeman, Liliane 1995 *The Syntax of Negation*. Cambridge: The Cambridge University Press.

Herburger, Elena 2000 *What Counts: Focus and Quantification* Cambridge: The MIT Press.

Huang, C. T. James 1982 *Logical Relations in Chinese and the Theory of Grammar*. Ph. D. dissertation,MIT.

Huang, C. T. Jamen 1988 *Wo Pao De Xuai* and Chinese Phrase Structure. *Language* 64. 2, 274–311.

Jackendoff, Ray *S.* 1972 *Semantic Interpretaion in Generative Grammar*. Cambridge: MIT Press.

Klima, Edward S. 1964 Negation in English. In Jerry A. Fodor and Jerrold J. Katz (eds). *The Structure of Language: Readings in the Philosophy of Language,* pp. 246–323. Englewood Cliffs, N. J.: Prentice-Hall.

Koopman, Hilda & Dominique Sportiche 1982/3 Variables and the Bijection Principle. *The Linguistic Review* 2, 139–160.

Krifka, Manfred 1991 A Compositional Semantics for Multiple Focus Constructions. In S. Moore and A. Z. Wyner (eds) *Proceedings from Semantics and Linguistic Theory I,* Cornell Working Papers in Linguistics 10. Ithaca: Cornell University.

Krifka, Manfred (To appear) Association with Focus. In Valerie Molnar and Susanne Winkler (eds.), *Architecture of Focus,* Berlin: Mouton de Gruyter.

Laka, Itziar 1990 *Negation in Syntax: On the Nature of Functional Categories and Projections*. Ph. D. dissertation, MIT.

Lee, Po-Lun Peppina & Haihua Pan 2001 The Chinese Negation Marker *Bu* and its Association with Focus. *Linguistics* 39–4, 703–731.

Parsons, Terence 1990 *Events in the Semantics of English: A Study in Subatomic Semantics*. Cambridge: The MIT Press.

Pollock, Jean Yves 1989 Verb Movement, Universal Grammar, and the Structure of IP. *Linguistic Inquiry* 20, 365–424.

Rooth, Mats E. 1985 *Association with Focus*. Ph. D. dissertation, U of Massachusetts.
Vendler, Zeno 1967 *Linguistics in Philosophy*. Ithaca: Cornell UP.
Wang, William S. Y. 1965 Two Aspect Markers in Mandarin. *Language* 41, 457–470.
Xu, Liejiong 2003 Manifestation of Informational Focus. *Lingua* 114, 277–299.
Zanuttini, Raffaella 1991 *Syntactic Properties of Sentential Negation: A Comparative Study of Romance Languages*. Ph. D. dissertation, University of Pennsylvania.

（原载《中国语文》2007年第2期）

第十一章　完句条件与指称特征的允准

1.引言

现代汉语中有些小句虽然主、动、宾齐全，却无法独立起作用，也就是通常所说的不能完句（陆俭明，1986；胡明扬、劲松，1989），如例（1）和例（2）。只有像例（3）那样充当其他句子的附属成分，或者像例（4—7）和例（8）那样再添加一些成分，此类小句才能够独立起作用。像例（9）那样选用特殊的主语，或者像例（10）那样改变句子的语序，也可以完句。

（1）??他吃饭。　　　（2）??他吃了饭。

（3）他吃了饭去找你。　　　（4）他吃了一碗饭。

（5）他吃了那顿饭。　　　（6）他吃饭了。

（7）他吃了饭了。　　　（8）他要吃饭。

（9）每个人都吃饭。　　　（10）饭他吃了。

对于这一现象，最直接的解释是小句必须提供足够的信息，不然就不能独立存在。（孔令达，1994；黄南松，1994；金廷恩，1999b）但怎样才算足够，似乎很难给出一个合理的标准，像例（7）的自足性就很难用信息量的观点来解释（竟成，1996）。

我们试图从指称特征允准（licensing）的角度为完句条件做较为全面的分析和解释。分析的基本思路是句子必须投射成IP/CP才能得到解读，名词性短语必须投射成DP才能解读。而句子和名词词组要投射成IP/CP和DP，就必须获得指称特征（referential feature）。分析的理论基础是生成语法中词组和小句的内部结构类似的基本假设。

Abney（1987）认为，光杆名词的句法功能受到很多限制，比如在英语里不能说John wrote book，而必须说成John wrote a book或者John wrote the book。生成语法对此的解释是a book或the book的句法地位是DP（determiner phrase）而非NP，只有DP才能进入句法过程，才能在概念–意向（conceptual-intentional）界面得到解读（Chomsky，1995）。

DP的核心成分D在英语中是冠词a、the以及指示代词that、this、those、these等。D的句法地位是功能性成分（functional category），和IP的核心I或CP的核心C地位相仿，所以DP的内部结构和小句相仿，某些句法特性也相仿。与这里论证相关的特性是，这些功能性成分为DP，IP和CP引入合适的算子，约束这些结构中的自由变量，从而使这些结构成为可以在概念–意向界面上得到解读的合法成分（Chomsky，1995），上述英语句子的差别由此可以得到解释。①

就汉语而言，例（2）与例（4）的区别说明只有DP才能进入句法运算；然而例（2）与例（7）之间的对比又说明只要句子中带有某些特殊成分，NP也能够进入句法运算。这种区别可以从理论上加以解释，可以假设汉语的DP与英语的不同，其核心位置可以由一个零形式的D占据，但这一零形D需要经由句子中的其他成分允准（license）。例（4）中的“一碗饭”是DP，而例（7）中的“饭”是零形DP，其核心零形D由句末的“了$_2$”允准，所以两个句子的情况本质相同。

例（7）中的句末助词“了$_2$”是一个句法位置比较高的算子（operator），它不仅可以约束谓语动词所含有的事件／状态变量（event/state variables），允准IP结构，而且还可以约束它所成分统治的（c-command）宾语名词词组中的名词性变量，从而允准DP的零形核心D。正由于例（7）中

① 需要指出的是，“John wrote books”和“John drank wine”这样的句子也是可以说的，一般的解释是复数名词和不可数名词短语虽然看上去是NP，但实际上还是DP，只是其核心位置由从N到D移位的N所填充（Longobardi，1994；Chierchia，1998）。

DP“饭”的零形核心得到了允准，所以例（7）可以说；而例（2）中“饭”的零形核心没有得到允准，不是合法的DP，无法在概念—意向界面得到解读，所以例（2）不能说。根据这一分析，例（1）中的名词性词组没有得到算子的允准，因此无法在概念—意向界面得到解读，全句便不能说。

2.完句成分的范围

胡明扬、劲松（1989）指出，汉语的助词、副词等虚词都可以充当完句成分，而且语序变化、否定以及疑问、祈使等句法形式也可以起到完句作用。孔令达（1994）、黄南松（1994）、贺阳（1994）、竟成（1996）以及金廷恩（1999a，1999b）对什么可以充当完句成分做了更为深入的探讨。

黄南松（1994）认为，除疑问句、反问句、祈使句、感叹句和否定句可以自主成句之外，以形容词为谓语的陈述性肯定句要自主成句，就必须具备程度范畴或功能语气范畴，而以动词为陈述性肯定句自主成句，就须具备时体范畴或功能语气范畴。

孔令达（1994）指出，句子格式不同，起完句作用的语言形式也不同。可以起完句作用的语言形式很多（黄南松，1994；孔令达，1994），有例（11）中表示动作行为发生次数多的词语，例（12）中表示将来时间的词语，例（13）中表持续的词语，例（14）中表示事情在前不久发生的词语，例（15）中强调动作在很久以前就发生的词语，例（16）里的情态动词，例（17）里的程度副词和介词词组“比……”，例（18）中表示物量或时量的词语，例（19）里的句末助词“过$_2$”，例（20）中的句尾“了”或“来了”“去了”等句尾词以及例（21）中的其他语气词。以下例句引自孔令达（1994）和黄南松（1994）。

（11）a. 王红经常回来。　　　　b. 赵华经常洗衣服。

c. 他经常爬上来。

（12）a. 王红明天回来。　　　　b. 孙洪明天买书。

(13) 姐姐在游泳。

(14) a. 王红才回来。　　b. 他才爬上来。

　　c. 他刚刚才吃完。

(15) 他天还没亮的时候就吃了饭。

(16) a. 王红应该回来。　　b. 这孩子会打球。

　　c. 他能吃完。　　d. 他愿意读两遍。

(17) a. 这只苹果很红。　　b. 这只苹果比那只红。

(18) a. 他吃了三碗饭。　　b. 他吃了两个小时的饭。

(19) a. 王红回来过。　　b. 他站起来过。

(20) a. 王红回来了。　　b. 赵华洗衣服了。

　　c. 他吃了饭了。　　d. 他站起来了。

　　e. 他吃完了。　　f. 这只苹果红了。

　　g. 王经理吃烤鸭来了。　　h. 一家人看电影去了。

(21) 爷爷回来喽。

孔令达(1994)还指出，在“主语+动+了+简单宾语”的句式中，如果“动+宾”表示非经常性的或抽象的动作，那么一般可以自足，如下所示：

(22) a. 他吃了毒药。　　b. 他喝了敌敌畏。

　　c. 他加入了民盟。　　d. 他们取得了胜利。

而动宾离合词如果表示一种抽象的或非经常性的动作，由它所形成的“主语+动+了+简单宾语”句式也可以自足，如：

(23) a. 他们得了势。　　b. 他破了产。

　　c. 他们离了婚。

如果动宾结构离合词表示经常性的而且具体的动作，由此构成的“主语+动+了+简单宾语”句式是不自足的，如：

(24) a. ?? 阳阳放了学。　　b. ?? 平平洗了澡。

竟成(1996)认为时间因素是汉语完句的必要条件。竟成认为首先应该区分“泛时式”和“限时式”两种基本类型。前者无时界，相当于“静态”，后者则有时界。对于限时式句子，必须用某种手段表示时界。

Tang & Lee（2000）在孔令达（1994）、贺阳（1994）和竟成（1996）等人研究的基础上，提出了一个一般定位原则（Generalized Anchoring Principle）。

（25）每一个句子在LF界面上都必须得到时态或焦点解读。

a. 时间定位：一个事件须参照说话时间或参照性事件来定位。

b. 焦点定位：一个成分或一个事件须参照一套参照性成分或参照性事件来定位。

虽然Tang & Lee（2000）对汉语句子的完句条件做了很好的抽象，但也有不够完善的地方。他们认为汉语可以通过时间定位来完句，而“过”可以标记一个过去的事件，所以“过”可以完句。但实际上在普通的SVO句中，如果宾语不具有指称性，“过”并不能完句。

（26）？？他吃过饭。

3. 指称特征的允准

从以上的介绍可以看出，大家对汉语中哪些成分可以起完句作用意见基本一致，但对如何解释这些成分的完句作用则看法不尽相同。孔令达（1994）和黄南松（1994）等从信息论的角度来解释完句成分的作用，竟成（1996）从时间概念的角度来看这些成分是如何使句子自足的，而Tang & Lee（2000）则试图用时态和焦点这两个概念来概括汉语句子的完句条件。这几种观点都有一定的道理，但也还有改进的余地。我们试图在此基础上加以抽象，从而为汉语的完句现象做出更具有普遍意义的解释。

从上一节的讨论中可以看出，完句成分主要作用于两类成分，即谓语动词和名词性成分。用形式句法的术语来说的话（Chomsky，1981、1995；Abney，1987），就是NP必须投射成DP才能在句子中得到解读，而VP必须投射成IP才能生成句子，从而得到解读。这是因为NP在投射成DP之前没有指称特征，因此它只能表特性（property），而不能指称个体

（entity）；VP在投射成IP之前也只能表特性，而不能指称事件（event）或状态（state）。从语义方面讲，所谓句子不自足，就是句子中含有没受约束的自由变量（free variable）；从句法方面讲，就是句子含有没被允准的指称特征，也就是VP或NP没有分别投射成IP或DP。

IP和DP都是指称特征得到允准后I和D分别投射的结果。合法的句子和名词性词组都需要有指称特征，而指称特征在不同的语言里可以通过不同的句法形式来允准。假设语类的指称特征都需要通过算子来允准，那么英语IP结构以及DP结构中的算子都是通过形态（morphology）手段来实现的。汉语没有语法化的（grammaticalized）形态，所以算子往往需要通过其他的方式引入。

"了$_2$"这类句尾助词可以视作IP层次的算子，它可以约束受其成分统治的辖域（scope）内的变量。由于动词的宾语在其辖域之内，当光杆名词作宾语时，宾语名词词组中的变量可以受到约束，于是光杆名词的零形D就会从"了$_2$"那儿得到允准。"了$_1$"和"过$_1$"与"了$_2$"不同，它们不是IP层面的算子，因此只作用于所附加的动词。它们可以约束动词中的事件/状态变量，但却无法约束其辖域之外的其他变量。如果"V+了$_1$"的宾语是具有指称特征的DP，"V+了$_1$+DP"结构中的变量便分别在动词结构和名词结构这两个层次上得到约束，那么由"V+了$_1$+DP"投射而成的IP自然也就有了指称。这一结果再次说明，无法完句的IP结构实际上是IP中含有没受约束的自由变量的结构，而含有没受约束变量的结构是指称特征没有得到允准的结构。

例（1）不成句是因为其动词和动词宾语都是没有得到算子约束的结构。由于动词结构和名词结构都含没有受约束的自由变量，所以句子便没有指称特征。我们当然可以假设例（1）中有一个零算子，但任何零形成分的存在都需要得到某种有形成分的允准。由于在例（1）中无法找到可以允准零算子的有形成分，假设例（1）中有一个零算子便没有意义。

例（2）不成句是因为作宾语的名词词组结构中含有没受约束的自由

变量。在“V+了$_1$”结构中，“了$_1$”只能约束动词中的事件变量，无法约束其辖域之外的动词宾语中的名词性变量。从句法上讲，例（2）由于名词词组“饭”的零形D无法得到允准，所以句子不合语法。例（3）是个合格的句子，这是因为状语小句与主句对其所表征的事件互相提供了一个参照点，从而为句子引入了算子来约束小句中光杆名词中的自由变量，使得光杆名词“饭”的指称得到限定。从句法上讲，例（3）中的名词性成分‘饭’是有指称的，因为与‘饭’相关的DP的零形D得到了句子算子的允准。例（4）和例（5）合格是因为“V+了$_1$”结构及其宾语中的自由变量都受到了约束。例（4）和例（5）中作宾语的名词性成分“饭”的中心语D不是零形式，它们都是具有指称的显性DP结构。例（6）和例（7）合格是因为“了$_2$”是IP层次的算子。由于它可以约束它成分统治辖域内的变量，例（6）中的动词和动词宾语中的变量以及例（7）中动词宾语的变量都得到了约束。由于例（6）和例（7）中没有不受约束的自由变量，所以这两个句子都可以完句。例（8）合格是因为情态动词是IP算子。注意，例（2）与例（6）、例（7）、例（8）的区别在于，在例（2）中“了$_1$”只对动词做出限定，也就是说它只约束动词中的事件变量，不约束动词宾语中的名词性变量，而在例（6）、例（7）、例（8）句中，“了$_2$”或情态动词可以作为IP算子来约束受其成分统治的任何自由变量。在例（8）中，动词宾语受情态动词的成分统治，所以它所含有的变量也受到了约束。例（9）合格是因为全称量化语（universal quantifier）在逻辑式是嫁接（adjoin）在IP上的算子，可以约束其成分统治辖域内的自由变量。在例（9）中，动词和动词宾语中所含有的变量都通过全称量化得到约束，句子自然合格。例（10）合格是因为宾语“饭”移到了话题位置，而话题位置就是算子位置，所以其零形中心语D得到了允准。

孔令达（1994）认为例（22）中的句子可以成句，是因为动宾结构表示非经常性的或抽象的动作。我们认为例（22）中的句子之可以成句，实际上是因为这些句子中的宾语都是具有特指性（specific）的名词词组，它们指称的都是特类。例（22b）中的“敌敌畏”和例（22c）中的“民盟”实际上都是专名，当然具有特指性。例（22a）和例（22d）可以成句是因为例句中的“毒药”和“胜利”都指称特类，因此也具有特指性。“毒药”是药的一个特类。如果把例（22a）“毒药”换成“药”，其特指性就会丧失，因为“药”不指称特类。例（22d）的“胜利”总是与“失败”构成独有的（unique）二元对立体，因此也具有特指性。孔令达（1994）还指出，例（23）与例（24）的区别在于例（23）中的动宾结构离合词表示一种抽象的或非经常性的动作，而例（24）中的动宾结构离合词表示经常性的而且具体的动作。我们认为例（23）可以成句，是因为例（23）中动宾离合词中的宾语具有特指性。例（23a）中的宾语“势”指称句子主语所获得的势力，例（23b）中的宾语“产”指称句子主语的财产，例（23c）中的“婚”指称句子主语的婚姻。与例（23）相比，例（24）中动宾离合词中的宾语都没有特指性。例（24a）中的宾语“学”和例（24b）中的宾语“澡”只有与其构成离合词的动词一起时才能得到解读。由于例（22）中的宾语具有特指性，在结构上便是DP，在语义上则不含有自由变量。同时又由于例（22）中的动词中所含有的变量也受到了约束，所以例（22）中的句子都合格。

以上研究的简单思路就是，光杆动词在加上体貌助词前表特性，不指称事件或状态；而光杆名词在投射成DP之前也不能指称个体。对以上思路。可以分别从句法和语义作技术化表述。从句法上讲，动词和名词的指称特征要分别得到句法允准，而动词和名词的指称特征如果得不到允准，就不能投射成IP和DP，于是就不能指称事件/状态和个体。从语义上讲，动词或名词（或者说句子）中的自由变量都必须得到约束。在我们的分析中，“了$_2$”在汉语中起IP算子的作用，因此当句子用了“了$_2$”等助词后，“了$_2$”可以约束句子中的自由变量。一旦句子的自由变量受约束，句子便有了指称。除“了$_2$”之外，句尾词“过”也是IP算子，作用与“了$_2$”相同。由于这一原因，例（19）可以完句。另外，在汉语中，表疑问等各种语气的句尾词（sentence-final particle），如例（21）中的“喽”，例（20g）和例（20h）中的“来了”和“去了”也是结构位置比较高的算子。我们把表语气的句尾词看作C层面的成分，它们都可以约束其辖域内的自由变量。除“了$_2$”和句尾词外，Lewis（1975）所定义的量化副词（adverbs of quantification）也可以约束其辖域内的自由变量。根据Lewis（1975），量化副词是无选择约束语（unselective binder），它会把其辖域内所有的自由变量都约束住。因此，例（11）中的句子可以完句是因为这些句子内都有量化副词。

根据我们目前的分析，附着在动词上的体貌助词本身无法独立完句。从结构上讲，英语在C和体貌成分之间还有其他的功能性（functional）成分，如情态成分、一致（agreement）成分以及时态（tense）成分等，那么汉语在C和体貌成分之间是不是也有这些成分？我们认为由于汉语中C和体貌成分之间的许多功能性成分都是取零形式，所以汉语才有完句问题，因为只有体貌成分之上的其他功能性成分才具有IP算子的特性（附着在动词上的体貌成分只是对动词进行操作的算子），而如果这些功能性成分取零形式，那么它们还需有形（overt）成分的允准。汉语中C和体貌成分之间可以不取零形式的功能性成分是情态动词。情态成分与时态成分相同，都具有IP算子特性，自然可以充当完句成分，所以（15）的例句都是完整的句子。另外，汉语中的体貌助词大都放在动词后，只有表进行的助词“在”是放在动词前的，由于“在”与其他体貌助词出现的位置不同，我们有理由相信“在”的句法位置要高于其他体貌助词，可能的解释之一是“在”已经移到了体貌成分之上的其他功能性成分的位置，所以“在”具有IP算子的特性，可以起完句作用，如例（13）。体貌成分之上的另外一个功能性成分是焦点。我们认为在逻辑层面（logical form），焦点是C层次的成分，由于焦点是结构位置较高的句子算子，所以含有焦点的句子，如例（14）和例（15），都可以完句。孔令达（1994）认为在例（14）和例（15）中起完句作用的是表示事情在前不久发生的词语和强调动作在很久以前就发生的词语。实际上在例（14）和例（15）中起完句作用的是两个焦点成分“才”和“就”。

到目前为止，我们还没有讨论汉语中形容词作谓语时成句情况。孔令达（1994）和黄南松（1994）指出，当形容词做谓语时，只有程度副词、介词词组“比……”和助词“了$_2$”可以充当完句成分。当形容词作谓语时，助词“了$_2$”自然可以成句，因为它是IP算子，可以约束形容词中的状态变量。汉语形容词与英语形容词在作谓语时有所不同。英语形容词必须通过联系动词才可构成谓语，而汉语形容词则不需借助联系动词来构成谓语。当英语形容词与联系动词一起构成谓语时，这个谓语可以表示一种断言，也可以表示一种对主语的描写，如下所示：

（27）This apple is red.

如果把（27）中谓语对主语的断言译成汉语，则是：

（28）这只苹果是红的。

如果把（27）中谓语对主语的描写译成汉语，则是：

（29）这只苹果很红。

可能由于汉语形容词可以像动词一样直接作谓语，汉语形容词作谓语时，必须通过形式标记把其类似动词的用法与形容词用法区分开来。正是由于这一原因，汉语形容词不能通过时间词语来成句。因为即使加上时间词语，我们仍无法知道该形容词是作动词使用，还是作描写词语或断言词语来使用。汉语形容词也不可通过添加情态动词来成句，因为情态动词和例（29）中的“是”一样，如果和形容词连用，只能表断言；而汉语形容词如果不加标记，本身是不能表断言的。由于汉语形容词既可以作动词，又可以作描写形容词和断言形容词来使用，所以这三种用法必须通过三种形式标记来区分。当汉语形容词不通过动词直接与主语关联作谓语时，添加程度副词便成了表明其描写性形容词特性的方法。

最后，我们简要讨论一下竟成（1996）所提到的泛时句。竟成（1996）认为泛时句无时界可言，但同时又指出泛时句并不等于不表达时间概念，只是时轴上时界开放而已。我们认为，如果把汉语完句条件只和时间挂钩，便会把时间泛化得没有解释力。根据Carlson（1977），我们认为应区分两种谓词。一种是个体谓词（individual-level predicate），另一种是阶段谓词（stage-level predicate）。个体谓词表事物比较稳定的属性，而阶段谓词描写事物的行为或状态。以下例句中的谓词都是个体谓词，由于个体谓词可以衍生通指（generic）或类指（kind-denoting）算子，所以由这类谓词所衍生的变量都是受约束的变量。

（30）小明喜欢读书。　　（31）狼有四条腿。

4.结语

本章是对孔令达（1994）、黄南松（1994）、竟成（1996）以及Tang & Lee（2000）的观点的进一步抽象。我们把他们的信息说、时间说以及时态/焦点说抽象为指称特征允准说或变量约束说。我们认为，所谓的句子的信息量要足实际上是指句子中的自由变量要受到约束，结构成分的指称特征要得到允准。竟成（1996）认为时间因素是汉语完句的必要条件。我们认为，汉语和英语不同，由于汉语没有语法化的时态（Hu、Pan & Xu，2001），汉语句子不一定非要指称时间，它只要通过某种合法途径把句子中的自由变量约束住，就可以完句。另外，需要指出的是句子中有时间因素也不一定能完句。如果我们把例（12a）中的时间副词“明天”换成“昨天”，句子就不合格。

（32）？？王红昨天回来。

例（32）显示，时间副词并不是允准句子指称的算子。例（12a）、例（12b）之所以可以完句，是因为其表示将来的副词总是和情态（modality）算子联系在一起，而情态算子和时态算子一样，都可以约束句子中它所成分统治的自由变量，从而允准相关结构成分的指称。在例（12a）、例（12b）中虽然情态成分取的是零形式，但由于这个零成分得到了表将来时间的副词的允准，它便可以与有形情态成分一样起作用。基于这一原因，例（12a）和（12b）都是完整的句子。

Tang & Lee（2000）把时态/焦点因素看作汉语完句的条件，我们认为时态/焦点因素实际上只是实现句子指称的一种手段。英、汉语在完句上的句法要求是一致的，即句子要投射成IP/CP，名词性成分要投射成DP，从而使其变成在概念—意向界面可以解读的成分。它们之间的差别仅仅在于满足这一句法要求的途径不同。由于英语是一种具有形态的语言，在英语中某种句法要求往往只能用某种固定的形态句法手段来满足，而在汉语中某种句法要求往往可以用几种语言手段来满足。

参考文献

贺　阳　1994　《汉语完句成分初探》,《语言教学与研究》第4期，26—38页。
胡明扬　劲　松　1989　《流水句初探》,《语言教学与研究》第4期，42—54页。
黄南松　1994　《试论短语自主成句所应具备的若干语法范畴》,《中国语文》第6期，441—447页。
金廷恩　1999a　《“体”成分的完句作用考察》,《汉语学习》第2期，29—33页。
金廷恩　1999b　《汉语完句成分说略》,《汉语学习》第6期，8—13页。
竟　成　1996　《汉语的成句过程和时间概念的表达》,《语文研究》第1期，1—5页。
孔令达　1994　《影响汉语句子自足的语言形式》,《中国语文》第6期，434—440页。
陆俭明　1986　《现代汉语里动词作谓语问题浅议》,《语文论集》第2辑。
沈家煊　1995　《“有界”与“无界”》,《中国语文》第5期，367—380页。
张　斌　1998　《汉语语法学》，上海：上海教育出版社。
Abney, S. 1987 *The English Noun Phrases in its Sentential Aspects*. Ph. D. dissertation, MIT, Cambridge, MA.
Carlson, Gregory N. 1977 *Reference to Kinds in English*. Ph. D. dissertation, University of Massachusetts, Amherst.
Chierchia, Gennaro 1998 Reference to Kinds across Languages. *Natural Language Semantics*, 6: 339-405.
Chomsky, Noam 1981 *Lectures on Government and Binding*. Dordrecht: Foris.
Chomsky, Noam 1995 *The Minimalist Program*. Cambridge, Mass.: The MIT Press.
Enç, Mürvet 1987 Anchoring Conditions for Tense. *Linguistic Inquiry*, 18: 633–657.
Hu, Jianhua Haihua Pan & Liejiong Xu 2001 Is There a Finite vs. Nonfinite Distinction in Chinese? *Linguistics*, 39 (6): 1117–1148.
Lewis, D. 1975 Adverbs of Quantification. In E. Keenan(ed.) *Formal Semantics of Natural*

Language. Cambridge: Cambridge University Press.

Longobardi, Giuseppe 1994 Reference and Proper Names: A theory of N-movement in syntax and logical form. *Linguistic Inquiry*, 25: 609–665.

Tang, Sze-Wing & Thomas Hun-Tak Lee 2000 Focus as an Anchoring Condition. Paper Presented at the International Symposium on Topic and Focus in Chinese. The Hong Kong Polytechnic University.

Tsai, Wei-tien and Chih-hsiang Shu 2004 Tense Anchoring and the Incompleteness of Certain Eventuality Sentences: On the Aspectual Construals of *zhe*. Paper presented at IACL –12.

（与石定栩合著，原载《语言科学》第4卷第5期）

第十二章 焦点与量化

本章讨论“只”“都”和“常常”的量化特点、焦点敏感性（focus-sensitivity）以及它们所处的句法位置。我们所做的工作基本是描写性的，主要是使用一些形式语言学的工具去挖掘一些微观语言事实，工作的重点是描写语言的微观句法/语义（micro-syntax/semantics）特性。在我们运用形式方法描写“只”“都”和“常常”这几个量化副词（或称作焦点敏感算子）的过程中，我们侧重寻找的是能够鉴别这几个语言项目特性的区别性句法环境（distinctive syntactic environment）并利用这一区别性句法环境进而对它们在微观句法/语义层面上的异同进行刻画和描写。我们认为，虽然在若干句法环境中，这几个在微观句法/语义层面上并不相同的语言项日可能表现类似，但在区别性句法环境中，它们就会有不同的表现，而在特定环境中的这种不同表现才是它们本质特性的反映。

1.“都”和“只”的右向量化与焦点

李行德、徐烈炯、魏元良（1989）指出，从表面上看，上海话中相当于普通话“都”的“ze”在右向量化（quantification）时似乎和“只”具有相同的功能，如以下例句所示：

（1） a. 小明ze买名牌货。

b. 伊ze轧勿三勿四格朋友。

（2） a. 小明只买名牌货（蹩脚点格勿买）。

b. 伊只轧勿三勿四格朋友（勿轧好朋友）。

但实际上两者对量化对象的要求却很不相同，如例（3—8）所示：

(3) 小王只买英文书，勿看英文书。

(4) 小王只买英文书，勿买中文书。

(5) 小王只买英文书，勿做别个事体。

(6) *小王ze买英文书，勿看英文书。

(7) 小王ze买英文书，勿买中文书。

(8) *小王ze买英文书，勿做别个事体。

当“ze”与“只”在例（1）和例（2）中分别与NP，即动词宾语，在语义上关联时，“ze”和“只”在使用上似乎没有什么差别，但当它们分别与动词V或动词词组VP关联时，如例（6）和例（8）所示，它们的差别便显示出来。以上例句显示，“ze”与“只”的区别在于“只”可以与V或VP关联，而“ze”却不可以。上海话“ze”和“只”的这种区别在普通话的“都”和“只”中也有体现。在例（9）和例（10）中，普通话的“都”和“只”的解读似乎相同：

(9) 小明都买名牌货

(10) 小明只买名牌货

例（9）或例（10）似乎表明，“都”和“只”具有同样的焦点敏感性。这两个例句似乎意思相同：小明买的都是名牌货；或：小明如果买东西，就买名牌货；或：小明非名牌货不买。总之，例（9）和例（10）的意思可以做如下概括：

(11) $\forall x$ 买（小明, x）$\rightarrow$ x = 名牌货

虽然普通话的“都”和“只”在以上的句法环境中表现似乎相同，但当把它们放入与上海话例（3—8）相似的以下普通话例句中时，它们之间的不同便表现出来：

(12) 小王只买英文书，不看英文书。

(13) 小王只买英文书，不买中文书。

(14) 小王只买英文书，不做别的事情。

(15) *小王都买英文书，不看英文书。

（16）小王都买英文书，不买中文书。

（17）*小王都买英文书，不做别的事情。

例（15）和例（17）显示，普通话的“都”与上海话的“ze”在这些句法环境中表现相同，当V或VP是焦点时，它们似乎无法与之关联。在这一点上，“只”与“都”很不相同，前者可以与任何焦点成分关联，而后者对于其关联的焦点成分具有选择性。

以上的例子说明，比较语言项目之间的异同，很重要的一点是要找到能够鉴别语言项目特性的区别性句法环境。虽然在若干句法环境中，几个并非完全相同的语言项目可能表现相似，但到了区别性句法环境中，它们就会有不同的表现。通过“都”与“只”在这类区别性句法环境中不同的表现，我们可以发现，“都”与“只”的区别之一可能就在于“只”的词汇信息（lexical information）中天然含有对比性（contrastiveness），排他性（exclusiveness）或穷尽性（exhaustivity），而“都”的词汇信息中可能并不含有这些因素，所以读者在没有足够的语境信息支持下很难按解读例（3）和例（5）的格式来解读例（6）和例（8），或按例（12）和例（14）的格式来解读例（15）和例（17）。

2. 右向量化与事件变量

“都”和“只”在右向量化NP时表现出的另外一个不同点就是，“都”和量化副词“常常”似乎要求谓语中含有事件变量（event variable），而“只”没有这一要求。在以下例句中就是给宾语指派焦点也无法改变与焦点关联的“都”和“常常”对事件变量的要求。

（18）他只喜欢［邓丽君］^{F}。

（19）*他都喜欢［邓丽君］^{F}。

（20）*他常常喜欢［邓丽君］^{F}。

在以上例句中，“只”显然只关联焦点，对谓语的性质没有特别的要求。例（18）的LF句法表达式应该是（21）：

（21）[$_{FP}$ 邓丽君$_i$[$_{F^o}$ 只 [$_{IP}$ 他喜欢 t_i]]]。

以上的LF表达式对应于焦点投射的三分结构（tripartite structure），F^o是算子（operator），IP是限定域（restrictor），[Spec，FP]（NP邓丽君所处的位置）是核心域（nuclear scope）。如果“都”在右向量化NP时与“只”是通过相同的途径来得到解读的，那么“都”的LF句法表达式应该与（21）相同。但用（21）这种表达式虽然可以解释（1）中的句子为何与（2）中的句子有相同的解读，却无法解释例（19）为何与例（18）不同。

比较例（19）和例（20），我们发现，虽然“只”“都”和“常常”（包括“总是”）都可以被看作是焦点敏感算子，但在特定的区别性句法环境中，“都”实际上与量化副词“常常”的特性相同，而与“只”却有根本性的区别：“都”在右向量化时，和“常常”一样（实际上“都”与“常常”并非完全相同，这一点下一节会讲），除与NP关联之外，还需要约束事件变量（这一点与“都”左向量化NP时完全不同），而“只”可以只与NP关联。如果“都”和“常常”一样，需要约束事件变量，那么以下例句为什么不合格就可以得到解释：

（22）a.*他都喝过［青岛啤酒］（比较：他都喝青岛啤酒）

b.*他都喝了［青岛啤酒］

（23）a.*他常常喝过［青岛啤酒］（比较：他常常喝青岛啤酒）

b.*他常常喝了［青岛啤酒］

例（22）和例（23）之所以不合格，就是因为句子中没有量化副词可以约束的自由（free）事件变量。例（22）和例（23）中的谓语在事件变量被体貌助词（aspectual particle）约束住后，与例（19）中的个体谓语（individual-level predicate）一样，不再含有自由事件变量（参见胡建华、石定栩，2006）。与“都”不同，“只”无须约束事件变量，所以以下句子合语法：

（24）a.他只喝过青岛啤酒。

b.他只喝了青岛啤酒。

如果“都”量化的对象是其左边的NP，也不需要约束事件变量：

（25）a. 他们都喝过青岛啤酒。

b. 他们都喝了青岛啤酒。

c. 他们都喜欢邓丽君。

在例（25a）和例（25b）中，谓语的事件变量受到体貌助词的约束；而在例（25c）中，谓语是个体谓语。虽然在这几个例子中，谓语都不含自由事件变量，但“都”都可合法地出现，这是因为“都”量化的对象是其左边的NP。

3.“都”和“常常”的句法位置与量化对象

说“都”和“常常”在以上所讨论的句法环境中表现相同，并非说“都”就等于“常常”。在以下个体谓词句中，“都”根本不能出现，但“常常”的出现却基本可以接受：

（26）a. *那位美国教授都喜欢中国学生。

b. ? 那位美国教授常常喜欢中国学生。

例（26b）与例（20）的区别在于例（26b）中的宾语可以获得复数解读，而例（20）中的宾语不可获得这一解读。在例（26b）中，当宾语指称一个集合时，借助一些语境因素，就可以用量化副词“常常”对主语与宾语集合成员之间的“喜欢”关系进行量化。从以上例句可以看出，“都”在右向量化时与“常常”不同，“都”只关联事件变量，而不可以约束由个体谓词表述的关系变量。“常常”与“都”的这一差别可能与“常常”的句法位置比“都”高有关。句法位置高的量化副词可以约束句子中的境况变量（situation variable），而句法位置比较低的量化副词就无法做到这一点。我们假设句子中有一个境况论元（situation argument），境况论元的句法位置在INFL，同时我们假设“常常”类副词是与INFL关联的量化语，而右向量化的“都”是与VP关联的量化语。按照这一分析，与INFL关联的“常常”类副词所量化的应该是境况变量，而与VP关联的“都”类副词所量化的应该是事件变量。例（26 a）不合法是因为句中的个体谓语不含事件变量，由于量化副词“都”对事件变量的要求没有得到满足，句子就会违反空量化禁止律（de Swart，1993；Chomsky，1982）。

（27）空量化禁止律（Prohibition against Vacuous Quantification）

一个算子或量化语必须约束一个变量。

“常常”与“都”不同，按我们的分析，“常常”是INFL嫁接语，而INFL引入境况变量，由于“常常”可以成分统制并约束INFL所引入的境况变量，句子自然合法。“都”与“常常”不同，它的句法位置比较低，是VP嫁接语，不能成分统制并约束INFL所引入的境况变量，只能约束VP内的事件变量；由于“都”成分统制的范围内无事件变量可以约束，句子自然不合法。

我们在前一节说“常常”和“都”约束的是事件变量，在本节我们进一步把“常常”与“都”分开，说“常常”约束境况变量，而“都”约束事件变量。上一节的说法可以解释为何例（19）和例（20）不合法，而本节的说法可以解释为何例（26b）合法而例（26a）不合法；但本节的说法却无法解释为何例（20）不合法。假设例（20）中也有INFL，“常常”应该可以约束其中的境况变量，句子应该合法，但实际情况并非如此。要解决这一问题，一种方法是假设个体谓语句中的境况变量已经被通指算子（generic operator）约束住了（Chierchia，1995），因此“常常”无变量可以约束，违反了空量化禁止律。这一分析也适用于例（23）中的句子，在例（23）中体貌助词会为句子引入一个存在算子，约束住句子中的境况变量。如果我们假设个体谓语句中的境况变量受到通指算子的约束，自然可以解释例（20）为何不合法，但却无法解释例（26b）为何合法。解决这一问题的另一种方法是假设个体谓语句中的境况是个常量，因为个体谓语具有时间上的恒久性，即不变性。如此，例（20）自然不合法，因为句中无量化副词“常常”可约束的变量。沿着这一分析的路子，我们可以进一步认为例（26b）合法肯定是因为该句获得了境况变量。在例（26b）中，动词“喜欢”的宾语可以得到复数解读，如此，宾语指称的是由“中国学生”组成的集合，而其中的集合成员都分别被指派一个“喜欢”关系，这样由于不同的“中国学生”对应于不同的“喜欢”关系，“喜欢”就被复数化（pluralize）或重复化（multiply）了。由于不同的“喜欢”会与不同的境况关联，所以句子中便有了境况变量，如此，量化副词“常常”的约束要求便得到满足，句子自然也就合法了。

支持“常常”和“都”句法位置不同的证据还来自以下这样的结构：

（28）他常常喝醉了酒。

（29）*他都喝醉了酒。

例（28）表达的意思是：与他相关的大部分喝酒事件是他醉酒的事件。在这个句子中，“常常”量化的是“醉酒”事件与“喝酒”事件之间的比例关系。具体讲，“喝酒”与“醉酒”之间有一个致使关系，“常常”量化的是与这一致使关系关联的境况。与“常常”不同，例（29）中的“都”句法位置比较低，不是境况变量约束语，无法量化“醉酒”事件与“喝酒”事件之间的比例关系，故句子不合法。但如果把“都”换成“总是”，句子就可以得到合理的解读了。

（30）他总是喝醉了酒。

这说明虽然“都”与“总是”同样具有全称义，但由于它们所处的句法位置不同，它们约束的对象也不相同。支持“常常”与“都”区别的另一个证据是：“常常”有时可以出现在“都”之前，但却根本不能出现在“都”之后。

（31）a. ? 他常常都步行去上班。

b. *他都常常步行去上班。

以上例句进一步说明“常常”比“都”的句法位置要高。

4. 结语

通过讨论，我们发现：“只”“都”和“常常”这几个量化语虽然似乎都具有焦点敏感性，但由于其句法位置不同，其量化域和量化对象也不尽相同。"只"的词汇信息中天然含有对比性，排他性或穷尽性；虽然其句法位置相对固定，并不自由，但它对量化对象的选择似乎比较自由。右向量化副词"都"的句法位置在VP的外围，它对量化对象有选择，必须是事件。"常常"是INFL嫁接语，它对量化对象也有选择，必须是境况。

参考文献

胡建华　石定栩　2006《量化副词与动态助词"了"和"过"》,《语法研究与探索》(十三)，中国语文杂志社编，北京：商务印书馆。

李行德　徐烈炯　魏元良　1989《上海话ze的语义及逻辑特点》,《中国语文》第4期。

潘海华　2006《焦点、三分结构与汉语"都"的语义解释》,《语言研究与探索》(十三)，中国语文杂志社编，北京：商务印书馆。

Beaver, David and Brady Clark 2003 *Always* and *only*: why not all focus-sensitive operators are alike. *Natural Language Semantics* 11: 323-362.

Chierchia, G. 1995 *Individual-level predicates as inherent generics*. In Carlson, Gregory N. & Francis Jeffrey Pelletier (eds), *The Generic Book*. Chicago and London: The University of Chicago Press.

Chomsky, Noam 1982 *Some Concepts and Consequences of the Theory of Government and Binding*. Cambridge, Mass.: The MIT Press.

Pan, Haihua 1993 Interaction between adverbial quantification and perfective aspect. In Stvan, L. S., et al. (eds.) *Proceedings of the Third Annual Linguistics Society of Mid-America Conference, Northwestern University*, Bloomington: Indiana University Linguistics Club Publications: 188-204.

De Swart, H. 1993 *Adverbs of Quantification. A Generalized Quantifier Approach*. New York & London: Garland Publishing, INC.

(原载程工、刘丹青主编《汉语的形式与功能研究》，商务印书馆，2009年)

第十三章　A-不-A疑问算子与量化副词的辖域

1. VP嫁接

Law（2006）注意到，A-不-A疑问算子（Q operator）可以出现在时间和地点副词的前后，但却不能出现在频度副词（这里称之为量化副词（adverbs of quantification））之后：

（1） a. 你明天看不看书？

b. 你是不是明天看书？

（2） a. 你在家看不看书？

b. 你是不是在家看书？

（3） *你常常看不看书？

例（3）显示量化副词“常常”与时间和地点副词不同，似乎会阻断A-不-A疑问算子取宽域（taking wide scope）。如果A-不-A疑问算子出现在量化副词的前面，则句子可以接受：

（4） 你是不是常常看书？

实际上，A-不-A疑问算子的这一特点与wh疑问算子“为什么”相似。“为什么”也不能放在量化副词的后面，如例（5a）所示：

（5） a. *他常常为什么看书？（此处“为什么”不作“为了什么”解）

b. 他为什么常常看书？

Law（2006）指出，方式副词和量化副词一样，也不能比A-不-A疑问算子取更宽的辖域：

（6） *他乱跑不跑？

以上例句显示，A－不－A疑问算子不能处于量化副词或方式副词的辖域之内，但可以处于时间或地点副词的辖域之内。Law（2006）认为副词应该根据其是否与谓语关联分为两类。方式副词和量化副词与谓语关联，而时间和地点副词不与谓语关联。与谓语关联的副词是A'约束语，不能出现在A－不－A疑问算子前面；而不与谓语关联的副词不是A'约束语，可以出现在A－不－A疑问算子的前面。根据Law（2006）的分析，A－不－A疑问算子先嫁接在VP上，然后移到[Spec，CP]。由于量化副词或方式副词是潜在的A'约束语，因此会阻断移位后的A－不－A疑问算子对自己语迹的约束，从而造成句子的不合格。

Law（2006）的分析会预测其他的疑问副词也不能出现在量化副词的辖域之内，但实际上除A－不－A和“为什么”之外，其他的疑问副词可以出现在量化副词的辖域之内：

（7） a. 他常常在哪儿看书？

b. 他常常什么时候去图书馆？

c. 他常常怎么跳舞？

以上例句显示，量化副词不会对除A－不－A和“为什么”之外的其他疑问算子形成阻断效应（intervention effect）。

另外，Law（2006）所划分的与谓语关联的副词实际上具有不同的句法特性。请看以下例句：

（8） a. 他常常不跳舞。

b. *他乱不跑。

以上例句说明量化副词“常常”并不一定与谓语动词关联，因为它可以出现在“不”的前面；而方式副词“乱”则必须紧靠谓语动词，因为它不能出现在否定词“不”之前。除了以上例子，以下例句中疑问副词“怎么”的解读也说明量化副词不与谓语直接关联。

（9） 他怎么乱跑？

有两种解读：

a. 他以何种方式乱跑？

b. 他为什么乱跑？

（10）他怎么常常跳舞？

只有一种解读：

a. *他以何种方式常常跳舞？

b. 他为什么常常跳舞？

当“怎么”出现在“常常”前面时，“怎么”只能得到“为什么”的解读，无法得到方式疑问词的解读（参看蔡维天，2006），这是因为“常常”的句法位置在VP之上。这也就是说量化副词“常常”不是VP嫁接语（adjunct），并不与谓语关联。

2. INFL嫁接

我们认为“常常”的句法位置比较高，应该在INFL之上。由于这一原因，它自然可以出现在作为VP嫁接语的疑问词“怎么”之前，如例（7c）所示；同时也由于这一原因，“怎么”出现在“常常”前时，就不是处于VP嫁接语位置，而是处于一个高于INFL的位置，因此只能作“为什么”解读。与“常常”不同，方式副词属修饰、限定动词的VP嫁接语，应紧靠动词，不能被“怎么”与动词分开。

（11）*他乱怎么跑？

另外，当“怎么”出现在方式副词前时，如果没有显性成分标记INFL，“怎么”既可以嫁接到VP，又可以浮游到INFL之前，其解读便有歧义，如例（9）所示。

考虑到例（7）中的情况，我们认为A-不-A疑问算子以及疑问词“为什么”不能出现在量化副词之后可能不仅仅是一个A'约束问题，因为如果是量化副词的A'约束造成例（3）和例（5a）的不合法，例（7）中的句子也应该由于同样的原因不合语法。另外，我们认为否定词“不”是VP嫁接成分，当在“不VP”之前加量化副词“常常”时，量化副词并不直接与VP关联，而是与INFL关联。在这种情况下，例句“他常常不跳舞”与例句“他乱不跑”不同，前者没有违反任何句法限制，自然合乎语法，而后者中的方式副词由于VP被“不”否定后无事件可修饰，自然不合法。

我们认为A-不-A疑问算子是嫁接到INFL上的算子（Huang，1982），而不是Law（2006）所说的那种嫁接在VP上的算子。例（3）之所以不合法，一个原因是A-不-A疑问算子不是在INFL上形成的，违反A-不-A疑问算子的形成条件；而例（5a）不合语法也与“为什么”所处的位置有关。疑问算子“为什么”在句法生成过程中，必须嫁接到INFL前面，而在例（5a）中“为什么”却出现在INFL嫁接成分“常常”的后面，由于“为什么”所处位置低于INFL，句子自然不合语法。例（3）和例（5a）不合法的另一个可能原因是A-不-A疑问算子和“为什么”可能都是INFL关联成分，而量化副词也是INFL关联成分，量化副词因此对A-不-A疑问算子和“为什么”形成阻断效应，阻止具有相同特性的疑问词在LF提升（Rizzi，1990）。根据这一分析，凡是不与INFL关联的疑问副词在LF提升时就不会被量化副词阻断。由于这一原因，例（7）便符合语法。

时间/地点副词与量化副词不同，这类具有话题性的副词，其作用是为相关事件提供一个时间/地点框架。由于具有话题性的副词本身可以合拼到句首或CP系统之内，所以A-不-A疑问算子和“为什么”出现在时间/地点副词之后并不证明这两个疑问算子占据的位置不是INFL之前的句法位置。如此，句子自然也不会不合语法。

A-不-A疑问算子和“为什么”不能出现在方式副词之后的原因基本相同。实际上，方式副词的句法位置不仅比量化副词低，比否定副词也要低。例（6）和例（8b）不合语法就是因为A-不-A疑问算子和否定副词所处的位置违反了相关的语序限制。

方式副词是VP嫁接成分，当A-不-A疑问算子对INFL进行操作时，如果INFL取零形式，VP的嫁接成分可以向INFL提升，以方便A-不-A疑问算子对INFL进行操作。

（12）他乱不乱跑？

3. 在INFL和VP之间

程度副词与方式副词不同，可以出现在否定副词前，但却不接受A-不-A疑问算子的操作，如下所示：

（13）他很不高兴。

（14）*他很不很高兴？

程度副词和形容词词组的这种关系与量化副词“都”和VP的关系相似。“都”可以出现在否定副词之前，但也不接受A-不-A疑问算子的句法操作，如下所示：

（15）他们都不去。

（16）*他们都不都去？

在这点上，“常常”与“都”不完全相同：“常常”可以与A-不-A疑问算子直接结合。

（17）他常不常跳舞？

我们认为“常常”的这一特点正与其是INFL嫁接语有关。由于这一原因，A-不-A疑问算子可以直接对“常常”进行操作。

A-不-A疑问算子和“为什么”也不能出现在程度副词和“都”之后。

（18）a. *他很高不高兴？

b. *他很为什么高兴？

（19）a. *他都买不买呢子的衣服？

b. *他都为什么买呢子的衣服？（此处‘为什么’不作‘为了什么’解）

程度副词和量化副词“都”的这种情况与方式副词的情况不完全相同，因为程度副词和量化副词“都”虽然不可以出现在A-不-A疑问算子和“为什么”之前，但却可以出现在否定副词的前面。这说明程度副词和量化副词“都”可以占据高于VP的句法位置。虽然如此，这两个副词仍是处于

INFL之后的成分（胡建华，2006）。以“都”为例，“都”可以出现在“常常”的后面，但不能出现在“常常”之前。

（20）？他常常都一个人下乡。

（21）*他都常常一个人下乡。

我们认为在INFL之下、VP之上有一个表述谓（predication）的功能语类Pr（Bowers，1993），Pr的补足语在汉语为VP或AP，其动词中心语V或形容词中心语A会向上提升至Pr^0，而程度副词和量化副词“都”是PrP的嫁接语。我们把INFL关联成分和Pr关联成分都看作是具有P特征（谓词特征）的成分，这类含P特征的成分不仅会阻断V向INFL的提升，也会阻断A-不-A疑问算子与疑问词“为什么”在LF的提升，因为后两者也含P特征。也正由于程度副词和量化副词“都”是PrP嫁接成分，A-不-A疑问算子无法通过合法句法操作生成例（14）和例（16）。恰恰又由于程度副词和量化副词“都”是PrP嫁接成分，应处于INFL前的A-不-A疑问算子和疑问词“为什么”便不应该处于程度副词和量化副词之后，这就进一步解释了例（18）和例（19）中的例句为什么不合语法。

参考文献

蔡维天 2006 《重温“为什么问怎么样，怎么样问为什么”》，第14次现代汉语语法学术讨论会，上海财经大学。

胡建华 2006 《焦点与量化》，汉语形式与功能国际研讨会，解放军外国语学院。

徐烈炯 刘丹青 1998 《话题的结构与功能》，上海：上海教育出版社。

Bowers, John 1993 *The syntax of predication. Linguistic Inquiry* 24, 4: 591－656.

Huang, C. -T. James. 1982 *Logical relations in Chinese and the theory of grammar*. Doctoral Dissertation, MIT, Cambridge, Massachusetts.

Law, Paul 2006 *Adverbs in A-not-A Questions in Mandarin Chinese. Journal of East Asian Linguistics* 15: 97－136.

Rizzi, Luigi 1990 *Relativized Minimality*. The MIT Press.

Tsai, W. -T. Dylan 1999 *The Hows of Why and the Whys of How*. In Francesca Del Gobbo and Hidehito Hoshi (eds.) *UCI Working Papers in Linguistics* 5, 155－184.

（原载《语法研究与探索》（十四），商务印书馆，2008年）

第十四章　量化副词与动态助词“了”和“过”

在形式语义学的文献中，“常常”“总是”“有时”这类副词一般都被称作量化副词（adverb of quantification）（Lewis，1975）。量化副词的语义类型（semantic type）是<<x, t>，<<x, t>，t>>，与一般副词的语义类型（<<x, t>，<x, t>>）有着根本的不同（de Swart，1991）。语义类型为<<x, t>, <x, t>>的一般副词与一般形容词的特性差不多，都是成分修饰语，而量化副词则不同，它不是成分修饰语。量化副词与“每个”“所有的”“许多”等处于限定语（determiner）位置的名词性量化语（quantifier）有着相同的语义类型。根据其语类的不同，文献中又把量化副词称作A量化语，把限定语位置的量化成分称作D量化语。D量化语指称个体集合（sets of individuals）之间的关系，而A量化语指称事件或境况集合（sets of events or situations）之间的关系。在汉语中，作为A量化语的量化副词与一般副词之间的不同，一是表现在量化副词的焦点敏感性（focus sensitivity）上，二是表现在量化副词与动态助词“了”和“过”在同一谓语结构中的不相容上。而后者正是我们讨论的重点。

1. 量化副词与“了”①和“过”：问题的提出

一般情况下，量化副词不能与动态助词“了”和“过”在同一小句共现，如下所示：

① 本章讨论的“了”为动词后“了”，即“了$_1$”。

（1） a. *他总是喝了啤酒。

b. *他总是喝过啤酒。

（2） a. *他常常喝了啤酒。

b. *他常常喝过啤酒。

Pan（1993）讨论了“了”与量化副词之间的关系。Pan（1993）认为“了”是选择性约束语（selective binder），它只约束境况变量（situation variable）（用s表示）。例（3）不合语法是因为“了”找不到一个可以约束的境况变量s，如（5a）所示；而例（4）合语法是因为“了”可以约束一个境况变量s，如（5b）所示。

（3） *老王喜欢了一本书。

（4） 老王看了那本书。

（5） a. *了［喜欢'（LW，x）］

b. 了［看'（LW，b_1）in s］[①]

例（3）中的宾语“一本书”是不定指的，在（5a）中用x表示，例（4）中的宾语“那本书”是定指名词词组，在（5b）中用b_1表示。如果“了”是无选择约束语，那么它在例（3）中就可以约束变量x。但（5 a）显示“了”无法约束变量x。例（3）与例（4）的区别在于例（3）中的动词是个体谓词（individual-level predicate），而例（4）中的动词是阶段谓词（stage-level predicate）。由于阶段谓词可以引入自由境况变量，例（4）中的“了”的约束要求得到满足。例（3）中的“了”的约束要求则无法得到满足，因为个体谓词不能引入自由境况变量。如果“了”无法约束一个境况变量，则会违反空量化禁止律（de Swart，1993；Chomsky，1982）。

（6） 空量化禁止律（Prohibition against Vacuous Quantification）

一个算子或量化语必须约束一个变量。

根据Lewis（1975）的说法，量化副词是无选择约束语（unselective binder），

① LW代表“老王”；in s表示在s中。

会把其辖域内的所有变量都约束住。由于量化副词具有无选择约束的特性，Pan（1993）认为量化副词的辖域必须高于动态助词“了”；如果量化副词的辖域低于动态助词“了”，量化副词就会把所有的变量都约束住，如此，“了”就会没有变量可以约束，从而使“了”的出现违反空量化禁止律。由于这一原因，（7a）是一个不合法的逻辑语义结构，而（7b）则完全合法。

（7） a.*了……常常……

b. 常常……了……

为了解释“了”为何与量化副词“常常”不相容，Pan（1993）假设量化副词“常常”的辖域是VP，而“了”的辖域是句子，由于“了”的辖域高于量化副词“常常”，造成（7a）这种情况。在Pan（1993）的分析中，“常常”与“总是”在取域时有所不同。“常常”只能取VP域，而“总是”可以取句子域。由于这一原因，“常常”不能出现在情态动词前或句首，而“总是”则既可以出现在情态动词前，也可出现在句首。

（8） a.*老王常常能/会来看你。

b.*常常老王来看你。

（9） a. 老王总是能/会来看你。

b.*老王能/会总是来看你。

c. 总是老王来看你。

Pan（1993）的这一分析的问题在于它会预测“总是”可以和“了”共现，但如例（1）所示，“总是”也与“了”不相容。另外，Pan（1993）用（7a）来解释“了”与量化副词之间不相容的情况也有一定的问题。把例（10）与例（3）相比较，我们发现，虽然“了”与“喜欢”类动词不相容，但“过”却可以。

（10）他喜欢过一个女孩。

如果说“喜欢”类动词不能提供境况变量，所以例（3）不合格，那么例（10）的合格只能说明“过”不需要约束一个境况变量。如果“过”不需要约束一个境况变量，那么用例（7）就无法解释为什么例（1b）和例（2b）

不合法。由于“过”不需要约束境况变量，那么当量化副词把例（1b）和例（2b）中的变量约束住以后，句子也应该合语法，但情况并非如此。

如果说例（1b）和例（2b）之所以不合语法，也是因为例（7a）在起作用，也就是说量化副词把境况变量约束住以后，“过”没有变量可以约束，那接下来的问题是：为什么在例（10）中“过”不需要约束一个境况变量？

当然，也可以假设“过”在例（10）中约束了一个境况变量。但由此带来的另一个问题是，为什么“了”在例（3）中不可以约束同样的变量？

2. 量化副词和动态助词的量化对象与辖域

如果说“了”和“过”都是选择性约束语，即只能约束事件 / 境况变量，那么需要解释的是为什么例（3）和例（10）在接受性上会形成对比。我们认为“过”和“了”的区别在于“过”可以引入事件 / 境况变量，而“了”则必须约束事件 / 境况变量。那么，“过”为什么可以引入事件 / 境况变量呢？我们认为这是因为“过”既可以表完成体（perfective）又可以表经历体（experiential）。当“过”表完成体时，它需要约束一个事件 / 境况变量。而当“过”表经历体时，如果在它的辖域之内有一个事件 / 境况变量，它会约束这一事件 / 境况变量。但如果在它的辖域之内没有一个事件 / 境况变量，它会为相关谓语结构引入一个事件 / 境况变量。当“过”附加在“喜欢”类动词之后时，它为谓语结构引入了一个事件 / 境况变量，并且只表经历体。如果这一分析站得住，那么我们就可以对例（1）和例（2）中的情况做出解释。量化副词必须约束一个变量，例（1）和例（2）中的句子不合语法就是因为动态助词“了”和“过”已经分别把事件 / 境况变量约束住了，造成量化副词无法约束一个变量。

（11）a. *总是/常常，[了s [喝（他，啤酒，s）]]。

b. *总是/常常，[过s [喝（他，啤酒，s）]]。

以上量化结构不合法，是因为动态助词“了/过”把境况变量约束住以后，量化副词没有了可以约束的变量，违反了空量化禁止律。

我们对例（1）和例（2）中不合格句子的解释正好和Pan（1993）相反。Pan（1993）认为例（1）和例（2）中的句子不合格，是因为量化副词作为无选择约束语把句子中的事件／境况变量约束住以后，动态助词这类选择性约束语没有恰当的变量来约束，从而违反了空量化禁止律。我们认为例（1）和例（2）句子不合法是因为动态助词把句子中的事件／境况变量约束住以后，量化副词因无法约束相应的变量，从而违反了空量化禁止律。我们的分析与Pan（1993）相比，除了能解释例（1a）和例（2a）为何不合法外，还可以解释例（1b）和例（2b）为什么不合法。例（1b）和例（2b）中的动态助词是"过"。例（10）显示，"过"所附加的动词可以不含内在的（inherent）事件／境况变量。如果按Pan（1993）的分析，量化副词在逻辑式优先约束句子中的事件／境况变量，那么对于动态助词是"过"而不是"了"的例（1b）和例（2b）来说，由于"过"与不含事件／境况变量的谓语结构亦相容，Pan（1993）的分析会预测例（1b）和例（2b）应该是合语法的句子，但这一预测却与事实相反。如果按我们的分析，例（1b）和例（2b）之所以不合语法，其原因与例（1a）和例（2a）为什么不合语法相同。在这些句子中，都是动态助词优先约束了事件／境况变量。由于量化副词没有变量可以约束，所以句子不合语法。

我们的分析除了可以对语言事实做更好地解释外，还符合量化成分所遵守的一般量化原则：结构同构原则（Isomorphic Principle）（Huang 1982）。根据该原则，量化成分在表层结构的句法位置决定了这些成分在逻辑式的辖域。结构同构原则对于汉语其他量化成分来说，是一个需要遵守的原则。如果采用Pan（1993）的分析，量化副词和动态助词的量化在取域上是不遵守结构同构原则的。但如果认为量化副词和动态助词的取域可以不遵守结构同构原则，就要说明量化副词和动态助词在量化时何以如此特殊，竟然可以不受制约其他量化成分的原则的约束。

我们认为，例（1）和例（2）中句子不合法，是因为动态助词把句子中的事件／境况变量约束住以后，量化副词无法找到合适的变量约束。这一分析还可以解释为何以下例句不合语法：

（12）*他常常喜欢邓丽君。

例（12）中的动词是个体谓词。如果采用Chierchia（1995）的说法，可以认为个体谓词中也含有境况变量，只是这一变量已经被通指算子（generic operator）约束住了。如此，例（12）不合法的原因与例（1）和例（2）中例句不合语法的原因相同，都是因为量化副词没有变量可以约束。值得注意的是，如果个体谓词的主语和宾语都可以处理成自由变量，则量化副词可以出现：

（13）上海男孩常常喜欢台湾女孩。

如果采用Chierchia（1995）的说法来解释例（13）的可接受性，我们就得说通指算子没有在例（13）中出现，或者说通指算子被拿掉了。当然我们也可以说，例（13）之所以合法，是因为主语和宾语位置的名词性自由变量为句子提供了境况变量。在例（13）中，占据主语和宾语位置的两个名词词组分别指称由“上海男孩”和“台湾女孩”组成的两个集合，而量化副词的量化对象是这两个集合成员之间的“喜欢”关系。如此，例（13）中的动词便变成了派生性的（derived）阶段谓词。当然，我们还可以说量化副词在例（13）中约束的是主语和宾语位置所含有的自由变量。或者还可以说“常常”操作的对象实际上是主语。因为占据主语位置的名词词组是复数名词词组，“常常”可以对这一复数名词词组进行操作，其基本情况和“许多”对名词词组的操作差不多。根据这一分析，“常常”得到的是比例解读（proportional reading），指的是上海男孩中有比较多的人喜欢台湾女孩（这一点是蒋严在和笔者交谈时指出来的）。①以上的说法实际上是说

① 根据这一解读，例（13）所表达的意思大体上可以用以下逻辑语义式表示：

（i）$MOST_x$[[上海男孩（x）][喜欢（x，台湾女孩）]]

蒋严在与笔者讨论时指出，例（13）中的“常常”如果换成“经常”，句子就不合法，如下所示：

（ii）*上海男孩经常喜欢台湾女孩。

究其原因，可能是因为“常常”可以量化名词性变量，而“经常”则不可。

量化副词也可以以名词性变量为约束对象。虽然这一说法能正确地描述例（13）的语义，但却无法解释以下例（14a）为何不合法，而例（14b）则合语法：

（14）a. *上海男孩常常见了/过台湾女孩。

b. 许多上海男孩见了/过台湾女孩。

例（14）中的动词是阶段谓词，在例（14a）中，虽然动态助词约束住了句子中的境况变量，但句子的主语位置仍含有自由变量。如果量化副词可以和D量化语一样约束名词性变量，例（14a）应该和例（14b）一样，也应该是合法的句子。例（14a）不合法似乎说明量化副词必须约束一个事件/境况变量。如果按照这一分析，认为例（13）中含有境况变量，那么它应该具有以下逻辑语义结构：

（15）常常x, y, s[[境况（s）& 上海男孩（x）& 台湾女孩（y）][喜欢（x, y, s)]]

在（15）中，动词的两个论元位置都含有自由变量。这一点似乎对个体谓词中境况变量的衍生比较重要。请看以下例句：

（16）a. ? 上海男孩常常喜欢邓丽君。

b. ? 他常常喜欢台湾女孩。

在例（16 a）中，主语指称一个集合，宾语是定指名词。在例（16 b）中，宾语指称一个集合，主语是定指名词。例（16）中的两个句子在语感上都要比例（13）差一点，但比例（14）好很多。究其原因，可能是因为对两个集合成员之间的“喜欢”关系进行量化比较容易，在一个集合与一个定指名词之间建立量化关系就需要借助一些语境因素，而在两个定指名词之间则无法用个体谓词来建立量化关系。

当然，我们也可以说，例（14a）不合语法是因为动态助词把境况变量约束住以后，量化副词无法约束一个境况变量，如下所示：

（17）常常x, y[了/过s[[境况（s）& 上海男孩（x）& 台湾女孩（y）][喜欢（x, y, s)]]]

显然，我们不能用空量化禁止律来解释例（14a）为什么不合语法，因为（17）显示量化副词约束了名词性变量。为了解释例（14a）(=（17）)为何不合语法，我们似乎只能说量化副词也是选择性量化语。当然，我们也可以用另外的方法来排除例（14a）这样的结构。当把例（14a）中的量化副词拿掉后，再比较例（14a）和例（13），我们就会发现例（14a）用了动态助词后，句子主语和宾语实际上倾向于作存在性解读（existential reading）。如果情况的确如此，那么例（14a）中主语和宾语位置的名词性变量实际上已经被存在算子约束住了。如此，例（14a）的逻辑语义结构应该如下：

（18）常常，∃x, y［了/过s［［境况（s）& 上海男孩（x）& 台湾女孩（y）］［喜欢（x, y, s)］］］

在（18）中，量化副词没有约束任何变量，违反了空量化禁止律。

至此，我们讨论了两种解释例（13）和例（14a）的分析方法。至于哪一种方法最佳，这里不做结论。但可以指出的是，说量化副词的约束不能由名词性变量来允准，至少还可以解释以下量化副词与焦点关联的句子为何不合法。我们知道量化副词是焦点敏感算子，然而当事件/境况变量被“了”或“过”约束住以后，量化副词与焦点的关联并不会改变句子的合法性：

（19）*他常常喝了/过［啤酒］^{F}。

例（19）的逻辑语义结构如下：

（20）常常x［了/过s［［境况（s）& 喝（他, x,s）］［喝（他，啤酒，s）］］］

例（19）的不合法似乎再次说明量化副词只能作约束事件/境况变量的选择性约束语。但如果我们采用Kratzer（1995）对空量化禁止律的定义，即使不把量化副词看作选择性约束语，像（20）这样的结构也可以排除。Kratzer（1995）的空量化禁止律定义如下（另参见Chomsky，1982）：

（21）空量化禁止律

对于每一个量化语Q来说，都必须有一个变量x，并且Q既在限制句

（restrictive clause）又在核心域（nuclear scope）约束变量x。如果采用Kratzer（1995）对空量化禁止律的定义，那么（20）不合格是因为量化副词只在限制句约束了变量x，但没有在核心域约束该变量。但这一说法显然也有问题，因为在没有动态助词“了”和“过”的情况下，像（20）这样的三分（tripartite）焦点结构实际上是合法的。当然，我们也可以重新改写（20）中核心域的表达式，如加入变量x，并且用x=啤酒来表示焦点的投射，但这样一来，又无法通过空量化禁止律来排除例（19）这样的结构。

3. 结语

我们对动态助词“了”“过”与量化副词在句子中共现情况的分析与Pan（1993）正相反。Pan（1993）认为动态助词“了”“过”与量化副词在句子中不能共现是因为量化副词把句子中的事件/境况变量约束住以后，动态助词“了”“过”无法约束一个事件/境况变量，从而使得动态助词的出现违反了空量化禁止律。我们认为动态助词“了”“过”与量化副词在句子中不能共现是因为动态助词“了”“过”把事件/境况变量约束住以后，量化副词无法约束一个合适的变量，从而使得量化副词的出现违反了空量化禁止律，造成句子不合语法。我们认为动态助词“了”“过”对动词的操作正像限定语对名词性成分的操作。限定语会约束它的论元所含有的名词性自由变量，如下所示：

（22）a. the book

b. THE x, BOOK (x)

当名词性的自由变量受到算子约束以后，如果再把这一“算子–变量”结构作为论元指派给另外一个量化语，则该量化语无法约束一个变量，于是便会生成不合法的结构：

（23）a. *every the book

b. *EVERY, THE x, BOOK (x)

量化副词以事件/境况作论元，它要求相应的结构中含有自由事件/境况变量，如果相应结构中的事件/境况变量已经被动态助词“了”和“过”这样的算子约束住，则生成的结构如例（23）一样，也属非法结构。

参考文献

Chao, Yuan R. 1968 *A Grammar of Spoken Chinese*. Berkeley: University of California Press.

Chierchia, G. 1995 Individual-Level Predicates as Inherent Generics. In Carlson, Gregory N. and Francis Jeffrey Pelletier (eds), *The Generic Book*. Chicago and London: The University of Chicago Press.

Chomsky, Noam 1982 *Some Concepts and Consequences of the Theory of Government and Binding*. Cambridge, Mass.: The MIT Press.

Huang, C.-T. James 1982 *Logical Relations in Chinese and the Theory of Grammar*. Ph.D. Dissertation, MIT.

Klein, Wolfgang 1994 *Time in Language*. London: Routledge.

Kratzer, Angelika 1995 Stage-Level and Individual-Level Predicates. In Carlson, Gregory N. and Francis Jeffrey Pelletier (eds), *The Generic Book*. Chicago and London: The University of Chicago Press.

Lewis, D. 1975 Adverbs of Quantification. In E. Keenan (ed.), *Formal Semantics of Natural Language*. Cambridge: Cambridge University Press.

Li, Charles N. and Sandra A. Thompson 1981 *Mandarin Chinese: A Functional Reference Grammar*. Berkeley: University of California Press.

Pan, Haihua 1993 Adverbs of Quantification and Perfective Aspects in Mandarin Chinese. In Stvan, L. S., et al. (eds), *Proceedings of the Third Annual Formal Linguistics Society of Mid-America Conference, Northwestern University. Bloomington*. Indiana University Linguistics Club Publications, 1993, pp. 188–204.

Reichenbach, Hans 1947 *Elements of Symbolic Logic.*, London: MacMillan.

De Swart, H. 1993 *Adverbs of Quantification: A Generalized Quantifier Approach*. New York & London: Garland Publishing, INC.

Vendler, Zeno 1967 *Linguistics in Philosophy*. Ithaca: Cornell University Press.

（与石定栩合著，原载《语法研究与探索》（十三），商务印书馆，2006年）

第十五章　指称性、离散性与集合：孤岛中的疑问句研究

1. 引言

在汉语疑问句中，有的疑问词可以在孤岛（island）中取宽域（wide scope），有的则不可，如下所示：

（1） a.［谁来负责这项工作］最合适？

b.［这个问题怎么处理］比较好？

c. *［王经理为什么辞职］比较好？

（2） a.［谁写的书］最有趣？

b.［怎么烧的蛋］最好吃？

c. *［作家为什么写的小说］最有趣？

（1）中是小句作主语，（2）中是带有关系从句的复杂NP作主语。小句主语和复杂NP都是孤岛。从以上例句我们发现，在孤岛中用疑问词发问有一定的限制，但这一限制究竟是什么性质的限制却似乎很难说清楚。实际上对这一限制的理论抽象一直是特殊疑问句研究中的一个难题。

我们认为，孤岛中的疑问词由于无法通过呼应（Agree）机制在主句的算子位置取宽域，因此需要通过选择函项（choice function）来解读。而只有指向离散个体（discrete individual）组成的集合成员的疑问词才可以得到选择函项的解读。例（1a）和例（2a）中的疑问词因为具有指称性，自然可以指向离散个体组成的集合成员，因此疑问词得到了解读。例（1b）与例（2b）中的疑问词虽然没有指称性，但它指向具有离散性特征

的语言词项组成的集合成员，因此可以通过选择函项来解读，句子便合格。例（1c）与例（2c）中的疑问词没有指称性，也不指向离散性语言词项组成的集合成员，因此疑问词无法得到选择函项的解读，句子自然不合语法。

2. 孤岛内疑问词的解读

Xu（1990: 371）注意到“为什么”有两种重音形式。当重音落在“为什么”中的“为”上时，“为什么”不能在孤岛内获得宽域解读；而当重音落在“什么”上时，“为什么”可以在孤岛内得到宽域解读。在以下例句中我们用下划线来标注重音部分。

（3）　a. *[王经理为什么辞职]比较好？

　　　b. [王经理为什么辞职]比较好？

（4）　[王经理为（-了）什么辞职]比较好？

注意，例（3a）与例（3b）的区别和例（3a）与例（4）的区别相同。当重音落在“什么”上时，“为什么”可以表示“为了什么”。Tsai（1994）认为“为什么”表原因，“为什么”表目的。它们二者的区别在于前者不具有指称性，而后者具有指称性。由于Tsai没有对指称性作出形式化的定义，我们很难理解为什么表目的的“为什么”具有指称性，而表原因的“为什么”不具有指称性。

Tsai还认为当“怎么/怎么样”可以在孤岛内获得宽域解读时，如例（5）所示，“怎么/怎么样”表“工具”义。他认为表“工具”义的“怎么/怎么样”具有指称性，而表“方式”义的“怎么/怎么样”不具有指称性。

（5）　[这个问题怎么处理]比较好？

根据Tsai的分析，例（5）中的“怎么”应该表示“工具”义，因而具有指称性。撇开为什么表“工具”义的“怎么”具有指称性的问题不论，如何判断“怎么”在例（5）中是表“工具”义还是表“方式”义便是个问题。

从以上讨论我们可以看出，在孤岛中用疑问词发问有一定的限制，但这一限制究竟是什么性质的限制却似乎很难说清楚。实际上对这一限制的理论抽象一直是特殊疑问句研究中的一个难题。Tsai（1994）认为在孤岛中的疑问词必须具有指称性才能形成问句，可问题是，怎么定义疑问词的指称性却没有一个可操作的标准。我们认为指称性有强、弱之分。Pan, Jiang, and Zhou（1997）指出，像所谓的不定指名词，如"一个人"，也有指称性。虽然如此，很显然其指称性与名称，如"王小二"，相比肯定要弱。那么，指称性的强与弱由什么来决定？我们认为语言成分的指称性的强与弱取决于其指称的具体性（specificity），而具体性取决于语言成分所涉及的集合的大与小。一个语言成分如果指称一个独元集中的成员，如"王小二"，其指称性便强，因为其所指具体。一个语言成分如果指称一个开放集中的成员，其指称性便弱，因为其所指不具体。"一个人"可以指称由人组成的集合中的任何一个成员，而"一个个子很高的人"指称的却是"个子很高"的集合与"人"的集合组成的交集中的成员。由于这一交集要比"人"组成的集合小，因此"一个个子很高的人"要比"一个人"具体，因此其指称性也要强。如果说集合的大小可以决定指称性的强与弱，那么一个语言成分如果无法以一个集合为其指称域，我们便可以说这个语言成分没有指称。我们认为一个疑问词只有指向（range over）由离散个体形成的集合成员，才有指称性。疑问词"谁"可以指向由离散个体组成的集合成员，因此"谁"具有指称性。疑问词"为什么"无法指向由离散个体组成的集合成员，因此没有指称性。但需要指出的是，能否指向由离散个体组成的集合成员是构成疑问词的指称性的必要条件，却不是充分条件。构成疑问词的指称性的必要充分条件是指向外部世界离散个体组成的集合成员。由于"怎么"无法指向外部世界离散个体组成的集合成员，所以"怎么"没有指称性。尽管"怎么"没有指称性，但却可以在孤岛内取宽域，这说明决定疑问词是否可以在孤岛内取宽域的因素不是指称性，而是其他的东西。

那么，决定疑问词在孤岛内是否可以取宽域的因素是什么呢？如果我们把“为什么”同“为什么”作一番比较，我们就会发现二者之间存在着“虚”“实”之分。在“为什么”中，重音落在虚词部分，而在“为什么”中，重音是落在实词部分。如果我们用对比焦点来测试“为什么”中的“虚”“实”部分，我们就会发现“为”不能接受对比焦点，而“什么”则可以接受对比焦点。

（6）　a. *我们是［为］^{F}什么念书才有意义？

　　　b. *我们是［为］^{F}什么念书？

（7）　a. 我们是为（–了）［什么］^{F}念书才有意义？

　　　b. 我们是为（–了）［什么］^{F}念书？

Huang（1982a）发现，当焦点标记成分“是”与其他的疑问词在同一个句子出现时，“是”只能焦点标记疑问词，而不能焦点标记除疑问词之外的其他词语。

（8）　a. *是［老张］^{F}打了谁？

　　　b. 是［谁］^{F}打了老张？

（9）　a. 老张是打了［谁］^{F}？

　　　b. *谁是打了［老张］^{F}？

Huang的这一发现说明疑问词一般具有固有焦点（inherent focus）特征。而在这一点上，“为什么”是例外。“为什么”之所以排斥焦点化，是因为“为什么”得不到一个由离散个体组成的集合的允准。而当“为什么”中的“什么”被焦点化时，“为什么”虽然无法指向外部世界离散个体组成的集合成员，但可以指向具有离散性特征的语言词项组成的集合成员，如：“为这”“为那”等等。同理，“怎么”也无法指向外部世界离散个体组成的集合成员，但也可以指向具有离散性特征的语言词项组成的集合成员，如：“这么、那么”。如果“为什么”指向“为这”“为那”，“怎么”指向“这么、那么”，那么“为什么”和“怎么”便得到一个由语言词项组成的集合的允准。这一分析可以解释为什么论元类的疑问词最容易在孤岛中取宽域，而附加语（adjunct）类（副词性）的疑问词在孤岛内取宽域往往比较困难，或根本不可以在孤岛内取宽域。这是因为论元类疑问词可以指向外部世界离散个体，所以很容易得到一个由离散个体组成的集合的允准，而附加语类的疑问词由于不可以指向外部世界的离散个体，所以不容易得到一个由离散个体组成的集合的允准。由于附加语类的疑问词有的可以指向一个由离散性语言词项组成的集合，有的不可以，所以它们之间又有所区别。

Xu（1990：371）还注意到“怎么”以及其他的疑问词大都可以作无定代词或无定副词使用，而只有“为什么”是个例外。在以下例句中“为什么”不能被“也”或“都”焦点标记，从而得到无定副词的解读。

（10）他怎么也/都不肯去。

（11）*他为什么也/都不肯去。

以上例句再次说明，“为什么”不能指向由离散个体组成的集合成员。如果以上分析是对的，那么接下来的问题是：孤岛中的疑问词为什么必须得到一个由离散个体组成的集合的允准？

3. 疑问句的形成

根据Hu（2002），疑问句的形成要受到疑问句成句条件的制约。汉语以及其他的Q语助词语言的疑问句成句条件如下：

（12）在Q语助词（Q particle）语言中，只有当一个疑问词与最近的$C_{[+Q]}$形成呼应（Agree）关系或选择函项关系时，一个句子才可以被标注为疑问句。

假设呼应关系可以在显性句法（overt syntax）层面或LF层面实现，同时假设显性句法或LF移位要受领属条件的限制，那么在以下例句中，a句和b句肯定是通过不同的方式形成问句的。

（13）a. 谁来负责这项工作？

a'[$_{CP}$ 谁$_i$ [$_{C'[+Q]}$ [t_i 来负责这项工作]]]？

b.[谁来负责这项工作]最合适？

b' {P | (∃<f>)(CH(f) & P =^((f(人)来负责这项工作最合适) & true(P))}

(14) a. 谁写书?

b. [谁写的书]最有趣?

在以上例句中，a句都是通过呼应关系来形成疑问句的，而b句都是通过选择函项来形成疑问句的。在以下例句中，b句不合语法是因为b句中的疑问词无法与$C_{[+Q]}$建立联系，因此疑问词得不到解读，而句子则无法被标注为疑问句。

(15) a. 他为什么写书?

b. *[他为什么写的书]最有趣?

在例（15a）中，疑问词可以直接通过呼应机制与$C_{[+Q]}$建立联系，形成疑问句，而在例（15b）中，由于疑问词处于孤岛之内，疑问词无法通过呼应机制与$C_{[+Q]}$建立联系。由于例（15b）中的疑问词无法指向离散个体，因此也无法通过选择函项来得到解读。由于例（15b）中的疑问词得不到解读，句子无法被标注为疑问句，因此例（15b）不合语法。

4. 结语

在疑问句形成上，语言间主要的区别在于是疑问词标句还是Q语助词标句。在疑问词的解读上，各种语言采用的手段一般有两种：呼应解读和选择函项解读。英语是疑问词标句语言，所以在英语中疑问词必须移到句首才能形成特殊疑问句。请看以下例句：

(16) *who_i do you like [the book that t_i wrote]?

(17) 你喜欢[谁写的书]?

例（17）合语法是因为汉语是Q语助词标句语言，因此疑问词不需要在显性句法层面移到句首。例（16）不合语法是因为疑问词移位违反了领属条件。而如果疑问词不移位，句子也不合语法，如下所示：

(18) *you like the book that who wrote?

例（18）不合语法是因为疑问词没有移到句首。由于英语不是Q语助词语言，疑问词如果不移到句首，句子便无法被标注为疑问句。注意，在英语中，只有当句子被移到句首的疑问词标注为疑问句后，其他没有移位的疑问词才可以通过选择函项来解读，如下所示：

（19）a. who reads the books that who writes?

b. {P | (∃<x, f>) (CH (f) & P =^ (x reads the books that f(person)) writes & true(P))}

参考文献

邵敬敏　1996 《现代汉语疑问句研究》，华东师范大学出版社。

Hu, Jianhua 2002 Prominence and locality in grammar: The syntax and semantics of wh-questions and reflexives. Ph.D. Dissertation. City University of Hong Kong.

Hua, Dongfan 2000 On wh-quantification. Ph.D. Dissertation. City University of Hong Kong.

Huang, C.-T. James 1982a Move wh in a language without wh movement. *The Linguistic Review* 1: 369–416.

Huang, C.-T. James 1982b Logical relations in Chinese and the theory of grammar. Ph.D. Dissertation, MIT.

Pan, Haihua, Yan Jiang and Congli Zou 1997 The semantic content of noun phrases. In Liejiong Xu (ed.) *The Referential Properties of Chinese Noun Phrases*. Ecole des Hautes Estudes en Sciences Sociales, Paris, pp. 3–24.

Tsai, Wei-tien Dylan 1994 On nominal islands and LF extraction in Chinese. *Natural Language and Linguistic Theory* 12: 121–175.

Xu, Liejiong 1990 Remarks on LF movement in Chinese questions. *Linguistics* 28: 355–382.

（与潘海华合著，原载《语法研究与探索》（十二），
商务印书馆，2003年）

第五部分　约束与指称

第十六章　约束B原则与代词的句内指称

1. 引言

Chomsky（1981）的约束原则A和B（Binding Principle A and B）首先从结构上为反身代词设定一个局部语域（local domain），然后规定反身代词必须在该局部语域中受到约束，而代词在这一局部语域中必须是自由的，即不受约束。也就是说，反身代词和代词的回指应该呈互补分布。尽管这一规定在大多数情况下准确描述了两种指代成分的分布，但在某些情况下，代词似乎也可以在反身代词受约束的局部语域受到约束，而这一点是经典约束理论没有预料到的。

之所以出现这些问题，是因为经典约束理论只讨论句法问题，把这两个约束原则都处理成在句法结构上运作的条件。Reinhart & Reuland（1993）曾经指出，约束A原则适用于句法谓语（syntactic predicate），而B原则适用于语义谓语（semantic predicate）。如果他们的思路确实反映了语言规律，就可以认为约束A原则作用于论元结构，而B原则作用于题元结构。既然如此，就应该用不同的方式来处理这两种局部约束域。反身代词受约束的局部语域取决于论元结构，由最小主谓结构中的主语来定义；而代词不受约束的局部语域取决于题元结构，由同谓题元名词性成分来定义，两种局部约束域不会完全相同。具体地说，（i）反身代词如果可以找到一个受AGR允准的主语，就必须在根据该主语所定义的局部约束域内受约束；（ii）代词性成分不受同谓题元名词性成分约束。

最近，沈阳、董红源（2004）讨论了约束B原则在汉语中的运用情况，注意到作修饰语的代词在指称另一修饰语时受一定的制约，而经典约束B原则无法正确预测这种制约，于是提出三条规则加以修正。代词在指称上的这种倾向性确实存在，而且这是学者们以前没有注意过的，但问题在于修正了的原则仍然不能完全解释人称代词的指称分布。

句法规则的制定，一直有从宽与从严两种做法。沈阳、董红源（2004）取的是从宽的做法，试图用句法规则解释更多语言现象，但他们讨论的基本上是语用问题，所以在实际运用中会遇到许多难以解释清楚的例外现象。我们采取句法从严的态度，主张句法规则应该没有弹性，一旦违反就必然会形成不可接受的句子。语用现象应该由语用规则来解释，经典约束原则虽然有待改进，但这种改进只能在句法与语义的范围内进行。我们主张，代词的局部约束域取决于题元结构，其范围不会超出经典的局部约束域，但一定比经典的局部约束域窄。

2. 约束B原则：有所为，有所不为

按照Chomsky（1981）的经典约束原则，可以为反身代词与代词划定一个管辖语域，两者在此局部语域内处于互补分布，即反身代词在局部约束域内要受约束，而代词则必须不受约束：

（1）　a. 约束A原则：反身代词在其管辖语域内是受约束的（bound）。

　　　b. 约束B原则：代词在其管辖语域内是自由的（free）。

国内关于约束A原则的讨论很多，但很少有关于约束B原则的讨论，可能是因为这一原则基本反映了语言事实（包括汉语在内），例外的情况不多。沈阳、董红源（2004）最近对约束B原则提出了质疑，认为该原则虽然可以解释例（2）中的人称代词“他”为什么不可以和句子的主语“老师”同标（co-index），但却无法解释例（3）中人称代词“他”的指称：

（2）　老师$_i$帮助了他$_{*i/j}$。

（3）　a. 老师$_i$帮助了他$_{i/j}$的学生。

b. 小王$_i$的老师$_j$帮助了他$_{*i/j/k}$的学生。

他们指出，在简单动词结构（简称为SP）里，人称代词的指称“跟人称代词和先行语在结构的NP中出现的位置（即主宾语NP的中心语位置还是修饰语位置）直接相关”。他们认为人称代词“他”的指称可以用他们所提出的“人称代词的论元中心语性质同指规则”（简称规则一）来描述：

（4）简单动词结构内人称代词所指的“论元中心语性质同指规则”（规则一）：在句子SP内，如果名词和代词同为动词的论元NP的中心成分（即论元NP的中心语），或者同为动词的论元NP的非中心成分（即论元NP的修饰语），则二者不能同指。

为了使他们的规则可以解释“把”字句和“被”字句中人称代词的指称，他们又提出了规则二。

（5）简单动词结构内人称代词所指的“中心语统制性质同指规则”（规则二）：在句子SP内，当NP_1统制NP_2，若NP_2的代词是N_2，则NP_1中的N_1不能与之同指；若NP_2中的代词是M_2，则NP_1中M_1不能与之同指。

沈阳、董红源（2004）还发现，虽然例（6）中在宾语从句里面的人称代词“他”可以跟主句主语同指，但在例（7）中，同样在宾语从句里面的人称代词“他”却绝不会跟主句主语同指：

（6）a. 小王知道他会胜利的。

b. 小王希望他能得到老师的表扬。

c. 这回小余没说他是怎么发现的。

d. 小王说他早已下了决心。

（7）a. 鸿渐骂他糟蹋东西。

b. 李老兵嘲笑他浪漫。

c. 龚太平批评他糊涂。

d. 张全义感谢他为老爷子带来了喜信儿。

他们在一个注释中指出，虽然有人不把例（7）看作带宾语从句的结构，但他们认为至少从结构形式上看，例（7）跟例（6）是差不多的。为了解释例（7）这类句子中人称代词的指称，他们把例（7）中的主句动词称作矢量动词，并据此提出了规则三：

（8） 矢量动词结构内人称代词所指的“直接统制性质同指规则”（规则三）：[①]
在句子SP'（矢量动词结构）内，若主句主语NP_a直接统制NP_b，且NP_b中包含人称代词，则NP_a的中心语（N）不能与NP_b的代词中心语（N）同指，NP_a的修饰语（M）不能与NP_b的修饰语代词（M）以及其他所有非NP_b节点的代词同指。

沈阳、董红源（2004）认为“规则三”不仅可以解释例（6）和例（7）中人称代词在指称上的区别，而且还可以很好地解释例（9）和例（10）中人称代词在指称上的区别。

（9） a. *小王$_i$感谢他$_i$做得对。

b. *小王$_i$的父亲感谢李阿姨帮助了他$_i$。

c. *小王$_i$的父亲感谢他$_i$的同学找到了车子。

d. *小王$_i$的父亲感谢李阿姨找到了他$_i$的车子。

（10） a. 小王$_i$感谢李阿姨帮助了他$_i$。

b. 小王$_i$感谢他$_i$的父亲来开家长会。

c. 小王$_i$感谢李阿姨帮助了他$_i$的弟弟。

d. 小王$_i$的父亲感谢他$_i$帮助了小李。

按照“规则三”的规定，例（9a）中人称代词不能指称直接统制它的主句主语；例（9c）中处于NP_b的修饰语位置的人称代词不能与直接统制NP_b的NP_a的修饰语NP同指。同样，在例（9b）和例（9d）中，人称代词“他”不能指称主句主语NP_a的修饰语，是因为主句主语NP_a的修饰语不能跟NP_a不直接统制的、隔层的其他NP节点中任何位置上的人称代词同指。与例（9）不同，例（10）中代词的指称都满足了“规则三”。

---

① 沈阳、董红源（2004）对直接统制定义如下：
如果存在n个依次“C统制”的NP节点：$NP_1 \rightarrow NP_2 \rightarrow NP_3 \rightarrow \cdots\cdots \rightarrow NP_n$（“→”代表C统制），则$NP_n$要受到NP（n-1）的直接统制。

Chomsky（1981）的约束B原则是一个句法条件。根据这一句法条件，代词在其管辖语域（governing category）内必须是自由的，即不受约束，而管辖语域一般指的是包含相关代词的、最小的句子S或NP/DP。很显然，约束B原则并没有规定代词必须指称哪一个名词性成分，而是规定代词不能与处于某一范围内的名词性成分同指。从这一角度去检验例（3）中的句子，就会发现其中代词的指称并不违反约束B原则的规定，因为例（3a）和例（3b）中代词的管辖语域是包含代词在内的NP，而代词在这些NP中是自由的。至于代词在管辖语域外具体指称什么，约束理论并不负责，所以例（3b）中的代词是否指称主语的修饰语，同约束B原则无关。

（3） a. 老师$_i$帮助了他$_{i/j}$的学生。

b. 小王$_i$的老师$_j$帮助了他$_{*i/j/k}$的学生。

事实上，在类似例（3b）那样的句子中，充当宾语修饰语的代词是可以指称作为主语修饰语的NP的，像例（11）里的“他”（性别特征忽略不计）就可以指“王老师”“王老师的太太”或者其他人。与沈阳、董红源（2004）的“规则一”或“规则二”的预测相反，这种指称关系并不违反约束B原则。

（11）王老师$_i$的太太$_j$帮助过他$_{i/j/k}$的学生。

例（7）中的句子亦不对约束B原则构成反例，因为这里的主句动词都是控制类动词（control verb），或者说这类动词引入一个兼语结构，所以后面的人称代词“他”实际上是控制动词的宾语。这样一来，代词“他”的管辖语域是主句，“他”自然不能在这一管辖语域内受到约束。至于例（9b）、例（9c）和例（9d）中“他”在指称方面受到的限制，则和约束B原则无关，比如例（12）各句中人称代词的指称同样违反了“规则三”，但却没有造成任何问题。

（12）a. 王老师$_i$的太太不喜欢别人（学生）来看他$_i$。

b. 王老师$_i$的朋友十分感谢他$_i$的学生帮助解决了这个问题。

c. 王局长$_i$的太太从不让亲戚去他$_i$的办公室。

当然，为什么在例（3b）、例（9b）、例（9c）和例（9d）中，代词“他”不能指称主句主语的修饰语，而是倾向于指称主语，仍然是需要解释的现象。对代词的指称有制约作用的有三个因素，一是第三节要讨论的分指限制，也就是代词不能指称同谓题元名词性成分；二是代词指称的求近倾向，三是代词指称的显著性（prominence）选择倾向。

分指限制禁止代词指称带同谓题元的名词性成分，而求近倾向要求代词指称较近的成分。离代词最近的通常是同谓题元名词性成分，但由于分指限制（或约束B原则）是句法规则，不可违反，所以代词只能越过同谓题元名词性成分寻找其他较近的先行语。在例（3b）中，代词“他”的题元与句子主语不同谓，而句子主语比主语修饰语离代词更近，所以代词倾向指称较近的句子主语。不过，倾向不等于必然，只要有相应的语境，如“小王”刚刚当上老师，无法回答学生提出的难题，只好找自己的老师帮忙，那么例（3b）中的“他”还是有可能指称“小王”的。

例（9b）有两种分析方法。按传统的兼语结构分析的话，代词“他”和“李阿姨”的题元属于同一个谓语，所以两者同标违反代词的分指限制。按生成语法的控制结构分析的话，受“李阿姨”控制的PRO与代词“他”的题元属于同一个谓语，[①]“他”和“李阿姨”同标，就等于“他”与PRO同标，同样会违反代词的分指限制。

（9） b. *小王$_i$的父亲感谢李阿姨帮助了他$_i$。

例（9c）中的代词“他”和主句主语的题元不属于同一个谓语，同时又由于主句主语比它本身的修饰语离“他”更近，所以与其修饰语相比，主句主语要更容易与“他”建立指称关系。例（9d）的情况与例（9b）和例（9c）大致相同。值得注意的是，例（9d）中代词的指称很大程度上受到动词的词汇语义的影响。如果把例（9d）的主要动词“感谢”换成“帮助”，代词便倾向指称兼语名词词组（如果忽略代词的人称特征的话）。

---

① 例（9b）的控制结构可以写成以下表达式：
小王的父亲感谢李阿姨$_i$[PRO$_i$帮助了他]。

（9） c.*小王$_i$的父亲感谢他$_i$的同学找到了车子。

d.*小王$_i$的父亲感谢李阿姨找到了他$_i$的车子。

代词的指称除了受求近倾向影响之外，还受显著性的影响。实际上，显著性对代词指称的影响更大一些。在话语篇章中，代词通常指向话题，而话题是具有较高显著性的。在句子内部，在充分考虑到生命度（animacy）的情况下，成分统制（c-command）代词的句法成分显著性较高。比如在“小王的父亲要求李主任卖掉他的车子”这一兼语结构中，代词“他”可以指称兼语“李主任”，也可以指称主句主语“父亲”，[①]但倾向于不指称主句主语的修饰语“小王”。从求近倾向的角度来说，代词“他”同主句的主语或者主语的修饰语之间都隔了一个兼语，因而距离都比较远，但主语“父亲”的显著性要高一些，所以更容易成为“他”的前指。这是因为主语成分统制代词“他”，而主语的修饰语并不成分统制“他”。

制约代词指称的三个条件中，分指限制是句法条件，是不能违反的；而另外两个都是调节代词指称的、具有语用性质的倾向性，是可以违反的。句法条件和语用条件分开以后，句法管辖的范围便会收窄，其制约条件也就有了统一的特性，不再有例外了。

3. 约束B原则的作用范围：题元结构

与沈阳、董红源（2004）的努力方向相反，我们着力于收窄约束B原则的作用范围。为了更好地说明经典约束B原则的问题，首先考察一下经典约束B原则在英语中的运用情况。

Chomsky（1981）的约束A原则和B原则预测，反身代词与代词在管辖语域内呈互补分布，即反身代词在管辖语域内要受约束，而代词则必须不受约束。事实却并非永远如此，虽然在例（13）中代词和反身代词形成对立，但在例（14）中代词和反身代词却可以自由互换。

① 严格地说，主句的主语是“小王的父亲”，“父亲”只是主语的中心语。这样说是为了叙述的方便。

（13）a. $John_i$ likes $himself_i$.

b. *$John_i$ likes him_i.

（14）a. $John_i$ saw a snake near $himself_i$/him_i.

b. $John_i$ saw a picture of $himself_i$/him_i.

更为麻烦的是，例（15）的结构虽然看上去与例（14b）相似，但其中的代词与反身代词却不可以自由互换：

（15）$John_i$ took a picture of $himself_i$/*him_i.

按Chomsky（1986）的说法，例（15）中宾语NP或DP的标志语位置（Spec）上有一个PRO，如例（16）所示：

（16）$John_i$ took [PRO_i picture of $himself_i$/*him_i]

例（16）中的PRO与主语同标，而且在包含代词him的最小NP之内，如果him与John同标，就会受到PRO的约束，从而违反约束B原则。但是，例（14b）的宾语具有同样的结构，如例（17）所示，而且himself可以不与PRO同指，Chomsky（1986）的做法在这里碰到了困难。

（17）$John_i$ saw [PRO_j picture of $himself_i$/him_i].

Farmer & Harnish（1987）曾提出一个分指条件（disjoint reference presumption）来限定论元间的同指（co-referential）关系，规定同一谓语的各个论元倾向于分指，除非某个论元是有标记的。反身代词是有标记的，所以可以与同谓语论元同指；代词是无标记的，所以不能与同谓语论元同指。Reinhart & Reuland（1993）也指出，代词的约束应在语义谓语（semantic predicate）的层面上操作，其基本精神与Farmer & Harnish（1987）相似。在此基础上，可以进一步假设约束A、B原则分别作用于论元结构和题元结构，对约束A、B原则分别作以下修订：

（18）a. 约束A原则：（i）反身代词如果有一个局部约束域，就必须在这一局部约束域内受约束；（ii）当γ是包含反身代词β在内的最小论元结构，并且γ含有一个受AGR允准的主语时，也只有当这一条件得到满足时，γ才是β的局部约束域。

b. 约束B原则：代词性成分不受同谓题元名词性成分的约束。

至于约束，则定义如下：

（19）如果A成分统制B并且A与B同标，则A约束B。

按照例（18a）的规定，如果反身代词没有一个受AGR允准的主语，反身代词便没有局部约束域，其指称就不会由A原则来限定。众所周知，汉语的简单反身代词“自己”可以受到长距离约束，其原因是汉语中没有AGR，无法为“自己”划定一个局部约束域，“自己”的指称便不受约束A原则的限制。[①]汉语中除简单反身代词不受约束A原则的制约外，复合反身代词（complex reflexive）也不受其制约。根据Pan（1998）以及潘海华、胡建华（2002b）的研究，汉语复合反身代词的约束也可以不受局部性条件（locality condition）的制约，同样是因为汉语中缺乏AGR因素，无法构成一个严格的句法约束条件。

另外须指出的是，在英语的x's NP of y结构中，如果y是反身代词，y必须接受x的约束，例句“$John_i$ found $Bill_j$'s picture of $himself_{*i/j}$”中的情况便是如此。如果采用Abney（1986）的DP假说，在x's NP of y结构中同样也有AGR，在上述结构中所有格（possessor）NP作为AGR的标志语（specifier），为反身代词形成一个局部约束域。反身代词在这一局部约束域外受约束，就会违反约束A原则。

修正后的约束原则可以为相关的约束问题提供合理的解释。例（13a）满足了A原则，所以himself的约束情况合法；例（13b）违反了B原则，所以himself的约束情况不合法。例（14）中的主语与代词him的题元不属于同一个谓语，所以二者同标不违反约束B原则。例（14）中的主语与反身代词himself同标亦不违反约束原则，因为例（14）中的himself没有一个受AGR允准的主语。在例（14a）中允准反身代词的谓语是near，而在例（14b）中允准反身代词的谓语则是picture。例（15）中的代词him与

---

① Hu（2002）认为汉语反身代词的约束受显著性和局部性交互作用的制约。

句子主语同标违反了约束B原则，因为这里允准代词的谓语是picture，而picture的主语是受主句主语控制的PRO，如（16）所示，所以把him与主句主语同标就等于把him与带有同谓题元的PRO同标，违反了B原则。

需要指出的是，修订后的约束A原则是一个句法条件，而B原则则体现了句法和语义的结合。修订后的约束B原则能更好地预测人称代词的约束。比如例（20a）和例（20b）中的代词“他”不可与主句的主语同标，用经典的约束B原则就很难加以解释。修订后的约束B原则是在题元结构上运作的句法－语义条件。在句法层面上，例（20）中的代词“他”没有属于同一个谓语的题元名词性成分，但在语义层面，或者说题元结构上，却有一个名词性成分带有与其同谓的题元。

（20）a. 小明$_i$是*他$_i$／自己$_j$的老师。

b. 小明$_i$可以担任*他$_i$／自己$_i$的医生。

在例（20）中，处于修饰语位置的反身代词可以与句子主语同标，但同一位置上的代词却不可以。在语义层面上，处于修饰语位置的NP从修饰对象那儿得到一个受事题元。有关名词配价的研究，可参看袁毓林（1992、1994），例（20a）中“他的老师”从语义上说是“教他的人”，而例（20b）中“他的医生”是“为他看病的人”。这两句中的主语分别通过句子谓语的认同（identification）作用拿走了“老师”和“医生”中隐含的施事题元，如果把修饰语位置上的NP与句子主语同标，便会导致两个同谓题元的同标，即施事和受事同标。例如在例（20a）中，“老师”所蕴含的谓语P分别可以指派两个题元，而如果把这两个题元都指派给名词性成分“小明”，那么在逻辑语义层面则会产生如下结果：

（21）小明（$\lambda x(x\,P\,x)$）

如果（21）中的x是受约束的代词，这种约束关系就会违反B原则，因为代词不可与带有同谓题元的名词性成分同标。如果把（21）中的x换成反身代词，B原则就不再起作用了，而汉语没有AGR，A原则也不会起作用，这个反身代词x因此可以接受长距离约束。

沈阳、董红源（2004）指出，在例（22）中，处于宾语修饰语位置的代词不能指称最近的句子主语：

（22）孙国仁$_{i}$不顾他$_{*i/j}$的阻挡躲闪，强行摘下堵住他耳朵的耳机。

他们认为“不顾他的阻挡”实际上是从“不顾他阻挡”转化而来的，由于后一结构中的代词不能指称主语（如下所示），所以当它转化为前一种结构时，代词的指称不变。

（23）孙国仁$_{i}$不顾他$_{*i/j}$阻挡躲闪。

虽然这种分析可以解释例（22）中代词指称的情况，但却无法解释例（24）中代词的指称情况：

（24）孙国仁$_{i}$不顾他$_{i}$的屡次失败，又一次走进了考场。

实际上，例（22）的代词“他”之所以不能指称主语“孙国仁”，是因为“孙国仁”是动词性成分“阻挡躲闪”的语义受事，而代词“他”是该短语的语义施事。让“他”与“孙国仁”同标，就等于让动词性成分“阻挡躲闪”的两个同谓题元同标，因此违反了约束B原则。需要注意的是，即使把例（22）中的代词换上反身代词，句子仍然不合语法，因为“阻挡躲闪”的语义受事实际上是一个隐含的代词性成分。

（25）*孙国仁$_{i}$不顾自己$_{i/j}$的阻挡躲闪，强行摘下堵住他耳朵的耳机。

也就是说，例（22）的问题并非源于代词“他”和主语“孙国仁”的同标，而是源于动词性成分“阻挡躲闪”的隐含受事与其施事的同标。与例（22）相反，例（24）中代词的约束可以成立，因为那里的“失败”是一价动词，没有隐含的语义受事，而人称代词“他”又不带与主句主语同谓的题元，所以代词的约束不违反约束B原则。

4. 结语

我们的结论是：(i）约束A原则作用于论元结构，而约束B原则作用于题元结构；(ii）约束B原则只负责界定代词性成分的指称可能性，即可以指称什么，不能指称什么；至于代词性成分在实际语篇中具体选择哪一种可能性，约束原则并不负责。

参考文献

胡建华　潘海华　2001 《OT方案与照应语的约束》,《外国语》第1期。

胡建华　2002a 《NP显著性的计算与汉语反身代词“自己”的指称》,《当代语言学》第1期。

潘海华　2002b 《汉语复合反身代词与英语反身代词比较研究》,《外语教学与研究》第4期。

沈　阳　董红源　2004 《“直接统治”与“他”的句内所指规则》,《中国语文》第1期。

石定栩　2002 《乔姆斯基的形式句法——历史进程与最新理论》，北京语言文化大学出版社。

袁毓林　1992 《现代汉语名词的配价研究》,《中国社会科学》第1期。

袁毓林　1994 《一价名词的认知研究》,《中国语文》第4期。

Abney, Stephen Paul 1987 *The English Noun Phrases in Its Sentential Aspect*. PhD Thesis. MIT.

Chomsky, N. 1981 *Lectures on Government and Binding*. Dordrecht: Foris Publications.

—— 1986 *Knowledge of Language: Its Nature, Origin, and Use.* New York: Praeger.

Farmer, Ann K. and Robert M. Harnish 1987 Communicative reference with pronouns. In Jef Verschureren and Marcella Bertuccelli-Papi (eds.) *The Pragmatic Perspective: Selected Papers from the 1985 International Pragmatics Conference*, 547–565. Amsterdam: John Benjamins Publishing Company.

Hu, Jianhua 2002 *Prominence and Locality in Grammar: The Syntax and Semantics of Wh-questions and Reflexives*. Ph. D. Dissertation. City University of Hong Kong.

Pan, Haihua 1998 Closeness, prominence, and the Binding Theory. *Natural Language and Linguistic Theory* 16: 771–815.

Reinhart, Tanya and Eric Reuland 1993 Reflexivity. *Linguistic Inquiry* 24, 4: 657–720.

（与石定栩合著，原载《中国语文》2006年第1期）

第十七章　NP显著性的计算与汉语反身代词“自己”的指称

1. 引言

海外对汉语反身代词“自己”的研究可以分为两派。一派认为“自己”的分布与指称基本上是一个句法现象，可以在句法的范围内解决：另一派则认为句法无法解决其分布与指称问题，其释义需通过功能、语义、语用或话语等来解决。对于前一种句法研究法的评论，请参看胡建华（1998），在此不再赘述。我们首先对后一种非句法研究方法中比较有代表性的功能、语用及题元理论做出评论，指出这三种非句法研究法与句法研究法在研究方法论上都有着同样的问题：它们都没有综合考虑影响反身代词指称的多种因素，因此它们在汉语反身代词的研究中都有着同样的局限性。然后，这里对潘海华的自我归属理论作了评介，并在Pan（1995、1997）的基础上根据先行语NP的显著性，综合考虑了句法、语义、语用以及话语多方面的信息提出一个汉语反身代词的解读模式。

2. 基点度、主题性与反身代词的指称

陈平（Chen，1992）从功能主义的角度对“自己”做了研究。他认为在理解汉语反身代词“自己”时起根本作用的不是“自己”与先行语之间的句法结构关系，而是先行语在语句中所表现出来的基点度（[+pivot]）与高主题性（[+high topicality]）。

基点度的概念是Sells（1987）提出来的。Sells（1987）在研究语内传

递现象（logophoricity）时指出，语内传递概念是由话语中的三个更为基本的初始“角色”（primitive roles）交互作用形成的。这三个初始角色是：来源（source）、自我（self）与基点度。“基点度”指的是言语表述的时—空基准。基点度是指示的中心（center of deixis），是一个在物理意义上使用的术语：“如果某人以玛丽为基点度进行叙述，那么那人便被认为是站在玛丽的位置上”（Sells，1987:456）。

陈平（Chen，1992）在Sells（1987）的基础上提出，在理解汉语反身代词“自己”时起根本作用的是以上三个角色中的基点度。陈平举出以下例句来说明自己的观点：

（1） 老王$_i$拍了自己$_i$一下。

（2） 老王$_i$很高兴，因为老李$_j$昨天专门给自己$_i$送来几束鲜花。

陈平（Chen，1992：12）指出，在以上例句中，指称对象（referent）不必非是述谓（predication）的“来源”或“自我”才能作“自己”的先行语。例（1）中的“老王”既不是述谓的“来源”，又不是“自我”，但却可以约束“自己”。在例（2）中，“老王”是“自我”，但却不是“来源”。然而，指称对象却必须是“基点度”才能作“自己”的约束语。“老王”在例（1）与例（2）中都是“基点度”。

主题性指的是指称对象作为评述（comment）的主题所具有的值，即指称对象可以担当起被评述的主题的因素。陈平（Chen，1992）是根据Bates & MacWhinney（1982）以及Givón（1983、1984、1992）来定义主题性的。根据Bates & MacWhinney（1982），决定指称对象的主题性的要素有以下三点：

（3） a. 已知—新知（givenness-newness）

b. 视角（perspective）

c. 突出性（salience）

已知-新知这一标准可用来测定指称对象与前文的连续性。已知NP与新知NP相比与前文联系更紧密，因此更容易被选作主题。

视角用来测定说话人与语篇中的NP认同的难易度。越像说话人的成分（即越接近自我的成分）越容易被选作主题。NP与自我的接近度可由以下标准测定（Chen，1992：13）：

（4）　语义格角色等级（semantic case role hierarchy）

施事＞经事（experiencer）＞与格（dative）＞工具＞受事＞处所

（5）　固有词汇内容等级（inherent lexical content hierarchy）

（Silverstein 等级）

第一人称代词＞第二人称代词＞第三人称代词＞第三人称指示词（demonstrative）＞专名＞亲属词（kin-term）＞人及有生命物＞具体物＞抽象物

突出性指的是具有易被感知和注意的突出特性。陈平指出，目前我们对突出性的基本特性还所知甚少。所谓的突出性往往取决于信息处理中的具体情况。

根据以上讨论，我们可以看出，主题性取决于以上诸因素的聚合程度。一个典型的（prototypical）主题应该既是一个已知NP，又是一个施事，又是一个由接近自我的词汇手段编码的NP，同时还是一个具有高突出性的NP。但是由于在大多情况下，这些因素并不在同一个NP上聚合，所以具体哪一个NP具有高主题性往往要由这些因素竞争的结果决定。

陈平（Chen，1992）指出，[＋基点度]和[＋主题性]是调节“自己”释义的两个基本因素。一个指称对象要想成为“自己”的合格的先行语，它必须是基点度，且具有高主题性。他认为这两个因素既可以用来解释主语倾向性、句内约束、话语约束和长距离约束，也可用来正确地预测一个指称对象何时不能作“自己”的先行语。根据陈平（Chen，1992），所谓的主语倾向性实际上不过是一种主题性倾向性，因为在基本语句中一个典型的主语既是施事，又是一个具有高主题性的NP。此外，如果一个指称对象具有比较高的主题性，它不是主语也一样可以作“自己”的先行语。非主语具有较高的主题性的情况往往由以下原因造成（Chen，1992：17）：

（6） a. 主语虽然占据句法主语位置，但按相关的非句法标准衡量，主语的主题性较低，故使得非主语具有较高的主题性。

b. 非主语既占据拥有高主题性的典型性句法位置，同时从非句法因素考虑，又是一个具有高主题性的指称对象。

当主语是非施事，或者当主语是非已知对象，或者当主语是由低主题性词汇手段来编码时，主语的主题性便较低。陈平举出以下例子对此作出说明：

（7） 老王$_{i}$被老李$_{j}$锁在自己$_{i/j}$的屋子里。

（8） 有人$_{i}$把老李$_{j}$关在自己$_{i/j}$的屋子里。

（9） 别人$_{i}$问他$_{j}$自己$_{?i/j}$的太太来了没有。

（10） 某人$_{i}$昨天警告老王$_{j}$自己$_{*i/j}$的生命安全正受到威胁。

在例（7）中占据主语位置的不是施事，施事在句中是以间接格宾语（oblique object）的形式出现的。在例（8）、例（9）和例（10）中，主语或者是非已知NP或者是主题性较低，于是非主语便自然可以充当“自己”的先行语。在以上例句中，“自己”可以并且有时必须与具有高主题性的非主语同指，见例（10）。

陈平认为，某些占据非主语位置的NP具有高主题性的情况是由占据该位置的NP的语义和话语－语用特征，尤其是其已知性（连续性）所决定的。这一类具有高主题性的句法位置一般是主语的所有格（possessive）、直接宾语以及汉语中的“把”宾语。请看以下陈平（Chen，1992）举出的例子：

（11） 他$_{i}$的几个孩子$_{j}$都不愿意接自己$_{i/*J}$的班。

（12） 秘书$_{I}$通知老王$_{j}$董事会$_{k}$将于下星期讨论自己$_{i/j/K}$的方案。

（13） 他们$_{i}$把敌人$_{j}$打回自己$_{i/j}$的老家。

例（11）中的“自己”必须与处于主语所有格位置的指称语同指，而在例（12）和例（13）中，“自己”可以寻找直接宾语和“把”宾语作先行语。

根据以上分析，陈平（Chen，1992）得出结论：所谓的主语倾向性实际上是一种主题倾向性（topicality orientation）。当主语的主题性比较低时，非主语便可以作“自己”的先行语。除此之外，主题性还可以解释最大句子效应（maximal clause effect）和最小距离效应（minimal distance effect）。所谓最大句子效应和最小距离效应指的是在以下这种有套叠结构的句子中，“自己”倾向于与最外层主语和最内层主语同指，而与中层主语同指则比较困难：

（14）张三$_i$以为李四$_j$知道王五$_k$不喜欢自己$_{i/?j/k}$。

陈平认为例（14）中“自己”之所以倾向于与最外层主语和最内层主语同指，是因为这两个主语都具有较高的主题性。最外层主语的主题性较高是因为它处于整个句子的开始位置，是整个句子的主题，具有较高的主题连续性（topic continuity）；最内层主语的主题性较高是因为它离“自己”最近，而这又意味着它与“自己”之间的潜在干扰最小。①

陈平（Chen，1992）对“自己”的功能主义研究的确为解决“自己”的指称问题提供了一个新的途径，但他的研究也存在着难以解决的问题。首先，陈平的主题性的概念过于泛化。徐烈炯（1997）曾举出一个主题论无法解释的例子：

（15）为了自己$_i$的利益，谁也阻挡不了他$_i$。

徐烈炯认为主题论无法解释例（15）中“自己”的同指问题。他说，总不见得可以把主题的概念扩大到连上例中的“他”也算主题。而实际上，陈平的主题正包括例（19）中的“他”这种情况。从前文的介绍可以看出，陈平的主题是一个十分泛化的概念，它可以扩大到主语的所有格、“把”宾语和直接宾语。例如，在例（12）中不仅主句主语“秘书”和小句主语“董事会”具有高主题性，而且直接宾语“老王”也具有高主题性。然而，如此泛化的主题使得主题这一概念失去了其鲜明的特色，于是便降低了主

① 根据Givón（1983，1984），指称对象的主题性可由指称距离（referential distance）、潜在干扰（potential interference）和主题持续性（topic persistence）这三个标准来测定。

题的解释力。陈平指出在例（11）中“自己”必须与主语的所有格同指，因为其主题性高。然而例（11）中“自己”之所以与“他”同指实际上并不是由于“他”的高主题性造成的，而是由于“接班”的词汇意义造成的。把例（11）中的“接班”换一个词，情况便会发生变化，如下：

（16）他$_i$的几个孩子$_j$都不愿意讲自己$_{?i/j}$的错。

对于阻断效应，功能主义与各种句法分析法一样，似乎也难以给出令人满意的解释。阻断效应往往是由于先行语的人称不一致引起的，请看下例：

（17）他$_i$知道我$_j$对自己$_{*i/j}$没有信心。

陈平采纳了Yoon（1989）的观点，认为阻断效应是由于基点度的冲突造成的。在例（17）中，当第一人称“我”出现在句中时，外部说话人（external speaker）便很难再与句中其他的人认同，因为“我”本身就是外部说话人。“自己”的指称对象必须是［＋基点度］，而这意味着报告人必须被理解为是真正站在指称对象的位置上。如果在例（17）中自己与“他”建立约束关系，便会产生尴尬的局面：同一个人在同一个时间会站在不同的位置上（Yoon，1989：491）。然而，基点度冲突说却无法解决以下例句中的问题：

（18）张三$_i$认为李四$_j$从我$_k$那儿听说了自己$_{*i/j/*k}$的分数。

（19）宝玉$_i$以为我$_j$的学生$_k$不喜欢自己$_{*i/*j/k}$。

（20）我$_i$以为张三$_j$喜欢自己$_{i/j}$。

（21）我$_i$不喜欢张三$_j$管自己$_{i/j}$的事。

在例（18）中“我”是“来源”。根据Sells（1987），“来源”应蕴含着“自我”，而“自我”则蕴含着“基点度”。因此，“我”应是“基点度”。但是“我”却不能作“自己”的先行语。在例（19）中“宝玉”和“学生”不构成基点度冲突，但是“自己”却只能指“学生”，不能指“宝玉”。在例（20）和例（21）中，“我”与“张三”构成基点度冲突，然而“自己”却既可以指“我”又可以指“张三”。

3. 题元等级与反身代词的指称

徐烈炯（Xu，1993、1994）认为句法约束理论无法解决“自己”的指称问题。他在Hellan（1988、1991）等人研究的基础上提出了反身代词约束中的题元等级（thematic hierarchy）理论，指出在“自己”的约束中起作用的是题元角色（thematic roles）。根据徐烈炯的题元等级理论，题元等级高的论元（argument）即使不是主语也一样可以作反身代词的先行语。“自己”对先行语的选择要遵循这样的题元等级：

（22）施事＞经事＞客体（theme）＞受事。

徐烈炯认为题元等级可以预测哪一个NP更有资格作某一特定的反身代词的先行语。他所使用的题元角色与有关文献中所讨论的题元角色略有不同，题元角色不一定是以NP作论元的谓语动词词汇表达式的投射物。对此，徐烈炯（1994：125）举出以下例子：

（23）这件事告诉他以前自己的想法不一定对。

（24）通过这件事他认识到以前自己的想法不一定对。

在例（23）中，动词“告诉”指派给“他”的题元角色是“目标”（goal）。然而，例（23）可以解释为例（24）。在例（24）中，“他”是经事。徐烈炯认为，实际上例（23）中的“他”从更为宽广的语义角度看也是经事。徐烈炯把例（24）与例（23）中的这两种经事分别称之为直接经事和间接经事。

处于题元等级顶层的是施事。徐烈炯认为不管是在英语还是在汉语中施事所处的典型位置是主语位置。但是，不是主语的NP也可以作施事，于是这一非主语NP也可以作“自己”的先行语。像例（25）中的介词宾语“他”便是一个典型的例子：

（25）好东西都被他拿到了自己的屋里。

在例（26）中“他”虽然在句法上是作介词的宾语的名词“口”的修饰语，但从语义上讲，却是一个间接施事，因此便可以作“自己”的先行语。

（26）这些话出自他的口中会对自己不利。

同样，在例（27）中李先生是制造阴谋的人，因此也是施事，故也可以作“自己”的先行语。

（27）李先生的阴谋害了自己。

徐烈炯指出，宾语之所以一般不作反身代词的先行语，就是因为宾语位置一般总是放置受事的位置。如果宾语位置放置的不是受事，而是施事，情况就会有所不同，请看下例：

（28）？为了自己的利益，什么力量都阻挡不了他。

在例（28）中，虽然动词“阻挡”没有指派给“他”一个施事题元角色，但“他”实际上从语义上讲是一个间接施事。

当没有施事时，经事便成为题元等级中最显著的（prominent）论元。在例（27）中经事处于宾语位置，尽管反身代词在它前面，它仍然可以作其先行语。

（29）自己受到的不公平待遇激怒了他。

处于题元等级最底层的是受事。徐烈炯认为受事只有出现在主语位置才能作“自己”的先行语。徐烈炯通过以上分析后指出，一个NP如果满足这两个条件之一便可以作“自己”的先行语：（a）在题元等级中具有高题元角色；或（b）除具备其他语义和语用条件外，是句法主语。徐烈炯（Xu，1994）指出，反身代词总是选择最显著的NP作先行语，而成为显著NP的途径则不止一个。

通过以上介绍我们可以看出，徐烈炯强调“自己”的先行语的资格是由多种因素决定的，这些因素包含句法的、语义的与话语的。笔者认为多因素决定论是解决“自己”的释义的正确方向。沿着这一方向，我们需致力研究的是各种因素在什么样的条件下是如何介入反身代词的释义的。徐烈炯的题元理论可以解决许多其他理论所不能解决的问题。然而，由于题元等级的高低与人称无关，题元等级理论无法解释“自己”在寻找先行语时由于人称不一致而触发的阻断效应。潘海华（1997）对题元分析法作了全面的分析与评论，他指出，题元等级理论的缺点在于没有提出一个解决阻断效应的机制。

4. 新格莱斯语用理论与反身代词的指称

黄衍（Huang，1991、1994）在Levinson（1987、1991）的新格莱斯理论（Neo-Gricean Theory）的基础上，提出了解决语言中照应现象的纯语用学方法。黄衍认为语言中照应语的解读取决于DRP与两个语用原则——I-（信息）原则和M-（方式）原则——之间的交互作用。DRP是Farmer和Harnish（1987）提出的disjoint reference presumption（分指假设）的缩写：

（30）Farmer与Harnish的分指假设

谓词的论元，除非是有标记的，倾向于分指。

根据DRP，除非谓词的一个论元为反身代词，否则谓词的论元要分指。黄衍认为一个物体作用于另一个物体是世界上的一种常规的自然关系，因此DRP是建立在世界知识基础之上的。

I-原则与M-原则的基本内容可以简述如下（Levinson，1991；Huang，1991、1994）：

（31）a. I-原则：只提供为达到交流目的所需的最小极限的语言信息。

b. M-原则：不要无故使用冗长、隐晦或有标记的语言形式。

（31）是说话人所遵循的两个原则，听话人则要从相反的方向对所听到的话语进行推论：(a）听话人要对说话人的话语信息进行扩展（尤其要注意常规关系），把简约的（reduced）、语义上概括的NP优先解读为共指（I-含义）；(b）说话人使用冗长及有标记的语言形式是为了避免无标记的语言形式所带来的常规联想及依据I-原则推导出来的含义（M-含义）。

黄衍利用I-原则、M-原则和DRP建立了一套复杂的照应语语用推导模式（Huang，1994：144—146），其基本的思路是：反身代词必定是指称依存的（referentially dependent），而代词及零形照应语（zero anaphor）只是倾向于指称依存。反身代词、代词和零形照应语的指称依存特性是用I-原则推导出来的。根据黄衍（Huang，1991、1994），词汇性NP（又称名称或指称语）、反身代词、代词和零形照应语之间形成一种互补关系：（a）在可以用代词或零形照应语的地方用了反身代词，根据M原则可以推导出，这时反身代词的使用正好具有与代词或零形照应语相联系的I-含义相互补的M-含义。这一与I-含义相互补的M-含义既可以是指称上的含义，又可以是与预期性（expectedness）有关的含义。

黄衍的纯语用学分析法虽然独辟蹊径，但似乎并不能解决“自己”的约束问题。要看一个分析汉语长距离反身代词的理论是否运作良好，很重要的一点就是要看它如何解决阻断效应这一难题。阻断效应成了测试汉语长距离反身代词理论的试金石。黄衍对阻断效应作了两种解释。一种与陈平的解释基本一样，认为阻断效应来自于语内传递对反身代词寻求先行语的制约。请看以下例句：

（32）a. 小明认为我太相信自己了。

b. 小明认为我太相信他自己了。

黄衍认为例（32a）中的“自己”只能指“我”，不能指“小明”，这是因为语内传递在汉语中只能牵涉一个视角中心，不能经历视角中心的转换。在例（32a）中由于插入了一个第一人称代词，因此引入了一个新的视角中心，于是视角中心便经历了转移。视角中心的转移使得语内传递不能发生，因此长距离指称便被阻断。然而，黄衍的这一分析却无法对例（20）与例（21）作出解释。例（20）与例（21）都牵涉由于人称的不一致而引发的视角中心的转移，但长距离指称却没有被阻断。黄衍的第二种解释牵涉复合形式反身代词（如例（32b）中的“他自己”）与简单形式反身代词之间的Q（量）对比。黄衍指出由于汉语允许复合形式反身代词越过与之人称不一致的代词与其先行语共指，因此说话人如果意欲进行长距离指称时自然要用复合形式反身代词；如果说话人在该用复合形式反身代词的地方用了简单形式反身代词，这时听话人则可利用Q-原则[①]推导出长距离指称不成立。然而，黄衍的Q-原则推导模式同样也有问题，请看下例：

（33）a.我不喜欢张三管我自己的事。

b.我不喜欢张三管自己的事。

在例（33a）中，“我自己”可以越过与之人称不一致的代词与主句主语“我”共指；然而，在例（33b）中，“自己”也可以与主句主语“我”共指。例（33b）说明黄衍的Q-原则推导不成立，因为在可以用复合形式反身代词的地方使用简单形式反身代词，长距离指称仍然可行。

黄衍的纯语用理论除无法恰当解决阻断效应外，还存在着理论内部问题。一方面，黄衍认为他的I-原则、M-原则和DRP等语用原则是一些普遍原则，另一方面他又不得不面对这一事实：不同语言中的反身代词在指称上有不同的特点。黄衍（Huang，1994:178）为汉语反身代词建立了一个先行语搜寻机制，其基本内容是：汉语反身代词先寻求局部主语作先行语；如果失败，则寻求局部宾语作先行语；如果失败，则向更上一层句子寻求先行语；如果再失败，则到句外寻求先行语（话题是优先选项）；如果全部失败，则最终确定反身代词的指称为任指。可是，正如Zribi-Hertz（1995）所指出的，为什么这一先行语搜寻机制不能运用到英语上面？黄衍认为原因在于汉语比英语更具语用性。然而，为什么汉语更具语用性呢？黄衍认为这是因为汉语所牵涉的句法制约因素比较少。黄衍指出，语言可以根据其所牵涉的句法因素与语用因素的多少进行类型上的划分。可是，问题是：为什么汉语所牵涉的句法制约因素少呢？显然，我们不能回答说汉语是一种语用语言，因为那样我们就会陷入循环论证的泥潭。实际上，汉语与英语之间的差异并不是一种语用性多少的差异，而完全是一种句法上的差异。汉语结构上的灵活性，正如汉语结构上的限制一样，都是由汉

① Q-原则规定：不要提供少于你的世界知识所允许的信息量，除非提供更多的信息会违反I-原则（Levinson，1991）。根据Q-原则，如果在该用较强信息的地方用了较弱的信息，则可推导出较强的信息在此不成立。

语的句法决定的。

5. 自我归属与反身代词的指称

汉语长距离反身代词的自我归属理论是潘海华（Pan，1995、1997）提出来的。他认为话语，尤其是自我归属和话语显著（discourse prominence）的概念，在"自己"的释义中起着重要作用。潘海华认为汉语反身代词可以分为对比性（contrastive）反身代词与非对比性反身代词。非对比性反身代词又分为局部性（locality）反身代词与自我归属反身代词两种。潘海华认为长距离反身代词属于自我归属反身代词。

潘海华根据Lewis（1979）把信念分为三种：涉实（*de re*）信念，涉己（*de se*）信念和涉名（*de dicto*）信念。[①]涉实信念是关于存在体（entity）的信念。涉己信念引自Lewis（1979），指的是对信念者自己的一种信念。涉名信念是对于某一命题的信念。Lewis（1979）指出涉己信念包括涉名信念，因为如果一个人相信某一命题，我们便可以说他对自己有一个信念，即相信他生活在相关命题为真的世界之中，如此这个人便对自己有了一种涉己信念。

潘海华指出，涉己信念对应于自我归属。与自我归属相联系的两个概念是自我归属者（self-ascriber）和特性（property）：一个自我归属者把一种特性归属于自己。请看以下例示：

（34）a. I think I am smart.

b. You think you are smart.

c. John thinks he is smart.

例（34）中John的指称对象既可以对自己有涉实信念又可以对自己有涉己信念，而I与you的指称对象却只能对他们自己有一种涉己信念。第三人称NP，如John，既可以指称信念者或信念的承载者（carrier of a belief）又可以指称名字为John的

① 涉实（*de re*），涉己（*de se*）和涉名（*de dicto*）三个汉语术语是香港城市大学中文、翻译及语言学系的冼景炬翻译的。

实体，而第一、二人称代词却只能指称信念者或信念承载者。例（34c）中第三人称代词he既可以解释为指称性的代词又可以解释为约束变项，而在例（34a—b）中当第一、二人称代词第一次出现时，它们不是约束变项，但当它们第二次出现时，它们必然是约束变项。由于第一、二人称代词具有强制性涉己信念，所以第一、二人称代词在涉己信念语境中是强制性自我归属者，而第三人称指人的NP在涉己信念语境中仅是任意性自我归属者。

潘海华认为长距离反身代词“自己”是涉己照应语，或称自我归属反身代词，其先行语必须是自我归属者。潘海华（Pan，1995、1997）提出以下解读自我归属“自己”的条件：

（35）自我归属“自己”的条件

在一个语言区域（linguistic domain）γ中如果没有一个介入性的（intervening）自我归属者的话，“自己”可以与γ中一个和它相容的（compatible）最显著的自我归属者形成约束关系。

（36）显著性条件（The prominence condition）

α在γ中是最显著的自我归属者，当且仅当在γ中没有一个β以至于β在以下的等级中比α高。

a. 主语＞宾语或间接格（OBLIQUE）

b. 支配性（dominating）NP＞受支配（dominated）NP

自我归属理论可以很好地解释“自己”的长距离约束现象，请看下例：

（37）张三$_i$知道李四$_j$觉得王五$_k$喜欢自己$_{i/j/k*}$。

在（37）中长距离反身代词“自己”的约束域有两个：主句与中间句。当“自己”指称主句主语“张三”时，主句主语与“自己”之间有一个介入性的自我归属者“李四”，但如前所述，由于第三人称NP是任意性自我归属者，所以当中间句主语不起自我归属者的作用时，主句主语便可以作“自己”的先行语。当中间句主语作自我归属者时，中间句主语是“自己”的先行语。自我归属理论还可以很好地解决“自己”的阻断效应中的不对称现象。潘海华在对大规模语料库中语料的研究中发现，“自己”的阻断效应中存在着人称的不对称现象[①]：只有第一、二人称代词阻断第三人称NP长距离约束"自己"，而第三人称NP并不阻断第一、二人称代词长距离约束"自己"。请看下例：

（38）a. 张三$_i$以为我/你$_j$喜欢自己$_{.i/j*}$

b. 我/你$_i$以为张三$_j$喜欢自己$_{i/j*}$

在（38a）中第一、二人称代词是强制性自我归属者，由于这一强制性自我归属者在主句主语与"自己"之间起干预作用，所以"自己"在指称主句主语时被阻断。在（38b）中只有主句主语是自我归属者，由于在主句主语与"自己"之间没有介入性的自我归属者，所以主句主语可以作"自己"的先行语。（38b）中的局部主语"张三"不是自我归属者，所以不会阻断"自己"的长距离约束。潘海华指出，强制性自我归属者不是主语时也可以形成阻断效应，请看下例：

（39）张三$_i$说李四$_j$告诉过我/你$_k$王五$_n$打了自己$_{*i/*j/*k/n}$一下。

在（39）中强制性自我归属者"我/你"是宾语，但是它照样阻断主句主语与中间句主语约束"自己"。潘海华指出，（39）中的强制性自我归属者"我/你"不能作"自己"的先行语，是因为它们不是最显著的自我归属者，只有最显著的自我归属者才能作"自己"的先行语，请看下例：

（40）张三$_i$告诉过李四$_k$王五$_n$打了自己$_{i/*k/n}$一下。

在（40）中没有介入性的自我归属者，所以主句中的NP都具有作"自己"的先行语的可能性，然而，由于显著性条件（36）的作用，宾语"李四"

① 沈家煊在与胡建华交谈时指出，从类型学的角度讲，第一、二人称与第三人称代词之间的确存在着不对称现象。许多语言没有第一、二人称反身代词，但却有第三人称反身代词。与潘海华的观点相同，沈家煊认为这主要是因为第一、二人称代词在指称时没有歧义，而第三人称代词在指称时却有歧义。如，在"我爱我家"及"你爱你家"中，第一、二人称代词第二次出现时都只能指句子主语，而在"他爱他家"一句中，第三人称代词第二次出现时，既可以指句子主语，也可以指句外的其他人，因此要避免第三人称代词使用时所产生的歧义，只有使用反身代词。而由于第一、二人称代词在使用时不会产生歧义，自然可以不使用反身代词。如此，沈家煊认为第三人称反身代词的使用具有功能的理据，第一、二人称代词与第三人称代词之间的不对称现象可以从功能主义理论那里找到解释。

被剥夺了作“自己”的先行语的可能性。同样，(39)中的宾语“我/你”虽然是自我归属者，但由于不是最显著的自我归属者，所以也不能作“自己”的先行语。潘海华的显著性条件(36)还可以解释为什么以下例句中的所有格“我的”不能作“自己”的先行语：

(41) 宝玉$_{i}$以为我的$_{j}$学生$_{k}$不喜欢自己$_{*i/*j/k*}$

(41)中的所有格“我的”之所以不能作“自己”的先行语，是因为它是一个受支配NP。

至此，我们看到潘海华提出的自我归属理论的确具有多方面的优势，为长距离反身代词的解读提供了一个全新的思路。自我归属理论解决了先前诸多理论所不能解决的许多问题。然而，尽管潘海华的自我归属理论为解决“自己”的长距离指称问题提供了一个全新的思路并且具有较强的解释力，这一理论也有一些需要改进的地方。首先，潘海华(Pan，1995、1997)认为“自己”可以分为局部反身代词“自己”和长距离反身代词“自己”，但他并没提供一个可供操作的标准来对它进行划分。我们认为这种划分并不符合以汉语为本族语的说话人的语感，实际上，潘海华所区分的两个“自己”完全可以用统一的原则来解释其指称。其次，自我归属理论无法解释为什么有的以汉语为本族语的说话人认为在(38b)中反身代词可以越过第三人称代词主语指称第一、二人称代词主句主语，而有的则认为不可以。

6. NP显著性的计算与反身代词的指称

通过对以上各家研究“自己”的非句法理论的分析，我们看到，长距离反身代词“自己”的非句法研究与句法研究一样都有一些不尽如人意的地方。实际上，以上各种研究汉语反身代词的非句法方法，之所以与句法方法一样都难以妥善处理汉语反身代词的指称，是因为它们都有着同样的局限性，即，它们都没有综合考虑影响反身代词指称的多种因素。

徐烈炯(Xu，1994；另参看他给Pan，1997写的序言)指出，反身代词总是选择最显著的NP作先行语，而成为显著NP的途径则不止一个。徐烈炯的这一观点实际上是一种多种因素决定论。能够成为“自己”的先行语的NP必定是具有显著性的NP，决定NP的显著性的因素则既有句法的，又有语义的和话语的。下面，我们将根据多因素决定论的思想提出一个确定反身代词指称的方案。

首先，我们在Pan（1997）的基础上对反身代词“自己”的指称条件定义如下：

（42）反身代词“自己”在一个语言区域内如果不被一个介入性的阻断语阻断的话，指称该区域内具有显著性的NP。

与Pan（1997）不同，我们认为反身代词的先行语并不限于最显著NP，凡是具有显著性的NP如果不被一个阻断语阻断，都可以作先行语。

对于阻断语，我们根据潘海华（Pan，1995、1997）的自我归属理论定义如下：

（43）如果在一个包含反身代词的强制性自我归属域（obligatory self-ascribing domain）中有一个介入性的最显著NP，这一介入性的最显著NP便是反身代词的阻断语。

强制性自我归属域是根据强制性自我归属者来定义的。定义如下：

（44）强制性自我归属域指的是一个包含强制性自我归属者的最小的完整功能复合体（complete functional complex），即包含反身代词的最小NP或IP。

基于多因素决定论的思想，笔者认为NP的显著性取决于以下显著性等级：

（45）显著性等级：

a. 语法功能等级：[＋主语] >> [－主语]

b. 题元等级：[＋施事] >> [－施事]（施事包括经事；非施事包括客体）

c. 结构位置等级：[＋支配性]（dominating）>> [－支配性]

d. 生命度等级:[+生命](animate)>>[-生命]

e. 人称等级:[+第一二人称]>>[-第一二人称]

f. 局部性等级:[+局部]>>[-局部]

我们把以上显著性等级进行交叉组合。首先，我们对以下两组显著性等级进行重组：

(46) a.[+主语]>>[-主语]

b.[+施事]>>[-施事]

重组(46)后，得到的显著性NP为：

(47)　[+显著]NP　[-显著]NP

a.[+主语，+施事]>>[+主语，-施事]

b.[-主语，+施事]>>[-主语，-施事]

c.[+主语，+施事]>>[-主语，+施事]

d.[+主语，-施事]>>[-主语，-施事]

然后，我们对以下两组显著性等级进行重组：

(48) a.[+支配性]>>[-支配性]

b.[+生命]>>[-生命]

在以上两个等级中：

(49) b>>a

重组(48)后，得到的显著性NP为：

(50)　[+显著]NP　[-显著NP]

a.[+支配性，+生命]>>[+支配性，-生命]

b.[-支配性，+生命]>>[-支配性，-生命]

c.[+支配性，+生命]>>[-支配性，+生命]

d.[+支配性，-生命]>>[-支配性，-生命]

根据(49)，可以得出(51)：

(51)　[+显著]NP　[-显著]NP

[-支配性，+生命]>>[+支配性，-生命]

为了方便，我们把（47）、（50）和（51）合并列成显著性等级（52），把（45e-f）列入（53）：

（52）　　[+显著]NP　　[-显著]NP

A. a. [+主语，+施事]>>[+主语，-施事]

b. [-主语，+施事]>>[-主语，-施事]

c. [+主语，+施事]>>[-主语，+施事]

d. [+主语，-施事]>>[-主语，-施事]

B. a. [+支配性，+生命]>>[+支配性，-生命]

b. [-支配性，+生命]>>[-支配性，-生命]

c. [+支配性，+生命]>>[-支配性，+生命]

d. [+支配性，-生命]>>[-支配性，-生命]

e. [-支配性，-生命]>>[+支配性，-生命]

（53）a. 人称等级：[+第一二人称]>>[-第一二人称]，

或者，

b. 局部性等级：[+局部]>>[-局部]

在先行语NP显著性的计算上，（52）优先于（53），即反身代词首先根据（52）计算先行语NP的显著性。如果两个先行语NP的显著性没有差别时，再根据（53）计算其显著性。值得注意的是，（53a）与（53b）之间没有交叉重组的可能性。这两个等级之间的关系是一种析取关系。另外，需要指出的是，先行语NP显著性是在与其他先行语NP的比较过程中显示出来的。如果一个先行语NP没有与之相竞争的先行语NP，它自然便成了最显著NP。

最后，我们把反身代词的先行语寻找机制定义如下：

（54）反身代词的先行语寻找机制：

a. 如果在成分统治反身代词的最大投射XP内存在着一个NP，并且这个NP与其他成分统治反身代词的最大投射XP内的NP组成一个NP的线性序列，即NP=（$\alpha_n \cdots, \alpha_2, \alpha_1$），反身代词“自己”根据（52）对最

接近它的 α_i 与 α_{i+1} 局部地逐一进行显著性比较，然后从中找出具有［+显著］特征的NP与之同标。

b. 反身代词优先搜寻显性（overt）NP作先行语；当搜寻完显性NP后，反身代词可以继续搜寻隐性论元（implicit argument）作先行语。

c. 一个NP一旦被选作先行语后，其［+显著］特征便不会被消除。

（53b）中的“局部”与（54）中的“接近”是同一个概念。对于“局部”，或称“接近”，我们采用Pan（1998）的接近性条件（Closeness Condition）来统一定义：

（55）α比β更加接近反身代词X，当且仅当从X到支配α的最小最大投射（minimal maximal projection）的路径是从X到支配β的最小最大投射的路径的一个真子集。

下面，我们看看我们的先行语寻找机制是如何确定反身代词“自己”的先行语的。

（56）a. 张三$_i$以为李四$_j$喜欢自己$_{i/j}$。

b. 张三$_i$说李四$_j$的报告$_k$害了自己$_{i/j*/k*}$

c. 张三$_i$以为你$_j$喜欢自己$_{*i/j*}$

d. 张三$_i$以为我$_j$知道李四$_k$喜欢自己$_{*i/?j/k*}$

e. 张三$_i$说李四$_j$告诉过我/你$_k$王五$_a$打了自己$_{*i/?j/*k/n}$一下。

在（56a）中，“自己”的可能先行语为局部主语和主句主语。根据（54），反身代词对这两个先行语进行显著性比较，因为根据（52）这两个先行语都具有［+显著］特征，因此都可以作“自己”的先行语。在（56b）中，成分统治“自己”的最大投射内的NP有“张三”、“李四”和“报告”。根据（54），反身代词首先比较“李四”与“报告”的显著性。根据（52B. e），“报告”的特征为［－显著］，而“李四”的特征为［+显著］，因此，“李四”是先行语，“报告”不是先行语。然后，反身代词再比较“李四”与“张三”的显著性：根据（54c），“李四”成为先行语后仍保留其［+显著］特征，同时根据（52），“张三”也具有［+显著］特征，因此也是“自己”的先行语。在（56c）中，第二人称局部主语根据（44）定义了反身代词的强制性自我归属域，由于在这一区域内局部主语最显著，根据（43）局部主语是阻断语，因此反身代词不能指称主句主语。在（56d）中，第一人称局部主语根据（44）定义了反身代词的强制性自我归属域。根据（52），这两个NP不具有显著性上的差异，因此可以把它们代入（53）继续计算其显著性。但由于根据（53）局部主语与中间句主语在这一强制性自我归属域内都具有显著性，所以这两个主语都可能是阻断语。而这正是为什么以汉语为本族语的说话人在判断（56d）中反身代词的指称时会出现分歧的原因。如果他选择（53a），他便认为在（56d）中反身代词可以越过第三人称代词局部主语指称第一人称代词中间句主语；如果他选择（53b），他则认为反身代词只能指称局部主语，因为局部主语在这个强制性自我归属域中最显著，所以是阻断语。在（56e）中，反身代词先计算“王五”与“我/你”的显著性，由于根据（52）宾语“我/你”的特征为［－显著］，而“王五”的特征为［＋显著］，所以宾语“我/你”不能作反身代词的先行语；根据（44），（56e）的强制性自我归属域是中间句（包含中间句的宾语从句），根据（43）反身代词要选择该区域内最显著的NP作阻断语；根据（53），反身代词的阻断语既可能是局部主语，也可能是中间句主语。

再请看以下例句：

（57）a. 老王$_{i}$被老李$_{j}$锁在自己$_{i/j}$的屋子里。

b. 张三$_{i}$说老王$_{j}$把你$_{k}$领回了自己$_{*i/j/k}$的家。

c. 张三$_{i}$逼我$_{j}$给自己$_{i/j}$刮胡子。

d. 张三$_{i}$说老王$_{j}$被你$_{k}$锁在自己$_{*i/j/k}$的屋子里。

e. 张三$_{i}$认为李四$_{j}$从我$_{k}$那儿听说了自己$_{*i/j/*k}$的分数。

f. 宝玉$_{i}$以为我$_{j}$的学生$_{k}$不喜欢自己$_{*i/*j/k*}$

g. 张先生$_{i}$的爸爸$_{j}$的阴谋$_{k}$被自己$_{*i/j/*k}$的朋友识破了。

h. 张先生$_{i}$的爸爸$_{j}$的钱$_{k}$被自己$_{*i/j/*k}$的朋友偷走了。

在（57a）中，反身代词的先行语为“老王”和“老李”，因为根据（52），这两个NP都具有［+显著］特征。在（57b）中，反身代词首先比较“你”与“老王”的显著性；根据（52A），“老王”具有［+显著］特征，“你”不具有；在（57b）中，反身代词的强制性自我归属域是以“老王”作主语的从句，根据（43），“老王”是这一区域中最显著的NP，因此“老王”是阻断语，所以“张三”不能作先行语。值得注意的是，虽然在（57b）中，“你”不具有显著性，但根据（54b），它仍可以通过与它所控制的隐性论元（用空代词Pro表示）同标成为反身代词的先行语。（57b）的结构表达式如下：

（58）张三$_{i}$说老王$_{j}$把你$_{k}$领［Pro$_{k}$回了自己$_{*i/j/k}$的家］。

在（58）中，空代词Pro是动词“回了”的隐性主语及施事。根据（54b），反身代词在搜寻完显性NP后，可以继续搜寻隐性论元先行语；由于（58）中的空代词Pro具有［+显著］特征，反身代词可以与之同标；同时由于空代词Pro受“你”的控制，反身代词便间接地与不具有显著性的“你”形成了同标关系。（57c）中的情况亦基本相同。在（57c）中，反身代词首先比较句子宾语与主语的显著性，由于主语具有显著性，宾语不具备，所以反身代词选择主语作先行语。但由于（57c）具有（59）中的控制结构，同时又由于根据（54b）反身代词可以寻找隐性论元作先行语，所以反身代词实际上便与空代词Pro的控制语，即宾语“我”，形成了同标关系。

（59）张三$_{i}$逼我$_{j}$［Pro$_{j}$给自己$_{i/j}$刮胡子］。

在（57d）中，反身代词首先计算“你”与“老王”的显著性；根据（52），“你”因为是施事，所以可以作先行语，而“老王”因为是主语也可以作先行语。值得注意的是，在以“老王”为主语的从句中，根据（52）“老王”和“你”在显著性上没有差别，因此，它们应该被代入（53）继续比较其显著性。根据（53），“你”比“老王”更显著，同时根据（44），由于以“老王”为主语的从句是强制性自我归属域，所以在这一区域内最显著NP“你”是阻断语。如此，似乎在（57d）中“老王”无法作反身代词的先行语，然而，事实并非如此。在（57d）中，由于“老王”是隐性论元Pro的控制语，所以根据（54b），实际上“老王”仍然可以与反身代词同标。（57d）的结构表达式如下：

（60）张三$_i$说老王$_j$被你$_k$锁［Pro$_j$在自己$_{*i/j/k}$的屋子里］。

在（57e）中，反身代词首先计算“我”与“李四”的显著性，由于“我”不具有显著性，所以不是先行语；根据（44），（57e）的强制性自我归属域是以“李四”为主语的从句，由于“李四”在这一区域内最显著，所以“李四”是阻断语。在（57f）中，反身代词首先计算“学生”与“我”的显著性，根据（52），“学生”具有［+显著］特征，而“我”的特征为［-显著］，所以“学生”是先行语，“我”不是先行语；同时根据（43—44），“学生”是阻断语，所以反身代词既不能与“我”同标，也不能与“宝玉”同标。在（57g）中，反身代词首先计算“阴谋”与“爸爸”的显著性，根据（52B），“阴谋”的特征为［-显著］，“爸爸”的特征为［+显著］，所以“阴谋”不可以作先行语，而“爸爸”则可以；然后，反身代词再计算“爸爸”与“张先生”的显著性，由于根据（52B）“爸爸”与“张先生”相比，其显著性特征为［+支配性，+生命］，而“张先生”的显著性特征为［-支配性，+生命］，因此“爸爸”比“张先生”更显著，所以“爸爸”可以作先行语，而“张先生”则不可以作先行语。名词短语“张先生的爸爸的阴谋”的结构如下：

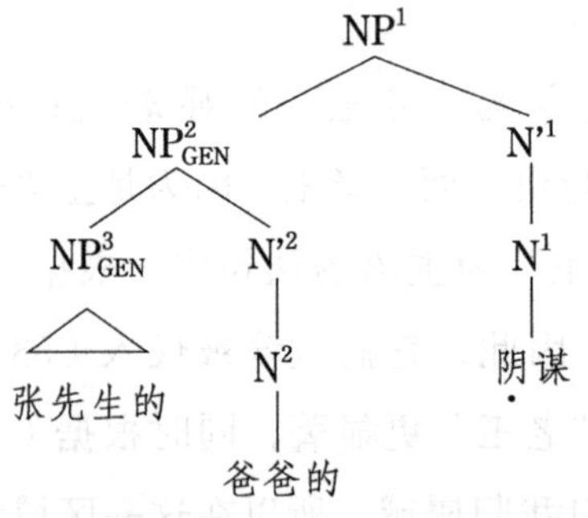

在（57h）中，反身代词先计算“钱”与“爸爸”的显著性，“钱”的

特征为［－显著］，而“爸爸”的特征为［＋显著］，所以“爸爸”可以作先行语，“钱”不可以；然后，反身代词再计算“爸爸”与“张先生”的显著性，与（57g）相同，“爸爸”由于是支配性NP，因此比“张先生”显著，所以“爸爸”可以作先行语，而“张先生”则不能作先行语。

7. 结语

本章对反身代词的研究综合考虑了句法、语义、语用以及话语多方面的信息，虽然看似庞杂，但实际上却有一条简明的原则贯穿始终，这就是NP的显著性。我们的研究发现：(1）汉语反身代词“自己”只有一个，没有必要区分局部“自己”与长距离“自己”。所谓的两个“自己”实际上在指称先行语时都遵守同样的限制。(2）任何具有显著性的NP，如果不被一个介入性的阻断语阻断的话，都可以作反身代词的先行语。阻断语是强制性自我归属域中最显著的介入性NP。我们的研究表明，汉语反身代词“自己”在指称先行语时，NP的显著性始终起着最重要的作用，而局部性条件（locality condition）也可以纳入到显著性条件之中。我们发现，在汉语中局部性条件只在两种情况下起作用，(1）它制约反身代词寻找先行语的过程，即，反身代词总是局部性地寻找先行语；(2）当两个NP根据其他条件进行显著性比较而其显著性没有本质差别时，局部性条件将决定其中哪一个NP更显著。

参考文献

程 工 1994 生成语法对汉语“自己”一词的研究。《国外语言学》第1期，42—50。

胡建华 1998 汉语长距离反身代词化的句法研究。《当代语言学》第3期，33—40。

Bales, E. and B. MacWhinney 1982 *Functionalist approaches to grammar*. In E. Wanner and L. Gleitman, eds., 173–218.

Chen, P. 1992 *The reflexive ziji in Chinese: Functional vs. formalist approaches*. In T. Lee, ed., 1–36.

Givón, T. 1983 *Topic Continuity in Discourse: Quantitative Cross-Language Studies*. Amsterdam: John Benjamins.

——1984 *Syntax: A Functional-Typological Approach.* Amsterdam: John Benjamins.

——1992 *The grammar of referential coherence as mental processing instructions. Linguistics* 30.1.

Farmer, A. K. and R. M. Harnish 1987 *Communicative reference with pronouns.* In Verschueren and Bertcuccelli-Papi, eds., 547－565.

Hellan, L. 1988 *Anaphora in Norwegian and the Theory of Grammar.* Dordrecht: Foris Publications.

——1991 *Containment and connectedness anaphors.* In J. Koster and E. Reuland, eds., 27－48.

Huang, Y. 1991 *A neo-Gricean pragmatic theory of anaphora. Journal of Linguistics* 27: 301－335.

——1994 *The Syntax and Pragmatics of Anaphora: A Study with Special Reference to Chinese.* Cambridge: Cambridge University Press.

Lee, T., ed. 1992 *Research on Chinese Linguistics in Hong Kong.* Hong Kong: The Linguistic Society of Hong Kong.

Levinson, S. C. 1987 *Pragmatics and the grammar of anaphora:* A partial pragmatic reduction of binding and control phenomena. *Journal of Linguistics* 23: 379－434.

——1991 *Pragmatic reduction of the binding conditions revisited. Journal of Linguistics* 27: 107－162.

Lewis, D. 1979 Attitudes *de dicto* and *de se. The Philosophical Review* 88.

Pan, Haihua 1995 *Locality, self-ascription, discourse prominence, and Mandarin reflexives.* Ph.D. diss., The University of Texas at Austin.

——1997 *Constraints on Reflexivization in Mandarin Chinese.* New York: Garland Publishing, Inc.

——1998 *Closeness, prominence, and binding theory. Natural Language and Linguistic Theory* 16: 771－815.

Sells, P. 1987 Aspects of logophoricity. *Linguistic Inquiry* 18: 445－479.

Verschueren, J. and M. Bertcuccelli-Papi, eds. 1987 *The Pragmatic Perspective.* Amsterdam: John Benjamins.

Wanner, E. and L. Gleitman, eds. 1982 *Language Acquisition: The State of the Art.* Cambridge: Cambridge University Press.

Wiltshire, C. *et al.*, eds. *Papers from the 25th Annual Regional Meetings of Chicago Linguistic society* (*CLS 25*) *Part I.* CLS.

Xu, Liejiong 1993 *The long-distance binding of ziji. Journal of Chinese Linguistics* 21: 123－141.

——1994 *The antecedent of ziji. Journal of Chinese Linguistics* 22: 115–137.

Yoon, Jeong-Me 1989 *Long-distance anaphors in Korean and their cross-linguistic implications.* In C. Wiltshire *et al.*, eds., 479－494.

Zribi-Hertz, A. 1995 *Review of Y. Huang, The syntax and pragmatics of anaphora: A study with special reference to Chinese*. *Lingua* 96: 179－211.

（与潘海华合著，原载《当代语言学》2002年第1期）

第十八章　汉语复合反身代词与英语反身代词比较研究

1. 引言

研究汉语反身代词的文献除Pan（1995、1997、1998）和Yu（2000）之外，很少讨论汉语复合反身代词（compound reflexive）的约束特性，即使有所涉及，也认为汉语复合反身代词（如“他自己”等）与英语反身代词所表现的句法特性基本一致，即都遵守Chomsky（1981）的约束A原则（Binding Principle A）。Pan（1995、1997、1998）则认为汉语复合反身代词“他/她自己”并不遵守约束A原则，他指出，汉语复合反身代词1）可接受长距离（long-distance，简称LD）先行语的约束；2）能指称非成分统领（non-c-command）/次统领（sub-command）的先行语；3）遵守阻断效应（blocking effect）。笔者同意Pan（1995、1997、1998）的观点，认为汉语复合反身代词与英语反身代词不同，并不受约束A条件的制约。同时指出：制约反身代词指称的因素主要有两个，一是显著性（prominence），二是局部性（locality），而汉语复合反身代词与英语反身代词的区别正是由于这两个因素在汉、英两种语言中的语法地位不同。我们用优选论（Optimality Theory，简称OT）的基本思路来解释汉、英复合反身代词所表现的不同约束特性，认为汉语复合反身代词的约束主要受显著性制约，而英语反身代词的约束主要受局部性制约。用优选论术语讲，就是在汉语中显著性等级（ranking）要高于局部性，而在英语中则局部性等级要高于显著性。

2. 汉语复合反身代词与英语反身代词的约束特性

Pan（1998）注意到，尽管非对比性（non-contrastive）反身代词“他自己”在（1）中不可越过有生命的（animate）局部主语来指称主句主语（注意：对比性反身代词“他自己”在（1）中可指称主句主语），但在（2）中却可越过无生命（inanimate）局部主语指称主句主语。

（1）　*小王$_i$知道小李喜欢他自己$_i$

（2）　a. 小王$_i$说那本书害了他自己$_i$

　　　b. 小王$_i$说那本书放在他自己$_i$的家里

（2）中的句子表明汉语反身代词“他自己”并不受类似Chomsky（1981）约束A原则那样的绝对局部条件（absolute locality condition）制约，而是受相对局部条件（relative locality condition）的制约，因此它所表现出的特性从根本上有别于英语反身代词*himself*。英语反身代词必须受绝对局部条件的制约，如下所示（Pan，1998: 774）：

（3）　a. *John$_i$ said that book hurt himself$_i$

　　　（约翰说那本书害了他自己）

　　　b. *John$_i$ knew that debt brought himself$_i$ into bankruptcy

　　　（约翰知道那笔欠债使自己破产了）

在（3）中虽然局部主语是无生命NP，因此不可能作反身代词的先行语，但反身代词仍然不能越过局部主语来指称主句主语。与英语不同，汉语复合反身代词“他自己”不仅可以越过无生命的局部主语，而且可以越过有生命的局部主语指称主句主语，如下所示：

（4）　小王$_i$说一条狗在他自己$_i$的房间睡觉

虽然“他自己”由于必须寻找相容的（compatible）NP作其先行语，而可越过不相容的无生命或有生命但不表示人的主语NP，但却不可越过不相容的表示人的主语NP，如下所示：

（5）　*小王$_i$觉得我喜欢他自己$_i$

另外,“他自己”也可像光杆(bare)反身代词“自己”那样有次统领的先行语。次统领的定义是:

β次统领α,当且仅当β包含在一个成分统领α或次统领α的NP中,并且包含β的任何一个论元都处于主语位置。

如(6)所示:

(6) 小王$_i$写的书给他自己$_i$带来了许多麻烦

根据Tang(1989)的分析,“自己”可受次统领先行语的约束,请看例(7):

(7) a. 小王$_i$的骄傲害了自己$_i$

b. 小王$_i$写的书给自己$_i$带来了许多麻烦

尽管“他自己”可以接受次统领先行语的约束,但次统领和成分统领都不是作先行语的必要条件,如下例所示:

(8) a. 我为小王找到了他自己的照片

b. 我从小王那儿找到了他自己的照片

在例(8)中,先行语都包含在介词短语中,介词短语作为附加语(PP adjunct),其中的NP不成分统领反身代词。由于先行语既不处于主语位置,也不包含在成分统领或次统领反身代词的NP中,所以也不次统领反身代词。

3. 显著性和局部性

从以上讨论中,我们看到有两个调控“他自己”释义的因素,一是显著性,二是局部性。Pan(1998)认为汉语中的局部性限制(Locality Constraint,简称LC)可以相对化。如用优选论的基本思路来考虑这个问题,可以说在汉语中显著性限制(Prominence Constraint,简称PC)的等级比局部性限制的等级高。我们认为在不同语言中这两种限制的等级地位不尽相同。例如英语的局部性限制的等级要比显著性限制的高,因此,英语反身代词不可跨越局部主语接受长距离约束，尽管局部主语可能不如长距离先行语显著，如（3）所示。然而，汉语反身代词则可跨越局部主语受更显著的长距离先行语的约束，因为在汉语中，显著性限制的等级要比局部性限制的等级高。局部性限制和显著性限制的定义如下：

局部性限制：反身代词应当选择距离最近的NP作其先行语。

距离远近由以下近距离条件（The Closeness Condition，Pan 1998）来定义：

近距离条件：α比β离反身代词X近，当且仅当，从X到支配α的最近的最大投射的路径是从X到支配β的最近的最大投射路径的真子集（proper subset）。

显著性限制：反身代词不可越过NPα接受NPβ的约束，当且仅当，（i）β不如α显著，或（ii）β和α同样显著。

我们认为NP的显著性取决于两个因素：（1）语法功能（Grammatical Function，简称GF）；（2）生命等级（Animacy Hierarchy）。前者用［±主语］特征表示，后者用［±生命］特征表示。［±生命］特征的值由如下生命等级（Chou，1992）决定：

生命等级：［+人类］＞［+生命，−人类］＞［−生命］

［±主语］特征和［±生命］特征的交互作用将产生以下结果：

a.［+主语，+生命］
b.［−主语，+生命］
c.［+主语，−生命］

d.［－主语，－生命］

它们又可排列成下面的显著性等级：

［+主语，+生命］＞［－主语，+生命］＞［+主语，－生命］＞［－主语，－生命］

我们定义的显著性实质上与Bresnan（2001）的显著性原则（Prominence Principle）相似。显著性原则认为"约束语将任何比它显著的人称代词排除在其语域（domain）之外"。虽然Bresnan显著性原则的基本思想是被约束语不可比约束语更显著，因而与我们目前讨论的问题无关，但她对显著性的定义在各个方面都与我们所关注的问题有关。Bresnan（2001）所定义的显著性取决于：1）成分结构（constituent structure，简称c－结构）所决定的线性次序；2）功能结构（function structure，简称f－结构）所决定的句法等级；3）题元等级。因此，根据她的阐述，显著性在不同的语言有不同的定义。

除局部性和显著性限制外，还有两个限制也在反身代词的约束中起作用，一个是特征相容性限制（Feature Compatibility Constraint，简称FCC），另一个是i在i内限制（i-within-I Constraint）。特征相容性限制指两个同标的成分必须有相容的特征。i在i内限制指照应语不可与支配它的NP同标。下面的例句表明反身代词必须接受特征相容的先行语的约束：

（9）*小王$_i$喜欢你自己$_i$

i在i内限制可以解释为什么下面句中的同标不合法：

（10）*小王以为他自己$_i$的朋友$_i$不会来

4. 汉语与英语中的限制等级

优选论的基本思路是根据有关输入（input）生成候选项（candidates），

然后从候选项中按相关限制等级评选（evaluation）出优选项（optimal candidate）。我们假定在反身代词约束中有关的输入为整个句子，然后生成机制对句子中的NP和反身代词进行任意同标（co-index）。如此，我们的任务便是通过对有关语法限制条件的排列来允准那些合语法的同标，排除那些违反语法的同标。

在上一节讨论中，特征相容性限制是硬限制（hard constraint），因为很难想象它可在什么语言中被违反。在汉语中，特征相容性限制应与显著性限制地位相当，但不可高于显著性限制。原因很明显，如果特征相容性限制的地位高于显著性限制，则会产生不理想的结果。如例（5）所示，重复如下：

（11）*小王$_i$觉得我$_j$喜欢他自己$_{i/j}$

根据显著性限制的定义，"小王"和"他自己"同标违反了显著性限制，因为局部主语"我"和"小王"一样显著。然而"小王"符合特征相容性限制，假如特征相容性限制比显著性限制地位高，我们就会错误地预测"小王"可以约束"他自己"。

尽管特征相容性限制的地位不可高于显著性限制，但它可有另一种选择，即地位低于显著性限制。然而，这种选择也不可行，请看下例：

（12）我为小王找到了他自己的照片

在例（12）中，"我"是最显著的NP，但反身代词却不可受它约束，因为它们的特征不相容。以上两例表明：(1）特征相容性限制不可违反，因此排除了其地位低于显著性限制或任何其他限制的可能性；(2）特征相容性限制不可通过违反显著性限制而得到满足，因此排除了其地位高于显著性限制的可能性。如果假设特征相容性限制与显著性限制地位相同，我们可以把汉语复合反身代词约束的限制等级（Constraint Ranking）排列如下：

特征相容性限制/显著性限制>>局部性限制

这一限制等级可以正确地预测下列句中“他自己”的约束可能性：

（13）a. 小王$_i$喜欢他自己$_i$

b. 小王$_i$觉得小李$_j$喜欢他自己$_{*i/j}$

c. *小王$_i$觉得我$_j$喜欢他自己$_{i/j}$

在（13a）中，反身代词与先行语同标不违反任何限制，因而句子合格。在（13b）中，反身代词有两个候选先行语，一个是局部主语，另一个是主句主语。反身代词与局部主语同标不违反任何限制，而反身代词与主句主语同标则违反了两条限制，首先是违反局部性限制，因为局部主语“小李”比主句主语“小王”离反身代词更近。其次还违反了显著性限制，因为根据前述［±主语］特征和［±生命］特征的显著性等级，主句主语和局部主语同样显著。

在（13c）中，反身代词“他自己”的约束有两种可能性，但无论哪一种都不成立。首先反身代词与主句主语“小王”同标违反了显著性限制和局部性限制，而反身代词与局部主语同标则违反了特征相容性限制。尽管后者违反的限制比前者少，但仍无法幸存，因为它违反的是硬限制。如此，我们的语法可正确地淘汰两个候选先行语。

前述复合反身代词约束的限制等级还可正确地预测以下句子中反身代词约束的可能性。

（14）a. 小王$_i$说那本书$_j$害了他自己$_{i/*j}$

b. 小王$_i$说［小李$_j$的小聪明］$_k$害了他自己$_{i/j/*k}$

c. 我$_i$为小王$_j$找到了他自己$_{*i/j}$的照片

（14a）的情况可图解如下：

候选先行语	特征相容性限制	显著性限制	局部性限制
A. 那本书$_j$，他自己$_j$	*!		
B. ☞小王$_i$，他自己$_i$			*

以上图表说明尽管（B）违反了局部性限制，但却没有违反任何其他较高

等级的限制，因此要比（A）好,（A）违反了致命的特征相容性限制。值得注意的是（B）没有违反显著性限制，因为局部主语不如主句主语显著。

（14b）的图解如下：

候选先行语	特征相容性限制	显著性限制	局部性限制
A. 小聪明$_k$，他自己$_k$	*!		
B. ☞小李$_j$，他自己$_j$			*
C. ☞小王$_i$，他自己$_i$			*

在上面的图表中,（A）不合格是因为违反了最高等级的特征相容性限制，而（B）和（C）合格是因为它们违反的限制排在限制等级的最低级。请注意（14b）中的“小李”并不比“小王”离反身代词更近。主句主语对反身代词的约束不违反显著性限制，因为“小李”和“小李的小聪明”都不如主句主语显著。

在（14c）中，反身代词可接受“小李”和“我”的约束，而不违反局部性限制。虽然两个候选对象都满足了局部性限制，但只有如下图表（B）中的候选对象可以幸存，因为另一个候选对象违反了致命的特征相容性限制：

候选先行语	特征相容性限制	显著性限制	局部性限制
A. 我，他自己$_i$	*!		
B. ☞小李$_j$，他自己$_i$			

通过以上讨论，我们看到在汉语中显著性限制的级别要高于局部性限制。而在英语中，情况正相反，局部性限制要高于显著性限制。假设在英语中特征相容性限制与局部性限制地位相同，我们可把制约英语反身代词约束的限制等级排列如下：

特征相容性限制 / 局部性限制 >> 显著性限制

这一等级关系可以解释为什么以下例句不合语法：

（15）a. *John$_i$ thinks that Mary likes himself$_i$

（约翰认为玛丽喜欢自己）

b. *John$_i$ said that book hurt himself$_i$

（约翰说那本书害了他自己）

c. *John$_i$ knew that debt brought himself$_i$ into bankruptcy

（约翰知道那笔欠债使自己破产了）

在（15a）中把反身代词与主句主语同标违反局部性限制和显著性限制；把反身代词与局部主语同标则违反特征相容性限制。在（15b）中，把反身代词与主句主语同标，虽然满足了显著性限制，但却违反了更高一级的局部性限制；把反身代词与局部主语同标则违反特征相容性限制。（15c）的情况与（15b）相同。

5. 阻断语

Pan（1998）注意到尽管汉语复合反身代词的阻断语一般为主语，但非主语如果支配潜在的先行语也可成为阻断语，如下例所示：

（16）小王$_i$劝［小李$_j$的爸爸］$_k$看他自己$_{i/*j/k}$的照片

在（16）中非主语“小李的爸爸”阻断了它支配的NP“小李”作“他自己”的先行语，尽管它不能阻断主句主语“小王”约束“他自己”。我们认为在语法中不需要规定什么样的NP可以作阻断语，因为显著性限制可以产生阻断效应。下面的图表说明为什么（16）中的“小李”受到了阻断：

候选先行语	特征相容性限制	显著性限制	局部性限制
A. ☞爸爸$_k$，他自己$_k$			
B. ☞小李$_j$，他自己$_j$		*!	*
C. ☞小王$_i$，他自己$_i$			*

以上图表表明“小李”对反身代词的约束违反了局部性限制和显著性限制，因此应被判为不合语法。它违反了显著性限制是因为较近的NP“爸爸”比“小李”显著，因此，反身代词不能跨越显著NP“爸爸”与“小李”同标。注意:“小王”对反身代词的约束不违反显著性限制，因为“小王”比“小李”和“爸爸”都显著。尽管我们的分析正确地预测（A）是一个优选的候选对象，但却错误地预测（B）应被排除（因为根据上面的图表它违反了局部性限制，所以是一个次优选的候选对象）。这种预测之所以错误，是因为（C）合乎语法。对此我们认为如把局部性限制重新定义如下，这个问题就可得到解决：

局部性限制：反身代词可以选择最近的NP或主语作其先行语。

有了新的局部性限制定义，我们可将上图表重新表示如下：

候选先行语	特征相容性限制	显著性限制	局部性限制
A. ☞爸爸$_k$，他自己$_k$			
B. ☞小李$_j$，他自己$_j$		*!	*
C. ☞小王$_i$，他自己$_i$			

在这一图表中,（B）违反了局部性限制，因为“小李”既不是最近的NP，也不是最近的主语。值得注意的是,（C）不再违反局部性限制，因为“小王”是最近的主语。

尽管在上述例句中违反显著性限制会导致阻断效应，但这并不意味着显著性限制在汉语中是不可违反的。实际上显著性限制可被i在i内限制超越，如下例所示：

（17）小王$_i$说［他自己i的爸爸］$_k$来了

结构（17）可以表征为（18）。在（18）中，从反身代词“他自己”到支配NP_2的最近的最大投射S_2的路径W是{NP_{gen}，NP_2，S_2}，而从反身代词到支配NP_1的最近的最大投射S_1的路径Z则是{NP_{gen}, NP_2, S_2, VP_1, S_1}。由于W是Z的子集，“爸爸”比“小王”更接近反身代词，而且“爸爸”还是一个在显著性上并不亚于“小王”的NP，因为前者与后者有同样的显著值。因此，“小王”和“他自己”同标违反了显著性限制，而“爸爸”和“他自己”同标则违反了i在i内限制。如果I在I内限制的等级不比显著性限制高，那么“爸爸”就会阻碍“小王”约束“他自己”，但这有悖于事实。

以上情况说明在限制等级的排列上，i在i内限制应支配显著性限制。i在i内限制、显著性限制和局部性限制可排列成如下的限制等级：

i在i内限制>>显著性限制>>局部性限制

（18）

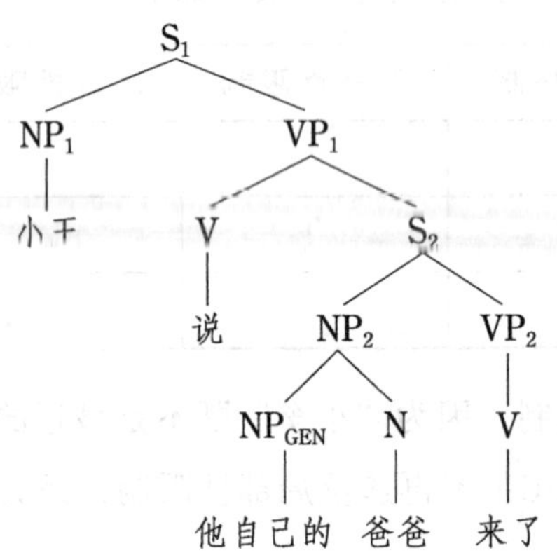

注意这一限制等级不同于前述“汉语复合反身代词约束的限制等级”。因为它不包括特征相容性限制。我们发现我们无法将两者合并在一个限制等级里，因为后者中特征相容性限制的等级和显著性限制的一样高。如果我们把i在i内限制融入其中，我们不知该把i在i内限制放在相关限制等级的什么位置上。如果我们使i在i内限制的等级高于显著性限制，那么它也将高于特征相容性限制，因为我们假设特征相容性限制和显著性限制的地位一样高。这种结果显然不可取，因为特征相容性限制是一个硬限制，我们不能违反它而满足也是硬限制的i在i内限制。所有这一切都表明必须有两个限制等级来解释汉语中的反身代词。鉴于此，我们可以把这二者重新表征如下：

汉语复合反身代词的限制等级：

a. 特征相容性限制/显著性限制>>局部性限制

b. i在i内限制>>显著性限制>>局部性限制

上述限制等级表明i在i内限制只能优先于显著性限制，而不能优先于特征相容性限制，因为在i在i内限制和特征相容性限制之间没有等级关系。注意，当像特征相容性限制和i在i内限制这样的硬限制参与到限制等级中来时，它们不可低于任何其他的限制，从这个意义上讲，它们不可违反。我们认为只有软限制（soft constraint）的等级差别才能反映语言间的参数差异，而硬限制则不能。在英语中，i在i内限制和特征相容性限制这两个硬限制之间也没有等级关系。英语与汉语反身代词约束的区别在于显著性限制与局部性限制在限制等级排列中的地位不同。英语反身代词的限制等级可以表征如下：

英语反身代词的限制等级：

a. 特征相容性限制/局部性限制>>显著性限制

b. i在i内限制>>局部性限制>>显著性限制

6. 结语

本章说明反身代词的约束是由不同等级的限制调控的，这些限制包括：i在i内限制、特征相容性限制、显著性限制和局部性限制。在这些限制中，

i在i内限制和特征相容性限制是硬限制，而显著性限制和局部性限制则是软限制。我们认为有必要区分软硬两种限制：硬限制不可违反，而软限制可以违反。我们认为语言中存在着硬限制的假定无论从概念上还是从经验上都站得住脚。例如，我们很难想象有可以违反特征相容性限制的语言存在。与硬限制不同，软限制在预测和解释不同语言中反身代词的约束特征和可能性方面更积极活跃。我们认为显著性限制和局部性限制在不同语言中的不同地位可以解释不同语言中反身代词约束的差别。在汉语中，显著性限制的地位高于局部性限制，而在英语中，局部性限制的地位则高于显著性限制。

参考文献

Bresnan, J. 2001 *Lexical-Functional Syntax* [M]. Oxford: Blackwell.

Chomsky, N. 1981 *Lectures on Government and Binding* [M]. Dordrech: Foris Publications.

Pan, Haihua 1995 *Locality, Self-Ascription, Discourse Prominence, and Mandarin Reflexives* [D]. Ph. D. Dissertation. The University of Texas at Austin.

Pan, Haihua 1997 *Constraints on Reflexivization in Mandarin Chinese*. New York: Garland Publishing, Inc.

Pan, Haihua 1998 *Closeness, prominence and binding theory*. *Natural Language and Linguistic Theory* 16: 771–815.

Pan, Haihua 2001 Why the blocking effect? In P. Cole, G. Hermon & J. Huang (eds.). *Long Distance Reflexives*. Syntax and Semantics Series. New York: Academic Press. pp. 279–316.

Tang, C. -C. J. 1989 Chinese reflexives. *Natural Language and Linguistic Theory* 7/1: 93–122.

Yu, X. F. Williams 2000 *Chinese Reflexives*. Peeters Leuven.

（与潘海华合著，原载《外语教学与研究》2002年第4期）

第六部分　上古汉语句法

第十九章 “因不失其亲”的句法及其他：从句法语义分析到语用推理

1. 引言

本章从句法语义和语用的角度对《论语》中几个比较费解的语句进行分析，以期说明现代句法语义学和语用学在训诂中的作用和意义。我们首先考察《论语·学而》篇中“因不失其亲”的句法结构，从句法的角度论证这一语句是复句，而不是单句；根据语义限制和结构平行对应性，我们认为该句前文的“信近于义”“恭近于礼”二句也是复句。然后，从字面义和语用含义的角度对“信”与“谅”的语义做了区分。最后，讨论《论语·颜渊》篇中“诚不以富，亦祇以异”的语用含义，指出从关联理论（Relevance Theory）的角度看，这一《诗经》语句出现在《论语·颜渊》篇中并非如北宋理学家程颐所言是错简，而是与如何辨惑密切相关。孔子引用这一诗句是为了实现那个时代才可能存在的最优关联，在他那个时代的语境中具有语用上的合理性，符合关联理论的要求。此外，我们还指出，“诚不以富，亦祇以异”的解读与《论语·为政》篇中“攻乎异端，斯害也已”以及《论语·子罕》篇中“我叩其两端而竭焉”的解读实际上存在着一种内在的逻辑关系。

首先以下例说明《论语》的解读有时需要借助句法分析。

（1） 有子曰：“信近于义，言可复也。恭近于礼，远耻辱也。因不失其亲，亦可宗也。”（《论语·学而》）

历代注家对此句的解读多不考虑句法。然而，考虑句法和不考虑句法，有时候对句子的解读并不相同，甚至大相径庭。前人的注解多将“因不失其亲”与“信近于义”“恭近于礼”统一处理为单句，有的把“因”释为“依靠”并继而按单句来解读此句。该解读问题较大，因为这样就等于说“因”的宾语是“不失其亲”，而这不符合“因”的子语类化（subcategorization）要求。本文认为，从句法的角度考虑，“信”“恭”“因”都应分析为动词，这三个动词分别投射为VP并继而在VP的基础上投射成句子，且在这三个动词的基础上形成的句子都是条件句，因此，“信近于义”“恭近于礼”与“因不失其亲”都是含条件句的复句。

2. “因不失其亲”的句法

2.1 前人的一些解读

历代注家对《论语》中一些语句的解读，如果从句法的角度看，有的就似乎不太能讲得通，上引例（1）所示《论语·学而》篇中的语句就是一个例子。

杨伯峻（1980：8）对这一语句给出了以下现代汉语译文：

> 有子说：“所守的约言符合义，说的话就能兑现。态度容貌的庄矜合于礼，就不致遭受侮辱。依靠关系深的人，也就**可靠**了。”

杨伯峻用“所守的约言”来翻译“信”。按这一翻译，“信”实际上是作为名词来解读的。同样，他对“恭”的翻译，即“态度容貌的庄矜”，也是名词性的结构。但随后他并没有也按照名词性结构来翻译“因”，而是把它理解为动词。这样一来，“信近于义”“恭近于礼”“因不失其亲”三个句子就不具有结构上的平行对应性。他认为，“因”的意思是“依靠”“凭借”，而“宗”的意思则是“主”“可靠”。他指出，一般都把“宗”解释为“尊敬”，这是不妥的。

而孙钦善（2013：9）则做了如下翻译：

有子说:“许下的诺言如果合乎义，这样的诺言就是可实现的了。恭敬如果合乎礼，就能远远避开耻辱了。亲近的人中不曾漏掉自己的亲族，那也是可尊崇的。”

孙钦善把“信”翻译为“许下的诺言”，因此“信”在他的分析中也是理解为名词。他对“恭”的翻译是“恭敬”，似乎认为“恭”更具有动词的特性。与杨伯峻不同，孙钦善释“因”为“亲”，释“宗”为“尊”。他认为“因不失其亲”即“亲亲”之意，把“因”翻译为“亲近的人中”。按这一翻译,“因”需要先作为名词来处理，然后再进一步理解为后置词(postposition)词组。

孙钦善强调“信”要“合乎义”才可实现，他指出:“孔门认为，信守的诺言如果合乎义，则属大信，故可实践；而死守不合义的小信，则是不可取的。”他接着举出“言必信，行必果，硁硁然小人哉”(《论语·子路》)和“好信不好学，其蔽也贼”(《论语·阳货》)以及“大人者，言不必信，行不必果，惟义所在”(《孟子·离娄下》)为例来说明只有合乎义的“大信”才是可实践的。

杨逢彬(2016)的《论语新注新译》是新近出版的一个比较注重语言学分析的译注本，他对“信”“恭”“因”句做了如下翻译(杨逢彬，2016：13)：

有子说:“诺言大致符合义，说的话就能兑现。态度容貌端庄而合于礼，就不会遭受侮辱。对姻亲保持亲近,[这种态度]也是值得推崇的。”

在上引译文中，杨逢彬把“信”翻译为“诺言”，因此“信”是名词。然后，他把“恭”翻译为“态度容貌端庄”，把“因不失其亲”翻译为“对姻亲保持亲近”，这样的翻译说明“恭”和“因”分别是作为动词和名词来理解的。

比较以上三家《论语》译注本，可以看到，三家对“信”“恭”“因”的词性有不同的处理。另外，三家译注实际上是把“信”与“义”、“恭”与“礼”对立了起来，即如南朝梁儒家学者皇侃所言：信非义也。皇侃《论语义疏》指出，信不一定符合义，而义不必讲信，其原文如下：

信，不欺也。义，合宜也。复，犹验也。夫信不必合宜，合宜不必信。若为信近于合宜，此信之言乃可复验也；若为信不合宜，此虽是不欺，而其言不足复验也。或问曰：“不合宜之信云何？”答曰：“昔有尾生，与一女子期于梁下，每期每会。后一日急暴水涨，尾生先至，而女子不来，而尾生守信不去，遂守期溺死。此是信不合宜，不足可复验也。”

三国时期魏国玄学家何晏在其《论语集解》的注解中也指出“义不必信”，原文摘录如下：

复，犹覆也。义不必信，信非义也。以其言可反复，故曰近义。恭不合礼，非礼也。以其能远耻辱，故曰近礼。孔曰：因，亲也。言所亲不失其亲，亦可宗敬。

至于这种对“信”和“义”的对立处理是否符合儒家的思想，随后将展开分析。

下面我们再集中看几位有代表性的注家对“因”和“宗”的理解。

清代学者刘宝楠《论语正义》对“因”“亲”“宗”做了如下解读：

此文上言“因”，下言“亲”，变文成义。《说文》：“宗，尊祖庙也。”宗有尊训。此言“宗敬”者，引申之义。……桂氏馥《群经义证》解此《注》云：“《〈诗·皇矣〉正义》曰：‘《周礼》六行，其四曰姻。

《注》：姻，亲于外亲。是姻得为亲。’据此，则‘因’即‘姻’省文。”

程树德的《论语集释》对“因”和“宗”的解释是：

愚谓“因”训为亲，乃“姻”之省文。“姻”本为“因”孳生字，故得省作“因”。言缔姻不失其可亲之人，则亦可等于同宗。似较训“宗”为尊敬为胜。

晚清学者戴望把“因”理解为“姻非九族之亲”[①]，如下所示：

因，古文姻字。男曰昏，女曰姻。宗，谓内宗外宗也。姻非九族之亲，然犹不失其亲者，以其亦可称宗故也。

以上注家都倾向于认为“因”就是“姻”。对此，南宋理学家朱熹则有不同的分析。朱熹在《论语集注》中把“因”翻译为“所依者”，而这一解读就等于把“因”理解为名词；而“宗”在他的分析中则理解为动词，意思是“宗而主之”。朱熹的注解如下：

信，约信也。义者，事之宜也。复，践言也。恭，致敬也。礼，节文也。因，犹依也。宗，犹主也。言约信而合其宜，则言必可践矣。致恭而中其节，则能远耻辱矣。所依者不失其可亲之人，则亦可以宗而主之矣。

黄怀信（2008）采纳了朱熹对“因”的看法，认为“因”与姻亲无关。同时，他把“信”和“恭”都理解为名词，“信”指诚信，“恭”指恭敬之

① 见［清］戴望注，郭晓东校疏，《戴氏注论语小疏》，华东师范大学出版社，2014年，46页。

貌。黄怀信的解读如下：

> "信"与下"恭"相对，当取诚信之义。义，宜也。信近于义言可复也，言对人之诚信若接近于义（宜），则其言必可践复。各家以约信、诺言说"信"，恐非。
>
> 恭，指对人恭敬之貌。言若其对人恭敬之貌接近于礼，则必定远离耻辱。
>
> 上二句"信""恭"皆对人而言，此不当忽云姻亲，"因"当如字解为因依。宗，亦当如字读。可宗，谓可以之为宗主之人，朱子近是。

我们认为黄怀信对于"信"的解释有道理，但不把"信"理解为名词，而是理解为动词，如此，"信"便是"讲诚信"的意思。

2.2 我们的分析

2.2.1 复句结构的视角

在解读"信近于义"和"恭近于礼"两个句子时，一种做法就是把"信"和"恭"看作句子的主语。这样一来，"信近于义"和"恭近于礼"就被理解为单句。实际上，"因不失其亲"在前人的一些解读中也被理解为单句。这样就等于把"因"处理为及物动词，其后跟一个"不失其亲"这样的结构作宾语。这一分析有三个问题：一，让"不失其亲"作及物动词"因"的宾语，在句法上很难讲得通，因为让及物动词"因"选择一个VP结构作宾语，有违其语类选择（c-selection）限制；二，这样分析会使得"信近于义""恭近于礼""因不失其亲"三个句子在结构上不具有平行对应性；三，让"信"和"恭"作主语，在语义解读上会讲不通。

当然，"因不失其亲"或许也可以理解为单句，如此"因"就有可能处理为主语，比如孙钦善（2013）的解读实际上就是按单句来进行的。孙钦善把"因不失其亲"翻译为"亲近的人中不曾漏掉自己的亲族"，这一翻译首先是让及物动词"因"转指"亲近的人"，然后再将之处理为一个后置词词组或一个省略了前置词的框式介词词组“（在）……中”。但这些转换在句法上是如何实现的？这一点并没有人考虑。

我们认为“信近于义”和“恭近于礼”这样的结构并不是单句，而是复句。与“信近于义”和“恭近于礼”类似的结构在《郭店楚墓竹简·性自命出》中也可以见到，即“道始于情，情生于性。**始者近情，终者近义**”（第3号简）[①]。“始者”“终者”表示时间，其形式和句法地位与《论语·阳货》中“古者，民有三疾”的“古者”是一样的。因此，在“始者近情，终者近义”中，“始者”“终者”并不是主语，而是时间话题[②]，而时间话题则可分析为时间从句。按这一分析，“信近于义”和“恭近于礼”就不是单句。

动词“近”如何解读，也会决定“信”和“恭”的句法地位，进而决定“信近于义”和“恭近于礼”的句法结构。如果由于“近”语义上的限制而无法让“信”和“恭”以抽象名词的身份充当句子的主语，那么这两个句子就不宜处理为单句。

信“接近”义与信“符合”义是两种不同的解读。信符合义，讲得通；但信接近义不太能讲通。接近义的信不等于符合义的信，因此，说信接近义不等于说信符合义。而且，“接近”是一种需要比较才能进行评估的关系。接近与否，或到底多接近才算接近，其实不好衡量，因为接近是有程度差别的。可能是因为在某种程度上意识到了这一问题，所以杨伯峻、孙钦善、杨逢彬都选择用“符合”或“合乎”来解释“近”；但对于《论语》中其他地方出现的“近”，他们并没有用“符合”或“合乎”来翻译。这样的翻译仅此一例，而这本身就说明问题：这一翻译很可能是为了要“文从字顺”而临时变通的结果，并不一定符合“近”的语义。用“符

① 这儿的道，是指正在浮现出来的一种格局、路向。道与信一样，都是始于情。《郭店楚墓竹简·性自命出》中有“信，情之方也”的说法，其中的“方”可以理解为“道”。儒学认为，始于情的东西，包括道与信，最终都需要义和礼来规整（regulate），正如《毛诗序》所言“故变风发乎情，止乎礼义。发乎情，民之性也；止乎礼义，先王之泽也”。

② 初稿仅称“始者”“终者”为话题，刘丹青（个人交流）建议用时间话题来指称这两个句法成分。

合”或“合乎”来解释“近”，其实是朱熹的做法；而更早的注家何晏与皇侃都是选择用“近”的本义来解释“近”的。《说文解字》对“近”的释义是：“近，附也。”《玉篇》的释义则是：“近，其谨切，不远也。又其靳切，附近也。”由此可见，“近”的本义是指空间位置上靠近、接近，其语义同“边伯之宫近于王宫”（《左传·庄公十九年》）中的“近”，又同“今夫颛臾，固而近于费”（《论语·季氏》）中的“近”，都是指空间位置或距离上接近。从“近”的本义很容易衍生出“相近”“近似”以及“亲近”的意思，如“性相近也，习相远也”（《论语·阳货》）和“刚、毅、木、讷近仁”（《论语·子路》）以及“好学近乎知，力行近乎仁，知耻近乎勇”（《礼记·中庸》）中的“近”，都表示“相近”“近似”；而“唯女子与小人为难养也，近之则不孙，远之则怨”（《论语·阳货》）中的“近”则表示“亲近”。

实际上，“近”与“符合”的意思虽然在某种程度上有些接近，但实际上有本质的不同。接近不等于符合，所以用“符合”来翻译“信近于义”中的“近”，仅是为了翻译出来的句子听上去顺耳，但却已经偏离或者说背离了原句的意思，只不过这种对原意的偏离或背离体现在细微之处而不易让人察觉。《礼记·祭义》中有“贵有德何为也？为其近于道也”的语句，孔颖达疏言：“‘贵有德何为也？为其近于道也’者，德是在身善行之名，道者于物开通之称。以已有德，能开通于物，故云‘近于道也’。**凡言近者，非是实到，附近而已。**”孔颖达所言再清楚不过：近不是实到，而仅是附近。孔颖达对“近”的这一疏解非常重要，有助于我们正确理解“信近于义”中“近”的语义。符合是实到，而近不是实到，所以近不是符合。

《春秋·宣公九年》开篇讲道：“九年，春，王正月，公如齐。”对此，东汉何休注：“不就十年月者，五年再朝，近得正。”唐代徐彦疏：“宣公五年‘春，公如齐’，今九年春又如齐，乃五年之内，不得正尽五年，故曰近得正。言近者，不正是之辞也。虽不正是，近合于礼。”徐彦也说得很清楚，何休讲的“近得正”，意思就是“不正是”。徐彦用否定表达使

“近”的意思进一步明确。按徐彦的意思，“虽不正是”，却“近合于礼”。徐彦所使用的“近合于”这一表述对我们有启发，它使我们明白：“信近于义”不是讲“信符合义”或“信合乎义”，而是讲“信**近合于**义”。

解决了“近”的解读，我们就会明白，“信”和“恭”在这儿不好理解为名词作句子主语，因为相关语句不能理解为：当“信”这个名词的意思接近“义”这个名词的意思时，或者当“信”这个概念接近“义”这个概念的时候，言才可复。

“信”和“恭”的词性在英语翻译文本中会清晰地表现出来。Lau Din Cheuk（刘殿爵）1979年出版的《论语》英文译本 *Confucius: The Analects*（London: Penguin Books）对“信”“义”“恭”“礼”都是按非限定句的形式来处理的，强调的是其动词性，译文如下所示：

> Yu Tzu said, 'To be trustworthy in word is close to being moral in that it enables one's words to be repeated. To be respectful is close to being observant of the rites in that it enables one to stay clear of disgrace and insult. If, in promoting good relationship with relatives by marriage, a man manages not to lose the good will of his own kinsmen, he is worthy of being looked up to as the head of the clan.'

在以上译文中，“信”翻译为“to be trustworthy in word”；“义”翻译为“being moral”；“恭”翻译为“to be respectful”；而“礼”翻译为“being observant of the rites”，意思是“守礼”：以上翻译都是非定式句。“因”和“不失其亲”则分别处理为非定式句和定式句，即分别是附属性的嫁接结构和主句结构。

在Arthur Walley（魏理）1938年出版的《论语》英文译本 *Confucius: The Analects*（New York: Everyman's Library，2000年重印版）中，“信”和“恭”都被放进了介词词组中，如下所示：

Master Yu said,
In your promises cleave to what is right,
And you will be able to fulfil your word.
In your obeisances cleave to ritual,
And you will keep dishonour at bay.
Marry one who has not betrayed her own kin,
And you may safely present her to your
Ancestors.

译文的三个句子均为祈使句，如此，“近于义”和“近于礼”的主语就成了第二人称代词。按这一翻译，“信近于义”所表达的意思就不是“信接近义”，而是“你讲信的时候，你就紧靠近了义”。Arthur Walley把“近”译为“cleave to”。“cleave to”有“黏着”“黏住”“紧靠”“紧贴”“依附”“贴近”“依恋”“矢忠于”“坚守”的意思，而“近”也很容易衍生出“亲近”“依附”之意。

如果把“信”处理为名词，当然也可以说它是指称一种价值。但让“信”作指称某种价值的名词时，我们只能说**因为**信的价值接近义的价值，所以实现信的价值的人能够“言可复”；却不能说**当/如果**信的价值接近义的价值的时候，便“言可复”。因为后一种解读会预设信的价值还有不接近义的价值的时候，或者说，还存在着信的价值不接近义的价值的情况。

汉语由于一直普遍使用pro脱落策略，使得许多语句的主语不够明确，以致语句所指变得含混不清，而解读者在解读时也常常使用的是含混策略，这样便使得语句的意思变得似乎只可意会，而到底意会的东西具体是什么，却是不能说得很清楚。

我们认为，从句法的角度考虑，句中的“信”“恭”“因”都应该分析为动词，这三个动词在各自的结构中分别投射为VP并继而在VP的基础上投射成句子。如果把“信”“恭”“因”处理为动词，则相关语句的结构分析至少有三种可能性。

可能的分析之一:“信近于义”等结构是主谓结构，其结构如下:

(2) a. [$_{CP}$ [$_{CP}$ Pro_i信] 近于义], [$_{CP}$ Pro_i言可复也]。

b. [$_{CP}$ [$_{CP}$ Pro_i恭] 近于礼], [$_{CP}$ Pro_i远耻辱也]。

c. [$_{CP}$ [$_{CP}$ Pro_i因], [$_{CP}$ Pro_i不 失 其$_i$亲]], [$_{CP}$ [$_{IP}$ Pro_i亦 可 [$_{CP}$ O_i [$_{IP}$ PRO_j宗 t_i也]]]]。

这儿需要首先指出的是，在上面的表达式中，动词“宗”后有一个与“宗”的主语同标（co-index）的语迹（trace），用t表示。“宗”，即宗子、宗周之宗，在这儿用作致使动词，其句法语义属性与《诗经 · 大雅 · 公刘》中“君之宗之”的“宗”相同，即:“以之为宗”。“可”在我们的分析中是一个具有情态义的动词，其特点是不给其主语指派题元角色（theta-role）。当“可”后跟上一个及物动词，比如“宗”，就会形成一个含有被动义的结构（但不是被动结构），与英语的“$John_i$ is easy to please t_i”这样的结构相似（这一英语例句的句法表征是:[$_{CP}$ $John_i$ is easy [$_{CP}$ O_i [$_{IP}$ PRO_j to please t_i]]]）。“可”的句法结构和地位类似英语例句中的“be easy”，“宗”则类似例句中的“please”；而“可”的主语与“宗”的受事题元角色关联。上面给出的Lau Din Cheuk（刘殿爵）的英语翻译“he is worthy of being looked up to as the head of the clan”就含有被动义，从语义上讲，其解读与我们的相似（但所给的结构则完全不同）。

如果采用上述第一种结构分析，“信近于义”与“言可复”的关系至少可以有两种。一是条件关系（如果讲信近于义，则其言可复）。二是因果关系，而因果关系又有两种：一种是，因为讲信近于义，所以其言可复；另一种是,（之所以说）讲信近于义，是因为其言可复[①]。这两种因果关系，

① 清代学者戴望的解读所体现的就是后一种因果关系。戴望认为“信近于义，言可复”的意思是“信必反身践其言，故近于义”；“恭近于礼，远耻辱”的意思是“恭则可避耻辱，故近于礼”；而“因不失其亲，亦可宗也”的意思是“姻非九族之亲，然犹不失其亲者，以其亦可称宗故也”（见《戴氏注论语小疏》，2014年，45—46页）。

吕叔湘（1982/1990）分别称为“纪效句”（先因后果）和“释因句”（先果后因）[①]。

主谓结构的分析可以适用于前两句，但对“因不失其亲”句却不适用。如果采用这一分析，“因不失其亲”的结构就会与其他两句的结构不一致。

下面再来看第二种可能的分析。

可能的分析之二：“信近于义”等结构是包含条件句的复句结构，如下所示：

（3） a. [$_{CP}$ Pro_i 信，Pro_i 近于义，Pro_i 言可复也]。

b. [$_{CP}$ Pro_i 恭，Pro_i 近于礼，Pro_i 远耻辱也]。

c. [$_{CP}$ Pro_i 因，Pro_i 不失其$_i$亲，Pro_i 亦可宗也]。

在这一分析中，（3a—c）三个句子的结构是一致的，其意合关系分别表征如下：

（4） a. [$_{CP}$ (if) Pro_i 信，(then) Pro_i 近于义，(then) Pro_i 言可复也]。

b. [$_{CP}$ (if) Pro_i 恭，(then) Pro_i 近于礼，(then) Pro_i 远耻辱也]。

c. [$_{CP}$ (if) Pro_i 因，(then) Pro_i 不失其$_i$亲，(then) Pro_i 亦可宗也]。

如果采用以上的结构分析，这三个句子的结构关系就是一致的。但如果采用前人的分析，前两句的结构关系一致，而最后的“因不失其亲”句则具有完全不同的结构。我们认为，在其他因素相等的情况下，如果存在两种解释并且两种解释都行得通，那么，建立在平行对应的结构之上的解释比建立在不具有平行对应性的结构之上的解释更加可取。

如果采用第二种可能的分析，相关结构的解读应该是：

（5） a. 一个人讲信，他就靠近了义，那么（他的）话就可以兑现。

b. 一个人恭敬，他就靠近了礼，那么他就可以远离耻辱。

c. 一个人因，他就不会失去他的亲人，而且还可以（被）宗。

我们认为，这儿的“亦”或许不应该释为“也”，而是应该释为

① 吕叔湘关于“纪效句”与“释因句”的分析，是刘丹青（个人交流）提醒笔者注意的。

"又",与《左传·文公七年》"先君何罪?其嗣亦何罪?"中的"亦"情况类似。"又"在一定的条件下与"还"的语义相通。

当然,还有第三种可能的分析,那就是把"义""礼"处理为动词,如下:

(6) a. [$_{CP}$ [$_{CP}$ Pro_i 信] 近于 [$_{CP}$ Pro_i 义]], [$_{CP}$ Pro_i 言可复也]。

b. [$_{CP}$ [$_{CP}$ Pro_i 恭] 近于 [$_{CP}$ Pro_i 礼]], [$_{CP}$ Pro_i 远耻辱也]。

c. [$_{CP}$ Pro_i 因], [$_{CP}$ Pro_i 不失其 $_i$ 亲], [$_{CP}$ Pro_i 亦可宗也]。

皇侃的对"信"和"义"的解释是:"信,不欺也。义,合宜也。"这一解释实际上也是动词解释。在《论语》中,"义"可以作动词,如下所示:

(7) 子曰:"饭疏食饮水,曲肱而枕之,乐亦在其中矣。不义而富且贵,于我如浮云。"(《论语·述而》)

但《论语》中并没有"礼"做动词的句子。另外,这一分析的问题也是几个句子结构无法平行对应,因为如(6c)所示,最后一句"因不失其亲"的结构无法按前面两句的结构来分析。

综上所述,只有第二种分析,即**复句分析**,才能更恰当地解释句子的结构并疏通其语义。

2.2.2 "信"与"义"及"谅"辨析

前人的注解多把"信"与"义"、"恭"与"礼"对立起来,即所谓信非义也。实际上,"信"和"恭"分别是实现"义"和"礼"的基础。在以下引文中,"信"被看作构成更高原则的基本元素。

(8) 子张问仁于孔子。孔子曰:"能行五者于天下为仁矣。""请问之。"曰:"恭,宽,信,敏,惠。恭则不侮,宽则得众,信则人任焉,敏则有功,惠则足以使人。"(《论语·阳货》)

(9) 子张问行。子曰:"言忠信,行笃敬,虽蛮貊之邦,行矣。言不忠信,行不笃敬,虽州里,行乎哉?立则见其参于前也,在舆则见其倚于衡也,夫然后行。"子张书诸绅。(《论语·卫灵公》)

(10) 子以四教:文,行,忠,信。(《论语·述而》)

《郭店楚墓竹简·六德》中所谈的六德也包括"信",六德为:圣、智、仁、义、忠、信。

根据儒家思想，信是以情为基础的。《郭店楚墓竹简·性自命出》中讲道："笃，仁之方也。仁，性之方也。性或生之。忠，信之方也。信，情之方也。情出于性。"[①]（第39—40简）"方"在《诗经·周南·汉广》的诗句"江之永矣，不可方思"中用作动词。《毛诗》对"方"的解释是"方，泭也"。"泭"即竹筏、木筏。"方"与"舫"，即"舟"，相通。《论语·雍也》中孔子讲道"能近取譬，可谓仁之方也已"。皇侃《论语义疏》对"方"的解释是"方，犹道也"。刘熙的《释名·释道路》对"道"的解释是："道，蹈也。路，露也，人所践蹈而露见也"。按这一解释，"道"和"路"一开始是得名于动词义[②]。"道"或又与"导"相通（见桂馥《说文解字义证》）。"信，情之方也"与"道始于情"是相通的。按这一逻辑，信必须以情为基础，即，情之道、情之导。信必须导之于情，否则就不叫信。所谓"复言非信"，就是意味着复言可以与情无关，而信则不可以，因为信是情之方。不是导之于情的复言便不是信。

情对于信具有重要的意义，这一点《郭店楚墓竹简·性自命出》做了特别的强调：

（11）凡人情为可兑也。苟以其情，虽过不恶。不以其情，虽难不贵。苟有其情，虽未之为，斯人信之矣。未言而民信，有美情者也。（第50—51简）

上面这段话与下面所引《礼记·表记》中孔子的一段话有相通之处：

（12）子曰："恭近礼，俭近仁，信近情，敬让以行，此虽有过，其不甚矣。夫恭寡过，情可信，俭易容也。以此失之者，不亦鲜乎！《诗》曰：'温

① 南宋理学家陈淳的《北溪字义·卷上·情》对性和情之间的关系做了这样的解释："情与性相对。情者，性之动也。在心里面未发动底是性，事物触著便发动出来是情。寂然不动是性，感而遂通是情。"（见［宋］陈淳著，熊国祯、高流水点校，《北溪字义》，中华书局，1983年，14页）

② 董秀芳（个人交流）指出："道""路"得名之由与其词义不尽相同，"路"在上古似乎未见动词用例。

温恭人，惟德之基。’”（《礼记·表记》）

上面这段话也是把信和情放在一起来讲的，与“信，情之方也”的意思相通[①]。另外，我们认为，“恭近礼，俭近仁，信近情”与“恭寡过，情可信，俭易容”的结构是一样的，都是复句。比如，“恭寡过”只能理解为复句，其结构如下所示：

（13）Pro_i恭，Pro_i寡过。

那么，按同样的道理，“信近情”就可以分析为：一个人讲诚信，他就靠近真情。而“情可信”则是指：一个人用真情（待人），他就可信。当然，反对这一分析的人可以说，“恭近礼，俭近仁，信近情”这三个句子与“恭寡过，情可信，俭易容”这三个句子不同，前三句的动词是“近”，不同于后三句中的动词，由动词“近”构成的结构是单句。但是，由动词“近”构成的结构不一定都是单句，“近”也可以构成复句。我们可以再举出《论语·子路》中“刚、毅、木、讷近仁”以及《礼记·中庸》中“好学近乎知，力行近乎仁，知耻近乎勇”的例子来说明由“近”构成的结构也可以是复句结构，其结构如（14）和（15）所示。另外，需要特别指出的是，杨伯峻（1980：143）对“刚、毅、木、讷近仁”的翻译是“刚强、果决、朴质而言语不轻易出口，有这四种品德的人近于仁德”。请注意：由于这一翻译为“近于仁德”这一谓语补出了一个主语“有这四种品德的人”，实际上就等于把这个句子处理成了复句。这个句子只能分析成由条件句构成的复句，其解读是：如果一个人刚强、果决、朴质而不随便言语，他就近于仁。

（14）Pro_i刚、毅、木、讷，Pro_i近仁。

（15）Pro_i好学，Pro_i近乎知。

Pro_i力行，Pro_i近乎仁。

Pro_i知耻，Pro_i近乎勇。

① “信，情之方也”讨论的是信的属性，而“信近情”所关注的重点是人，即从信和情的角度来看人。

以上是我们对于“信近情”“情可信”中“情”的分析，有的学者对我们的分析或许会有不同的看法。《左传·庄公十年》中有“小大之狱，虽不能察，必以情”的语句[①]。杨伯峻（1990：183）认为“必以情”中的“情”应该指实际情况。那么，“必以情”中的“情”是否与“信近情”“情可信”中的“情”意思一样？对此，这里着重强调两点。第一，与信相关联的情，如前文所言，是一个重要的儒家哲学概念，对它的把握和理解必须在性的基础上进行。儒学认为，性是体（nature），而情是体之用，即其功能。鉴于此，生于性的情，不可能指人们现在所讲的实际情况。第二，即便是“必以情”中的“情”，或许也并不指称实际情况。道理很简单，“小大之狱，虽不能察”这句话本身就说明狱是“虽不能察”的对象，而不能察狱实际上只能是不能察狱之实情（实际情况）。如此一来就会有一个问题：既然连狱之实情都不能察，则何来必以实情断狱之可能？[②]显然，“必以情”中的“情”是与“虽不能察”的对象相对的，所以“情”就不可能指实情（实际情况），其意思只能是“合乎情”或“合情合理”中的情。如果“小大之狱，虽不能察”与“必以情”之间的关系是让步关系，“虽不能察”与“必以”这两个谓语的所指因为语义相近，其宾语的语义就不可能相同或相近，否则让步关系无法形成。我们认为，“小大之狱，虽不能察，必以情”的意思是：即使小大之狱的具体情况（实情）不能尽察，但也一定处理得合乎情理（合情合理）。合乎情理的“情”与英文的sense及sensibility有相通之处，而“必以情”的意思实际上不过是断狱一定要sensible，即符合sense及reason（情理）[③]。除此之外，“必以情”中的“情”还含有一层意思，即：秉公、诚心。而唯秉公、诚心，才能合乎情，才能合情合理。西晋杜预对“必以情”的注是“必尽己情”，说的就是这个道理。杨伯峻（1990：183）在讲完“情谓实际情况”之后，还加了一句：“或

① 《左传·庄公十年》中的这个句子是赵长才（个人交流）指出来提醒笔者注意的。

② 《国语·鲁语》中相应的句子是：“余听狱，虽不能察，必以情断之。”

③ 这里对“情”的理解也贴近南宋理学家陈淳《北溪字义》对情的阐述。陈淳认为“事物触著便发动出来是情”“感而遂通是情”（参看318页脚注①）。

曰，情，忠诚也，见《荀子·礼论》注。”[①]可见，杨伯峻在以“实际情况”解“情”时，并没有否认情指忠诚的可能性，而忠诚指向内心，不指向外部实际情况。

导之于情的信在《论语》中占据重要地位，因为它是义的基础，或者说，是义的构成元素之一。我们认为，信是实现义的一种途径，即信通向义，而这便是所谓的“信近于义”。《郭店楚墓竹简·忠信之道》中有“忠，仁之实也。信，义之异也”的语句（第8号简）。裘锡圭（2006）认为这个“异”字应该读为“基”。显然，这说明信是义的基础。

《左传·成公八年》有“信以行义”的说法。所谓“信以行义”，就是以信来实现义，其道理与“信，义之异也”相通。这与下例所示的“信以成之”（即以信成义）的道理相同。

（16）子曰：“君子义以为质，礼以行之，孙以出之，信以成之。君子哉！”（《论语·卫灵公》）

对于信和义之间的关系，在《左传·成公二年》中孔子有一个比较系统性的论述。孔子说“名以出信，信以守器，器以藏礼，礼以行义，义以生利，利以平民”。孔子的这段论述表明，信与义之间的关系实际上是通过礼和器来实现的。从这一段话可以看出，孔子所言的信与义，是站在一定的政治高度上来讲的。孔子强调的是，信关系到器，即政权的维护[②]，而政权意味着相应礼制的确立，只有确立了礼制才能谈得上义的实现，而如此行义方能利国利民。按孔子的思想，以信为基础来实现义，中间还需要经过器和礼这两个环节。由此可见，孔子所讲的义不是泛泛而谈的义，而是建立在特定意识形态基础之上的义。如果说器代表的是政权，那么礼就是特定政权建立意识形态的基础，而所谓的义就是礼的内涵，即礼制所蕴含的意识形态。我们认为，不存在脱离了器和礼的义。有子对信和义的讨

① ［清］王先谦（撰）《荀子集解》（中华书局，1988年，374页）对“情”做了两个注。一个注是：“情，忠诚也”；另一个注是：“情，谓忠厚”。

② 关于器象征政权的讨论，见侯外庐、赵纪彬、杜国庠（1957：15）。

论，是在孔子所划定的范围内进行的。把尾生死守约定之类的例子拿过来讨论信和义，是对孔子所言的信和义的去意识形态化，偏离了孔子所讨论的信和义的实质。孔子所关注的信和义，是政权之信和符合礼制的意识形态之义，而不是其他。《论语》中记录的孔子言论，是有特定的意识形态含义的。他不是在讨论柴米油盐，而是围绕“克己复礼”的主题进行思想启蒙。孔子力求复兴古典，其根本目的在于思想启蒙。他所致力的是通过思想启蒙以“收拾”人心，从而于乱世中重建秩序，进而实现他心目中丰饶而和平的尧舜黄金时代（Golden Age）。而要恢复心目中的黄金时代，孔子认为关键在人心（human psychology）。孔子的哲学是研究人类心灵的哲学，可以称为人类心灵哲学（philosophy of human psychology）（Mote（牟复礼）1971/1989：43）。诚信、耻辱、勇等概念，是孔子赖以建立人类心灵哲学的初始元素。只有从这个角度来看待信并进而理解信和义之间的关系，才能理解孔子以及孔子的话语，才能明白什么叫微言大义。

《左传·宣公十五年》中有“义无二信，信无二命”的说法，其意思是信具有唯一性，即：信就是信。只有信或非信，而不分大信、小信。如果有两个不同的信，如大信、小信，那就不是义。

至于恭，或有所不同，因为恭是“貌”，如下所示：

（17）孔子曰：“君子有九思：视思明，听思聪，色思温，貌思恭，言思忠，事思敬，疑思问，忿思难，见得思义。”（《论语·季氏》）

清末学者王先谦在《荀子集解》（中华书局，1988年，374页）中对“貌”的注就是“貌，恭敬也”。因为恭是貌，可以与内在的真诚无关，所以恭就可以假装。以下例句中左丘明与孔子所耻的“恭”即仅仅是为了取悦于人而假装出来的恭。

（18）子曰：“巧言、令色、足恭，左丘明耻之，丘亦耻之。匿怨而友其人，左丘明耻之，丘亦耻之。”（《论语·公冶长》）

在这一点上，信与恭完全不同，因为信关涉内在的真诚，故不能假装。

如果认为只有符合义的信才可以践行，那么其直接后果就是把信虚化了，因为义是抽象的，不好把握。如此，就会使得信进入一个价值虚无主义通道。孙钦善（2013：8）指出：“孔门认为，信守的诺言如果合乎义，则属大信，故可实践；而死守不合义的小信，则是不可取的。”然而，什么样的信是大信，什么样的信是小信，取决于它是否符合义，而是否符合义又取决于什么是义。

在“信近于义，言可复也”的语境下，即在没有对不同的信进行比较的情况下，很难推出“死守不合义的小信是不可取的”这样的隐含义。因此，这一解读**不具有语用上的合理性**。需要注意的是，这句话不是在讨论不同的信的背景下展开的，所以并没有讲或者暗示什么样的信是可取的，什么样的信是不可取的，甚至根本就没有提到不同的信。

信无法分“大信”还是“小信”，因为信就是信。凡是可以称作“信”的，一定是“言可复”的。“可”可以解读为“可以”，与“三年无改于父之道，可谓孝矣”（《论语·学而》）中的“可”相同，而不应该解读为“值得”或“许可”。“信近于义，言可复也”不好解读出“信近于义，言才值得复”的意思，因为三个句子是平行对应的，如果把“可”理解为“值得”，那么从平行对应的角度看，“远耻辱”前也应该可以代入隐含的情态义动词“值得”，但这显然行不通。即使“言可复”可以理解为“言值得复”，“远耻辱”却也无论如何不能理解为“值得远耻辱”。因此，从“言可复”“远耻辱”“亦可宗”三个句子的结构平行对应性来考虑，“可”应该解读为“可以”。这样，“远耻辱”前虽然没有“可”，但却隐含“可”这一情态义，其解读应该是“可以远耻辱”。需要指出的是，“可以”的语义可以用零形式来实现，而“值得”的语义不能用零形式来实现。

实际上，不是因为信接近义，所以言才可复，而是因为“言可复”的行为才是信。这就是说，讲信，自然就要“复言”。另外，讲信虽不等于讲义，但却贴近义。即，信虽不等于义，但信却通向义，是义的基础。同样，虽然如下面引文所言，复言非信，但言不可复却很难说是信。

（19）叶公曰：“周仁之谓信，率义之谓勇。吾闻胜也好复言，而求死士，殆

有私乎！复言，非信也；期死，非勇也。”（《左传·哀公十六年》）

我们认为，“复言，非信也”可以这样理解：复言是信的必要条件（necessary condition），但不是充分条件（sufficient condition）。言不可复不是信，不信也不能说是义。实际上，义一定信，而信则一定言可复，反之并不亦然。即，复言未必就是信，而信并不等于义。复言非信，与复言是小信，完全是两回事。从逻辑上讲，信就是信，无大小之分。“大信”“小信”的说法，离句子的本意甚远，也缺乏语境的支持。

前人进行大信小信的讨论时，多举出以下例子为证。

（20）子贡问曰：“何如斯可谓之士矣？”子曰：“行己有耻，使于四方，不辱君命，可谓士矣。”曰：“敢问其次。”曰：“宗族称孝焉，乡党称弟焉。”曰：“敢问其次。”曰：“言必信，行必果，硁硁然小人哉！抑亦可以为次矣。”曰：“今之从政者何如？”子曰：“噫！斗筲之人，何足算也？”（《论语·子路》）

（21）子曰：“由也，女闻六言六蔽矣乎？”对曰：“未也。”“居！吾语女。好仁不好学，其蔽也愚；好知不好学，其蔽也荡；好信不好学，其蔽也贼；好直不好学，其蔽也绞；好勇不好学，其蔽也乱；好刚不好学，其蔽也狂。”（《论语·阳货》）

从例（20）中很难得出小信不可取的结论。孔子在此讨论的仅是不同层次的士。所谓小人即普通百姓，这里是说最低层次的士和普通百姓一样，除了信之外，缺乏更高的学养。普通百姓并不一定明白大道理，但却一根筋，讲信，即所谓“言必信，行必果”。例（21）与例（20）具有内在的逻辑一致性，说的是仅喜欢讲信是不够的，还要好学。但这并不意味着信有大信小信之分。

另外还须指出，前人在注解《论语·卫灵公》中孔子讲的“君子贞而不谅”时，也大都采用大信小信的说法，比如杨伯峻《论语译注》就把“贞”释为“大信”，把“谅”释为“小信”。这类解读实际上偏离了“贞而不谅”的本意。“贞”讲的是内在的守正，“谅”讲的是对外的表达。贞与谅，一个指内，一个指外，形成一对对称的概念。此句意为：君子内心守正，不求外人明白（知道、了解）自己的守正之心。孔子是说：只要内心守正，不必担心别人不明白自己。孔子的这个态度与“人不知而不愠”体现的态度是一致的。只有做到“贞而不谅”，才能做到“人不知而不愠”。“谅”在此处的意思是：亮（内心）于众。段玉裁《说文解字注》引《方言》释“谅”为“众信为谅”。何以使众信？非公开对外广泛表达而无法使众知、使众信。众信的途径只有把自己内心的“信息”公开。自己内心的“信息”不公开，众便无法明白（亮），于是就无法使众信。“谅”的关键在于“亮”，在于“明白”，在于“让人看得清”，强调的是：亮内于外。[①]“谅”的目的是让别人明白自己，明白自己的贞正。因此，“君子贞而不谅”指的就是：君子只要内心守正，不必亮内心之正于众，即不必非要把自己内心真正的想法公布于众。在《论语·宪问》中孔子曾讲道：“岂若匹夫匹妇之为谅也，自经于沟渎而莫知之也？”此处的“谅”自然也是表明心迹于众、亮给大家看的意思。《论语·季氏》中孔子讲到益者三友为“友直，友谅，友多闻”。而“友谅”，就是与那些能够敞开心扉让人了解的人为友。

《论语》中还有一处提到了“谅”，如下所示：

（22）子张曰：“《书》云：‘高宗谅阴，三年不言。’何谓也？”（《论语·宪问》）

“谅阴”在《尚书·周书·无逸》中作“亮阴”，在《礼记·丧服四制》作“谅闇”，在《尚书大传·卷四》中作“梁闇”，在《汉书·五行志》中作“凉阴”。旧注或认为“谅阴”指守信不言，即“谅，信也。阴，犹默也”（［汉］孔安国注）；或认为指凶庐（［汉］郑玄注）；而现代学者对此词语的理解并无新的意见，基本都是采用前人的旧注。段玉裁《古文尚书撰异》讲：“谅、凉、亮、梁，古四字同音，不分平仄也。闇、阴，古二字

① “谅”的声符是“京”。日本学者白川静（2010：85）认为“京”字“象形，形示门洞为拱形的城门。甲骨文、金文清楚地显示着城门之形状。上有望楼的城门谓‘京觀（观）’。大大的城门，守卫着都城，故‘京’指首都，亦有广大、高大之义”。郭沫若（1982：113）说古“京”字“象宫观厜㕒之形，在古素朴之世非王者所居莫属。王者所居高大，故京有大义，有高义。”

同音，在侵韵，不分侵覃也。”

这儿的“谅”仍然是表明心迹的意思，而“阴”指草庵。“谅阴”即“谅闇”。“闇”读为“盦”或“庵”。“谅阴”意为“谅（亮心）于阴”，即“表（亮）哀戚之心于阴”。正因为有“表（亮）哀戚之心”这一层意思，后来“谅阴”才被用来指帝王的心丧之礼。因此，“谅阴”原来的意思应该就是指在陵墓边临时搭建的草庵里对逝去的尊亲“亮”哀戚之心、表思念之情。“谅阴”也可由“谅（亮心）于阴（庵）”转指“谅（亮心）之阴（庵）”，如此，便有了“凶庐”之说。

杨树达（1955/2013）曾引《汉书·王贡两龚鲍传》赞薛方“贞而不谅”之例释“谅”。

（23）薛方尝为郡掾祭酒，尝征，不至。及王莽以安车迎方，方因使者辞谢曰：“尧舜在上，下有巢由。今明主方隆唐虞之德，小臣欲守箕山之节也。”使者以闻，莽说其言，不强致。

赞曰：“贞而不谅，薛方近之。”

以上的例子恰说明“不谅”的意思就是：不把自己内心的真实想法表达出来。王莽以为薛方说他“明主方隆唐虞之德”时，是“谅”，即表达了自己的真实想法，所以王莽才甚悦其言。但实际上，薛方并没有“谅”。①

① 《周易·否卦》讲道：“君子以俭德辟难，不可荣以禄。”朱熹对这两个句子的解读是：“收敛其德，不形于外，以避小人之难，人不得以禄位荣之。”（见［宋］朱熹撰，廖名春点校，《周易本义》，中华书局，2009年，77页）南宋学者王应麟在《困学纪闻》卷一中提及朱熹以“收敛其德，不形于外”讲“俭德辟难”时，做注：“申屠蟠以之。”翁元圻则以《后汉书·申屠蟠传》中的记述补注如下（见［宋］王应麟著，［清］翁元圻等注，乐保群、田松青、吕宗力校点，《困学纪闻》，上海古籍出版社，2008年，48页）：

《后汉书·申屠蟠传》：“蟠字子龙，陈留外黄人。先是，范滂等非讦朝政，自公卿以下皆折节下之。太学生争慕其风，以为文学将兴，处士复用。蟠独叹曰：‘昔战国之世，处士横议，列国之主，至为拥篲先驱，卒有阬儒焚书之祸，今之谓矣。’乃绝迹于梁、砀之间，因树为屋，自同佣人。居二年，滂等果罹党锢，蟠确然免于疑论。”

“收敛其德，不形于外”与“贞而不谅”有相通之处。另外，朱熹把“不可荣以禄”解读为“人不得以禄位荣之”，未必正确。我们认为其中的“以”应该作“而”来理解，其解读与“使民敬、忠以劝”（《论语·为政》）和“富以苟，不如贫以誉；生以辱，不如死以荣”（《大戴礼记·曾子制言上》）等语句中的“以”相同。如此，“不可荣以禄”的意思就是“不可荣而禄”。

“君子贞而不谅”的意思可以有三种不同层次的理解：一是，君子只要内心守正，就不需要表明心迹（内心之正）于众，即不必为了让别人了解自己而去表白自己；二是，君子只要内心守正，就不需要说真话、实话；三是，君子只要内心守正，就不需要讲诚信。显然，在这儿只有第一种理解才能讲得通。

若要说“谅”指诚信，又说“君子贞而不谅”中的“谅”是小信，那么就需要解决一个问题：小信的语义是从何而来的？如果把“谅”的基本语义理解为“让众知道自己的守正”，那么“不谅”就是“不去让众知道自己的守正”。如此，就不需要考虑“信”如何变成“小信”的问题。

对于词语的语义分析，要区别其字面义（literal meaning）和在字面义基础上产生的语用含义。如果说“谅”有“信”的意思，那大概也是“谅”在具体使用时所衍生出的语用含义，而不是其字面义。“信”与“谅”在语义上的交集来自“信”的字面义与“谅”的语用含义，而不是二者共同的字面义。按照日本学者白川静（2010：236）对“信”这个字的字形分析，“信”指的是通过向神起誓，与他人达成的约定和承诺。因此，信的字面义就是约定、承诺、诚信。而“谅”的字面义，我们认为是“亮明”，即：“亮（表）明心迹于众”，让人看清楚自己。“众信”是“亮明”“显露”后的结果。只有先“亮明”“显露”，才有可能使众明白，从而达到“众信”，所以“众信”是“谅”的蕴含义。

“谅”在《庄子·内篇·人间世》中与“鄙”相对，如下所示：

（24）凡事亦然。始乎谅，常卒乎鄙（《庄子·内篇·人间世》）

清代学者俞樾认为上文中的“谅”与“鄙”不相对，因此怀疑“谅”是“诸”字之误，而“诸”读为“都”。以下是俞樾的分析[①]：

谅与鄙，文不相对。上文云：始乎阳常卒乎阴，始乎治常卒乎

① 见［清］俞樾著，《春在堂全书·诸子平议》，凤凰出版社，2010年，183页。

乱。阴阳治乱皆相对，而谅鄙不相对。谅疑诸字之误。诸读为都。《尔雅·释地》：宋有孟诸。《史记·夏本纪》作“明都”，是其例也。“始乎都常卒乎鄙”，都鄙正相对。因字通作诸，又误作谅，遂失其旨矣。

但是，俞樾对“谅”的这一分析虽然可以使“都”与“鄙”相对，但却无法使“都、鄙”与“阳、阴”“治、乱”在语义上贯通：“阳、阴”“治、乱”指的是抽象的现象[①]，而“都、鄙”指称的是占据三维空间的实体；如果把“谅”看作“都”，由于“阳、治”与“都”以及“阴、乱”与“鄙”两组词语的语义特性不属于同一类，则将导致无法形成具有不同语义指向的两组词语的正反对应：其中一组统一指向正面的一类抽象的现象，另一组统一指向负面的一类抽象的现象。

“谅”在《庄子·内篇·人间世》中也是敞开心扉、敞亮之意，而“鄙”则是指狭隘、狭窄。如此，“谅”和“鄙”不仅可以相对，而且还可与“阳”“治”和“阴”“乱”两组词语分别在语义特性上相贯通。南宋学者王应麟《困学纪闻》(卷六）中有“晋士习于旷达，而以卞望之为鄙”之说[②]，显然，“旷达”可以与“鄙”相对，而“鄙”指狭隘。如此，同样与“鄙”相对的“谅”则一定与“旷达”有相通之处。“广大”与“旷达”“敞亮”的语义相通[③]。这样，从“阳”到“治”再到“谅”，从“阴”到“乱”再到“鄙”，这一正一反的两条语义脉络就可以打通并互相对应。

《诗经·鄘风·柏舟》有“母也天只，不谅人只”的诗句，程俊英、蒋见元（1991：123）将其中的“谅”解为“亮察、体谅”。“亮察”这一解读

---

① 许慎《说文解字》阳：高、明也；阴：闇也。《诗经·豳风·七月》有“我朱孔阳”。《毛诗传》：“阳，明也”。段玉裁《说文解字注》对“治”的解释是：“今字训理，盖由借治为理。”“乱”字与“治”相对时，解作“混乱”。“鄙”字，按《玉篇》可以解作“陋”“不慧”。如此，“阳、治、谅”一类的语义都与“明”有关，而“阴、乱、鄙”一类的语义都与“不明”有关。

② 见［宋］王应麟著，［清］翁元圻等注，乐保群、田松青、吕宗力校点，《困学纪闻》，上海古籍出版社，2008年，867页。

③ “谅”的声符“京”有“广大”义。当然，“谅”不是“京”（参看325页脚注①）。

与这里的解读有相通之处。按我们的分析，“谅”用作不及物动词时，其概念结构（conceptual structure）[①]如下：

（25）［y‘明（亮）’（y的内心）］

在“不谅人只”中“谅”用作及物动词，及物动词“谅”的概念结构为：

（26）［x CAUSE y‘明（亮）’（y的内心）FROM y TO x］

与及物动词“谅”的概念结构相对应的抽象句法结构则可以表征为：

（27）［x GET（= x CAUSE［ ］TO x）‘明（亮）’（y的内心）FROM y］

抽象的“GET‘明（亮）’（y的内心）FROM”对应于实际的及物动词“谅”，其主语为与格（dative）。按照这一分析，［x GET‘明（亮）’（y的内心）FROM y］就是“x接收到了y的亮（表白）”。一旦x接收到了y表白的信息，x就会明白y，或者理解y。如此，［x GET‘明（亮）’FROM y］的初始语义就会衍变为［x明白y］或［x理解y］等次生（secondary）语义。这样一来，便使得“谅”的语义有了进一步衍变的可能性。这一语义衍变的路径至少有两条。一条路径是：一个人能够亮出自己，从而让人看清楚或看明白自己，就容易被人信；而被人信的人自然可信，而这也是“谅”被许多注家解读为“信”的原因。另一条路径是：凡一方**看清楚或明白**另一方，就容易**理解**另一方；而理解另一方，就容易**体谅**另一方；而能够体谅另一方，就容易**同情**另一方，继而**原谅或谅解**另一方。因此，“谅”表原谅或谅解的语义是其初始语义进一步衍变的结果。

从“明白”到“理解”再到“同情”和“原谅、谅解”，“谅”的这一语义衍变，不唯汉语所独有。英语“understand”这个词，其语义衍变与汉语的“谅”有许多相通之处。Liberman（2008）指出：“understand”由“under”和“stand”构成。“under”原初的意思是“底部、中间”，“stand”的意思是“站立”。因此，“understand”就是“stand under”，

① 概念语义结构分析，可参看Jackendoff（1990）。我们的分析在细节上与Jackendoff（1990）有所不同。

其起初的意思是处于事物的底部或中间进行观察。只有处于事物的底部才能观察事物；只有处于事物的中间，才能辨别事物。汉语中也有一些表示“了解”意思的词语是和“底”有关的，比如“摸底”“探底”等。“摸底”“探底”与“处于底部”有相通之处，都是指在空间上逼近（或“摸”，或“探”）事物的底部，而只有如此，才能对事物知底（了解）。Liberman（2008）指出：“understand”一开始指称的是观察的过程而不是结果。因此，其表示“了解”“明白”的结果义则必然是后起的。查*Webster's Ninth New Collegiate Dictionary*（1989）对“understand”的解释，可以发现其及物动词的语义有“to grasp the meaning of”（明白、通晓、懂得），“to grasp the reasonableness of”（理解），“to be thoroughly familiar with the character or propensities of”（熟知、了解），“to accept as a fact or truth or regard as plausible without utter certainty”（推断、料想、采信）；其不及物动词的语义有：“to have understanding”（理解），“to believe or infer something to be the case”（料想、相信），“to show a sympathetic or tolerant attitude toward something”（同情、容忍、谅解）。从英语动词“understand”所离析出来的“明白、通晓、懂得、熟知、了解，理解、同情、容忍、谅解、相信”这些语义都是从最初的“处于底部进行观察”衍变而来的，其衍变的原理与“谅”类似。

如上文所言，在具体的语言使用中，“谅”很容易得到“讲实话”“讲真话”的含义，而从“讲实话”“讲真话”又可以进一步衍生出“讲诚信”的语用含义。前人说“不谅”是不讲小信，是因为他们把“谅”表示“讲诚信”的语用含义当作“谅”的字面义；然而，又由于他们不愿意用“不讲诚信”这个说法来解释“不谅”，所以才有了“不谅”是“不讲小信”的变通解读。实际上，如果“信”是“谅”的字面义，“不谅”就只能解读为“不信”，而无法解读为“不讲小信”。只有认为“谅”的字面义不是“信”，“信”仅是在“谅”字面义的基础上衍生的语用含义时，用否定词去否定“谅”，才不至于否定“信”。说一个人不表明心迹于众，或者说一个人的话不代表其真实想法，不等同于说一个人不讲真话或实话，甚至不讲诚信，因为不同的说法涉及不同的价值判断。不讲诚信是贬义的，而说的话不表达自己的真实想法并不一定涉及价值判断（如薛方的例子）；不对外表明自己的心迹，更是与不讲诚信无关。《汉书·王贡两龚鲍传》之所以赞薛方“贞而不谅，薛方近之”，就是因为薛方的话并不表达他的真实想法，而这比较符合“贞而不谅”的要求，即：内心守正，不求为外人知。

2.2.3 “因”与“宗”辨析

对于“因不失其亲，亦可宗也”一句，历代注家都关注如何才能文从字顺，但是文从字顺的解读其实须要受句法的制约。

前人的注解中有的把“因”释为“依靠”，比如，杨伯峻（1980）就把“因不失其亲”解读为“依靠关系深的人”。这一解读的问题是让“不失其亲”做“因”的补足语（complement），违反“因”的子语类化这一句法限制，因为“因”的语义决定了它不可能选择一个句子作其宾语。杨逢彬（2016：14）正确地指出：“因”一般不带“不失其亲”这样的谓词性结构作宾语。但他的翻译“对姻亲保持亲近，[这种态度]也是值得推崇的”，也并没有体现出与原文之间的结构对应性。实际上，杨伯峻在翻译“因不失其亲”时用“关系深的人”这一名词词组来作“因”的宾语，已经不自觉地把“不失其亲”转换成了名词词组，而这一转换本身就说明“不失其亲”这个谓词性结构无法作动词“因”的宾语。杨伯峻的解读大概是受到了朱熹的影响。朱熹把“因不失其亲”解读为“所依者不失其可亲之人”，这一解读实际上是让“因”转指了。转指也是孙钦善（2013）所使用的策略，只是他对“因”语义内容的解读与朱熹的理解不同而已。孙钦善把“因不失其亲”解读为“亲近的人中不曾漏掉自己的亲族”，在这一解读中“因”需要首先转换为名词词组。总之，如果把“因不失其亲”理解为单句，总要进行某种名词转换，只是转换的具体成分不相同罢了。

把“因”释为“姻”，从儒家文化考虑也是有道理的。黄怀信（2008）

质疑这一解释，说“此不当忽云姻亲”。但如果考虑到儒家走的是“亲亲”路线，而“亲亲”路线离不开“姻”，就会明白把“因”释为“姻”，是行得通的，因为这样有助于打通“因”与“亲”和“宗”之间的关系。

“姻”在儒家文化中的重要性不容忽视。比如，《周礼·地官·大司徒》中的六行“孝、友、睦、姻、任、恤”中就包含“姻”[①]。

摩尔根在《古代社会》(Morgan，1877）中提到，亲属关系有两类：第一类是由血缘而产生的血亲；第二类是由婚姻而产生姻亲。王国维在《殷周制度论》中指出“周人制度之大异于商者，一曰立子立嫡之制，由是而生宗法及丧服之制，并由是而有封建子弟之制，君天子臣诸侯之制。二曰庙数之制。三曰同姓不婚之制。此数者，皆周之所以纲纪天下”（王国维，1923 /1959：453—454）。同姓不婚之制是周人的一大发明[②]，如《礼记·大传》所言：“系之以姓而弗别，缀之以食而弗殊，虽百世而昏姻不通者，周道然也。”按这一制度，“姻”的作用正是在于“因不失其亲”，

① 高亨（2009：263）指出：按古语妻称夫为姻，夫称妻为婚，前者如《诗经·小雅·我行其野》中“不思旧姻”，后者如《诗经·邶风·谷风》中“宴尔新昏，如兄如弟”。清代学者马瑞辰《毛诗传笺通释》引《白虎通》注：“婚者，昏时行礼，故曰婚。姻者，妇人因夫而成，故曰姻。”但是，他也指出：“婚与姻散文则通。”（见［清］马瑞辰著，陈金生点校，《毛诗传笺通释》，中华书局，1989年，578页）

② Lothar von Falkenhausen（罗泰）也指出：同姓不婚之制到底是何时确立的，尚不能确定，但可以肯定的是在商朝还不是一种普遍现象（商王室实行的是族内婚）。推行这一制度——就像亚历山大命令他手下的马其顿军官与波斯女子通婚一样——显然是为了消解既有的族群和文化之间的差异，从而可以达到让周一统天下的目的。其原文如下（von Falkenhausen，2006：165）：

> The major operating factor responsible for the merging of clans into an ever more homogeneous “Chinese society” was, no doubt, intermarriage. We do not know at what stage in Chinese history the obligation to marry outside one’s clan was established, but there are some indications that it was, at least, **not universally upheld during the Shang period** (the Shang royal house, for instance, appears to have been endogamous). If the institution of clan exogamy was a Zhou innovation, it may have stemmed from a deliberate policy, intended—**like Alexander’s command to his Macedonian officers to marry Persian women**—to unify the Zhou realm by eliminating preexisting ethnic and cultural differences within it.

因为通过与异姓诸侯联姻，可以延宗族、事宗庙并扩展亲属关系，从而加强宗统，即“亦可宗也”[①]。族外婚（即姻）的作用，可以借用西周末期史伯的话来理解，是“和实生物”，即“夫和实生物，同则不继。以他平他谓之和，故能丰长而物归之；若以同裨同，尽乃弃矣”（《国语·郑语》）。《左传·僖公二十三年》有“男女同姓，其生不蕃”之说，《左传·昭公元年》也讲“内宫不及同姓，其生不殖”，《国语·晋语》则说“同姓不婚，恶不殖也”。

总之，对于“宗”，我们需要从宗法血亲礼制的角度来理解，而对于“因”和“宗”的关系，则应该从“**周之宗盟，异姓为后**”（《左传·隐公十一年》）的角度来把握。西周的宗法制不仅适用于同姓诸侯，也适用于异姓诸侯。周天子首先基于血缘关系“封诸侯、建同姓”“封建亲戚”；然后，在同姓不婚制的基础上，通过联姻与异姓诸侯之间形成了甥舅关系，从而使其宗法制扩展到异姓诸侯。在这样的格局下，同姓互为父子兄弟，异姓互为翁婿甥舅，从而形成以宗法血亲、姻亲为基础而建立起来的“宗统”与“君统”的统一体，即《诗经·大雅·公刘》中所说的“君之宗之”，以致可以“溥天之下，莫非王土；率土之滨，莫非王臣”（《诗经·小雅·北山》）[②]。

钱杭（2011）指出，宗族最初见于文字的定义是《尔雅·释亲》中的“**父之党为宗族**”，但这一定义却不是放在《尔雅·释亲》的“宗族”章来表述的，而是见于“婚姻”章。之所以这样安排，是因为缔结婚姻就会形成姻亲，于是就产生父党、母党与妻党，因此区分姻亲类亲属与父系亲属的问题就会在婚姻关系中浮现出来。在这种情况下，就有必要区分两类亲属，以凸显父系宗亲关系。

在《尔雅·释亲》下分别列“宗族”“婚姻”两章，**说明“因不失其**

① 按《礼记·昏义》，“昏礼者，将合二姓之好，上以事宗庙，而下以继后世也”。

② 在宗法制中，大宗是主线，宗子是关键。即“价人维藩，大师维垣，大邦维屏，大宗维翰。怀德维宁，宗子维城”（《诗经·大雅·板》）。

亲，亦可宗也”中的“亲”和“宗”之间具有内在的联系，如《礼记·大传》所言，“亲亲故尊祖，尊祖故敬宗，敬宗故收族，收族故宗庙严，宗庙严故重社稷”。**基于此，我们认为“亲”不应做单一解读，而应理解为包含“宗亲”与“姻亲”，并以此为起点通向宗庙、社稷。**[①]

侯外庐、赵纪彬、杜国庠（1957：11—12）指出，周人走的是“器惟求新”“人惟求旧”的道路。“人惟求旧”实际上就是维护“亲亲”的宗法制度，而“亲亲”是儒学建立的基础。**儒学对忠信的讨论是以“亲亲”为基础展开的**。比如，《郭店楚墓竹简·六德》就是从父父、子子、夫夫、妇妇、君君、臣臣这六职切入展开对忠信的讨论的，即“父圣，子仁，夫智，妇信，君义，臣忠。圣生仁，智率信，义使忠”。把“因”释为“姻”，就可以打通“姻”与夫妇、父子、兄弟以及九族之间的关系[②]。

当然，把“因”解读为“姻”，继而认为“姻”是动词，仍然还有需要解释的问题。张敏在与笔者私下交流时（2017年10月20日）指出，“婚”可以作动词，但“姻”并不作动词。因此，张敏建议把“信、恭、因”都处理为名词性话题，而话题和条件句本来就是相通的[③]。如果采纳张敏的建议，相关句子的结构需要做如下处理：

（28）信，Pro_i 近于义，Pro_i 言可复也。

恭，Pro_i 近于礼，Pro_i 远耻辱也。

因，Pro_i 不失其$_i$亲，Pro_i 亦可宗 t_i 也。

虽然话题和条件句可相通，但我们仍认为把“信”“恭”“因”分析为

① 李零（2007）在《丧家狗——我读〈论语〉》中对“因”做了如下的解释：“因不失其亲，亦可宗也”，“因”读为姻。古代社会，最重血缘关系，血缘关系就是“宗”。其次是婚姻关系，婚姻关系就是“因”。前者也叫内亲、内宗，后者也叫外亲、外宗。孔子的意思是，姥姥、舅舅家，虽然比不上爷爷家，但如果不失亲近，也等于宗。

② 《颜氏家训·兄弟》讲道：“夫有人民而后有夫妇，有夫妇而后有父子，有父子而后有兄弟，一家之亲，此三而已矣。自兹以往，至于九族，皆本于三亲焉。”

③ 董秀芳（2004）认为：古汉语中的一些话题结构在发展过程中慢慢演变为复句结构，话题结构变为条件句尤为常见。

动词比较好[①]。“姻”并非不能用作动词，从文献中我们可找出其动词用法的例证，尽管其动词用法的确不多见。例如，《周礼·地官·大司徒》中就有：“以乡八刑纠万民：一曰不孝之刑，二曰不睦之刑，三曰不姻之刑，四曰不弟之刑，五曰不任之刑，六曰不恤之刑，七曰造言之刑，八曰乱民之刑”，其中“姻”宜作动词处理。东汉王充的《论衡·齐世篇》则有：“上世和气纯渥，婚姻以时，人民禀善气而生，生又不伤，骨节坚定，故长大老寿，状貌美好。”

《周礼·地官·大司徒》中的六行“孝、友、睦、姻、任、恤”中就包含“姻”，而这个“姻”是动词。郑玄对睦与姻的注是：“睦，亲于九族。姻，亲于外亲。”贾公彦疏：“此姻对睦，施于外亲，若不对睦，亦施于内亲。故《论语》云：‘因不失其亲。’”孙诒让《周礼正义》对此的注是：“姻本为外亲之名，引申之，亲于内外亲亦谓之姻。”按贾公彦和孙诒让的说法，姻如果不对睦，就可以表示亲于内外亲的意思。在“因不失其亲”中，做“姻”解的“因”并不与“睦”对，因此把它解读为亲于内外亲，是有道理的。姻和婚相对时有特定的语义（参看332页脚注①），但姻的主要语义是“就”（指女就男），而这一“就”的语义是婚所没有的。从“就”（依靠）的语义中很容易衍生出“亲”的含义。而由于姻的基本语义中含有女方的成分，所以姻在“就”的语义基础上衍生出的“亲”的语义，与姻含有的女方的语义成分结合在一起，便可以衍生出亲于女

① 董秀芳（个人交流）指出，把“信”“恭”“因”分析为动词后，也仍然可以将其看作话题，因为汉语中不仅名词性成分可以做话题，动词性成分也可以做话题。话题和述题间结构松散，因此“不失其亲”看作是“因”的述题也不是绝对不可能。话题和述题之间可以蕴含各种逻辑关系，这是话题结构在后来被重新分析为复句结构的基础。把“信”“恭”“因”看作话题结构可能更符合上古汉语的语言系统。她认为，即使看作话题结构，仍然可以采用本章的结构分析，因为上古汉语的话题结构与复句的关系非常近，复句就是从话题结构中产生的。本文之所以把“信”“恭”“因”看作是动词投射出的句子，而不仅仅把它们看作是动词本身，是因为笔者在分析所谓的动词直接作主宾语的现象时，发现这些动词实际上都已经投射成了句子（参看胡建华，2013）。从经验事实和理论一致性来看，说汉语处于名词性位置（包括话题位置）的动词已经投射为VP并最终投射成了句子，理论上的代价更小，且更符合经验事实。

方（即外亲）的语义。这时，姻便与亲于内亲的睦在语义上相对。在实际使用中，姻中的“亲”的语义会不断得到强化、突显，而由于外亲的语义是内含在姻之中，并没有一个外显（overt）的名词性成分来承载，所以就会使得内含的外亲的语义不断被稀释、淡化。经进一步稀释、淡化后，当姻不与睦相对而使用时，外亲的语义就由于缺乏对比项而无法凸显，从而被暂时压制下去，这时，姻就不仅仅指亲于外亲了，而是也可以指亲于内外亲。

把“因”解读为“亲于内外亲”，就等于把“因”视为一个吸入（incorporate）了没有指称的名词性成分“亲”的动词①。这就等于说，“因”是一个内含无指宾语的动词。按这一思路，“因不失其亲”所在语句的解读就是：亲于内外亲，就不会失去亲人，还可以宗。

亲于内外亲就是实行亲亲之道。亲亲之道是仁义礼智信的基础。孔子认为：“君子笃于亲，则民兴于仁；故旧不遗，则民不偷”（《论语·泰伯》）。按照孔子的思想，亲亲是“民德归厚”的基础②。这就是说，任何事情首先要讲的就是亲亲，其他则需要在充分考虑亲亲原则的基础上进行。这就是孟子在谈进贤时为什么要特别强调，除非不得已，否则不能让“疏踰戚”这类不符合亲亲原则的事情发生。

（29）国君进贤，如不得已，将使卑踰尊，疏踰戚，可不慎与？（《孟子·梁惠王下》）

实际上，把“因”释为“姻”，或把“因”释为“亲于内外亲”及至“亲亲”，二者是相通的。走“亲亲”路线就是走“宗亲”加“姻亲”（即内外亲）路线。儒家认为，一个人只有坚持亲亲路线，他才不会失去亲人

---

① 汪维辉和赵长才曾先后向笔者提出，“因不失其亲”可以理解为是动词“因”蒙后省略了宾语“亲”。本章之所以没有采用这一分析思路，主要是出于对几个句子的句法结构平行对应性的考虑。

② 历史上有一些所谓的昏君也可能是因为想对亲亲政治进行改革而被污名化的。历史上许多所谓的变革者或改革者实际上想改革的多是亲亲路线。

的支持（亲人才不会离他而去，或者说，他才不会被亲人抛弃），他才可以继承并发扬先祖之大业。

最后我们要强调，所谓“信近于义，言可复也。恭近于礼，远耻辱也。因不失其亲，亦可宗也”，实际上是讲如何从修身到齐家，所体现的是儒家的基本思想。历代注家没有从儒家思想的角度来把握对这几句话的理解，所以其解读往往不能切中问题的关键或者说本质。

修身、齐家、治国、平天下，体现的是儒家理想人格的不同的发展阶段（参看郭沫若，1963 / 2011：97）。《论语》中通过有子之口所讲的这段话，就是对君子不同发展阶段、修为阶段的描述。“信近于义”“恭近于礼”是讲如何修身，“信”和“恭”是构成修身的基本要素，是修身的基础；而“因不失其亲，亦可宗也”则是讲如何齐家。“因”的目的，就是**以姻亲路线为途径走亲亲路线并继而敬宗、收族**。“亲亲”，不仅“不失其亲”，还可以“宗”，即齐家。“齐家”中的“家”指的是宗族，而不是现代意义上的个体家庭。齐家指的是“以亲九族，九族既睦”（郭沫若，1963 / 2011：97）。当具备了修身的基本要素、具备了齐家的基本要素，一个君子才能进入治国继而走向平天下的更高人格发展阶段。因此，有子的这段话是对理想的君子所应具备的基本素养的一种阐释。

3 从关联理论看所谓的错简——“诚不以富，亦祇以异”辨惑

《论语》的解读过程大概也是一个“辨惑”的过程。我们认为，辨惑的关键在于透过现象看本质，正如孔子以下所言：

（30）子张问崇德辨惑。子曰：“主忠信，徙义，崇德也。爱之欲其生，恶之欲其死。既欲其生，又欲其死，是惑也。‘诚不以富，亦祇以异。’”（《论语·颜渊》）

“诚不以富，亦祇以异”是《诗经·小雅·我行其野》中的诗句，其所在的文段如下：

（31）我行其野，言采其蓄。不思旧姻，求尔新特[1]。成不以富，亦祇以异。

（《诗经·小雅·我行其野》）

孔子为何在讲“辨惑”时引“诚不以富，亦祇以异”这一诗句，历代注家都感到困惑。本来孔子是讨论如何辨惑的，结果引了这一诗句，却使历代注家陷入了困惑之中。杨伯峻（1980：128）说这一诗句“引在这里，很难解释”，但他同时也指出，“错简”之说没有证据支持。

因为不知如何解读这一引用的诗句，所以不少注家比较认可程颐的说法，认为这一诗句错放在此处，故称之为错简[2]。但如果是错简，就会有一个问题，即：孔子只讲了什么是惑，却没讲怎么辨惑，那样就等于没有回答如何辨惑的问题。别人问如何辨惑，孔子只讲什么是惑，却不回答如何辨惑，从常理上讲不通。从语用学的角度看，这样对答也不符合合作原则（Cooperative Principle）。历代注家没有从这个角度来考虑，所以对“诚不以富，亦祇以异”的解读便不得要领。

我们认为，从关联理论的角度考虑，孔子引用“诚不以富，亦祇以异”，一定是因为该诗句传递了与讯息接收者的解读能力和偏好相匹配的最具关联性的讯息。关联理论由以下几个原则构成（Sperber & Wilson，1986 /1995：260—261）：

（32）A. 认知原则：人类认知有建立最佳关联的偏好。

B. 交际原则：每一个明示的交际行为都设定该行为具有最佳关联度。

C. 最佳关联设定（presumption of optimal relevance）：

（a）明示讯息具有足够的关联度，值得讯息接收者付出努力对其进行加工。

① 清代学者马瑞辰《毛诗传笺通释》对“新特”的注是：“新特谓新妇。特当读‘实维我特’之特。特，《毛传》训匹，是也。新特犹新昏也，故《传》以外昏释之。”（见578页）高亨（2009：264）对“新特”有不同的理解，其注为：“新特，新夫也。《说文》：‘特，朴特，牛父也。’古语称公牛为特，因而妻称丈夫为特。”按高亨的理解，“我行其野”抒写的是一名丈夫被嫌贫爱富的妻子弃逐后所表达出来的愤懑（参看339页脚注①）。

② 杨树达采信错简的说法，在其《论语疏证》中把这一诗句移至“季氏”篇。

（b）明示讯息是与交际者的能力和偏好相匹配的最具关联度的讯息。

根据关联理论，语境效果越大，加工讯息所需要付出的努力越小，相关讯息的关联度就越高；而语境效果越小，加工讯息所需要付出的努力越大，相关讯息的关联度就越低。

语境效果的大小，与即时话语情景（situation of utterance）、特定的群体、特定的历史时期，以及特定历史时期的话语系统、百科知识等都有关系。

孔子引用的诗句在当时具有高关联度。孔子的时代是一个经常引《诗经》来说事的时代，孔子本人更是如此，即所谓："不学诗，无以言"（《论语·季氏》）。孔子对该诗句的使用在他那个时代的语境中符合关联理论的要求，具有最佳关联的效果。相关定识对于孔子那个时代的交际者来说可及性极高，而以后由于语境效果变得难以获取，相关定识逐渐丧失，其可及性变低，使得其解读变得困难。

包含这一诗句的《诗经·小雅·我行其野》叙述的是婚姻双方中的一方遭弃逐[①]，而另一方又有了新的婚姻。诗句描写的是被弃一方独行于野时的悲情诉说。《毛诗》注“成不以富，亦祇以异”这两句诗时，仅训“祇，适也”。据郑笺，此两句诗的意思是："（女不以礼为室家，）成事不足以得富也[②]，女亦适以此自异于人道。"（见《毛诗传笺》，中华书局，2018）何晏《论语集解》引郑玄对《论语·颜渊》所引的这两句诗做出的解读："言此行诚不可以致富，适足以为异耳。取此《诗》之异义以非之。"（见《宋

① 注家多认为这是一首弃妇诗，是喜新厌旧的丈夫弃逐了依礼迎娶的妻子。但也有学者，如高亨（2009：263），认为被弃逐者是入赘的女婿，是嫌贫爱富的妻子想另嫁他人，而把投靠岳家的丈夫给赶了出去。郑笺云："宣王之末，男女失道以求外昏，弃其旧姻而相怨。"如果所讲的情况属实，那么男女双方就都可能存在着失道以求外昏的情况。因此，此诗所描写的被弃逐者可能并不独指男女中任何一方。另外，一般都认为“宣王之末”及以下十九个字为郑笺，但清代学者陈奂指出，这十九个字应该是《传》而不是《笺》（见［清］陈奂撰，滕志贤整理，《诗毛氏传疏》，凤凰出版社，2018年，587页）。

② 《诗经》此句中的“成”，在《论语》中写作“诚”，两字相通。高本汉指出，“朱熹以降，注家们都以为这里的‘成’是‘诚’的省体。”（见高本汉著，董同龢译，《高本汉诗经注释》，中西书局，2012年，501页。）

刊论语·何晏集解》，福建人民出版社，2008）朱熹《论语集注》对此两句诗的注解是："此《诗·小雅·我行其野》之辞也。旧说：夫子引之，以明欲其生死者不能使之生死。如此诗所言，不足以致富而适足以取异也。"孙钦善（2013：165）依朱熹对这两句诗做了翻译："诚然不足以致富，而恰恰足以生异。"林之棠（1934 /2018：56）对这两句诗的解读是："言诚不以彼之富，亦衹以其新而异于故耳。"屈万里（1983：339）也释"异"为"新异"，认为这两句诗的意思是"诚然不因新特之富，亦衹以其新异耳"。高亨（2009：264）则认为这两句诗的意思是："人有成就不在于他有钱财，而只在于他有奇异的才德。"周振甫（2010：264）认为"异"指异心，他对该诗句的翻译是："虽实不因为贪富，也只因你异心吧。"程俊英、蒋见元（1991：541）把"成不以富"翻译为"你确实不是因为她有钱"，把"衹"释为"只"，把"异"解释为"喜新厌旧，对我有异心"。程俊英、蒋见元实际上赋予"异"以两解，即"喜新厌旧（新异）"和"异心"，而这种对"异"的处理，笔者认为更加合理。

在诗句"诚不以富，亦衹以异"中，"诚"的意思是"确实、诚然"。"衹"的意思是"只"。这里关键的是"异"这个字。段玉裁《说文解字注》对"异"的解释是："异，分之则有彼此之异。"《玉篇·异部》对"异"的释义是："殊也，怪也，分也，奇也，尤也。"清代学者陈奂《诗毛氏传疏》指出："异，犹贰也，即《氓》诗之'士贰其行'也。"（见589页）我们认为，这个"异"可以有两个两解。一个两解是名词性的，分别指"他人"（见杨树达，1928 /2004）和"异心"。一个两解是动词性的，分别指"求异"（求新人）和"有异心"（不一心一意）。因此，"亦衹以异"中的"异"也可以理解为：有异心（而求异），或求异（而生异心）。

诗句"诚不以富，亦衹以异"的字面意思应该是："诚然不是因为财，那也只能是因为异。"对这一字面义进行语义充盈后，依"异"字的两解就可以得到两种不太一样的解读。一种是：即使你确实不是因为图财（而抛弃我），那也就只能是因为你图新异（而生异心）。另一种是：即使你确实不是因为图财（而抛弃我），那也就只能是因为你有异心（而求新异）。我们认为前一种解读比较靠近《诗经》中原诗句的意思，而后一种解读是在原诗句意思的基础上依托相应的语境而衍生的新义。《论语·颜渊》中孔子引用的诗句当属后一种解读。

基于关联理论来解读《论语·颜渊》篇中出现的这段文字，就会想到其中孔子所引的诗句一定与辨惑有关。**实际上，孔子引用《诗经》中的诗句，就是讲如何辨惑的，其用意在于以引用《诗经》诗句这种间接的方式让对方明白，辨惑的关键就是不要被表面现象所迷惑，而是要抓主要矛盾，即透过现象看本质。**本质性的问题在于“异”。孔子引用该诗句，并不是在陈述其字面义，而是利用该诗句的字面义推衍出与辨惑相关联的含义。他引用该诗句，是在该诗句的基础上借题发挥，在诗句中的“异”字上做文章。“异”原本在《诗经》中就可能有两解，一是指新异之人，二是指异心。而当把具有很强语境依赖性的“异”放到孔子讨论辨惑的即时话语中时，“异”的语境效果就会被放大，从而获得更多的含义。

根据关联理论，语境效果越大，相关词语或语句所传递的信息的关联度就越高。实际上，在孔子当时的即时话语情景中，“异”得到了最大化的语境效果，在当时是很容易实现最佳关联的。一方面，孔子用“亦祇以异”中的“异”来指“爱之欲其生”与“恶之欲其死”两种不同的表现；另一方面，他又用“异”来指产生这两种互异行为的心，从而让人明白：导致这两种互相矛盾的行为（异）产生的原因，在于其心有“异”。他所要表达的意思是，“爱之欲其生”与“恶之欲其死”这两种不同的行为实际上仅是两种互相矛盾的表面现象而已：“恶之欲其死”不是爱，“爱之欲其生”也不是真心之爱。这两种行为实际上都是异，而不是真爱的本质反映。这两种现象彼此相异，令人迷惑，而导致其产生的根源就在于“异”。问题的关键在于其心有异（其心殊也，怪也，分也；不真心，不一心一意）。因此，因其心有异而产生的“爱之欲其生”现象并不是内在真爱的表现，其本质与“恶之欲其死”相同，二者都属于“异”的范畴，都是由“异”而起的表面现象，最后也消解于“异”。即，起于异而消于异，异是其本质。辨惑就是要抓住这个本质，而抓住了这个本质就不会被“爱之欲其生”和“恶之欲其死”这两种互相矛盾的表面现象所迷惑。

孔子特别强调不要被表面矛盾所困惑，如下所示：

（33）子曰：“攻乎异端，斯害也已。”（《论语·为政》）

许多《论语》注家常把其中的“异端”解为异端邪说，但实际上，就是到了孟子的时代，“异端”也并不做如此解读（参看侯外庐、赵纪彬、杜国庠，1957；赵纪彬，1976）。清代学者孔广森在《经学卮言》卷四中讲道：“邢氏正义云：‘异端，谓诸子百家之书。’非也。杨、墨之属，行于战国，春秋时未有攻之者也。东原戴丈说：端，头也。凡事有两头，谓之异端。”[①]我们认为，“异端”就是各不相同的一端，所以异端也就是矛盾的两端。这句话的意思是：只抓表面上互相矛盾的两端（异端），是有害的。对于“斯害也已”中的“也已”，我们认为是语气词（参看蒋绍愚（2010）的相关论证）。清代学者焦循在其《论语补疏》中讲道：“盖异端者，各为一端，彼此互异，惟执持不能通则悖，悖则害矣。有以攻治之，即所谓‘序异端’也；‘斯害也已’，所谓‘使不相悖’也。”[②]我们认为焦循对异端的解读是对的，但对“攻乎异端，斯害也已”整个语句的理解未必正确。

当确定了异端即两端，我们则应将“攻乎异端，斯害也已”与下面所引的“叩其两端而竭焉”联系起来理解。

（34）子曰：“吾有知乎哉？无知也。有鄙夫问于我，空空如也。我叩其两端而竭焉。”（《论语·子罕》）

---

① 见［清］孔广森撰，张诒三点校，《经学卮言》，中华书局，2017年，85页。

② 见［清］焦循著，陈居渊主编，《雕菰楼经学九种》（上），凤凰出版社，2015年，627页。

“叩其两端而竭焉”就是不被表面上互相矛盾的两端所困惑，而是要透过现象看本质，抓主要矛盾，即“竭”其本质[①]。孔子这里是说，他最重要的本领就是透过互相矛盾的两种表面现象看本质。按这一解释，所谓的中庸之道就是抓主要矛盾，抓问题的本质，而不是后来被做庸俗化解读的“中庸”。

按这一解读，“爱之欲其生，恶之欲其死”就是处于异端（互异之两端）的表面现象，不是问题的本质。如果仅关注表面现象的任何一端，如“爱之欲其生”，或如“恶之欲其死”，就是“攻乎异端”，而这对于问题的认识和处理都有害无益。孔子引用《诗经》“诚不以富，亦祇以异”句，实际上是间接地说明，辨惑就是不要被表面现象所迷惑，而是要抓住问题的关键和本质，要透过现象看本质，而透过现象看本质的过程就是辨惑的过程。辨惑的关键就是“叩其两端而竭焉”，即要抓住问题的本质，而不是处于两端的表面现象。

认识矛盾的关键是透过现象看本质。本质就是内因，而不是外因，外因只能通过内因起作用。所以，孔子是矛盾论的高手。

4. 结语

辨惑需要工具，解读《论语》也需要借助于一定的工具。在这些工具中，现代句法学的作用值得重视。陆宗达（2016：46）指出：“分析句子结构是训诂的重要工作之一。因为一个词或一个词组的意义，必须通过语法组织才能确定下来。只有正确地分析语言结构，才能准确地理解词和词组的意义。”王泗原（2014：4）强调：“据句法判断语意及词义的疑难，是研究古语文特别重要的方法。这一点，前人的认识是不清楚的。注家训诂的差错多是由于不明句法。某字训某，古有其例，但是按这一句句法，训某不可通，就不当援以为证。词本来是不能离开句的结构，不能离开它在句

① 按这一分析，《礼记·中庸》中“执其两端，用其中于民”或许也需要重新理解。

法中所居位置而成义的。必须究明句法，然后训诂之用才落实。”王泗原（2014：5）进一步讲道：“研究古语文必须明了句法和虚词用法，而虚词用法包含于句法现象之中。前人的句法研究开始得很晚，旧注中一些重大的错误，多由于不明句法。所以作训诂必须明句法。”

注重现代句法语义分析方法在《论语》等传世文献解读中的运用，可以避免意思讲得通但从句法语义角度看却讲不通的问题。如果句法语义讲不通，仅是意思讲得通，也很可能实际上并没有真正讲通。除了句法语义学，掌握语用学的理论和方法并了解一些中国思想史，对《论语》以及其他传世文献的解读也许会有很好的帮助。

参考文献

白川静（著） 苏冰（译） 2010 《常用字解》，九州出版社。

程俊英 蒋见元 1991 《诗经注析》，中华书局。

董秀芳 2004 《从话题结构到复句结构——以“者”和“所”的功能演变为例》，载 Ken-ichi Takashima & Shao yu Jiang (eds.), *Meaning and Form: Essays in Pre-Modern Chinese Grammar*（《意义与形式——古代汉语语法论文集》）. Muenchen: Lincom Europa. 291–304.

高本汉（著） 董同龢（译） 2012 《高本汉诗经注释》，中西书局。

高 亨 2009 《诗经今注》（第2版），上海古籍出版社。

郭沫若 1963/2011 《中国古代社会研究》，商务印书馆。

郭沫若 1982 《郭沫若全集·考古编》第八卷《两周金文辞大系图录考释》，科学出版社。

侯外庐 赵纪彬 杜国庠 1957 《中国思想通史》第一卷，人民出版社。

胡建华 2013 《句法对称与名动均衡——从语义密度和传染性看实词》，《当代语言学》第1期。

黄怀信（主撰） 2008 《论语汇校集释》，上海古籍出版社。

蒋绍愚 2010 《读〈论语〉札记》，《中国语言学》第四辑，北京大学出版社。

荆门市博物馆（编） 2002 《郭店汉墓竹简·六德》，文物出版社。

荆门市博物馆（编） 2002 《郭店汉墓竹简·穷达以时、忠信之道》，文物出版社。

荆门市博物馆（编） 2002 《郭店汉墓竹简·性自命出》，文物出版社。

李 零 2007 《丧家狗——我读〈论语〉》，山西人民出版社。

林之棠 2018 《诗经音释》（1934年，商务印书馆），朝华出版社。

陆宗达 2016 《训诂简论》，北京出版社。

吕叔湘 1982/1990 《中国文法要略》(重印本),载《吕叔湘文集》(第一卷),商务印书馆。

钱 杭 2011 《宗族的世系学研究》,复旦大学出版社。

裘锡圭 2006 《释战国楚简中的“㕣”字》,《古文字研究》第二十六辑,中华书局。

屈万里 1983 《诗经诠释》,联经出版事业股份有限公司。

孙钦善 2013 《论语本解》(修订本),生活·读书·新知三联书店。

王国维 1923/1959 《观堂集林》(上),中华书局。

王泗原 2014 《古语文例释》(修订本),中华书局。

杨伯峻 1980 《论语译注》,中华书局。

杨伯峻 1990 《春秋左传注》(第2版),中华书局。

杨逢彬 2016 《论语新注新译》,北京大学出版社。

杨树达 1928/2004 《词诠》,中华书局。

杨树达 1955/2013 《论语疏证》,上海古籍出版社。

赵纪彬 1976 《论语新探》,人民出版社。

周振甫 2010 《诗经译注》(修订本),中华书局。

Jackendoff, Ray 1990 *Semantic Structures*. Cambridge, Massachusetts: The MIT Press.

Lau, Din Cheuk 1979 *Confucius: The Analects*. London: Penguin Books.

Liberman, Anatoly 2008 *An Analytic Dictionary of English Etymology: An Introduction*. Minneapolis: The University of Minnesota Press.

Morgan, Lewis Henry 1877 *Ancient Society: Or, Researches in the Lines of Human Progress from Savagery, through Barbarism to Civilization*. New York: Henry Holt and Company.

Mote, Frederick W. 1971/1989 *Intellectual Foundations of China* (2nd edition). New York: McGraw-Hill.

Sperber, Dan and Deirdre Wilson 1986/1995 *Relevance: Communication and Cognition* (2nd edition). Oxford: Blackwell.

von Falkenhausen, Lothar 2006 *Chinese Society in the Age of Confucius (1000–250 BC): The Archaeological Evidence*. The Cotsen Institute of Archaeology at UCLA.

Walley, Arthur 1938/2000 *Confucius: The Analects*. New York: Everyman's Library.

第二十章 《秦风·无衣》篇诗句的句法语义及其他：对一种以并联法为重要造句手段的动词型语言的个案分析

1. 引言

本章讨论《诗·秦风·无衣》篇中“岂曰无衣，舆子同裳”[①]等诗句（以及其中重点词项）的句法和语义及其他相关问题。“岂曰无衣，舆子同裳”是广为引用的诗句，也是古汉语句法语义研究中讨论较多的句子。《诗·秦风·无衣》篇全诗抄录如下：

岂曰无衣？舆子同袍。王于兴师，修我戈矛，舆子同仇。

岂曰无衣？舆子同泽。王于兴师，修我矛戟，舆子偕作。

岂曰无衣？舆子同裳。王于兴师，修我甲兵，舆子偕行。

李运富在题为《“岂曰无衣，与子同裳”常解质疑》的文章（载《汉字学微刊》微信公众号，2020年2月16日）中质疑该诗句的常解的合理性，并提出了自己的分析。他的质疑主要聚焦于该诗句中的“同袍（泽、裳）”。他指出，一般大众都把“同袍（泽、裳）”理解为“同穿一件衣服”或“穿同一件衣服”，即把“同袍”“同泽”“同裳”理解为偏正结构

① “舆”和“与”原是两个不同的字。在《说文解字》中，“舆”为“舁”部字，“党舆也。从舁与”；而“与”为“勺”部字，“赐予也。一勺为与”。本章研究的是原本写作“舆”（而不是“与”）的这个动词的句法语义，所以在“舆子同袍”等诗句中，写作“舆”的动词作为研究对象，不用“与”来书写。

的“同一件袍/泽/裳”，而这一常见的解读实际上并不合理。李运富从多个方面论证“同袍（泽、裳）”不能解读为“同一件袍/泽/裳”：第一，从语境看，上文的反问句“岂曰无衣”表明实际情况是“有衣”，既然“有衣”，则没有理由与人“同穿一件衣服”或“穿同一件衣服”；第二，从逻辑看，现实生活中“同穿一件衣服”或“穿同一件衣服”的情况，一定是不同的人异时轮流穿同一件衣服，而诗句反映的是同赴战场的情境，此时不可能让两人轮流穿同一件衣服；第三，从“同”的词义看，“同”的常见义为“相同”，而“相同”的事物必然是两个以上。据此，他认为“同袍（泽、裳）”中的“同”，所使用的应该是其常用义“同样、相同”；也就是说，“同袍”“同泽”“同裳”均应看作偏正结构，意为“同样的袍/泽/裳”，而不是“同一件袍/泽/裳”。

李运富进一步指出，“與子同袍（泽、裳）”可以做两种句法分析：一种是认为偏正结构“同袍（泽、裳）”前有一个被省略的动词“穿”；另外一种是认为偏正结构“同袍（泽、裳）”整体活用为动词，在解读时需补出“穿”之类的动词。按照这一分析，“與子同袍（泽、裳）”的意思是“我跟你们［穿］同样的袍/泽/裳”。

李运富对所谓常解的合理性的质疑是有道理的，他所给出的解读也有助于我们理解诗句。但是，在处理“與子同袍（泽、裳）”的句法结构时，他所提出的动词省略分析以及名词性偏正结构整体活用为动词的分析，仍有可商榷的余地。

本章通过对《诗·秦风·无衣》篇的微观句法语义分析，指出：上古汉语的一个重要特点就是动词显著；除此之外，上古汉语还有一个重要的特点是以并联法造句。

梅广（2015：181）认为“上古汉语是一种以并列为结构主体的语言”，而这里所使用的并联（Conjoin）这一术语与并列（coordination）这一术语的含义不尽相同。在本章的分析中，并联是一种句法操作，指不使用连词而把相关成分联结（concatenate）在一起。Progovac（2015）认为，并联是形成原始句法（proto-syntax）结构的基本操作手段。并联主要有两个特点：第一，并联对所联结的语类（category）没有选择限制，即不同语类的成分也可以并联在一起；第二，并联所形成的结构不是层级结构（hierarchical structure）（另参见Progovac，2015）。在这两点上，并列显然与并联有很大的不同。并列对并列的成分有语类选择限制，而且并列所形成的结构是层级结构。

刘丹青（2010）曾论证，现代汉语是一种动词型语言。在此，本章进一步指出：与现代汉语相比，上古汉语很可能更有资格称作动词型语言（动词显著的语言）。上古汉语的动词显著性表现在以下两个方面[①]：

第一，一些按照现代汉语语感应理解为名词或介词或副词的词，在上古汉语中其实是动词[②]。

第二，一些按照现代汉语语感会理解为连动或主从结构（包括动结式）的结构，在上古汉语中很可能是动词并联结构。

如果上古汉语是动词显著的语言，那么，就有理由怀疑动词省略分析和名词性的偏正结构整体活用为动词的分析是否的确成立。把“同袍（泽、裳）”分析为名词性的偏正结构整体活用为动词，或者说这个名词性的偏正结构前有一个被省略的动词“穿”，实际上依据的是现代汉语的句法，而不是《诗经》时代上古汉语的句法。

2.“袍、泽、裳”是动词

如何解读“舆子同袍（泽、裳）”句中的“同袍（泽、裳）”，如何分析“同袍（泽、裳）”的句法结构，是本章讨论的重点之一。在《诗·秦

---

① 刘丹青（2010：3）认为，“汉语中动词的作用比英语中动词的作用更加重要”。刘丹青（2010：4）还指出英语和汉语之间的区别有两条，一条是“英需名，汉可动”，另一条是“英可名，汉需动”。我们对上古汉语是动词型语言的论证，切入点与刘丹青（2010）有所不同。

② 评审人指出：“在以往研究中，人们常常用现代汉语眼光看待古代汉语，认为是活用，其实从古代汉语情况看作为兼类更加合适，这并不影响本文的观点。”

风·无衣》篇的首章中,“與子同袍”和“與子同仇”具有平行对应的结构。在分析“同袍(泽、裳)”的句法语义之前,本节首先简要讨论“同仇、偕作、偕行”的句法语义。

对于“與子同仇”中的“同仇”,《郑笺》云:“怨耦曰仇。”高本汉(2012:337)持相同观点。王力(2000:16)也把此诗句中的“仇”解读为“仇敌”。但实际上,诗中的“仇”并不是指敌人或仇敌。《毛传》云:“仇,匹也。”按清代学者胡承珙《毛诗后笺》([清]胡承珙撰,郭全芝校点,《毛诗后笺》,黄山书社,2014年,第593页)中的理解,“同仇”的意思是“联为军伍”。胡承珙在《毛诗后笺》(第593页)中指出,如果把“仇”理解为仇敌,则“与下二章‘偕作’‘偕行’语意不相类耳”。显然,只有把“同仇”理解为“共同形成队伍”,“同仇、偕作、偕行”才可以归属于同一类型的行为,从而达到语义上的贯通、呼应。而如果“同仇、偕作、偕行”在语义上是对应、贯通的,那么,它们在句法上也应该是平行对应的,它们的句法地位应该相同。如此一来,“同仇、偕作、偕行”中的“仇、作、行”的句法地位也应该相同。“作”显然是动词,意思是“起”或“起来”。《毛传》对“作”的解释便是:“作,起也。”《说文解字》也是做如此解释。《论语·先进》中有“舍瑟而作”的句子,《论语·乡党》中有“三嗅而作”,其中的“作”便是动词,意思是“起”(在此语境中可以理解为“站起来”)。《毛诗后笺》(第593页)对“偕作”中“作”的解释是“振起师旅”,这一解释不仅符合“作”的本义“起”,而且十分切合其所处的语境。“行”也是动词。《毛传》对“行”的解释是:“行,往也。”《毛诗后笺》(第593页)认为“行”在该诗句中的意思就是“结队前行”。“行”在上古汉语中常用于陈述军事行动,如西周青铜器虢季子白盘铭文中有“是以先行”[①](于省吾,2009:221),史免簠铭文中则有“从王征行”

① 晁福林(2010:274)认为虢季子白盘铭文中的“先行”是名词,指先锋部队。而杨树达(2007:155)认为,“先行”实际上指的是“来归献禽”的行为,他指出:“因子白有折首执讯之功,当归来献禽于王,故先行也。”我们认为杨树达的这一解释是对的。按杨树达的解读,“先行”自然是动词。

（于省吾，2009：337）。而《论语·述而》中也有“子行三军”之说，其中的“行”虽用作使动动词，但其基本词汇语义仍然是“前进、前行”。[①]如果“偕作”和“偕行”是动词结构，那么根据平行对应原则，“同仇”也应该是动词结构。当“同仇、偕作、偕行”都被理解为动词结构时[②]，我们就会发现“同仇、偕作、偕行”这三组动词结构，代表了队伍从组队到并肩奋起（振作而起），而后再到并肩前进的三个阶段。正如《毛诗后笺》（第593页）所言，“三章语意相承，军兴次第如此”。

如果“仇”与“作、行”一样都是动词，那么，根据平行对应原则，与“仇”处在相同句法位置（“與子同__”）上的“袍、泽、裳”也应该具有相同的句法地位，因此也应该理解为动词。《诗经》里“袍”字只见此一例，自然找不到其他例子来佐证“袍”可以用作动词。但东汉经学家刘熙在其《释名》（中华书局，2016年，第75页）中解释“袍”字时曾讲道：“袍，苞也，苞内衣也。”其中“苞”的意思就是“包”，用作动词。由此可见，“袍”与“苞”通，而“袍”只不过是属于特殊用途的“苞”（或者说“包”）而已。

“泽”不乏动词用例。对于“與子同泽”中的“泽”，《毛诗传笺》释为“润泽也”（［汉］毛亨传，［汉］郑玄笺，［唐］陆德明音义，孔祥军点校，《毛诗传笺》，中华书局，2018年，第169页），这一解读本身就是将之处理为动词。从动词义出发，“泽”在以后的使用中很容易衍生出“汗泽”之义，并进而转指汗泽之物——汗衣[③]（即贴身的内衣）。但需要指出的是，

---

① 赵长才研究员（个人交流，2020年8月12日）提醒笔者注意王晓鹏（2018）对甲骨刻辞中“行”的研究。王晓鹏（2018：98）指出，在甲骨刻辞中“仅见‘行’表动词义‘（人）行走’”，如“……叙行东至河”（合集20610），但“未见‘行’有表示道路的用例”。这说明“行”的名词义是后起的，是在其动词义的基础上演化而来的。

② 至于“同仇、偕作、偕行”三组动词结构中“同”和“偕”的句法地位，本文第4节将做进一步讨论。

③ 刘熙《释名》（第75页）对“汗衣”的解释是“近身受汗垢之衣也。《诗》谓之泽，受汗泽也”。马瑞辰《毛诗传笺通释》指出：《传》云“润泽”，盖与《释名》“受汗泽”同义（［清］马瑞辰撰，陈金生点校，《毛诗传笺通释》，中华书局，1989年，第395页）。

“泽”的名词用法是后起的。

《诗经》中有“衣”和“裳”做动词的例子。《诗·卫风·硕人》中有“硕人其颀，衣锦褧衣。齐侯之子，卫侯之妻，东宫之妹，邢侯之姨，谭公维私”的例子;《诗·郑风·丰》中则有“衣锦褧衣，裳锦褧裳。叔兮伯兮，驾予舆行”的例子。其中的“衣锦”和“裳锦”都是表示“穿锦”的意思，区别仅在于穿的是遮蔽不同身体部位的锦。诗中“褧衣”和“褧裳”中的“衣”和“裳”也是动词,“褧衣”和“褧裳”应该是为了押韵而形成的倒装结构，即倒文协韵。《诗·卫风·硕人》中“衣”与“颀”及“妻、姨、私”韵：颀、衣，微部；妻、姨、私，脂部；脂微合韵。《诗·郑风·丰》中“裳”与“行”韵：裳、行，阳部。《礼记·中庸》引此诗句时写作“衣锦尚絅”，其中“尚”与“裳”通假[①],“絅”与“褧”通假[②]。“褧裳”就是“裳褧”，而“裳褧”就是“穿褧”。

前人多把“褧衣”和“褧裳”理解为名词，但实际上“衣锦褧衣，裳锦褧裳”中的“褧衣”和“褧裳”是倒文。如果“褧衣”和“褧裳”是名词，则无法从句法上理解“衣锦褧衣，裳锦褧裳”中动词“衣”的后面为何可以跟着“锦”和“褧衣”两个名词，而动词“裳”的后面又为何可以跟着“锦”和“褧裳”两个名词。如果动词后面跟着两个名词，所形成的结构就是“V NP NP”，但问题是，该结构中V后面的两个NP拿到的却是同一个题元角色（theta-role），即受事。比如，在“衣锦褧衣”这一结构中，如果“锦”和“褧衣”都是NP，那么动词“衣”（表示“穿”的意思）

① 清代学者俞樾在《古书疑义举例》中指出：“‘尚’者，‘裳’之叚字”（俞樾等著,《古书疑义举例五种》，中华书局，2005年，第48页）。朱熹在《四书章句集注·中庸章句》中指出：“《诗·国风·卫·硕人》、《郑》之《丰》，皆作‘衣锦褧衣’。褧、絅同，禪衣也。尚，加也。”（[宋]朱熹撰,《四书章句集注》，中华书局，2012年，第40页）赵长才研究员（个人交流，2020年8月12日）认为，朱熹的解释说明他是将“尚”理解为动词的；但他同时指出，目前只有《中庸》引诗有这样的异文，在流行的各种《诗经》注疏及文献引诗中，都未见到类似情况。

② 清代学者朱骏声指出：絅，“叚借为褧”（[清]朱骏声撰,《说文通训定声》，中华书局，1984年，第870页）。

的受事题元角色就会既指派给“锦”又指派给“褧衣”。显然，这会违反题元准则（Theta-Criterion）这一普遍语法限制条件，即：一个题元角色只能指派给一个论元。而如果按协韵倒文之前的语序来理解“衣锦褧衣，裳锦褧裳”，则“衣锦褧衣”和“裳锦褧裳”的句法结构分别是“衣锦衣褧”和“裳锦裳褧”，这样就不存在违反题元准则的问题。

3. 附着词与“无衣”的句法结构

如果按以上分析把诗中的“袍、泽、裳”理解为动词，那么，“岂曰无衣”中的“衣”或许也应该分析为动词。“无”作为否定词，其用法并不限于表示“没有”（如“无独有偶、无人问津”的“无”），因此“无衣”的意思未必就能够简单地、机械地理解为“没有衣服”。“无”本身还可以理解为“没有什么/啥”或“没人/谁”，例如“藐藐昊天，无不克巩”（《诗·大雅·瞻卬》）中的“无”。杨树达（1954/2004：401）认为“无”可以做“无指指示代名词”，例如“相人多矣，无如季相”（《史记·高祖本纪》），其中的“无”理解为“没有人”或“没谁”。

“无衣”中“无”也可以理解为“没有什么”或“没啥”，而“衣”则需要相应地理解为动词“穿（衣）”[①]。按前人的省略说，“无衣”可以看作“无以衣”或“无所衣”省略“以”或“所”后形成的结构。比如，《老子》第四十八章中“无为而无不为”的例子，有的学者，比如吴国忠（1993），就认为此句可以理解为“无所为而无所不为”省略“所”后的结果[②]。按刘瑞明（1984）的分析，“有以”和“无以”结构中的“以”在一定的条件下可以省略，他举出《孟子·梁惠王上》中“‘杀人以梃与刃，有以异乎？’曰：‘无以异也。’”的例子，认为其中的“有以异乎”和“无以异也”都可

---

① 《论语·子罕》中有“衣敝缊袍”，《论语·雍也》中有“乘肥马，衣轻裘”，其中的“衣”都是动词。

② 注意，吴国忠（1993）错将此例写作“无为则无不为”。

以省略“以”形成“有异乎”和“无异也”这样的结构。[1]

我们认为,“无衣”所代表的“无+光杆动词”结构中的“无”,与“无+以+光杆动词”中的“无”并不是同一个“无”[2],因此,“无衣”也不是“无以衣”省略“以”而形成的结构。“无+以+光杆动词”中的“无”相当于现代汉语的“没有”,是一个表否定的动词;而“无衣”等“无+光杆动词”结构中的“无”的意思大致相当于“没有什么”或“没啥”。

罗端(Redouane Djamouri)在题为《古汉语“以”和“与”在动词前作附着词素的特殊用法》的报告(2017年11月9日,中国社会科学院语言研究所)中曾指出,上古汉语中有的“以”是出现在动词前的附着词(clitic),与动词一起构成复合性动词中心语(complex verbal head),如以下例句所示:

(1) 南氏生男,则[$_{vP}$[$_{v^{\circ}}$以告][$_{PP}$於[君……]]][3]

循此思路,假设“以”在一定的条件下可以做附着词,但与罗端的分析不同,我们并不把罗端所举上例S结构中的“以”看作附着词。我们假设,相对于“无衣”这样的S结构,存在着一个[$_{VP}$无以衣]这样的D结构[4](D结构不等于实际存在的结构),在这个D结构中,“以”是一个抽象的附着词。除此之外,我们认为,在D结构中抽象的附着词“以”不是向其后面的动词附着,而是向其前面的动词“无”附着,并且以中心语移位

---

① 赵长才研究员(个人交流,2020年8月12日)指出,《盐铁论·相刺》亦有类似用例:“今文学言治则称尧、舜,道行则言孔、墨,授之政则不达,怀古道而不能行,言直而行枉,道是而情非,衣冠有以殊于乡曲,而实无以异于凡人。”他认为,以上引文中的两个“以”也都可以省略。

② 李开先生(个人交流,2020年8月12日)表示赞同这里的这一分析,并指出北大汉简《老子》第1章第1简“上德无为而无以为,下德[为]之而无以为”中的“无为”与“无以为”就有深度细微的区别,“无为”不等于“无以为”。“无为”的意思是“没有什么(去)为”,“无以为”的意思是“不借助什么(去)为”,其中的“为”都是动词。

③ 完整例句为“南氏生男,则以告于君與大夫而立之”(《春秋左传·哀公三年》)。

④ D结构是一种抽象的句法表征,与生成语法早期的深层结构(Deep Structure)有诸多不同。

（head movement）的方式吸入（incorporate）到“无”之中。因此，S结构“无衣”中的“无”，则是D结构“无以衣”中的“以”这一抽象的附着词吸入到动词“无”之后所形成的复合性动词中心语。

基于“无以衣”这样的D结构而形成的“无衣”这样的S结构，与法语中Je n’en ai pas bu（我没喝什么）这样的包含附着词的结构有诸多相似之处①。在法语中，“我有一杯咖啡喝”可以用以下结构表示：

（2） J’ai un café à boire.
我有 一 咖啡 喝
‘我有一杯咖啡喝。’

其中un café（一杯咖啡）可以用附着词en指代，而en则可以附着于实义动词avoir（有），进而形成J’en ai à boire这样的结构（ai为avoir的变位形式），其结构相当于抽象的结构“我有以喝”，意思相当于“我有的喝”。

法语表示“我没喝咖啡”时用以下结构：

（3） Je n’ai pas bu de café.
我 不有 不 喝 些 咖啡
‘我没喝咖啡。’

法语否定用的是ne…pas这样的框式结构。以上例句中的de café（一些咖啡）可以用附着词en来指代，形成以下结构：

---

① 法语是附着词显著的语言。比如以下例句中的ce garçon（这个男孩）和ce livre（这本书）就可以用附着词le（他/它）来指代。附着词le出现在其所附着的动词（如变位动词déteste和aime）的前边。附着词le经语音弱化后，还可以吸入到动词上面，形成下面例句（ii）中l’aime这样的结构。

（i） Marie déteste ce garçon. → Marie le déteste.
玛丽 讨厌 这个男孩 玛丽 他 讨厌
‘玛丽讨厌这个男孩。’ ‘玛丽讨厌他。’

（ii） Marie aime ce livre. → Marie l’aime.
玛丽 喜欢 这本书 玛丽 它-喜欢
‘玛丽喜欢这本书。’ ‘玛丽喜欢它。’

（4） Je n'en ai pas bu.[①]（其中附着词en相当于de café）

‘我没喝什么。’

在以上例句中，附着词en与否定词ne语音融合后的形式附着在助动词ai（助动词avoir的变位形式）[②]前面，所形成的结构相当于“我无以喝”，意思相当于“我没的喝”。如果把“无以”结构中的“以”理解为附着词，那么“无以”这一结构与法语相关结构的区别，大概在于法语附着词en附着于相关动词之前，而汉语附着词“以”是附着在否定动词“无”之后，而且还可以吸入到否定动词“无”之中。当“无以衣”中的附着词“以”吸入到“无”以后，就可以得到“无衣”这样的结构。

说“无衣”中的“无”来自抽象的“无以”结构，就等于说S结构的“无”是在D结构的基础上通过把“以”吸入到“无”以后形成的，而这就又大体上等于把“无衣”中的“无”看作是传统上所说的无指代词。众所周知，“无”用作无指代词充当动词的语义宾语时，不能出现在动词的后面。传统的分析没有讲明这是为什么，而我们的分析则可以对此做出比较合理的解释。用作动词语义宾语的无指代词“无”是在“无以V”这一D结构层次的连动结构的基础上形成的，而在D结构中“无以”的“以”只有出现在V之前才能吸入到“无”中，所以传统上称作无指代词的“无”是绝对没有机会出现在动词后的。《诗·小雅·采菽》中有“虽无予之，路车乘马。又何予之？玄衮及黼”的诗句。其中“何”与“无”对，说明“无”的意思是“没什么”。“无”虽然在语义上可以理解为动词“予”的宾语，但它却不能出现在动词“予”的后面。“无予之”是基于D结构“无以予之”形成的。“无以予之”这一D结构是连动结构，而“无”在D结构中是否定动词，并不是动词“予”的宾语；抽象的附着词“以”可以通

① 该例句中的pas如果换成另外一个否定词rien，则表示全部否定，相应的例句Je n'en ai rien bu表示“我啥也没喝”。

② 此例中的avoir为助动词，而不是实义动词。实义动词avoir与助动词avoir形式相同，但出现的句法环境不同。

过和移位算子O同标（co-index）而与“予”的受事题元进行关联，如下所示：

（5）［$_{VP}$无以$_i$［$_{CP}$ O$_i$［$_{IP}$ Pro［$_{VP}$予之t$_i$］］］］

以上D结构与现代汉语“没有什么给他”这样的结构相似。D结构中抽象的附着词“以”经中心语移位后吸入到动词“无”之中，生成S结构“无予之”。传统上称为无指代词的“无”实际上是被看作名词性的成分，但按照本文的分析，它本质上并不是名词性的成分，而是含有一个被吸入的名词性成分（即附着词）的动词。方有国（1992/2002）认为用作无指代词的“无”实际上是指代性动词，也就是说，“无”本身是动词，但这个动词却具有代词性，表现出指代功能。按我们的分析，这种说法并不矛盾，“无”之所以是具有指代性的动词，是因为动词“无”中吸入了一个具有指代性的附着词。

以这一分析来看《诗·唐风·无衣》中“岂曰无衣七兮？不如子之衣，安且吉兮”的诗句，就会发现其中“无衣”的“衣”同样也是动词。诗句中的“七”指周王赐给诸侯的“七命之服”（或称“七章之服”）[①]。我们不把“衣七”整体上看作名词性结构，因为“七”既不是对“衣”进行计数的数词（“衣”也不解读为复数），也不是“衣”的后置修饰成分。如果“七命之服”的语义来自“衣七”这个结构整体并且“衣七”是一个名词性结构，那么“七”就必须理解为“衣”的后置修饰语，而且“七”还得转而指称“七命之”这样的意思，从而与“衣”一起形成一个用“服七命之”这样的修饰语后置于中心语的结构来表示“七命之服”语义的词语。显然，由于汉语语法系统的限制，“七”在“衣”之后无法充当修饰语。“无衣七”的D结构应该是“无以衣七”（即：无以衣七命之服）这样的结构。D结构中的“以”根据语境可以理解为“衣七”（穿七命之服）所

① 《毛传》云：“侯伯之礼七命，冕服七章。”

凭借的资格或能力[①]。因此这句话的意思便是：怎么能说没资格穿七命之服[②]？《诗·唐风·无衣》这首诗的背景是曲沃武公请求得到周釐王的册封。公元前678年，曲沃武公杀死晋侯缗并占有了晋国。之后，他以宝器贿赂周釐王，请求周釐王赐他以诸侯命服，以便能够名正言顺地成为晋国国君。[③]正是基于这一背景，《毛传》对"不如子之衣"的解释是"诸侯不命於天子，则不成为君"。而《郑笺》的解释则是："武公初并晋国，心未自安，故以得命服为安。"因此，"岂曰无衣七兮？不如子之衣，安且吉兮"所表达的意思（包括言外之意）是：怎么说没资格/不能穿七命之服呢？（当然有资格/能啊，因为（曲沃武公）现在已经是实际上统治晋国的国君了。虽然是实际上的国君，但还是）不如（得到）您赐的命服好，（因为）您赐的命服可以保安吉。

把《诗经》某些诗句中的"无"看作是吸入了附着词而形成的结构，可以疏通一些在句法上较难处理的诗句。比如，《诗·郑风·叔于田》中的三个诗句"叔于田，巷无居人""叔于狩，巷无饮酒""叔适野，巷无服

① 吕叔湘（1959：46）认为"无以"实为"无所以"之略；吕叔湘（1982：110）对此持相同观点，同时他还指出，使用"无以"这一熟语的句子"含有否定可能性的意义，'无以'仿佛就等于'不能'，或者更确切些，等于'没法儿……'"（吕叔湘 1982：111）。

② 清代学者方玉润对"岂曰无衣七兮"的解释是："吾非不能为是七章之衣"（［清］方玉润撰，李先耕点校，《诗经原始》，中华书局，1986年，第261页）。元代学者李公凯的解释是："以晋之力，岂不能为七章之衣乎？"（［元］李公凯撰，李辉、李劭凯点校，《直音傍训毛诗句解》，北京师范大学出版社，2012年，第408页）注意：这两位注家说的意思是"怎么不能为七章之衣"，说出了"怎么就不能"的意思，着眼于资格、能力，这一点与本文说的意思相契合。但是，除此之外，他们的理解还是跟本文的"怎么能说没资格穿七命之服"有所不同，对结构的分析则与本文的分析很不一样。他们似乎认为"衣七"整体是"七章之衣"，而"无衣七"，则是对应于"不能_七章之衣"这样的结构，然后给这一结构添加了一个轻动词"为"。尽管"为"是"万能"动词，选择"为"这个动词比较安全，但是实际上，"衣"的动词义项词义明确，就是"穿"，用"为"反而偏离了句子的准确语义。类似于"不能食粥"（《礼记·丧大记》），"食"本来既可用作动词又可用作名词，而在这样的句法环境下，就是用作动词"食"，无须他解。如果按他们分析"无衣七"的思路，"食粥"就不是动宾结构，而是偏正结构"粥食"，然后需要随文补出一个动词，形成像如"不能（吃/做/……）粥食"这样的表达形式。

③ 相关记载见《史记·晋世家》。

马”[1]，如果用传统的思路来理解其中的“无”，诗句从句法上就比较难以处理。为了讨论方便，《诗·郑风·叔于田》全诗抄录如下：

叔于田，巷无居人。
岂无居人？不如叔也，洵美且仁。
叔于狩，巷无饮酒。
岂无饮酒？不如叔也，洵美且好。
叔适野，巷无服马。
岂无服马？不如叔也，洵美且武。

高亨（2009：109）认为以上诗歌第二章中的“饮酒”指饮酒的人，第三章中的“服马”指驾驭马的人。高亨的这一解读就等于让“饮酒”和“服马”转指其主语“人”。他没有对第一章中的“居人”做出解释，但

---

① 诗中的“巷”，《毛传》的解释是“里塗”。孔颖达的疏解是：“《丰》曰：‘俟我乎巷’，谓待我于门外，知巷是里内之途道也。”（［汉］毛亨传，［汉］郑玄笺，［唐］孔颖达等正义，《毛诗正义》，载［清］阮元校刻《十三经注疏》（清嘉庆刊本），中华书局，2009年，第713页）王先谦对“巷”的解读是：“古者居必同里，里门之内，家门之外，则巷道也。巷与衖同，巷头门谓之闳。《周礼》：‘二十五家为里。’故《说文》：‘里门曰闾。二十五家相群侣也。’亦谓之‘巷’。”（［清］王先谦撰，吴格点校，《诗三家义集疏》，中华书局，1987年，第338页）《礼记·祭义》：“强不犯弱，众不暴寡，而弟达乎州巷矣。”郑玄对其中“巷”的注解是：“巷，犹闾也。”（［汉］郑玄注，［唐］孔颖达等正义，《礼记正义》，载［清］阮元校刻《十三经注疏》（清嘉庆刊本），中华书局，2009年，第3471页）从前人的注疏可以看出，“里”“闾”“巷”相通。本文认为，在《诗·郑风·叔于田》中，“巷”既用其本义指巷道（即“巷无服马”中的“巷”），也用其转指义指邻里，即围绕巷道而形成的聚落或居住区域（即“巷无居人”“巷无饮酒”中的“巷”）。《战国策·秦策一》中有“卖仆妾售乎闾巷者，良仆妾也；出妇嫁乡曲者，良妇也”之说，可见“闾巷”指的是居住区，而且是熟人居住区。

我们认为，“巷”应该指“国”之外与“野”相交接的“六乡”中的小聚落。如此，“叔适野”时，与“野”相交接的聚落自然会受影响。杨宽（2016：139）认为，“国”的本义指王城、国都，而“国”和“野”两大区域的交接处则称作“郊”或“四郊”。段玉裁在《四与顾千里书论学制备忘之记》（载［清］段玉裁撰，赵航、薛正兴整理，《经韵楼集：附补编·两考》，凤凰出版社，2010年，第295页）中指出：“郊之为言，交也”；在“国”之外、“郊”之内，设有“六乡”。杨宽（2016：139）指出，“国”与“野”相对，以王城、国都为中心，包括四郊六乡在内的区域，也可以总称为“国”。

如果用同样的方法对“居人”也做转指处理，那么“居人”就应该指“居人的人”。如此，“居人”方能与“饮酒”和“服马”在结构和语义上平行对应。显然，如果对“居人”做如此处理，语义上则不通。如果“居人”指的是“居的人”，那么“居人”本身就是被当作指人的名词性偏正结构（NP结构）来理解的，不需要再做转指处理。但是，如果“居人”是一个名词性偏正结构，它在结构上就无法与“饮酒”和“服马”这两个动宾结构（VP结构）平行对应。程俊英、蒋建元（1991：225）则认为：“巷无饮酒，意为巷里没有人称得上是能喝酒的了。”按这一解读，“无”的意思就是“没有人”。但是，虽然这一解读可以疏通“巷无饮酒”（巷里没有人能饮酒）和“巷无服马”（巷里没有人能服马）的语义，却无法按同样的方法合理地疏通“巷无居人”的语义，因为“巷无居人”不能解作“巷里没有人能居人”。

我们认为要想解决以上问题，就需要假设《诗·郑风·叔于田》中的“无”是基于“无以”这一D结构而形成的。在“无以”这一D结构中，抽象的附着词“以”指称的是某种可能性。“居人”“饮酒”“服马”都是动宾结构（VP结构），而“无”是对这三种行为的可能性进行否定。比如，“巷无居人”不是对“居人”的行为进行否定，而是对“居人”行为之可能性进行否定。

“叔于田，巷无居人”中的“居”用作动词，其基本语义在此应该理解为“止息、停留”，与《易·系辞下》中“变动不居”中“居”的意思相同（参看王力，2000：237）。“居”还有“安”的意思（“安”是“止息、停留”的引申义）。《诗·大雅·公刘》中有“匪居匪康”的诗句，朱熹《诗集传》对其中“居”的解释便是“安”（［宋］朱熹集撰，赵长征点校，《诗集传》，中华书局，2017年，第300页）。《诗·郑风·叔于田》中的“叔”，按《毛传》，指大叔段。“于田”，按《郑笺》，意思是“往田”。该诗句的意思（包括蕴含的意思）是：大叔段正（经过巷里）去打猎，（所以）巷里就不能/无法让人（安心）待下去（被大叔段去打猎的情景所吸引，所以巷里无法使人安处。即《郑笺》所云:“叔往田，国人注心于叔，似如无人处。”)“岂无居人？不如叔也，洵美且仁”的意思则是:(巷里）怎么会不能/无法安人呢?（意思是：能安人（“居”在此句中的意思有变化，指“使……安”)，可是虽然能安人，但是）比不上大叔段（能安人),(因为大叔段）洵美且仁。“洵美且仁”中的“仁”与“居”有某种语义关联。《论语·宪问》篇中有“修己以安人”和“修己以安百姓”之说。《论语·颜渊》篇中则有“克己复礼为仁”和“为仁由己，而由人乎哉”之说。显然，克己复礼就是为仁，而为仁由己就是修己，而修己则可安人，安人则等于居人。①

“叔于狩，巷无饮酒”的意思是：大叔段正（经过巷里）去打猎,(所以）巷里就不能/无法燕饮了。“岂无饮酒？不如叔也，洵美且好”的意思是:(巷里）怎么会不能/无法燕饮呢?（意思是：能燕饮，可是虽然能燕

---

① 此诗句表面上赞美大叔段，实则是对他暗讽，因为大叔段做不到克己复礼，修己以安人，所以并无仁德以居人。大叔段“于田、于狩、适野”之行为，皆不合礼制。《春秋穀梁传·桓公四年》讲:“四时之田，皆为宗庙之事也。春曰田，夏曰苗，秋曰蒐，冬曰狩。”《春秋穀梁传·昭公八年》则讲:“因蒐狩以习用武事，礼之大者也。”在《春秋公羊传·庄公四年》中，何休对“狩”的解诂是:“‘狩’者，上所以共承宗庙，下所以教习兵行义。”([汉] 何休解诂,[唐] 徐彦疏，刁小龙整理,《春秋公羊传注疏》，上海古籍出版社，2013年，第225页）显然，以狩猎的形式上承宗庙，下教习兵行，乃王之行为，不是大叔段所能够大张旗鼓去做的。闻一多（2011：11—12）曾指出，“古者田猎军战本为一事。观军战断耳以计功，田猎亦断耳以计功，而未获之前，田物谓之醜，敌众亦谓之醜；既获之后，田物谓之禽，敌众亦谓之禽，是古人视田时所逐之兽，与战时所攻之敌无异。禽与敌等视，则田而获禽，犹之战而执讯矣。《易》言‘田有禽，利执言’者，意谓田事多获，为军中杀敌致果之象。”可见，田猎完全是一种准军事行动，其目的在于准备军事作战。包含宗庙之事以及教习兵行之目的的田猎活动，亦被称为“大蒐礼”。李亚农（1957）指出，大蒐的意义不限于打猎以及打猎后的宗教仪式，其更为重要的意义是军事演习。《春秋公羊传·昭公八年》讲:“蒐者何？简车徒也。”其意思就是通过田猎来检阅兵车和步卒。正因为这一点，大蒐有时“竟至于动员全国的兵力”（李亚农1957：43)，并横贯一国之全境。杨宽（1963：56）指出，这种田猎活动“具有练习战争、检阅兵力、耀武扬威、部署军事、整顿军队、武力威胁等作用”，是用来“准备战争的一种手段”。了解了这一点，就会明白《诗·郑风·叔于田》实际上是通过对“巷无居人”“巷无饮酒”“巷无服马”的刻画，间接表现大叔段以田猎之名演习军事的浩大声势。大叔段进行军事演习的行为与《春秋左传·隐公元年》中描述他“缮甲兵，具卒乘”的行为，二者是相呼应的，是可以相互印证的。

饮，但是）比不上大叔段（在冬猎场里燕饮），（因为大叔段）洵美且好。古时王狩猎，需举行燕饮之礼①。《诗·小雅·吉日》就有对周宣王狩猎之后燕饮的描写，如："发彼小豝，殪此大兕。以御宾客，且以酌醴。"

"叔适野，巷无服马"的意思是：大叔段（从巷里）奔向郊野，（所以）巷里就不能/无法驾驭马车了。"岂无服马？不如叔也，洵美且武"的意思则是：（巷里）怎么会不能/无法驾驭马车呢？②（意思是：能驾驭马车，可是虽然能驾驭马车，但是）比不上大叔段（在郊野驾驭马车），（因为大叔段）洵美且武。

把《诗·郑风·叔于田》中的"无"分析为含有抽象附着词"以"的动词，可以使"巷无居人""巷无饮酒""巷无服马"三个句子在句法语义上平行对应。这三个句子中的"无"都是吸入了抽象附着词"以"而形成的结构，"居人""饮酒""服马"都是动宾结构（VP结构），而"无"是对这三种行为的可能性进行否定。这样就解决了诗句的语义与结构之间的对应性问题。

4."與、同、偕"也是动词

"與子同袍"中的"與"不能按现代汉语的语感理解为介词。我们认为，该诗句中的"與"是动词，意思是"跟随、随同、偕同、会同"。《说文解字》释"與"为："党與也。从舁与。"《说文解字段注》的解释是："会意。共举而与之也。"白川静（2010：431）认为"與"的协同、同侪之义

① 杨宽（1963：49）指出，古代田猎，有"饮至"之礼。田猎凯旋之后，除了献禽和献左耳，还有酒会、赏赐、处罚等环节或者说节目。

② 《郑笺》云："服马犹乘马也。"［清］马瑞辰指出："服者，犕之假借。《易·系辞》'服牛乘马'，《说文》引作'犕牛乘马'。《玉篇》：'犕，犹服也，以鞁装马也。'"（［清］马瑞辰撰，陈金生点校，《毛诗传笺通释》，中华书局，1989年，第254页）诗句中的"服马"当有两解。一是明指普通人一般意义上的乘马，二是暗指大叔段驾驭战车军马。诗歌用"巷无服马"来衬托出大叔段浩浩荡荡地驾驭战车军马的壮观场面。因为大叔段是驾驭战车军马，自然比一般人驾驭普通车马威武，所以诗歌用"武"来赞美驾驭战车军马的大叔段。当然，这种赞美是表面上的，实则是讽刺大叔段僭越。

来自共同搬运之义。

在上古汉语中,“與”做动词用的例子很多。《诗·小雅·角弓》中有“君子有徽猷,小人與属”的诗句,《郑笺》对这一诗句的解释是:“君子有美道以得声誉,则小人亦乐與之而自连属焉。”程俊英、蒋见元(1991:712)认为其中“與”的意思是“从”,而“属”的意思是“连、随”。《论语·述而》中有“子行三军,则谁與”,杨伯峻(1980:69)认为其中的“與”是动词,表示“偕同”的意思。《论语·微子》中有“鸟兽不可與同群,吾非斯人之徒與而谁與”,其中的“與”也是动词。邢昺对此语句的疏解是:“‘吾非斯人之徒與而谁與’者,與,谓相亲與。我非天下人之徒众相亲與而更谁亲與?言吾自当與此天下人同群,安能去人从鸟兽居乎?”([魏]何晏等注,[宋]邢昺疏,《论语注疏》,载[清]阮元校刻《十三经注疏》(清嘉庆刊本),中华书局,2009年,第5496页)《论语·阳货》中则有“日月逝矣,岁不我與”,其中“與”做动词,意思是“随、从”。《论语·子罕》中的“子罕言利與命與仁”的句读应该是“子罕言利,與命,與仁”,其中的两个“與”都是动词,而不是并列连词,其语义也是“随、从”。这句话的意思是:孔子很少讲利,随从天命,随从仁。随从天命,即“畏天命”“知天命”(《论语·季氏》),也就是平常说的听天命;随从仁,即“亲仁”(《论语·学而》)、“依于仁”(《论语·述而》)。《国语·齐语》中有“桓公知天下诸侯多與已也”,韦昭的注是:“與,从也。”《春秋左传·宣公九年》有“陈灵公與孔宁、仪行父通于夏姬”的记载,在这个句子中,“與”也应该解作“随、从”或“参与”,句子的意思是:陈灵公参与了孔宁、仪行父通于夏姬的行为(跟随孔宁、仪行父通于夏姬)。

“與”表“跟随”义的动词用法,在《诗经》之后的诗歌中也还经常可以见到。比如,唐代诗人杜甫的《九日五首》之三就有“旧與苏司业,兼随郑广文”的诗句。徐仁甫(2014a:187)认为其中的“與”和“随”互文。除了此诗句中的“與”,徐仁甫(2014a:187)还讨论了“地與山根裂,江从月窟来”(杜甫《瞿唐怀古》)以及“浮生看物变,为恨與年深”

（杜甫《又示两儿》）中的“與”，认为在两首诗中“與”和“从”互文，“看”与“與”互文，“與”都表示“随”的意思。按徐仁甫（2014a：187）的分析，“地與山根裂”的意思就是“地随山根裂”，“为恨與年深”的意思就是“为恨随年深”。与这里的动词分析不同，徐仁甫（2014b：2）认为以上诗句中出现的“與”都是介词。我们同意徐仁甫的互文分析，但不同意他的介词说。我们认为，在“旧與苏司业，兼随郑广文”诗句中，“與”和“随”的句法地位相同，都是动词，做句子的谓语成分，而不是介词。

按我们的分析，以上所引杜甫诗句中的“與”都是动词。比如，“地與山根裂”的结构可以表征如下：

（6） [$_{IP}$地$_i$ [$_{VP}$ [$_{V'}$與 [$_{NP}$山根$_j$]] [$_{IP}$ PRO$_{i+j}$裂]]]

或许有人仍然认为“地與山根裂，江从月窟来”中的“與”是介词还是动词难以判断，但“浮生看物变，为恨與年深”中的“與”的词性却毫无疑问是动词。在诗句中，“看”是动词，而不是介词，那么与“看”互文的“與”自然也应该是动词。

如果采用动词说来理解“與”，那么，“與子同袍”的意思就是“跟随你们，会同一起，穿上袍”，即：你们穿上袍，我也穿上袍，我跟随你们，我们会同一起穿上袍。

在此还需要着重强调，《诗经》所代表的上古汉语中使用的像“與”这样的词项，其词性或句法地位，不能依据现代汉语的语感进行判断和把握。不仅表“跟随”义的“與”不能按照现代汉语句法处理为介词，而且有些看似相当于现代汉语并列义虚词“和”的“與”也不能想当然地处理为并列连词或介词。

《诗·郑风·溱洧》中有“溱與洧，方涣涣兮。士與女，方秉蕑兮”的诗句，一般都把其中的“與”理解为表并列的“和”。实际上，其中“與”也是动词，其语义也是“跟随、追随、会同”。“溱與洧”不是由两个专有名词形成的并列结构，即不是简单地指溱水和洧水；而是一个“主动宾”结构，指的是溱水追随而来与洧水相会，即溱水汇入洧水（溱水会同洧水)。《诗 · 郑风 · 溱洧》中的“溱”在《说文解字》里写为“潧”,其解释是:“潧水。出郑国。从水,曾声。《诗》曰:‘潧與洧方汍汍兮。’”“溱”为《毛诗》用字。王应麟《诗地理考》曾引用《水经》对潧水汇入洧水的描述:“《水经》:洧水出河南密县西南马领山,又东过新郑县南,潧水从西北来注之。”([宋]王应麟撰,张保见校注,《诗地理考校注》,四川大学出版社,2009年,第90页)这段文字说得很明白:潧(溱)水注入洧水。

与“溱與洧”相同,“士與女”也不是简单地表示男子和女子,而是指男子追随而来与女子相会。正因如此,“溱與洧”和“士與女”中名词的先后顺序不能颠倒。溱与洧之间的顺序一旦颠倒,就无法表示溱水汇入洧水的意思了;而一旦“溱與洧”不表示溱水汇入洧水之意,也就失去了用其来比兴的意义。该诗开篇第一句就是“溱與洧”,这是有用意的,旨在用溱水汇入洧水来比喻男子追随而来与女子相会。诗歌用明确的诗句指明男子与女子相会游春的地点是洧水边,即“洧之外”;而“洧之外”是溱水汇入洧水的地方,也是男子与女子相会的地方。“洧之外”是洧水“等待”溱水来“相会”的地方,也是以女方为主,等待男子来相会的地方。可以说,“洧之外”是女子的地盘。我们认为,《溱洧》所反映的风俗,很有一些远古母系社会的特点。

在确定了“與”的句法语义之后,下文继续分析诗句中的“同”与“偕”。诗句中的“同”和“偕”也是动词,而不能按照现代汉语的语感分析为副词。按这一分析,“同袍”“同泽”“同裳”“同仇”“偕作”“偕行”,都是由两个动词并联而形成的动词结构。

“偕”在上古汉语中可以单独用作动词。《诗 · 魏风 · 陟岵》中有“行役夙夜必偕”的诗句,其中的“偕”为动词。《毛传》释“偕”为“俱”;朱熹对“偕”的解读则是:“必偕,言與其侪同作同止,不得自如也。”([宋]朱熹集撰,赵长征点校,《诗集传》,中华书局,2017年,第100页)《诗 · 邶风 · 击鼓》里有“执子之手,與子偕老”,其中“偕”和“老”都是动词(汉语的形容词实际上也是动词),应该解作“相偕而老”。

用现代汉语的语感去理解“與子偕老”，很容易把“偕老”看作偏正结构，但这类结构在《诗经》中实际上是由两个动词形成的并联结构。类似的结构在上古汉语中并不少见，比如,《诗·陈风·东门之池》中就有“彼美淑姬，可與晤歌”的诗句，其中“晤歌”也是由两个动词形成的并联结构。《毛传》云:“晤，遇也。”“遇”是动词，因此“晤”也是动词。我们认为，与“偕老”和“晤歌”相同,“偕作”和“偕行”也是由两个动词形成的并联结构。

上文提到虢季子白盘铭文的“是以先行”，其中的“先行”同样也不宜按现代汉语语感理解为“先”修饰“行”的偏正结构，而是由动词“先”和“行”构成的并联结构。在上古汉语中,“先”不乏动词用例。《春秋左传·桓公十六年》中有“寿子载其旌以先，盗杀之”的句子，其中的“先”用作动词。《春秋左传·闵公二年》中还有“‘不先，国不可得也。’乃先之”的语句,“先”也是动词。按我们的分析,“偕行”与“先行”以及史免簠铭文“从王征行”中的“征行”结构相同，都是动词并联结构。

如果“偕作”和“偕行”是动词并联结构，那么,“同袍”“同仇”“同泽”“同裳”也应该是动词并联结构。“偕作”和“偕行”应该分别解作“相偕而作”和“相偕而行”，而“同袍”“同仇”“同泽”“同裳”这样的“同V”结构则应该解作“偕同而V”。“同”的意思是“会同、偕同”，其词性和语义与“同尔兄弟”(《诗·大雅·皇矣》)中的“同”一致。①

《诗·郑风·丰》中有“驾予與行”和“驾予與归”的例子，其中的“與”是动词，而“與子同袍”及“與子偕行”等例子中的“與”显然与之别无二致。除此之外,“與行”和“與归”实际上就是“同行”“同归”，或“偕行”“偕归”。“與”与“同”及“偕”词性相同，意思都是

① 赵长才研究员(个人交流，2020年8月12日)指出,《诗经·豳风·七月》“同我妇子，馌彼南亩，田畯至喜”中的“同”可以跟《诗经·小雅·大田》“曾孙来止，以其妇子，馌彼南亩，田畯至喜”中的“以”做比较。“以其妇子”中的“以”是动词(意思是“率领”)，同样,“同我妇子”中的“同”也是动词。

“偕同”。因为“舆行”和“舆归”不是现代汉语用语，不会有现代汉语语感介入影响判断，所以此例中“舆”的动词身份不会被质疑，而“舆行”和“舆归”也不会被看作偏正结构。既然在这类结构中“舆”与“同”及“偕”相同，“舆”是动词，那么“同”和“偕”也应该是动词，而不是作附加语的副词。

最后还要指出的一点是，如果把“舆子同袍”和“舆子偕行”中的“舆”分析为介词，那么“舆”的“跟随”义则不复存在。除此之外，这一介词分析还无法照顾到“舆子同袍”和“舆子偕行”等诗句与《诗·邶风·北风》中“携手同行”和“携手同归”等诗句在结构上的共同点。实际上，在“舆子同袍”（以及“舆子偕行”）与“携手同行”“携手同归”中，“携”是动词，“舆”也是动词[①]；“同行”“同归”是动词并联结构，“同袍”也是动词并联结构。

5.“岂曰无衣”之言外之意的否定

语用在“岂曰无衣，舆子同袍”的解读中起着重要的作用。“岂曰无衣”是一个反诘问句，是以问句的形式来做肯定的陈述。问句背后的意思是“有衣”。就“岂曰无衣”而言，反诘问句的使用诱发了两个层面的否定：一个层面是以反诘问句的形式对对方（或第三方）关于“我无衣穿”的陈述做否定；另一个层面是通过否定对方（或第三方）的陈述而对对方（或第三方）言语所传递的言外之意进行否定。从表面上看，反诘问句“岂曰无衣”似乎仅是对对方（或第三方）所做的“我无衣穿”这一陈述进行否定，但实际上其否定的重点是对方（或第三方）说“我无衣穿”这一言语行为所传递的言外之意。说“我无衣穿”的言外之意是：我不能上战场。诗人（或者说是诗歌内的叙述者“我”）否定的重点是这一言外

① 李开先生（个人交流，2020年8月12日）指出，“舆”做动词的用例还见于《史记·范雎蔡泽列传》“贾不敢复读天下之书，不敢复舆天下之事”，而做动词的“舆”应该按“四声别义”法读去声。

之意。为了强化对这一言外之意的否定，“我”于是说：你们穿袍，我随同你们一同穿袍；你们穿泽，我随同你们一同穿泽；你们穿裳，我随同你们一同穿裳。从上到下，从内到外，你们穿什么，我就穿什么，怎么能说我没有军服穿呢？我同你们一样，共同穿上袍、泽、裳。如此，我就是有军服穿；而有军服穿，我就可以上战场。“我”通过说出“與子同袍（泽、裳）”的话语，用该话语所传递出的言外之意，否定了对方（或第三方）话语所传递的言外之意。这一否定是言外之意对言外之意的否定。因此，从这一角度看，这应该是一首士兵战前鼓舞士气的诗①，所展现的是士兵渴望上战场杀敌的昂扬斗志。

6. 余论：并联法造句

本章秉承新描写主义（胡建华，2018）之精神②，以“解剖麻雀”之法对《诗·秦风·无衣》篇做了微观分析。基于对诗句及其重点词项的句法语义分析，我们认为，上古汉语是一种以并联法为重要造句手段的动词型语言。在《诗·秦风·无衣》篇中，“同袍（泽、裳）”以及“同仇”“偕作”“偕行”，均是由动词和动词通过并联法而形成的结构，这些重点词项及其所构成的句法结构，集中体现了上古汉语的这一特点。说并联法是上古汉语造句的一种重要手段，并不意味着上古汉语不使用形成层级结构的句法合并（merge）手段造句，比如“岂曰无衣”的结构就是使用合并手段形成的层级结构。

Sapir（1921：62）指出：语法概念表达，最简单、最经济的方法就是按特定的顺序把两个或更多的词并置（juxtapose）在一起，而不是试图通

① 《春秋左传·定公四年》曾记载：“申包胥如秦乞师”，“秦哀公为之赋《无衣》”。王夫之认为“为赋”与“赋”的使用有区别；《春秋左传·定公四年》使用“为赋”，说明“此诗哀公为申胥作也”（[明]王夫之撰，《船山全书》（第三册），岳麓书社，2011年，第92页）。

② 新描写主义主张使用不断升级换代的理论工具，对显性的或隐性的语言现象进行细颗粒度的微观刻画、描写和分析，从而达到“从一粒沙子看世界”的目的。

过对这些词进行内在的变动以建立词与词之间的联系[①]。Sapir（1921:62—63）曾以英语中的"sing praise"为例说明一个简单的道理：只要把词语并置在一起，人们便从心理上倾向于在并置的词语之间建立种种语义联系。比如，把sing和praise并置后，sing praise这样的形式就可以被理解为动宾关系，也可以被理解为偏正关系（sing修饰praise）或并列关系（sing and praise），还可以被理解为转指关系，即指"one who sings a song of praise"，而这就和复合词killjoy可以转指"one who kills joy"是一样的。

Sapir所使用的术语"并置"，与我们所使用的术语"并联"有相通之处。我们所使用的并联这一术语侧重于指称句法操作。按照Progovac（2015：5—14）的分析，并联是人类原始语言造句的主要手段，也是一种最简单的造句方法，是一种原始合并（proto-Merge）技术。

本章所讲的并联也与Jackendoff（2002：248）所使用的术语"聚组"（grouping）相通。聚组就是把两个或更多的可以建立语义联系的成分联结组块。聚组反映的是人的认知加工能力，正如Sapir（1921：111）所言，只要把词和成分按某种顺序排列在一起，（在人的认知作用下）这些词和成分就不仅会建立某种关系，而且会相互吸引，只是其吸引力可大可小，不尽相同。

并联并不是并列。并列具有语类选择限制，不同语类的成分一般不会并列，但并联却没有这一限制。除此之外，语法功能相同的成分并列在一起，其语法功能会保持不变，但通过并联手段联结在一起的成分则不一定。刘丹青（1982/2019：221）曾以以下对称格式的例句说明"有些对称式，虽似并列，而语法功能却不同于它的部分"。

（7） 她们……说到逗趣处，就你推我一下，我打你一巴掌。

---

① 英文原文如下：The simplest, at least the most economical, method of conveying some sort of grammatical notion is to juxtapose two or more words in a definite sequence without making any attempt by inherent modification of these words to establish a connection between them。

刘丹青（1982/2019：221）认为，以上例句中整个对称式“你推我一下，我打你一巴掌”的作用相当于一个形容词，所以可以出现在“就”的后面。“你推我一下，我打你一巴掌”这一对称式不是并列结构，而是并联结构。并联所联结的可以是词，也可以是比词更大的组块。只要成分之间可以建立语义联系，就可以通过并联操作进行联结。通过并联法形成的结构不是层级结构，如以下英语例句所示（引自Progovac，2015：95—96）：

（8） a. Nothing ventured, nothing gained.

b. Easy come, easy go.

c. Monkey see, monkey do.

d. Come one, come all.

e. Card laid, card played.

f. Like father, like son.

以上例句[①]就是通过并联法形成的格式化表达。这类格式化表达不具有层级性，因此是扁平（flat）结构，而不是向心（endocentric）结构。这类格式化表达反映了人类语言原始句法的特点，可以看作是人类原始语言留存下来的活化石（参看Jackendoff，2002：246、249）。

因为并联在一起的成分之间的关系不是句法层级关系，所以在对并联

① 汉语中所谓的受事主语句，英语也有，如（8）中的格式化表达“Nothing ventured, nothing gained”以及“Card laid, card played”就是由受事主语句构成。除了（8）中的例子，Progovac（2006：38）还举出Problems solved等例子。Progovac（2006，2015）把这类结构看作小句（small clause）。Progovac（2015：5）认为，小句是人类原始语言的活化石；作为活化石，这类结构在现代英语中并不是被层级结构取代了，而是被植入到了层级结构之中。本文认为，英语的小句虽然也可以脱离小句原本所处的句法环境而单独使用，这一点看似与汉语的情况相似；但是，在这类结构的使用上，英语与汉语仍有重要的区别：英语是有定式与非定式（finite vs. nonfinite）之区分的语言，因此，英语小句由于没有时态标记，只能在小句句法环境中或者在当下（situated）交际场景中使用；而汉语没有定式与非定式的区分（Hu, Pan, & Xu 2001），时间信息的定位没有被语法化为时态范畴，所以汉语小句的使用不受这些限制。胡建华（2013：11）指出，英语中的小句大约等于汉语中的一般句子。英语小句与汉语小句之间的区别在于：英语的小句只能在受限的环境中使用，而汉语的小句可以作为一般句子在各种环境中使用。

成分进行解读时，起作用的是语用而不是句法。虽然现代英语句法不再允许不受限制地自由生成这类扁平结构，但仍可以利用这类结构的框架以“旧瓶装新酒”的方式通过替换新词来传递新义。比如，利用并联结构“No pains, no gains”所提供的“No __, no __”格式框架，就可以生成以下各种“旧瓶装新酒”的语句[①]。

（9） a. No brain, no pain.

b. No sweat, no sweet.

c. No risk, no reward.

d. No risk, no fun.

e. No blood, no foul.

f. No body (corpse), no crime.

g. No dough, no go.

h. No fool, no fun.

i. No glove, no love.

j. No guts, no glory.

现代英语句法已经远离人类语言原始句法，并联法已经不是英语造句的积极（active）手段。因此，在大多情况下，并联结构仅作为原始句法遗留下来的活化石格式而存在。由于这一原因，以上这些并联格式的种类或类型（type），就其生成性来说，在现代英语中自然会受到固有格式的限制，因而在这一意义上讲是不自由的。但是，虽然这类并联表达的类型是固定的，因而其生成能力也是受限的，但其实例（token）的生成却可以是相对自由的。利用固定的、样式及种类有限的并联格式填词造句，从而以“旧瓶装新酒”的方式不断生成新的并联结构实例，不是汉语所独享的自由，英语也可以，如例（8—10）中的英文例子所示。英语除了使用主谓结构表达语义，也使用并联结构表达语义。比如，下面的英文例子[②]就是

① 参看Doyle等（2012）以及Simpson & Speake（2003）。

② 参看Doyle等（2012）以及Simpson & Speake（2003）。

以并联手段来传递语义的。

（10）a. A rooster one day, a feather duster the next.

b. An egg today (yesterday), a feather duster tomorrow.

c. Chicken today, feathers tomorrow.

d. Another day, another dollar.

e. My room, my rules (Your room, your rules).

f. My house, my party (Your house, your party).

g. My game, my rules (Your game, your rules).

h. Strong back, weak mind.

i. Cold hands, warm heart.

j. Good at chess, bad at life.

k. Up like a rocket, down like a stick.

l. Garbage in, garbage out.

m. Give (Show) respect, get (gain, take) respect.

n. Never complain, never explain (Never explain, never complain).

o. Spare the rod, spoil the child.

p. Eat right, stay fit, die anyway.

q. Talk half, leave half.

r. First up, best dressed.

s. LEAST said, soonest mended.

t. Pile it high, sell it cheap.

u. BARNABY bright, Barnaby bright, the longest day and the shortest night.

以上例句显示，英语并联结构表达的实例也非常丰富。实际上，英语与汉语在并联结构表达上并无根本的不同。汉语有“人山人海”这样的并联结构表达，英语有“garbage in, garbage out”“like father, like son”这样的并联结构表达。像英语“like father, like son”这种纯粹用介词词组构成（因此根本没有什么主谓结构）的并联表达方式，汉语反而没有与之相对应的简洁表达，只能用结构比较复杂的“有其父必有其子”这样的用动宾结构构成的句子（且是复句）来翻译。

很多情况下现代汉语并联表达格式的使用，也不过是利用已有的固定格式以“旧瓶装新酒”的方式生成新的实例而已。在这一点上，现代英语生成新例的能力也一样很强。因此，英汉语之间的区别，大概不在于汉语可以自由生成并联造句的新鲜格式，而英语不可以；而是在于汉语使用的并联造句的实例比英语的可能要多一些，或者说，在实际语言生活中，现代汉语使用者或许不过是更喜欢用已有的固定格式玩“旧瓶装新酒”的造句游戏而已[①]。

我们认为，现代汉语不再以并联法为主形成句内（clause-internal）结构，但在句子之外（clause-externally）仍会广泛地使用并联法联结句子与句子。这也是英语与汉语之间的一个重要差别。除此之外，在现代汉语中，并联结构还可以作为句法组配的构件被广泛地植入到句法合并中去，如在例（7）中，并联结构被作为形容词词组用于进一步的句法操作。正是由于并联法在现代汉语中的使用受到很大的限制，所以当我们试图以某种方法把“走”和“去”或者“打”和“破”放在一起的时候，“走”和“去”只能通过合并法形成“走去”这样的连动结构，而“打”和“破”也只能通过合并法形成“打破”这样的动结式。这些词语在现代汉语中都已经无法再通过并联法形成动词并联结构。由于同样的道理，在现代汉语中使用的“同袍”“偕作”“偕行”“先行”这样的结构，也一定不会被理解为并联结构，而是只会被理解为偏正结构。正是基于这一考虑，我们认

① 但即便是这一点，我们也并不能十分地确定，因为已有的研究经常不是拿汉语口语与英语口语做比较，而是拿汉语口语与英语书面语做比较。在某些语域，英语实际上也经常使用并联结构表达；而汉语，也不一定在任何语域都大量使用并联结构表达。一种表达方式使用得多还是少，竟或根本不用，还与使用者是否受过教育、受教育的程度以及使用者个人的语言表达能力有关。关于这一点，可参看吕叔湘（2008：190—191）。

为：并联法已经不再是现代汉语造句的重要方法[①]。

现代汉语造句的主要手段是合并。合并所形成的结构是层级结构。与现代汉语不同，《诗经》时代的汉语虽然已经使用合并手段造句，但并联法仍然是当时的一种重要造句手段。这或许是因为《诗经》时代的语言更接近人类语言的原始状态[②]。

在《诗经》所代表的上古汉语中，合并法与并联法并用，而且并联法还是一种重要而积极的造句手段；而在现代汉语中，合并是积极而主要的造句手段，并联法仅在有限的范围内使用。除此之外，上古汉语和现代汉语还有另一方面的重要差异。与现代汉语相比，上古汉语显然更有资格称得上是一种动词型语言。一些按现代汉语的语感会确凿无疑被理解为名词的词，在《诗经》中其实是动词[③]。上古汉语与原始汉语比较接近，而原始汉语自然是人类原始语言之一种，因此，从这个角度看来，上古汉语动词显著的特点所体现的很可能是人类语言原始句法的特点。

从动词出发来把握名词的研究，最早见于Yāska的*Nirukta*[④]。这部书大概是世界上最早从语言学角度来研究词源学（etymology）、语文学（philology）及语义学的著作[⑤]。印度学者一般认为*Nirukta*成书于公元前700年（参看饶宗颐，1984：49），远远早于孔子（公元前551年—公元前479年）的时代。*Nirukta*一书把词分为四大类，即：名词、动词、介词和助词（particle），并认为动词的基本概念（fundamental notion）是"易"（becoming），而名词的基本概念是"在"（being）（参看Sarup，2002/1920：5）。*Nirukta*提出的一个最为重要的观点便是：**名词源于动词**，

① 这里讨论的并联结构与沈家煊（2020）讨论的"对言表达"不尽相同，他认为"对言表达在印欧语里覆盖面很窄，远未像汉语那样达到普遍化、格式化的程度"。

② 姚振武（2010：10）认为古代汉语"较多地保留了人类语言初期的形式特点"。

③ 匿名评审专家认为也可以看作名动兼类词，在上古汉语中名动兼类是一种普遍现象。

④ 饶宗颐（1984）翻译为《尼卢致论》。

⑤ 饶宗颐（1984：52—53）指出，东汉刘熙的《释名》就是以声音相同的动词来解读名词的字源学性质的著作。

并且认为这一观点应该是词源学者分析词性时所秉持的信条（参看Sarup，1920/2002：13）。*Nirukta*一书闪耀着古老智慧的光辉，其基本思想对我们今天的语言学分析仍然具有很大的启发意义。我们认为，*Nirukta*一书之所以会提出名词源于动词的观点，是因为当时的语言（公元前700年左右*Nirukta*成书时候的语言）离人类原始语言更近，因此更容易体会到人类原始语言最根本的特点就是动词显著、动词优先[①]。

从动词出发来理解《诗·秦风·无衣》篇中"袍、泽、裳"（以及"與""同""偕"）的句法语义，与从名词的角度理解"袍、泽、裳"有很大不同。把"同袍（泽、裳）"中的"袍（泽、裳）"分析为动词，其着眼点在于行为的相同，而不是行为动作所作用的对象（即衣裳）相同。由于"袍（泽、裳）"是以光杆形式出现的（即光杆动词），所以可以复数化，可以用来指称"穿袍（泽、裳）"的复数事件，从而与动词"與""同"本身所蕴含的复数性相符。

按我们的解读，"同袍"不是指"同穿一件战袍"，而是指穿战袍的行为相同：你们穿战袍，我跟随你们，与你们相同，也穿战袍（即：你们穿战袍，我跟着你们穿战袍）。因此，《诗·秦风·无衣》中的"同袍""同仇""同泽""偕作""同裳""偕行"实际上强调的是各种行为的相同，即：步调一致。步调一致对于军队来说非常重要，因为步调一致可以加强凝聚力，而且只有"步调一致才能得胜利"。民国时期四川有一个民间帮会组织称作哥老会，也称袍哥。当时的民谚（转引自王笛，2018：100）对袍哥所做的描述就是强调其穿袍行为的相同，如下所示：

你穿红来我穿红，
大家服色一般同。
你穿黑来我穿黑，

① 张今、陈云清（1981）曾论证，人类语言最早出现的词是原始动词。

咱们都是一个色。

所谓的“穿同一件战袍”或者“穿同样的战袍”之类的意思，也并不是“同V”结构所必然表达的语义（虽然有些情况下也可以通过语用推导得出“穿同样的战袍”的含义）。而如果是“同NP”结构，情况就不同了。因此，“同袍”不是“同NP”结构，而是“同V”结构，且“同V”结构也不应该按照现代汉语的语感分析为偏正式的“副词+V”结构，而是应该分析为由两个动词形成的“VV”并联结构。

最后，我们认为有必要强调的一点是：《诗经》所代表的上古汉语的句法，与现代汉语的句法具有明显的差异。用现代汉语语感去理解《诗经》中的某些词项并进而解读诗句，所把握到的未必是相关诗句的本身的语义。我们只有摆脱现代汉语语感对上古汉语句法分析的影响，并在此基础上去努力认识《诗经》相关诗句的句法，或许才能逼近“岂曰无衣，與子同裳”等诗句的本身的语义。

参考文献

白川静（著） 苏冰（译） 2010 《常用字解》，北京：九州出版社。
晁福林 2010 《夏商西周社会史》（第2版），北京：北京师范大学出版社。
程俊英 蒋见元 1991 《诗经注析》，北京：中华书局。
方有国 1992/2002 《“有”“无”代词用法再探讨》，载方有国著《上古汉语语法研究》。成都：巴蜀书社，228—242。原刊于《泸州教育学院学报》（综合版）1992年第3期。
高本汉 2012年 《高本汉诗经注释》， 董同龢译，上海：中西书局。
高 亨 2009 《诗经今注》，上海：上海古籍出版社。
胡建华 2013 《句法对称与名动均衡——从语义密度和传染性看实词》，《当代语言学》第1期。
胡建华 2018 《什么是新描写主义》，《当代语言学》第4期。
李亚农 1957 《“大蒐”解》，《学术月刊》第1期。
刘丹青 1982/2019 《对称格式的语法功能及表达作用》，载刘丹青著《汉语句法语义探思录》，北京：商务印书馆，220—224页。原刊于《语文知识丛刊》（3），地震出版社，1982年。

刘丹青 2010 《汉语是一种动词型语言——试说动词型语言和名词型语言的类型差异》,《世界汉语教学》第1期。

刘瑞明 1984 《“有以”、“无以”是多义的同形异构体——与洪成玉同志商榷》,《语言教学与研究》第1期。

罗 端(Redouane Djamouri) 2017 《古汉语“以”和“与”在动词前作附着词素的特殊用法》，中国社会科学院语言研究所。

吕叔湘 1959 《文言虚字》，上海：上海教育出版社。

吕叔湘 1982 《中国文法要略》，北京：商务印书馆。

吕叔湘 2008 《“恢复疲劳”及其他》，载吕叔湘著《语文杂记》，北京：生活·读书·新知三联书店，190—192页。

梅 广 2015 《上古汉语语法纲要》，台北：三民书局。

饶宗颐 1984 《尼卢致论(*Nirukta*)与刘熙的〈释名〉》,《中国语言学报》第2期。

沈家煊 2020 《“互文”和“联语”的当代阐释——兼论“平行处理”和“动态处理”》,《当代修辞学》第1期。

王 笛 2018 《袍哥:1940年代川西乡村的暴力与秩序》，北京：北京大学出版社。

王 力(主编) 2000 《王力古汉语字典》，北京：中华书局。

王晓鹏 2018 《甲骨刻辞义位归纳研究》，北京：商务印书馆。

闻一多 2011 《古典新义》，北京：商务印书馆。

吴国忠 1993 《古汉语助词“所”的省略与“有以……”“无以……”句式》,《求是学刊》第6期。

徐仁甫 2014a 《杜诗注解商榷、杜诗注解商榷续编》，徐湘霖校订，北京：中华书局。

徐仁甫 2014b 《广释词》，徐湘霖校订，北京：中华书局。

杨伯峻(译注) 1980 《论语译注》(第2版)，北京：中华书局。

杨 宽 1963 《“大蒐礼”新探》,《学术月刊》第3期。

杨 宽 2016 《试论西周春秋间的乡遂制度和社会结构》，载杨宽著《古史新探》，上海：上海人民出版社。

杨树达 1954/2004 《词诠》，北京：中华书局。

杨树达 2007 《积微居金文说》(增订本)，长沙：湖南教育出版社。

姚振武 2010 《人类语言的起源与古代汉语的语言学意义》,《语文研究》第1期。

于省吾 2009 《双剑誃吉金文选》，北京：中华书局。

张 今 陈云清 1981 《英汉比较语法纲要》，北京：商务印书馆。

Doyle, Charles Clay, Wolfgang Mieder, and Fred R. Shapiro, compiled 2012 *The Dictionary of Modern Proverbs*, New Haven and London: Yale University Press.

Hu, Jianhua, Haihua Pan, and Liejiong Xu 2001 Is there a finite vs. nonfinite distinction in Chinese? *Linguistics* Vol. 39, 6, 1117-1148.

Jackendoff, Ray 2002 *Foundations of Language: Brain, Meaning, Grammar, Evolution*. New

York: Oxford University Press.

Progovac, Ljiljana 2006 The Syntax of Nonsententials: Small Clauses and Phrases at the Root. In Ljiljana Progovac, Kate Paesani, Eugenia Casielles, and Ellen Barton (eds.) *The Syntax of Nonsententials: Multidisciplinary Perspectives*. Amsterdam: John Benjamins. Pp. 33–71.

Progovac, Ljiljana 2015 *Evolutionary Syntax*. Oxford: Oxford University Press.

Sapir, Edward 1921 *Language: An Introduction to the Study of Speech*. San Diego: Harcourt Brace & Company.

Sarup, Lakshman 1920/2002 *The Nighaṇṭu and the Nirukta: The Oldest Indian Treatise on Etymology, Philology and Semantics*. Delhi: Motilal Banarsidass.

Simpson, John, and Jennifer Speake 2003 *The Concise Oxford Dictionary of Proverbs*. Oxford: Oxford University Press.

（原载《华东师范大学学报（哲学社会科学版）》2021年第6期）

第二十一章　从跨语言比较视角看《诗经》“于V”结构：“王于兴师”“王于出征”的句法语义及其他

本章从跨语言比较视角分析《诗经》中“于V”结构的句法语义特性，发现在《诗经》“王于兴师”“王于出征”“黄鸟于飞”“叔于田”这类“于V”结构中，出现在动词前的“于”用作助动词或者体貌助词（附着词），其解读与英语以及其他语言中表示GO这一语义的动词相似：“于”与GO类动词一样，都有动态义，其动态义来自于其概念结构（conceptual structure）。除此之外，在“于V”结构中，“于”的句法地位还与英语中的a-前缀十分相似。在英语中，有无a-前缀的两个动词，表达的语义不尽相同，且具有不同具体用法；同样，《诗经》中的“于V”结构与不带“于”的普通结构，也具有不同的句法语义特性。《诗经》中出现在动词前的“于”与英语中附着于动词前的a-前缀，除了具有相近的句法地位，在语义解读上也具有相似性：二者都有加强语气的作用，并且都可以给相关动作添加一种栩栩如生的画面感。

1.“于”有无语义？

对于《诗经》中“王于兴师”中的“于”字，如果从有无词汇语义这一角度看，前人的注解主要有两种不同的分析。

第一种分析认为“王于兴师”中的“于”有词汇语义。《诗经》中许多地方出现的“于”字，《毛传》多训为“往”。受其影响，清末学者王先谦就把“王于兴师”中的“于”训为“往”（［清］王先谦撰，吴格点校:《诗三家义集疏》，北京：中华书局，1987年，第457页)。《郑笺》则训"于"为"於"，认为"王于兴师"就是"於王兴师"。唐代经学家孔颖达在《毛诗正义》中对此的疏解是:"《笺》言'王於兴师'，谓於王法兴师。"([汉]毛亨传,[汉]郑玄笺,[唐]孔颖达等正义:《毛诗正义》，载[清]阮元校刻《十三经注疏》(清嘉庆刊本)，北京：中华书局，2009年，第795页)朱熹《诗集传》认为"王于兴师"是"以天子之命而兴师也"([宋]朱熹集撰，赵长征点校:《诗集传》，北京：中华书局，2017年，第120页)。

第二种分析则认为"王于兴师"中的"于"没有词汇语义。王引之《经传释词》指出,"王于兴师"就是"王聿兴师";《尔雅》对"于"的解释是"于，曰也"，而"'聿''曰'古字通。"([清]王引之撰，李花蕾点校:《经传释词》，上海：上海古籍出版社，2014年，第22页。)

高亨(2009a：173)也认为"王于兴师"中的"于"相当于"曰"，是语助词。持相同意见的还有杨树达(1954/2004：434)，他认为"于"在该诗中是语中助词，没有语义。裴学海(1954/2004：48)训"于(於)"为"之"，认为"王于兴师"就是"王之兴师"(这实际上也等于说"于"没有具体的语义)；并且指出王引之《经传释词》把"王于兴师"解为"王聿兴师"不合适。裴学海(1954/2004：48)指出,《诗·周南·葛覃》中有"黄鸟于飞",《商君书·画策》中则有"黄鹄之飞";《诗·周南·桃夭》中有"之子于归",《诗·小雅·白华》中则有"之子之远"。裴学海还指出，"于"训为"之"，则与现代汉语的"的"近似，可以省去，故《诗·召南·江有汜》中有省去"之"的"之子归"。

与"王于兴师"相同的结构还有《诗·小雅·六月》中的"王于出征"。王引之《经传释词》(第22页)以及程俊英、蒋见元(1991：500)都认为其中的"于"是语助词，与"曰"和"聿"相同，即:"王于出征"等于"王聿出征"。王引之在《经传释词》中指出,《郑笺》误读《尔雅》

"于，曰也"的解释，把"王于出征"中的"于"解为《论语》中"子曰"的"曰"，即把语助词"曰"错误地当作实词"曰"，认为诗句的意思是"王令女出征"。而裴学海（1954/2004：48）则仍然坚持他的"于"训为"之"的分析，认为"王于出征"中的"于"也应该解作"之"。

以上各种分析初看似乎都有道理。把"王于兴师"中的"于"看作无语义的语助词，并把"王于兴师"解为"王聿兴师"，似乎讲得通。《诗经》中的语助词，就有用"聿"而不是用"于"的。比如，《诗·唐风·蟋蟀》中有"蟋蟀在堂，岁聿其莫"的诗句。程俊英、蒋见元（1991：307）采用王引之的观点，认为此诗句中的"聿"与"曰"同，是语助词，但他们同时也指出"聿"在此诗句中含有"遂（就）"意。以"遂"解"聿"最早见于《毛传》。对此，孔颖达做了如下疏解："岁实未暮而云聿暮[①]，故知聿为遂。遂者，从始向末之言也。"（［汉］毛亨传，［汉］郑玄笺，［唐］孔颖达等正义，《毛诗正义》：载［清］阮元校刻《十三经注疏》（清嘉庆刊本），北京：中华书局，2009年，第766页）如此看来，把"岁聿其莫"中的"聿"看作无语义的语助词，并不一定合适。

如果把"于"看作语助词，或者相当于现代汉语"的"的"之"，那么"王于兴师"的实际语义就是"王兴师"，而"王于出征"的实际语义就是"王出征"。根据《毛传》，《诗·小雅·六月》记述的是宣王北伐："《六月》，宣王北伐也。"但《诗·小雅·六月》中还有"王于出征，以匡王国"和"王于出征，以佐天子"的诗句，该如何解释？

诗句"王于出征，以匡王国"和"王于出征，以佐天子"似乎表明：王不亲自出征。清代学者马瑞辰就指出了这一点："据《诗》云'以匡王国'、'以佐天子'，则知王不亲征。'王于出征'犹秦诗'王于兴师'，不得谓王自兴师也。王肃述毛，以前四章为宣王亲征，失之。"（［清］马瑞辰撰，陈金生点校：《毛诗传笺通释》，北京：中华书局，1989年，第541

---

① "岁聿其莫"中的"莫"即"暮"。

页）孔颖达在疏解《郑笺》关于“王于兴师”为“於王法兴师”的分析时，对“於王法兴师”的解释是：“王不兴师也。以出师征伐是王者之法，故以王为言耳。犹《北门》言‘王事敦我’，《鸨羽》云‘王事靡盬’，皆非天子之事，亦称王事。”（［汉］毛亨传，［汉］郑玄笺，［唐］孔颖达等正义：《毛诗正义》，载［清］阮元校刻《十三经注疏》（清嘉庆刊本），北京：中华书局，2009年，第795页）孔颖达的疏解说得很明确：王不兴师。张归壁（1984：381）认为：“《六月》并非写周王亲征，而是歌颂尹吉甫的征伐之功，人们的意见已渐趋一致。至于《无衣》，是写秦君以天子之命兴师征伐，诸家多无异词。”俞敏（1999：132）也认为周王本人压根儿就没有去征伐。如果真如以上学者所言，王不兴师，也不亲自出征，那么，“王于兴师”或“王于出征”中的“于”就不好解读为“之”或无语义的语助词。

于是，这就牵涉到一个关键问题：王是否兴师？王是否亲自出征？

2. 解读“于”的关键之一：王是否亲自出征？

著名历史学家雷海宗曾指出：西周与其他民族的封建时代一样，“那时一定是所有的贵族（士）男子都当兵，一般平民不当兵，即或当兵也是极少数，并且是处在不重要的地位。”（雷海宗，2014：5）他还说，“春秋时代虽已有平民当兵，但兵的主体仍是士族。所以春秋时代的军队仍可说是贵族阶级的军队。因为是贵族的，所以仍为传统封建贵族的侠义精神所支配。封建制度所造成的贵族，男子都以当兵为职务，为荣誉，为乐趣。不能当兵是莫大的羞耻。我们看《左传》、《国语》中的人物由上到下没有一个不上阵的，没有一个不能上阵的，没有一个不乐意上阵的。国君往往亲自出战，所以晋惠公才遇到被掳的厄难。”（雷海宗，2014：8）雷海宗（2014：9）还明确指出，“连天子之尊也亲自出征，甚至在阵上受伤。如周桓王亲率诸侯伐郑，当场中箭”。

以上所引雷海宗的论述使我们意识到一点：国君并非如前人所言不兴

师或不出征。实际上，就是天子也会出征。当然，虽然天子也出征，但这并不意味着当年周宣王也曾出征。因此，要想弄明白“王于出征”的意思是不是“王出征”，就需要首先弄清楚周宣王有无出征。而弄清楚了周宣王有无出征，自然有助于我们正确理解“王于出征”和“王于兴师”这两个句子，而这一切将最终帮助我们更好地把握“于”在诗句中的句法语义。

《诗·小雅·六月》记述“王于出征”的这场战役，在今本《竹书纪年》中亦有记载。根据今本《竹书纪年》，战役发生的时间是周宣王五年六月。今本《竹书纪年》的记载如下：

（1）（宣王）五年夏六月，尹吉甫帅师伐玁狁，至于大原。

而《诗·小雅·六月》中则有相应的诗句：“薄伐玁狁，至于大原。”

许多人认为今本《竹书纪年》是抄袭传世文献而拼凑起来的伪书。但夏含夷（Shaughnessy，1997：71）认为今本《竹书纪年》清楚地记载了战役发生的时间是宣王五年，而这个时间信息在其他传世文献中并没有出现过，所以无从抄起。据此，他认为今本《竹书纪年》未必是伪书。

这场战役，在宋代发现的周宣王时期青铜器兮甲盘的铭文中也做了记载。兮甲盘所记载的时间也是周宣王五年，与今本《竹书纪年》所记载的时间完全一致。对这场战役，兮甲盘铭文一开始的文字有以下记述：

（2） 隹（唯）五年三月既死霸[①]庚寅，王初各（格）伐厰𤞤（玁狁）于𠳋𠪚（彭衙）[②]。

---

① 既死霸为周代月相名。王国维在《生霸死霸考》一文中指出：“余览古器物铭，而得古之所以名日者凡四：曰初吉，曰既生霸，曰既望，曰既死霸。因悟古者盖分一月之日为四分：一曰初吉，谓自一日至七、八日也；二曰既生霸，谓自八、九日以降至十四、五日也；三曰既望，谓十五、六日以后至二十二、三日；四曰既死霸，谓自二十三日以后至于晦也。”（王国维：《生霸死霸考》，载王国维《观堂集林（附别集）》，北京：中华书局，1959年，第21页）

② 王国维指出，𠳋𠪚为地名，“疑即春秋之彭衙”（王国维：《兮甲盘跋》，载《观堂集林（附别集）》，北京：中华书局，1959年，第1207页）。

兮甲从王，折首执嚇（讯），休，亡敃（愍）[①]。

根据兮甲盘铭文的这一记载，周宣王是在宣王五年（即公元前823年）三月既死霸期间的庚寅日（即三月二十四日）[②]开始出兵讨伐厰執（玁狁），一直打到噐盧（彭衙）。兮甲跟从宣王出征（即铭文中的“兮甲从王”）。兮甲盘铭文清楚地表明：周宣王是亲自出征，而兮甲是跟从宣王出征。[③]

兮甲盘所记载的战役时间是三月，而《诗·小雅·六月》和今本《竹书纪年》所记载的时间是六月。Shaughnessy（1997：94）根据王国维的《兮甲盘跋》一文中的分析，认为兮甲盘记载的三月是战役开始的时间，而《诗·小雅·六月》和今本《竹书纪年》所记载的六月则可能是战役结束的时间。

---

① “折首”，即斩首，指斩敌首。“执嚇（讯）”，生擒俘虏；《诗·小雅·出车》有“执讯获醜”。“休”，善，吉。“亡敃（愍）”，无痛（参看刘翔等1989：36）。“休”与“敃（愍）”语义相反，故“亡敃（愍）”的语义当与“休”相近。因此，“休，亡敃（愍）”就是“休而亡敃（愍）”，即：吉而无凶。闻一多（2016：11）指出：“《兮甲盘》‘折首执讯，休，亡愍’，与《易》‘执言，无咎’语意词例并同”。因此，“亡愍”与“无咎”的意思相当。闻一多认为，“言”与“讯”音近义通（《尔雅·释言》：讯，言也。），因此“俘讯之讯亦谓之言”。历代注家多认为《周易·师卦》“利执言”中“言”的意思是“言语”或“语辞”。如《周易正义》把“执言，无咎”解读为“执此言往问之而无咎”（[魏]王弼、[晋]韩康伯注，[唐]孔颖达等正义：《周易正义》，载[清]阮元校刻《十三经注疏》（清嘉庆刊本），北京：中华书局，2009年，第49页）。《周易程氏传》认为“执言”乃“奉辞也，明其罪以讨之也”（[宋]程颐撰：《周易程氏传》，载[宋]程颢、程颐著，王孝鱼点校：《二程集》，北京：中华书局，1981/2004年，第736页）。《周易本义》认为“言”为“语辞”（[宋]朱熹撰，廖名春点校：《周易本义》，北京：中华书局，2009年，第64页）。高亨（2009b：95）认为“利执言”的意思是“利于执行其言”。本文认为，与这些解读相比，还是闻一多对“执言”中“言”的解读更为合理。《说文》对“言”的解释是“直言曰言”。“直言”就是讲出真实情况。就像许多动词可以转指动作的发出者或动作的对象一样，“言”（“直言”）这一动作也很容易转指发出这一动作的人。因此，用“执言”来指擒获可以“直言”的俘虏，与用“抓舌头”来指抓可以吐露实情的俘虏意思相通。用“言”来指称能说话的人，再转而用能说话的人指称在战场上没被杀死（从而可以提供情报信息）的俘虏，与现代汉语中用“活口”来指称俘虏，道理是一样的。

② 《中国考古学·两周卷》：“宣王五年为公元前823年，查《表》[笔者注：《表》指《中国先秦史历表》]是年三月丁卯朔，庚寅为二十四日，合于既死霸。”（中国社会科学院考古研究所编著2004：211）。

③ 兮甲盘铭文中的兮白吉父即兮甲。兮为其氏，甲为其名，白吉父为其字（刘翔等编著1989：136—137）。《诗·小雅·六月》中有“文武吉甫，万邦为宪”的诗句。王国维认为，兮甲即《诗·小雅·六月》中所赞誉的吉甫（见王国维《兮甲盘跋》，载《观堂集林（附别集）》，北京：中华书局，1959年，第1208页）。

如果周宣王在《诗·小雅·六月》所记载的战役中曾亲自出征，那么，“王于出征”就没有必要也不应该理解为“以王命出征”；同样，“王于兴师”也不宜采用《郑笺》的分析，即不宜训“于”为“於”，把诗句理解为“於王兴师”。

3. 解读“于”的关键之二：王是否等于天子？

前人（如清代学者马瑞辰等）之所以认为“王于出征”不能理解为“王亲自出征”，大概是因为在诗句“王于出征，以佐天子”中“王”与“天子”同时出现，而根据一般的理解，周王就是天子[①]。如果把“王于出征，以佐天子”理解为“周王出征去佐助天子”，似乎就等于说是“周王出征去佐助周王”，这自然很难讲得通；而如果把“王于出征，以佐天子”理解为“王命令出征，以佐助天子”或者“以王命出征，以佐助天子”，似乎就容易理解了。那么，这里须解决的一个问题是：王是否等于天子？

“王于出征，以佐天子”中的“王”与“天子”当然有联系，但是“王”未必就等同于“天子”。王国维《古诸侯称王说》一文指出：“世疑文王受命称王，不知古诸侯于境内称王，与称君、称公无异”，“观古彝器铭识，则诸侯称王者，颇不止一二觏”，“夨王鼎云‘夨王作宝尊’，散氏盘云‘乃为图夨王于豆新宫东廷’，而夨伯彝则称‘夨伯’，是夨以伯而称王者也。”（王国维：《古诸侯称王说》，载王国维著《观堂集林（附别集）》，北京：中华书局，1959年，第1152—1153页）王国维这篇文章的结论是：“盖古时天泽之分未严，诸侯在其国自有称王之俗，即徐楚吴楚之称王者，亦沿周初旧习，不得尽以僭窃目之。”[②]

显然，“王”这一称谓非周王一人所独有。之所以如此，一方面的原

① 顾炎武在《日知录》中指出，“王于出征，以佐天子”中的“王”与“天子”互辞（[清]顾炎武著，陈垣校注：《日知录校注》，合肥：安徽大学出版社，2007年，第1332页）。

② 郭沫若在《中国古代社会研究》中也举出许多金文例证来支持王国维的这一分析，并盛赞“王说较之前人其高出者正不止一头也”（郭沫若2011：282）。

因与周代国家的构成有关。杜正胜在《周代城邦》一书的"再版序言"中指出，周代的国家是由国与家构成的。"'家'多指卿大夫的采邑及其小朝廷"，而"'国'则指诸侯封地的城。不论'国'或'家'都是独立的政治体"（杜正胜，2018：3）。周代国家不是我们现在所理解的国家，而是一个基于血缘以及军事和政治利益，由国和家这两种独立的政治体而形成的松散的联邦式的利益共同体①。苏秉琦（2013：120）则认为，周代国家并不是"现实的中国"，实际上只是"周天子的'普天之下，莫非王土；率土之滨，莫非王臣'的理想的'天下'"②。我们认为，这一理想的"天下"一方面是一个血缘和政治相结合的利益共同体③，而周王朝，按吉德炜（Keightley，1971：657）的说法，不过是"天下"这一利益共

---

① 沈长云（2009：118）认为"我国古代最早产生的国家应属于现代人类学者所称的早期国家"。早期国家仍然以血缘亲属关系来构成社会组织，以酋邦这种不平等的氏族组织作为基本政治单位。沈长云认为，早期国家的组织形式建立在某一势力超群的大邦作为"共主"统治其他众邦的基础之上。张光直（1990/2020：116）指出："在古代王国文明形成的过程中，血缘关系逐渐被地缘关系所取代，政治的、地缘的关系占的成分比亲属占的成分越来越厉害和强烈，而亲属关系则日趋衰微"（另参看张光直，1983/2020：60），然而在中国古代，"文明和国家起源转变的阶段，血缘关系不但未被地缘关系所取代，反而是加强了，即亲缘与政治的关系更加紧密地结合起来。"（张光直，1990/2020：116）西周封国，把血缘与政治相结合，实际上走的就是"器唯求新，人惟求旧"的道路（侯外庐、赵纪彬、杜国庠1957：15—16）。

② 苏秉琦（2013：120）认为"中国"这一概念经历了从"共识的中国"到"理想的中国"再到"现实的中国"的"三部曲"发展历程：尧舜时代万邦林立，最初"中国"概念的出现，只是承认万邦中有一个不十分确定的中心，因此当时"中国"这一概念仅代表"共识的中国"；到了夏商周三代，由于方国的成熟与发展，出现了松散的联邦式的"理想的中国"；秦始皇统一大业完成以及秦汉帝国形成之后，"中国"才成为"现实的中国"。

③ 这一利益共同体是通过周王封邦建国的活动而形成的。尤锐（Pines，2009：15）指出，西周通过封邦建国所建立的这一统治系统是一个双层级君统体系（two-tier rulership system）。在这一双层级君统体系中，一方面，各邦国仅接受自己的邦君的直接统治，而不接受周邦之王的直接统治；另一方面，周王通过册封以及"受（授）民受（授）疆土"（见盂鼎铭文）（于省吾，2009：119）活动使得各邦国的邦君进入到了一个官僚系统，并通过这个官僚系统对各邦君进行行政控制。《诗・唐风・无衣》所描述的就是一个尚未得到周天子赐予七命之服（即还没名正言顺地进入这个官僚系统）的邦君对正式进入这个官僚系统的渴望。除此之外，各邦君还受周王朝关于"天命"的意识形态的控制，从而在思想上自觉服从周天子君天下的权威。

同体的共主（primus inter pares）；另一方面，这一理想的“天下”也是一种意识形态，究其实质，不过是周王朝这一统治集团独断话语的一种修辞方式。

“王”这一称谓之所以非周王一人所独有，其另一方面的原因，是与“王”这个字当时的含义或者说本义有关。根据林沄（1965）对甲骨文和商周金文中“王”字的研究，“王”与“钺”字形相同，读音相近。因此，“王”本是斧钺形[①]。斧钺可以用来代表军事统帅权，因此也很容易用来象征王权。诸侯之所以可以称王，究其根本缘由，是“王”字当时的语义。当时诸侯称王，用的就是“王”字当时的语义，也就是这个字的本义，即军事统帅权。但同时也要指出的一点是，虽然当时的诸侯在自己的邦国内也称王，但除了周王之外却没有诸侯称天子的[②]。与王的称谓不同，天子的称谓只有周王可以使用[③]，即所谓的“予一人”（《尚书·商书·盘庚》）。天子与王不同，王仅仅是现实世界的统治者，而天子不仅是现实世界的统治者，更代表了一种意识形态，还是意识形态或精神层面的统治者。天子不仅仅代表军事统帅权，还体现了神人结合的二重性。天子是经过“天命”这一意识形态加工之后而被拔高、被理想化、被神圣化了的王，即圣王[④]。

综上所述，我们只有把周邦之王与依据“天命”这一意识形态而君天下（万邦）的天子相区分，才能把握“王于出征，以佐天子”的真正含

① 吴大澂认为王从火（［清］吴大澂编著:《说文古籀补》，北京：朝华出版社，2018年，第28页）。李宗侗（2010：21）指出:“王从火，即因古代王亦祀火的教士。”。

② 齐滑王曾自封天子，但是齐滑王自称天子的这一行为，实则自取其辱，因为即便是当时快要亡国的邹国和鲁国也都不肯以天子奉之。据《战国策·赵策三》记载，当齐滑王经过邹、鲁两国时，“欲行天子之礼于邹、鲁之臣，不果纳”（［西汉］刘向集录，范祥雍鉴证，范邦瑾协校:《战国策笺证》，上海：上海古籍出版社，2006年，第1131页）。清代学者姚鼐云:“当齐闵（即齐滑王）经过两国（即邹、鲁两国），两国距其亡无几时耳，亦微甚矣，而尚不肯以天子奉人也。”（［清］姚鼐编,《古文辞类纂》，武汉：崇文书局，2017年，第316页）

③ 刘泽华（2019a：54）指出,“天子”之称到成王时才出现，而到康王时,“天子”已成为一个常见词。

④ 孟子认为“五百年必有王者兴”（《孟子·公孙丑下》），这里的“王者”便是指圣王。

义。一方面，作为周邦之王，王不具有唯一性；但作为唯一可以具有交通上天之大权的上天子，天子却具有唯一性。另一方面，周邦之王仅是现实世界的统治者，而天子则是经过"天命"这一特定意识形态加工之后而神圣化了的天下共主，是可以通天并君天下的圣王。现实中的周邦之王当然追求做理想中的圣王。这一意义上的天子，正如刘泽华（2019b：171）所言，是"君的神格和君命的神圣化"，而这一"神化称谓的特点是通过君主的神格化，使君权崇拜变成一种信仰"。因此在诗句"王于出征，以佐天子"中，当"王"与"天子"同时出现时，其所指当然不同。[①]此诗句中的"王"指具体的周邦之王，即当时的周宣王，而"天子"则是一种意识形态，它代表的是支配万邦或"四方"（即天下）的宗教性信仰。因此，为天子而战，也就是为"天子"这一意识形态和宗教性信仰而战。

《毛传》对"王于出征，以佐天子"的解读是"出征以佐其为天子也"。初读此注，很容易认为《毛传》不过是换了一种说法把"王于出征，以佐天子"这一诗句重复了一遍。但实际上，《毛传》的这一解读是把"王"与"天子"做了不同的理解，而这正符合诗句本身的语义。按我们的分析，"出征以佐其为天子也"的意思就是：周王出征，以佐其天子之位，即周王出征以维护其天子之神圣地位，而这正是"王于出征，以佐天子"的本意。"以佐天子"就是"以佐其为天子"，即维护天子的神圣地位，捍卫天下万邦对天子权威的信仰，成就天子之君天下。

4."于"与GO

解决了周宣王出征以及"王于出征，以佐天子"的问题，那么，我们是不是因此就可以把"于"分析为无语义的语助词，或者就是"之"呢？

上文提到，对于"王于兴师"中的"于"，王先谦训为"往"。以"往"训"于"最早见于《毛传》。《诗经》中许多地方出现的"于"，《毛

---

① 天子当然是王，但王却未必是天子，也未必是圣王。

传》都解读为"往"。"于"的"往"义比较古老，甲骨文以及商周金文中的"于"也多为动词，解作"往"。兮甲盘铭文第一句"王初各（格）伐厰𤞤（玁狁）于䍐𢊁（彭衙）"中的"于"，其本义也应该是"往"，而不是"在"。该句的意思不是说"在彭衙这个地方格伐玁狁"，而是"格伐玁狁，至于彭衙"，即"格伐玁狁，一直到彭衙"。该铭文的句子结构与《诗·小雅·六月》中"薄伐玁狁，至于大原"的句子结构相似①。

蒲立本（Pulleyblank，1962，1986）赞同《毛传》对"于"的这一解读。Pulleyblank（1962：233）论证："于"与"往"不仅语义相通，而且同源。他还进一步指出，尽管《毛传》用"往"来释"于"，但是"于"与"往"的用法不同。"于"的后面可以跟表示终点或目的地的名词，而"往"则基本上不会这样使用（Pulleyblank，1986：2）。②

高本汉（Karlgren，1974）在翻译《诗经》时参考了《毛传》对"于"的解读，多把《毛传》（包括《郑笺》）中释作"往"的"于"翻译为"go"，比如"黄鸟于飞"的翻译就是"the yellow birds go flying"（Karlgren，1974：3）。周法高（1962：251）则反对用"往"来解"于"，认为不能用go来翻译"于"。周法高采用屈万里《诗经释义》的分析，认为"黄鸟于飞"中的"于"相当于现代汉语口语中的"在"，因此"黄鸟于飞"的意思就是"黄鸟在飞"（另见屈万里，1983：6）。周法高（1962：251）指出，《诗经》中有些地方出现的"于"无法译为go，比如《诗·陈风·东门之枌》中的"縠旦于逝"诗句，其中的"于"就无法解作"往"，因为按《毛传》，诗句中的动词"逝"应该解作"往"。

---

① 《诗·小雅·六月》明确提到，当时玁狁先是占领了焦获这个地方，然后又侵犯周都镐及方，并直逼泾阳，即："玁狁匪茹，整居焦获。侵镐及方，至于泾阳。"这说明玁狁当时已经入侵到距离周都40公里的地方（Li，2006：153）。周朝军队击退来犯之敌，把玁狁一路驱赶至大原，即宁夏南部的固原（Li，2006：171）。Li（2006：169）在一个注中提到，兮甲盘铭文所提到的彭衙有可能在离固原35公里的地方。

② "于"与"往"是阴阳对转，"往"的鼻音韵尾-ŋ所表达的可能是词汇体（lexical aspect）语义。Schuessler（2007：508）认为，"往"的鼻音韵尾-ŋ表终结（terminative）义。

蒲立本（Pulleyblank，1986：3）不同意周法高关于“于”的这一说法，他以英语中is going to go这样的结构为例，说明解作“往”的“于”作为一个用来表体貌的、已经语法化了的助动词，完全可以和主要动词“逝”一起使用。蒲立本认为，与现代汉语的“在”相比，“于”具有更多的动态（dynamic）语义，因此，用“在”来解“于”不合适（Pulleyblank，1986：3）。他还指出，实际上不仅《毛传》中解作“往”的“于”，其句法地位类似于英语中的go，就是《书经》中解作“与”的“于”（另参看杨树达，1954/2004：433），其并列义也来自于“往”（go）这一基本语义。用相当于go的“于”表并列，与用“及”表并列，道理是相通的。除此之外，蒲立本还引用Bickerton（1981）和Hyman（1971）讨论的南美洲克里奥尔语和非洲语言中的例句来说明，语义为GO的动词在连动结构（serial verb construction）中很容易虚化，其作用和英语介词to相似（Pulleyblank，1986：2）。以下例句（3）和例句（4）分别来自Bickerton（1981：118，127）讨论的南美洲的一种克里奥尔语Sranan & Hyman（1971：30）讨论的非洲语言Nupe（该语言属于尼日利亚的Kwa语族）：

（3） a waka go a wosu.

he walk go to house

'He walked home.'

（4） ū bīcī lō dzūkó

he run go market

'He ran to the market.'

蒲立本认为，在以上连动结构中，Sranan中的动词go和Nupe中的动词lō，其作用类似英语介词to，都是用作方向性标记。

我们同意蒲立本提出的上述分析，认为用go来理解“于”不仅语义上可以讲得通，而且可以解释“于”的虚化路径。英语的go既可以用作实义动词，表示“去”的意思，也可以用作表体貌义的助动词（be going to）。“于”的情况与go有相似之处。“于”既可以用作实义动词，也可以用作体貌助动词或者体貌助词/附着词，除此之外，甚至还可以用作更为虚化的词缀（affix）。因此，按这一分析，“王于兴师”就是“王go兴师”。而“王go兴师”既有可能是表示“王往兴师”的意思，也有可能是表示“王is going to兴师”的意思。

解作“往”的“于”，在某种程度上也可以说相当于现代汉语的“去”。萧旭（2000）认为把《诗经》中“S于飞”类的诗句（如“黄鸟于飞”）解读为“S往飞”，很费解，注释语“往飞”在他看来“甚不辞”。我们认为，萧旭之所以会这样认为，大概是因为用现代汉语的语感来理解注释语“往”以及“往”所形成的结构而造成的。《毛传》注释“于”的用语“往”，并不完全等于现代汉语的“往”[①]。如果要用现代汉语来翻译“王于兴师”里的“于”，或许用“去”比用“往”更合适。按清代学者陈奂的解读，“自此之彼”谓之“于”，又谓之“往”（[清]陈奂撰，滕志贤整理：《诗毛氏传疏》，南京：凤凰出版社，2018年，第24页）。而现代汉语“去”的意思则是“从所在地到别的地方”（中国社会科学院语言研究所词典编辑室编：《现代汉语词典》（第7版），北京：商务印书馆，2016年，第1080页），与“自此之彼”的意思比较相符。此外，与“于”相似，“去”也可以放在另一动词前，形成连动结构“去V”。不少“去V”结构的意思大致就是“要V”，例如“我去想想”。如果用“去”来理解“于”，那么，“王于兴师”的意思就是“王去兴师”[②]。

上文提到，屈万里（1983）认为，“黄鸟于飞”就是“黄鸟在飞”。他对“王于兴师”和“王于出征”也做了同样的处理，都用“在”诠释“于”。根据赵元任（Chao，1968：333）的说法，这里的“在”相当于“在那$_{儿}$”，在“他在那$_{儿}$说话呐”和“他在说话呐”这两个句子中，“在”实际

① 白川静（2010：23）指出：“‘䞣’乃‘往’之初文。‘䞣’为‘王’（作为王权之象征的钺头部之形）上加‘之’（足迹之形，意为“前行”）。”按白川静对“往”字的分析，“往”最初的意思可能是指“领受王命出发或前行”。

② 郭锡良（1997）认为，“于”的语义抽象化以后，可以表达“去进行”“去做”的意思。

上都是动词。赵元任还指出，后一句子是前一句子省略动词"在"的宾语"那儿"形成的)。如果"在"是动词，"往"也是动词，那么，是用"在"还是用"往"来解释"于"，在词类的选择上并无区别，其区别仅在于语义。但是，正如蒲立本(Pulleyblank，1986：3)所指出的那样，"于"的语义远比现代汉语的"在"丰富。我们强调，"于"具有"在"所不具备的动态语义。"于"既含有动作开端义，又含有动作进行义、动作结尾义，甚至还含有情态义。基于这一原因，显然前人用相当于英语go的"往"来诠释"于"相比于用"在"而言更为合适。

"于"的动态语义来自其基本概念(conceptual)成分"移动"(GO)以及该基本概念成分所依托的"起点—路径—目标"这一概念结构(conceptual structure)[①]。把"移动"这一基本概念成分放入"起点—路径—目标"这一概念结构，就会衍生出"自此之彼"或者"从所在地到别的地方"等表"移动"的词汇语义。把概念结构中的"目标"和"路径"做阴影化(shadow)处理，就会凸显"起点"，从而产生动作开端义。把"起点"和"路径"做阴影化处理，就会凸显"目标"，从而产生目标/对象义("对"的语义)、到达义/动作结尾义("至"的语义)和"落脚于"的含义("在"的语义)。把"起点"和"目标"做阴影化处理，就会凸显"路径"，从而产生"正在进行"的含义[②]。Bybee, Perkins & Pagliuca (1994：132)指出，进行体(progressive)的一个来源就是GO类或COME类表移动语义的动词，如以下西班牙语例句所示。

(5)　Andaba　escribiendo　para los periódicos.

go未完成体，第三人称单数　write分词　for the newspapers

'He was writing for the newspapers.'(他正在为报纸写作)

另外还需要指出，"于V"结构最初很可能是动词并联(conjoin)结

① 关于概念结构的理论，参看Jackendoff(1990)。

② 俞敏(1987：13)认为"王于兴师"的意思就是"王正在兴师"。

构[①]，也就是说《诗经》中的"于V"结构很可能起源于《诗经》时代之前的"VV"结构。高本汉在翻译《诗经》时，曾把一些"于V"结构翻译成"go and V"这样的并列结构。比如，他就把《诗·陈风·东门之枌》中的"縠旦于差"翻译成"A (good:) auspicious morning they go and choose"(Karlgren，1974：88)。

但是，并列并不等于并联。并联主要有两个特点，第一，并联对所联结的语类(category)没有选择限制，即不同语类的成分也可以并联在一起；第二，并联所形成的结构不是层级结构(hierarchical structure)(Progovac，2015：93；胡建华，2021：61)。并列结构对并列的成分有语类选择限制，而且并列所形成的结构是层级结构，显然，并联与并列有很大的差异。

5."于"与英语中的a-前缀

《诗经》中的"于V"结构，是从《诗经》时代之前的语言中的"VV"并联结构演化而来的，而在《诗经》中，这样的结构大概正处于较为迅速的演化和分化过程之中。因此，《诗经》中的"于V"结构，有的仍然用作并联结构(如《诗·陈风·东门之枌》中的"縠旦于差")，有的则是"体貌助动词+V"结构或者已经演化为"体貌助词(或附着词)+V"结构，而还有一些甚至很有可能已经变成"词缀+V"结构。王力主编的《古代汉语》(1962/2018：463—465)把动词前的"于"看作是词头，并指出这类词头"不是一个词，它们只是词的构成部分，本身没有词汇意义，只表示词性"。周法高(1962：251)认为这个用法的"于"是动词的前附语。俞敏(1999：130—132)认为动词前的"于"有点儿像添前字a。黄树先(2000：26)则认为动词前的"于"是古代汉语的*A-前缀。

我们认为以上这些分析都有一定的道理，但同时要强调，《诗经》中的"于V"结构大概不能一概而论。按我们的分析，**"王于兴师"**和**"王于**

① 关于并联结构，参看Progovac(2015)、胡建华(2021)。

出征"中的"于"，与"黄鸟于飞"的"于"，其句法语义特征不尽相同。"王于兴师"和"王于出征"中的"于"是加在动宾词组"兴师"和动词并联结构"出征"之上的，有可能是体貌助动词（在这种情况下，"王于兴师"和"王于出征"的"于"或可大致理解为现代汉语"我去想想"的"去"，但实际上，"于"的语义远比现代汉语的"去"的语义复杂），也有可能是体貌助词（或附着词）；而"黄鸟于飞"中的"于"则既可以分析为体貌助词（或附着词），也可以分析为前缀。另外，我们认为"于V"结构中的"于"是有语义的，而这一语义并不因为把它分析为前缀而丢失。

"于"的演化很可能是沿着以下路径进行的：

（6）"于"的演化路径：

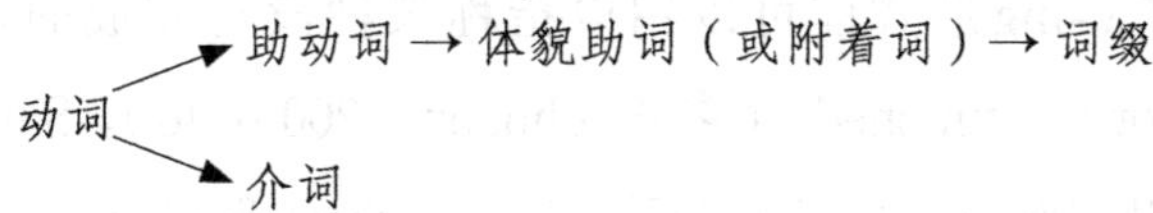

本章区分助动词（auxiliary verb）与助词（particle）。助动词选择VP作其补足语（complement），而助词对其补足语则没有这一选择限制。按Zwicky（1985）以及刘丹青（2017：554—555）的分析，助词在一定的条件下可以理解为附着词，而助动词经语音弱化也可以做附着词。附着词与词缀有所不同：词缀加在词上，而附着词所操作的成分可以是词组，甚至是句子。除此之外，附着词"可以在同样的意义和功能上恢复为词的形式"，而这一点是词缀无法做到的（刘丹青，2017：549）。我们认为，动词"于"的演化路径有两条，一条是向介词演化，一条是向助动词、助词（或附着词）、词缀这一方向演化[①]。而在《诗经》时代，"于"的这几种身份很可能正处于一种阶段性共存状态[②]。在《诗经》之后的时代，"于"的介词用法保留下来，而走向词缀这一演化方向的用法则慢慢消亡。

① "于"的助词（或附着词）及词缀用法不见于甲骨文。

② 梅祖麟（2004）讨论了甲骨文中动词"于"与介词"于"两种用法并存的现象。本文认为，在《诗经》中"于"可能有多种身份并存。

我们发现，如果把“于”看作是词缀，那么这一词缀在语义上与英语中的a-前缀似乎很有一些相通之处[①]。英语a-前缀可以追溯到古英语（Old English，即Anglo-Saxon）的*ā-*，而*ā-*的原始形式是*ar-*或*or-*。*ar-*和*or-*在古撒克逊语（Old Saxon）是*ur-*或*ar-*，在古高地德语（Old High German）是*ar-*、*ir-*、*ur-*，在哥特语（Gothic）是*us-*或*ur-*。这些前缀加在动词前面都有加强语气的作用（Onions 1966）。除此之外，英语的a-前缀也和古英语的*an*、*on*有关，而英语介词on的起源也可以追溯到古英语的*an*、*on*。显然古英语的*a-*前缀也是沿着两条分化道路演化的，**一条道路是词缀，另外一条是介词**。

Samuel Johnson在他1755年出版的*A Dictionary of the English Language*中指出，a加在V-ing形式前可以用以指称某种没有完成的行为（denoting some action not yet finished）（参看Johnson，2006：46）。Samuel Johnson还认为a有时可以用作to，类似于法语的à。Mayhew & Skeat在1888年出版的*A Concise Dictionary of Middle English: From A.D. 1150 to 1580*对加在动词前的a-前缀的解释是：对动词所表达的概念有强化作用（adding intensity to the notion of the verb）（参看Mayhew & Skeat，1888：1）。

概括而言，英语中的a-前缀有以下几种用法（参看陆谷孙主编，2007; Butterfield ed., 2003），而这几种用法又与几种不同的语义相关联。显然，英语的a-前缀不会因为是词缀而丧失其语义。

1. 加在名词或动词前，表示“在……之上”“在……之中”“进入到……”“至……”“向着……”，如abed，aboard，afoot，ashore，asunder，aside；

2. 加在形容词前，表示“以某种特定的方式”，如aloud；

3. 加在名词或动词前，表示“处于……情况”“呈现……状态”，如

---

① 赵元任（Chao，1968：333）指出，在“他在吃着饭呐”这一句子中，“在吃着饭”似乎和英语中“a-eating”这一表达形式有几分相似（其原文如下：[...] seems to suggest the English form *a-eating*）。

afire、alive、afloat、asleep；

4. 加在动词前或者V-ing形式前表示“在……动作的进行过程中”，如aflutter、atingle、go a-hunting（去打猎）；

5. 加在某些动词前，用来加强语气，表示动作的开端或结尾，如awake、arise。

仔细体会一下英语a-前缀的上述几种用法，就会发现，“于”的一些语义也可以从中找到相应的体现。

我们认为，“王于兴师”和“王于出征”中的“于”与英语a-前缀第5种用法的语义相近，而“黄鸟于飞”中的“于”则既有第5种用法的语义，又有第4种用法的语义。“王于兴师”和“王于出征”中“于”表示动作的开端，而“黄鸟于飞”中的“于”既表示动作在进行过程之中，又表示动作进入了结尾阶段。比如，《诗·周南·葛覃》中的诗句“黄鸟于飞，集于灌木，其鸣喈喈”，第一句描写的是黄鸟正在飞翔而去的画面，而第二、三句所描写的是黄鸟飞翔动作结束以后落在灌木上鸣叫的画面。第一句与第二、三句所描写的动作是前后连续发生的：黄鸟是飞了之后才落在灌木上的，是落在灌木上之后才开始鸣叫的。同样一个句法成分，在不同的句法环境和不同的语言使用情景中，完全有可能表示截然不同的体貌义。正如以上英语a-前缀的第5种用法所示，动作的开端义和结尾义可以共现。在现代汉语中，体貌助词“了$_2$”就体现了这种情况。“了$_2$”既可以表示动作的收尾，也可以表示动作的开端，还可以表示动作处于某种状态之中。比如，现代汉语的句子“小鸟飞了”，在不同的语境中可以理解为“小鸟飞走了”（结尾义），也可以理解为“小鸟（原来不飞，）现在开始飞了”（开端义）并且“正处于飞的状态之中”（状态义）。上古汉语表体貌义的“于”与现代汉语体貌助词“了$_2$”的情况在这一点上比较相似。“于”有“往”义，而“往”所含的基本概念成分“移动”（GO）依托于“起点—路径—目标”这一概念结构，自然会蕴含着动作开端义、动作进行义以及动作结尾义。开端义与“即将”义相通，而“即将”义还可以通向“欲”“要”等情态义。

除了上述体貌义之外，“王于兴师”和“黄鸟于飞”这两种结构中的“于”还有**加强语气**的作用。上文提到，有的学者认为“于”没有语义，比如裴学海（1954/2004：48）就认为“王于兴师”和“王于出征”中的“于”就是“之”，类似于现代汉语中的“的”。但是，这一类分析显然没有注意到，“于”除了表征体貌义之外，还有加强语气的作用，而“之”没有“于”所具有的那种体貌义和加强语气的作用。用现代汉语的语感来把握《诗经》中的“于V”结构，很容易认为“于”没有语义。对此，我们可以对比英语的awake和wake以及arise和rise这两组词。如果仅仅考虑动词的基本语义，那么awake和wake，arise和rise似乎没有什么明显的区别。试想假如awake和arise是现在已经不再使用的古英语词汇，那么情况会如何？在这种情况下，研究英语的学者会不会得出结论，说英语a-前缀的出现只是为了补充音节，因此只是一个衬音前缀？好在英语的awake和arise等词语现在还在使用，所以现实中并没有人会认为英语的a-前缀是一个没有语义贡献的成分。

最后，还需要指出两点。第一，上古汉语的“于”的读音与英语元音大转移（Great Vowel Shift）之前的a-前缀的读音相似，都读ɑ（阿）。“于”今为u音，上古则为ɑ音。这一点是汪荣宝（1923）通过比较梵汉对音材料发现的，他发现上古鱼部字读ɑ音。第二，“于”和英语的a-前缀一样，会给相关动作添加一种栩栩如生的画面感。比如，英语的go a-hunting与go hunting相比，其基本语义相同，但go a-hunting这一用法是古语用法，具有文学色彩，会使得“打猎”这一行为栩栩如生，产生一种生动的画面感[①]；而go hunting则仅仅是陈述事实，没有这种生动的画面感。《诗·郑风·叔于田》中的“叔于田”和“叔于狩”就是类似于英语go a-hunting的诗句。“于”的使用让“田”和“狩”所描写的动作活了起

① 参看Wolfram（1976）对英语a-前缀的描写。

来，给“叔于田”和“叔于狩”所描述的行为添加了一种栩栩如生的画面感。同样，“黄鸟于飞”和“王于兴师”“王于出征”中的“于”也都为相关动作添加了一种栩栩如生的画面感，如果用“之”来代替“于”或者干脆不用“于”，就不太容易体会到这种栩栩如生的画面感了。

6. 结语

本章秉承新描写主义（胡建华，2018）之精神，以“解剖麻雀”之法，对《诗经》中的“王于兴师”和“王于出征”进行了深度的个案分析，从多个角度分析“于”的句法地位和语义解读，进而以跨语言的视角解决《诗经》中“于V”结构的句法语义及其他相关问题。

解决《诗经》中虚字“于”的句法地位及其语义解读问题，不仅要借助于现代句法语义理论工具，也需要引入跨语言比较的视角。除此之外，其他学科（如古代史、中国政治思想史）的相关知识，也有助于问题的解决。

根据相关历史文献的分析，《诗经》“王于出征”以及“王于兴师”所反映的是周代的君王（包括周王）亲自出征的史实。同时，相关历史文献还表明，“王”这一称谓非周王一人所独有，诸侯国的国君也在各自的境内称“王”；“王”与“天子”的内涵不同，在不同情况下其所指也就不同。“王”仅仅是现实世界的统治者，而“天子”不仅是现实世界的统治者，更是一种意识形态，它是周王朝独断话语的一种修辞方式，是周王朝实现统治理想的“天下”的辩护工具，同时也是周王朝用来把握“天下”这一“虚幻的共同体”的宗教性信仰。基于这些认识，便可合理地解读“王于出征，以佐天子”的句意并把握其真正的含义。而只有如此，方可明白《毛传》“出征以佐其为天子也”这一注解的含义所在。

跨语言比较对于解决虚词“于”的句法语义问题大有裨益。本章在分析“于”的句法语义特性时，注意到英语a-前缀的几种用法及相关的不同语义贡献，进于而发现“于”与英语a-前缀在某些用法和语义上具有相似之处。在英语中，有无a-前缀的两个词，表达不同的语义，且具有不同具体用法；同样，《诗经》中的"于V"结构与不带"于"的普通结构，也具有不同的句法语义特性。跨语言比较的研究视角，一方面有助于寻找不同语言之间在特定语言结构和语言现象上的相似之处和共性，而另一方面，更是有助于寻找、挖掘一个语言内部不同结构之间显性或隐性的细微差异，从而可以对一些微观句法语义现象做出细颗粒度的描写、刻画和分析，从而达到"从一粒沙子看世界"、以微观通宏观的目的（胡建华，2018）。

参考文献

白川静　2010　《常用字解》，苏冰（译），北京：九州出版社。
程俊英　蒋见元　1991　《诗经注析》（上、下），北京：中华书局。
杜正胜　2018　《周代城邦》（第二版），台北：联经出版事业公司。
高　亨　2009a　《诗经今注》，上海：上海古籍出版社。
高　亨　2009b　《周易大传今注》，济南：齐鲁书社。
郭沫若　2011　《中国古代社会研究》，北京：商务印书馆。
郭锡良　1997　《介词"于"的起源和发展》，《中国语文》第2期。
侯外庐　赵纪彬　杜国庠　1957　《中国思想通史》（第一卷），北京：人民出版社。
胡建华　2018　《什么是新描写主义》，《当代语言学》第4期。
胡建华　2021　《〈秦风·无衣〉篇诗句的句法语义及其他——对一种以并联法为重要造句手段的动词型语言的个案分析》，《华东师范大学学报（哲学社会科学版）》2021年第6期。
黄树先　2000　《试论古代汉语*A-前缀》，《语言研究》第2期。
雷海宗　2014　《中国文化与中国的兵》，北京：商务印书馆。
李宗侗　2010　《中国古代社会新研；历史的剖面》，北京：中华书局。
林　沄　1965　《说"王"》，《考古》第6期。
刘丹青　2017　《语法研究调查手册》（第二版），上海：上海教育出版社。
刘瑞明　1984　《"有以"、"无以"是多义的同形异构体——与洪成玉同志商榷》，《语言教学与研究》第1期。
刘　翔　陈　抗　陈初生　董琨（编）　1989　《商周古文字读本》，北京：语文出版社。
刘泽华　2019a　《刘泽华全集·先秦政治思想史》（上），天津：天津人民出版社。
刘泽华　2019b　《刘泽华全集·中国的王权主义》，天津：天津人民出版社。
陆谷孙（主编）　2007　《英汉大词典》（第二版），上海：上海译文出版社。

梅祖麟　2004　《介词“于”在甲骨文和汉藏语里的起源》,《中国语文》第4期。
裴学海　1954/2004　《古书虚字集释》，北京：中华书局。
屈万里　1983　《诗经诠释》，台北：联经出版事业公司。
沈长云　2009　《中国古代国家起源与形成问题论纲》,《河北师范大学学报（哲学社会科学版）》第5期。
苏秉琦　2013　《中国文明起源新探》，北京：人民出版社。
汪荣宝　1923　《歌戈鱼虞模古读考》,《国学季刊》第1卷2期。
王力（主编）　1962/2018　《古代汉语》(校订重排本)(第二册)，北京：中华书局。
闻一多　2016　《古典新义》，北京：商务印书馆。
萧　旭　2000　《诗经》“于V”式研究,《文史》第4辑（总第53期），213—219页，北京：中华书局。
杨树达　1954/2004　《词诠》，北京：中华书局。
于省吾　2009　《双剑誃吉金文选》，北京：中华书局。
俞　敏　1987　《经传释词札记》，长沙：湖南教育出版社。
俞　敏　1999　《汉藏虚字比较研究》，俞敏著《俞敏语言学论文集》，121—166页，北京：商务印书馆。
张光直　1983/2020　《中国青铜时代》(第二版)，台北：联经出版事业公司。
张光直　1990/2020　《中国青铜时代（第二集）》(第二版)，台北：联经出版事业公司。
张归壁　1984　《〈诗经〉中动词前之“于”字》,《中国语文》第5期。
中国社会科学院考古研究所（编著）　2004　《中国考古学·两周卷》，北京：中国社会科学出版社。
周法高　1962　《中国古代语法·构词编》，台北：“中研院”史语所。
Bickerton, Derek 1981 *Roots of Language*. Ann Arbor: Karoma Publishers, Inc..
Bybee, Joan, Revere Perkins and William Pagliuca 1994 *The Evolution of Grammar: Tense, Aspect, and Modality in the Languages of the World*. Chicago: The University of Chicago Press.
Butterfield, Jeremy. ed., 2003 *Collins English Dictionary* (Complete and Unabridged, Sixth Edition), Glasgow: HarperCollins Publishers.
Chao, Yuen Ren 1968 *A Grammar of Spoken Chinese*. Berke ley & Los Angeles: University of California Press.
Hyman, Larry M. 1971 Consecutivization in FeʔFeʔ. *Journal of African Languages* 10, 2: 29–43.
Jackendoff, Ray 1990 *Semantic Structures*. Cambridge, Massachusetts: The MIT Press.
Johnson, Samuel 2006 *A Dictionary of the English Language: An Anthology*. London: Penguin Books.
Karlgren, Bernhard 1974 *The Book of Odes: Chinese Text, Trascription and Translation.*

Stockholm: The Museum of Far Eastern Antiquities.

Keightley, David 1971 Review for Creel's *The Origins of Statecraft in China*, *Journal of Asian Studies*, 30. 3: 655−658.

Li, Feng 2006 *Landscape and Power in Early China: The Crisis and Fall of the Western Zhou, 1045–771 BC*. Cambridge: Cambridge University Press.

Mayhew, Anthony Lawson & Walter William Skeat 1888 *A Concise Dictionary of Middle English: From A.D. 1150 to 1580*. Oxford: The Clarendon Press.

Pines, Yuri 2009 *Envisioning Eternal Empire: Chinese Political Thought of the Warring States Era*. Honolulu: University of Hawai'i Press.

Progovac, Ljiljana 2015 *Evolutionary Syntax*. Oxford: Oxford University Press.

Pulleyblank, E. G. 1962 The consonantal system of Old Chinese. *Asia Major* 9: 58–114 and 206−265.

Pulleyblank, E. G. 1986 The locative particles *yü* 于, *yü* 於, and *hu* 乎. *Journal of the American Oriental Society*. 106, 1: 1−12.

Schuessler, Axel 2007 *ABC Etymological Dictionary of Old Chinese*. Honolulu: University of Hawai'i Press.

Shaughnessy, Edward L. 1997 *Before Confucius: Studies in the Creation of the Chinese Classics*. Albany: State University of New York Press.

Wolfram, Walt 1976 toward a description of *a*-prefixing in Appalachian English. *American Speech*. 51, 1/2, pp. 45−56.

Zwicky, Arnold M. 1985 Clitics and particles. *Language*, 61, 2, pp. 283−305.

（原载《外语教学与研究》2022年第4期）

后　记

本书收入的文章都曾公开发表过。文章收入本书时体例有所调整，内容及文字也有所修改。本书的出版受到中国社会科学院“登峰战略”资助计划“句法语义学”重点学科的资助和商务印书馆的支持，在此深表感谢！

胡建华

2023年9月

